KB122024

백투더

1919

백투더 1919

제1판 제1쇄 발행일 2020년 4월 11일
제1판 제3쇄 발행일 2021년 10월 16일

글 _ 오승훈, 엄지원, 최하얀
기획 _ 한겨레신문사(주), 책도둑(박정훈, 박정식, 김민호)
디자인 _ 서채홍
펴낸이 _ 김은지
펴낸곳 _ 철수와영희
등록번호 _ 제319-2005-42호
주소 _ 서울시 마포구 월드컵로 65, 302호(망원동, 양경회관)
전화 _ (02)332-0815
팩스 _ (02)6003-1958
전자우편 _ chulsu815@hanmail.net

ISBN 979-11-88215-42-3 03910

철수와영희 출판사는 '어린이' 철수와 영희, '어른' 철수와 영희에게
도움 되는 책을 펴내기 위해 노력합니다.

백투더 1919

신문기자, 100년 전으로 가다

글 오승훈·엄지원·최하얀

철수와영희

머리말

100년 전 '오늘'로 여러분을 초대합니다

이 책에 실린 글은 2019년 1월 1일부터 4월 29일까지 '1919 한겨레'라는 제목으로 <한겨레>에 연재된 기사들입니다. '1919 한겨레'는 100년 전 오늘로 돌아가 이른바 1919년 판 <한겨레>를 만들어보는 취지의 실험적인 신년기획이었습니다. 마치 1919년으로 시간여행을 간 것처럼 느껴지도록 옛날 신문을 만들어보자는 것이었습니다. 독립운동사와 함께 당시 국제 정세와 사회문화상을 보여주는 다양한 기사도 배치했습니다. 100년 전 식민지 조선의 현실을 오늘의 독자들에게 현재 벌어지는 일처럼 생생하게 전하려는 의도였습니다.

<한겨레>가 이러한 실험에 나선 건 3·1운동과 임시정부 수립의 역사가 의외로 많이 알려지지 않았다는 판단 때문이었습니다. 많은 이들이 3·1운동을 1919년 3월 1일 하루 동안 서울과 일부 지역에서 벌어진 만세시위 정도로 알고 있었습니다. 임시정부는 중국에서 이리저리 피난살이를 다녔던 망명정부에 불과하다고 여기기도 했습니다. 생동감 있는 1919년사를 복원해 이를 지금 세대와 공유하는 일이 3·1운동과 임시정부의 정신을 올바르게 계승하는 일이라 믿은 이유였습니다.

사실 3·1운동은 실패했습니다. 그러나 3·1운동은 모든 것을 바꿔놓은 혁명이었습니다.

3·1운동 당시 조선인들은 독립을 '청원'하지 않고 독립을 '선언'했습니다. 남녀노소에서 장삼이사까지, 기독교에서 천도교, 불교까지 온 민족이 한목소리로 조선 독립을 외쳤습니다. 일본의 식민지배를 더는 용인할 수 없다는 각성은 조선인 스스로 자유인의 의식을 갖도록 만들었습니다. 노예의 삶에서 주인의 삶으로의 거대한 전환이었습니다. 이 땅의 주인은 바로 우리 자신이라는 자유의 외침은, 1919년을 온통 희망으로 들끓게 했습니다. 9년 동안의 식민지배로 명운이 다한 것처럼 보였던 조선이 3·1운동을 통해 드디어 깨어난 것입니다.

그 선언은 피지배 민족인 조선인의 육성으로 인류 평등의 가치와 세계 평화의 의미를 전 세계에 최초로 알린 선구적 행동이기도 했습니다. 1919년 인류는 여전히 우승열패와 적자생존의 사회진화론을 신봉하고 있었습니다. 1000만 명 이상의 목숨을 앗아간 탓에 'The Great War'로 명명된 제1차 세계대전을 치렀음에도 달라진 것이 없었던 것입니다. 이러한 시대적 조건에서 나온 인류평등의 선언은 3·1운동의 세계사적 의의라 할 수 있습니다.

3·1운동은 당시에도 수많은 사람의 삶과 세계관을 변화시켰습니다. 관념 속에만 있다고 생각한 '민족'을 실감하게 된 조선인들은 '자유'와 '민주주의'는 피를 통해서 쟁취할 수밖에 없다는 엄연한 사실을 깨달았습니다. 3·1운동은 조선인들에게 해방이 순진한 실력양성론이나 허망한 외교독립론 속에 있지 않다는 것을 가르쳐주었습니다. 3·1운동을 경험한 조선인들은 이제 과거로 돌아갈 수 없었습니다.

3·1운동은 새로운 세대를 낳았고 그들이 훗날 독립운동을 이끌었습니다. 김원봉, 김단야, 심훈, 박헌영 등 이른바 '3·1세대'의 등장이었습니다.

3·1운동은 대한민국 임시정부의 출범을 불러왔고 대한민국 정부는 이러한 임시정부의 법통을 계승하고 있습니다. 지금 우리가 누리고 있는 민주주의와도 밀접한 관련이 있다는 뜻입니다. 당시는 왕실과 귀족이 엄존하고 일본인과 조선인의 차별이 엄연한 신분 사회였습니다. 이런 상황에서 한 사람만을 위한 왕정이 아닌 모두를 위한 공화정을 외친 100년 전의 목소리는, 이후 한국 민주주의의 토대가 된 것입니다.

이번 기획을 위해 기자들은 취재팀을 꾸린 뒤 3개월 동안 당시 <매일신보>, 법원 판결문, 검찰 심문조서와 같은 1차 사료를 비롯해 100여 편의 관련 논문, 50여 종의 연구서 등을 두루 참고했습니다. 기사를 쓰는 과정에서 전문가 20여 명의 자문도 거쳤습니다.

그 지난한 과정을 통해 우리가 말하고 싶었던 것은, 독립운동가부터 친일파, 지배자인 일본인부터 장삼이사까지 당시를 살았던 다양한 사람들의 생각과 행동이었습니다. 100년 전 사람들의 행적에서 끝내 포기할 수 없는 '희망의 원리'를 발견하고 싶었습니다.

물론 60여 개에 달하는 지면과 400여 개의 기사로 한 시대를 다 담을 수는 없습니다. 수많은 자료를 뒤적일 때마다 지배자들의 머릿속이 궁금했습니다. 목숨을 내던지면서 불의에 저항한 사람들의 생각을 더듬고 싶었습니다. 우리의 여정은 여기까지입니다. 과거의 곳간을 열어 미래의 지도를 얻는 일은 이제 시작인지도 모릅니다. 100년 전 식민지 조선인들은 빼앗긴 조국을 되찾아 어떤 나라를 만들고 싶었을까요. 그들이 꿈꾼 자유와 평등으로부터 지금의 한국은 얼마나 가까이 와 있는 걸까요. 이제 그 대답은 우리 모두의 몫으로 남았습니다.

하나의 기획이 기사로 완성되고 책으로 묶여 나오기까지 많은 분들의 도움을 받았습니다. 박용현 <한겨레> 편집국장은 이 기획의 최초 제안자입니다. 그의 깨알 지시와 가혹하고도 살뜰한 점검이 없었다면, 이 책은 세상에 나올 수 없었을 것입니다. 깔밋하고도 고풍스런 문장으로 1919년의 느낌을 제대로 구현해낸 엄지원 기자는 이 책의 제1저자로 불러도 무방합니다. 신년기획 TF가 드림팀으로 불렸다면 그것은 역사덕후의 면모를 여실히 보여준 최하얀 기자 덕분이라는 사실도 자명합니다. 100년 전 신문편집의 묘미를 맛깔나게 요리해낸 허기현·김세미 기자의 숨은 공로 또한 잊을 수 없을 것입니다.

기획안 단계부터 조언과 격려를 아끼지 않은 성균관대 임경석 교수님께도 이 자리를 빌어 거듭 깊은 감사를 드립니다. 시도 때도 없는 기자들의 전화에도 친절하게 가야할 길을 일러주신 춘천교대 김정인 교수님의 애정 어린 지지도 감동이었습니다. 자칫 민족주의에 매몰돼 놓칠 수 있는 지점까지 날카롭게 지적해주신 박찬승 한양대 교수님 덕분에 읽을 만한 기사가 됐다고 생각합니다. 글빛에도 늘 한결같은 철수와영희 박정훈 대표께도 격한 감사를 드립니다.

2020년 3월

저자들을 대표하여 오승훈 씀

차례

1919년 1월 9일

1919년 1월 16일

1919년 1월 23일

1919년 1월 30일

1919년 2월 9일

1919년 2월 14일

1919년 2월 21일

1919년 3월 4일

1919년 3월 6일

1919년 3월 18일

1919년 4월 3일

1919년 4월 11일

1919년 4월 19일

1919년 4월 29일

부록

기미년 밝았다, 온 강토를 광복의 기운으로

일제의 가혹한 수탈도…… 저항정신만은 빼앗지 못하리라……

신년에 부쳐 - 평화와 독립의 원년

새해가 밝았다.
…어야하는 백성들
…만 무량하다.
…지난 무오년
…과 폭압으로 얼

룩진 고통의 시기였다. 쌀 한 되에 11전에서 36전. 근 삼년 내리 세곱절이나 폭등한 쌀값에 식민지 조선 민초들은 찰흙에 기장과 조 같은 서속(黍粟) 가루를 섞어 쪄서 먹거나 풀뿌리 나무껍질을 씹으며 겨우 연명하고 있다. 충청·전라·경상 삼남에선 기근 탓에 살아 있는 아이를 땅에 묻는 극악한 일도 벌어진다고 하니 민생이 도탄에 빠졌음을 누가 부인할 수 있으랴. 구라파(유럽)를 휩쓴 세계대전으로 물가가 앙등한데다 가뭄으로 인하여 작황이 부실한 것이 원인이라고 총독부는 주장하지만, 일본 정부가 자국의 쌀값 안정을 위해 조선쌀을 일본으로 반출한 것이 작금의 상황을 악화시켰다는 것을 삼척동자도 아는 바다. 일본인이 흙을 파서 먹는다는 이야기를 들어본 적이 있는가 말이다.

또한 지난해 하반기부터 전국을 감염시킨 독감으로 14만명이나 목숨을 잃은 애석한 사건은 식민통치의 무능함을 일깨우기에 부족함이 없다. 독감으로 숨진 일본인이 조선인의 십분지 일도 아니 된다는 점은 무오년 독감이 정치와 무관한 유행성 질병이 아니… 다. … 토)… 할… 멸시… 라는 말, … 묘지로 옮기라는 반인륜 행정, 조선인에 대한 직장 내 승급과 수당 제외 따위 일상의 차별을 말해 무엇하랴. 오호 통재라, 식민지 백성의 설움이다. 나라 잃은 백성에게 신년이 무슨 대수란 말이더냐.

시선을 밖으로 돌려보면 구라파를 덮은 포연은 아직도 자욱하다. 세계대전은 1천만명 넘는 목숨을 앗고 나서야 4년 만인 지난해 11월11일 끝이 났다. 이달 불란서(프랑… 를 되풀이하지 말고, 서구 열강의 일거수일투족을 예의 주시해야 할 터이다. 기회가 닿는다면 만백성 뜻을 모아 일본 식민통치의 부당함과 대한 독립의 정당성을 세계 만방에 알리는 기미년이 되어야 하지 않겠는가.

그렇다고 서구 열강이 우리에게 독립을 가져다줄 거라 막연하게 믿고 있을 수만은 없다. 세계 모든 나라는 결국 자국의 이해관계에 따라 움직일 뿐이라는 사실 또… 의병장 허위(許蔿)의 문하인 박상진(朴尚鎭)을 주축으로 을묘년(1915) 7월 대구에서 비밀결사된 대한광복회의 활동을 상기할 필요가 있다. 지난해 초 전국 조직망이 발각되어 주요 인물이 체포된 대한광복회는 국권 회복과 공화제 실현을 목적으로 △부호의 의연(기부) 및 일본인의 불법 징수하는 세금 압수로 무장 준비 △만주에 사관학교를 설치하여 독립전사 양성 △중국·노서아(러시아) 등에 의뢰하여 무기 구입 △무력이 준비되는 대로 일본인 섬멸전을 단행하여 최후 목적 달성의 강령을 내세운 바 있다. 외교가 아닌 투쟁으로 독립을 이루자는 말이다.

우리는 무오년이 저항의 시절이었다는 것도 자랑스럽게 기억해야 한다. 일본의 총칼에 나라를 빼앗긴 지 10년이 되는 동안 총독부는 무력으로 우리를 짓밟고 짓눌렀다. 문명국을 자처하… 조선인에게만 태형이… 져 숱한 조선인을 반신… 로 만들었으며, 일본도… 헌병들이 길목마다 지… 훈도시를 찬 교사들이… 이서 아이들을 가르쳤… 렇듯 폭력과 공포가 지… 는 시대였지만 조선인… 오년에만 50여회 동맹… 을 일으켰고 지방에선… 폭동으로 인한 폭동이… 지 않았다. 일본이 우리… 를 짓밟고 앗아갔지만… 조선인의 저항 정신은… 앗지 못한 것이다.

기미년 새해, 밖으로… 립 기운이, 안으로는 평… 세가 더욱 퍼져나갈 것으… 어 의심치 않는다. 〈한… 문〉은 조선 백성의 입장… 독립과 평화의 길에 함께… 임을 기틀 선언하는 바이…

1919년 1월 1일

…식, 파리강화회의 간다

여운형, 상해에서 윌슨 미국 대통령 측근과 접촉
신한청년당 동지들과 두문불출…사흘간 청원 작성

…의 지당함
…된 특사

[엄지원 기자]

병합 이후 나…
동을 꾸준히…
씨가 이달부…
파리에서 열…
참석해 세계…
의 정당함을…
로 전해졌다.
최근 종전된…
파라 패전국…
논의하려는…
자리에선 식…
다루어질 예…
민중들의 큰…
번 일은 지난…
에서 우드로…
의 측근을 직…
씨 등이 배…
했다는 소식…
독립운동가…
등을 강화…
하며 조선반…
무았으나, 이…
따위로 지…
전해진다.
못한 상해…
설명을 모아…
11월27일…
페에서 열…
찰스 크…
영영사에…
김해 참석…
의 외교 임…
역을 순회…
기념 행사에…
무렵에 아…
상호 이해…
화국을 건…
장지의 여성…

을 한 것으로 전해졌다. 지난해 1월 윌슨 대통령이 미국 의회에 밝힌 '민족자결주의' 원칙을 재확인한 것이다. '각 민족이 스스로의 의지에 따라서 운명을 결정하고 타 민족의 간섭을 받지 않는다'는 그의 선언은 우리 조선 민족뿐 아니라 식민통치에 신음하는 전 세계 약소민족들의 열렬한 환영을 받았다.

환영연에서 크레인씨 연설을 듣고 크게 감동한 여씨가 그에게 "우리들도 피압박 민족이니 모쪼록 이번 기회에 그 해방을 도모하고자 한다"는 뜻을 전하면서 파리강화회의행이 급물살을 타게 된 것으로 알려졌다. 여씨는 "(크레인씨에게) 대표 파견은 문제없는가 하고 물었더니 그는 '문제없으며 이에 대해서는 나 자신도 충분히 원조할 수 있으니 모쪼록 대표를 파견하라'는 말이 있었다"고 전했다. 이에 여씨가 상해에 체류하던 일본 유학생 출신 장덕수(25)씨 등 젊은 독립운동 동지들과 사흘간 두문불출하며 윌슨 대통령 등에게 보낼 조선독립청원서를 작성했다는 후문이다.

여씨 등이 중국 천진에 머물던 김규식씨를 굳이 상해로 불러 강화회의 파견 대표로 추대한 것은 그가 조선 독립에 대한 뜻이 굳건한 것은 물론, 미국 동부 로어노크대와 프린스턴대 대학원에서 공부하고 중국에서 상사원으로 근무해 뛰어난 외국어 실력을 갖췄기 때문인 것으로 알려졌다. 조선 반도 안팎에서 '어학의 천재'로 통하는 김씨는 미국 유학 뒤 동경외국어대 영어 교수 자리를 제안받기도 했지만 이를 뿌리치고 중국 망명길에 오른 인물이다. 알 만한 이들은 "김씨야말로 준비된 특사"라고 전해 왔다.

본사는 지난달 10일 김씨가 미국 하와이에서 독립운동을 이끄는 박용만(37)씨에게 보낸 편지를 입수했는데, 이 편지에는 특히 파리행을 앞둔

평소 어학의 천재 불린 인재 동경외대 교수직도 거절

김씨의 구체적이고도 결연한 의지와 몇가지 염려가 드러나 있다. 편지에서 김씨는 "나는 다음달 무렵 이곳을 떠나 유럽으로 가려고 매우 노력하고 있다"며 "우리는 귀하가 구라파(유럽)에서 합류하길 바라며 다른 무엇보다도 우리 민족을 위해 공부국을 개설하고 운영하는 데 조력하길 바란다"고 당부했다. "최소한 1년간 파리에 체류할 여정"이라는 뜻도 밝혔다. 다만 그는 "유일한 문제는 재정 문제"이고 "우리가 (재정 확보에) 성공한다면 우리 출발일을 귀하에게 전보로 알리겠다"고 단서를 달았다. 이와 관련해선 장덕수씨가 비밀리에 독립운동 자금을 뒷받침하는 부산 백산상회를 찾아 안희제(34)씨로부터 2천엔을, 김철(33)씨가 국내의 천도교 쪽으로부터 3만엔을 지원받는 등 백방으로 알아보고 있다는 소식이다.

세계대전이 종료돼 자유를 빼앗겼던 세계 각국의 독립 움직임이 활발한 이때에, 파리로 향하는 김씨 등이 독립을 향한 조선인의 염원을 전 세계에 타전할 수 있을지 기대하여본다.

해 넘기도록 맹렬한 돌림감기

연말연시에 기온이 크게 떨어지면서 돌림감기가 다시 맹위를 떨칠까 우려하는 목소리가 높다. 지난가을 조선 땅에서만 14만명의 목숨을 빼앗은 유례없는 전염병으로 인한 참혹한 사연들은 다들 자기 집에서, 이웃집에서 익히 보고 들었을 터이지만 최근에 들려온 소식들은 더욱 가슴을 친다.

소식통에 따르면 평안남도 대동군의 한 마을 이장 이아무개는 지난해 10월20일부터 한달 새 아내와 며느리, 손녀에 이르기까지 가족들을 잇따라 돌림감기로 여의게 되자 처지를 비관한 나머지 정신이상이 되어 방황하고 있다고 한다. 이 감기는 급격한 전염성을 가진 탓에 한 집에서 한 사람만 걸리더라도 가족들에게 별안간 전염되기 때문에 이처럼 안타까운 사연까지 낳은 것이다. 두달 전인 11월에는 충청남도 연기군 성제리의 홍아무개라 하는 이가 독감을 앓게 되어 29살 젊은 나이에 세상을 하직하자 그의 아내 김아무개가 이튿날 간수를 많이 마시고 스스로 목숨을 끊은 채 발견되기도 했다. 다섯살, 세살 먹은 여자아이들이 일시에 부모를 잃고 울부짖는 모습이 차마 눈 뜨고 볼 수 없는 광경이었다고 한다.

관리부터 막벌이꾼까지 14만명 사망 병의 기세가 세계대전 못지않구나

조선총독부 집계를 보면 이번 돌림감기 피해가 얼마나 컸는지 짐작할 만하다. 2년 전인 정사년(1917) 전염병 사망자는 4만2209명이지만 지난해엔 조선 사람 1700만명… 9152명이 전염병으로 목숨을 잃었… 터 남부까지 지역을 막론하고, 관… 막벌이꾼까지 신분을 불문하고 돌… 고생하는 실정이다. 경상남도 진주에… 배달부들까지 병에 걸려 관리들이… 배달하러 나서는가 하면, 평양에서… 반 이상이 감기를 앓았다. 각급 학교… 들이 쉬는 곳… 인데다 수수… 꾼들이 감기… 멀어져 농… 익은 벼를 거두지 못한 채 방치하는… 속출했다. 전 세계에서도 돌과 지난… 월 동안 감기와 폐렴으로 죽은 이가… 으로 추산될 정도니 병의 기세가 세… 다 맹렬하였다고 볼 법하다. 이 감기… 아(스페인)에서 유래하여 서반아감… 하는데, 세브란스 의전에 근무하는… 사람 스코필드(석호필) 박사는 "감기… 리어를 통해 구라파(유럽)에서 전파… 음을 의심할 여지는 없는 듯하다"고…

그러함에도 일제 수탈로 궁핍한… 노동자들 삶에 전염병까지 덮치면… 들는 미풍양속마저 기대하기 힘든… 그저 염병이 지나가도록 아궁이에… 피고 방문을 꼭꼭 닫아걸어 병을… 이열치열로 이겨내는 것 말고 뾰족… 없다.

큰소리

일본 순사 매질은 조선사람만 골라 때리나?

걸핏하면 태형 즉결처분에 치욕

경술년(1910), 조선을 강제로 집어삼킨 일본이 천인공노할 폭력성으로 우리 민족을 억압했다는 건 주지의 사실이다. 소위 '무단통치'라고 하는 조선총독부 지배방식을 상징하는 제도가 있으니, 바로 태형이다. 태형은 곤장으로 볼기를 때려 불구를 만들거나 망신을 주는 야만적 형벌인데 오직 '민도가 낮은 조선인'만 대상이 된다. 자칭 '문명인'인 일본인은 맞을 수 없다. 식민지 백성의 치욕스러운 현실이 아닐 수 없다.

일곱해 전인 임자년(1912) 총독부가 조선태형령을 제정해, 없어졌던 태형을 부활한 이래 조선인들은 걸핏하면 일본 순사에게 끌려가 즉결처분으로 치욕을 당한다. 지난해 1월과 2월에는 "인왕산 국유산림에 들어가서 감시원 몰래 솔나무 가지 한 무더기를 도벌하다가 들켜 태형"을 당하거나 "경성 경복궁 신무문 밖 보안림에 들어가서 솔잎새(소나무 잎사귀) 한 움큼을 절취하다가 발각되어 태형"에 처해지는 일이 있었다. 이들처럼 뒷산에서 나무를 해 오다 삼림령 위반으로 태형에 처해진 게 갑인년(1914)부터 정사년(1917)까지 1만393명에 이른다. 지난해에는 전체 태형 처분자 3만8683명 가운데 3991명(10.3%)이 삼림령 위반으로 곤장을 맞았다. 나라를 빼앗은 일본이 자기들 마음대로 산림을 국유화한 뒤 '한 움큼의 솔잎새'를 훔쳤다고 조선 사람을 되레 곤장으로 때리니 적반하장도 유분수. 큰 도둑놈이 주인을 때리는 형국이 아니고 무엇이냐.

◉ 일제가 흠모해 마지않는 대영국에서는 욕먹을 일이다

◆태형은 조선 사람만 맞을 수 있다.

태형의 단골손님은 도벌이 아닌 도박이다. 반만년 유구한 역사를 자랑하는 조선을 지배하겠다는 도박을 벌인 일본이 동리 아바위꾼들의 볼기를 때리고 앉았으니 소가 웃을 일이로다.

하세가와 요시미치(69) 총독을 위시한 총독부의 살뜰한 폭력이 미치지 않는 곳이 있으리오. 질서나 …

도 태형으로 엄히 다스리… 나리 어깨도 고단하시었다… 에 "과일장사 하는 리완… 아니한 감을 팔다가 순사… 되어 태 15개에 처해"졌고… "인천부 내면 우각동 3통… 던 김원택은 거주지 근처… 못하여 위생상의 방해가… 함으로 태 20개에 처해졌다…

"(태형 제도에 의해) 일본… 에게는 그들이 원한다면… 치지 않고서도 한국인을… 있는 권한이 부여되었다. … 만명에게 태형을 가했으니… 얼마나 가혹했던지, 남는… 는 줄을 이은 불구자와 시… 다." 일본이 그렇게 흠모해… 대영국의 언론인 매켄지가…

기미년 밝았다,
온 강토를 광복의 기운으로

신년에 부쳐 - 평화와 독립의 원년

기미년(1919) 새해가 밝았다. 하나 신년을 맞이하는 백성들 마음에는 근심만 무량하다.

돌아보건대 지난 무오년(1918)은 굶주림과 폭압으로 얼룩진 고통의 시기였다. 쌀 한 되에 11전에서 36전, 근 3년 내리 세 곱절이나 폭등한 쌀값에 식민지 조선 민초들은 찰흙에 기장과 조 같은 서속(黍粟) 가루를 섞어 쪄서 먹거나 풀뿌리 나무껍질을 씹으며 겨우 연명하고 있다. 충청·전라·경상 삼남에선 기근 탓에 살아 있는 아이를 땅에 묻는 극악한 일도 벌어진다고 하니 민생이 도탄에 빠졌음을 누가 부인할 수 있으랴. 구라파(유럽)를 휩쓴 세계대전으로 물가가 앙등한 데다 가뭄으로 인하여 작황이 부실한 것이 원인이라고 총독부는 주장하지만, 일본 정부가 자국의 쌀값 안정을 위해 조선 쌀을 일본으로 반출한 것이 작금의 상황을 악화시켰다는 것을 삼척동자도 아는 바다. 일본인이 흙을 파서 먹는다는 이야기를 들어본 적이 있는가 말이다.

또한 지난해 하반기부터 전국을 감염시킨 독감으로 14만 명이나 목숨을 잃은 애석한 사건은 식민통치의 무능함을 일깨우기에 부족함이 없다. 독감으로 숨진 일본인이 조선인의 10분지 1도 아니 된다는 점은 무오년 독감이 정치와 무관한 유행성 질병이 아니라는 것을 확인시켜준다. 이러고서도 내지(일본 본토)와 조선은 차별이 없다고 할 것인가. 일본인이 조선인을 멸시하며 부르는 '요보'(여보)라는 말, 조상묘까지도 공동묘지로 옮기라는 반인륜 행정, 조선인에 대한 직장 내 승급과 수당 제외 따위 일상의 차별을 말해 무엇하랴. 오호통재라, 식민지 백성의 설움이다. 나라 잃은 백성에게 신년이 무슨 대수란 말이더냐.

시선을 밖으로 돌리면 구라파를 덮은 포연은 아직도 자욱하다. 세계대전은 1000만 명 넘는 목숨을 앗고 나서야 4년 만인 지난해 11월 11일 끝이 났다. 이달 불란서(프랑스) 파리에서는 전범국의 식민지 처리를 두고 영국·불란서 등 전승국들이 강화회의를 연다. 여기에서 조선에 대한 처리 문제가 논의될 가능성도 배제키 어렵다. 우리는 국제정세에 어두웠던 과오를 되풀이하지 말고, 서구 열강의 일거수일투족을 예의주시해야 할 터이다. 기회가 닿는다면 만백성 뜻을 모아 일본 식민통치의 부당함과 대한 독립의 정당성을 세계만방에 알리는 기미년이 되어야 하지 않겠는가.

그렇다고 서구 열강이 우리에게 독립을 가져다줄 거라 막연하게 믿고 있을 수만은 없다. 세계 모든 나라는 결국 자국의 이해관계에 따라 움직일 뿐이라는 사실 또한 국제정치의 상식이 된 지 오래다. 조선 스스로 독립을 쟁취할 실력이 없다면 그 누구도 우리를 도와줄 수 없다는 자명한 이치를 잊으면 아니 된다. 이러한 사정에서 의병장 허위(許蔿)의 문하인 박상진(朴尙鎭)을 주축으로 을묘년(1915) 7월 대구에서 비밀결사된 대한광복회의 활동을 상기할 필요가 있다. 지난해 초 전국 조직망이 발각되어 주요 인물이 체포된 대한광복회는 국권 회복과 공화제 실현을 목적으로 부호의 의연(기부) 및 일본인이 불법 징수하는 세금 압수로 무장 준비, 만주에 사관학교를 설치하여 독립전사 양성, 중국·노서아(러시아) 등에 의뢰하여 무기 구입, 무력이 준비되는 대로 일본인 섬멸전을 단행하여 최후 목적 달성의 강령을 내세운 바 있다. 외교가 아닌 무력으로 독립을 이루자는 말이다.

우리는 무오년이 저항의 시절이었다는 것도 자랑스럽게 기억해야 한다. 일본의 총칼에 나라를 빼앗긴 지 10년이 되는 동안 총독부는 무력으로 우리를 짓밟고 짓눌렀다. 문명국을 자처했지만 조선인에게만 태형이 내려져 숱한 조선인을 반신불구로 만들었으며, 일본도를 찬 헌병들이 길목마다 지켰고 칼을 찬 교사들이 학교에서 아이들을 가르쳤다. 이렇듯 폭력과 공포가 가중되는 시대였지만 조선인은 무오년에만 50여 회 동맹파업을 일으켰고 지방에선 쌀값 폭등으로 인한 폭동이 끊이지 않았다. 일본이 우리 강토를 짓밟고 앗아갔지만 우리 조선인의 저항 정신만은 빼앗지 못한 것이다.

기미년 새해, 밖으로는 독립 기운이, 안으로는 평화 기세가 더욱 퍼져나갈 것임을 믿어 의심치 않는다. <한겨레신문>은 조선 백성의 입장에서 독립과 평화의 길에 함께할 것임을 거듭 선언하는 바이다.

김규식, 파리강화회의 간다

경술년(1910) 강제병합 이후 나라 밖에서 독립운동을 꾸준히 도모한 김규식(38) 씨가 이달부터 불란서(프랑스) 파리에서 열리는 강화회의에 참석해 세계만방에 조선 독립의 정당함을 호소키로 한 것으로 전해졌다. 파리강화회의는 최근 종전된 세계대전 결과에 따라 패전국들의 배상문제를 논의하려는 국제회의인데, 이 자리에선 식민지 독립 문제도 다루어질 예정이어서 약소국 민중들의 큰 기대를 받는다. 이번 일은 지난해 11월 중국 상해에서 우드로 윌슨 미국 대통령의 측근을 직접 만난 여운형(33) 씨 등이 배후에서 적극 추진했다는 소식이다. 미주의 한인 독립운동가들도 이승만(44) 씨 등을 강화회의 대표로 선정하며 조선 반도 안팎의 기대를 모았으나, 이는 여권 발급 문제 따위로 지지부진한 것으로 전해진다.

여운형 씨를 비롯한 상해 독립운동가들의 설명을 모아보면, 여 씨는 지난해 11월 27일 상해 소재 칼턴카페에서 열린 윌슨 대통령 측

김규식

근 찰스 크레인 씨의 방중 환영 행사에 한국인으로선 유일하게 참석했다. 윌슨 대통령의 외교 임무를 받아 극동 지역을 순회 중인 크레인 씨는 이날 행사에서 "윌슨 대통령이 무력이 아닌 정의와 보편적 상호 이해에 기초한 세계공화국을 건설하려 한다"는 취지의 연설을 한 것으로 전해졌다. 지난해 1월 윌슨 대통령이 미국 의회에 밝힌 '민족자결주의' 원칙을 재확인한 것이다. '각 민족이 스스로의 의지에 따라서 운명을 결정하고 타 민족의 간섭을 받지 않는다'는 그의 선언은 우리 조선 민족뿐 아니라 식민통치에 신음하는 전 세계 약소민족들의 열렬한 환영을 받았다.

환영연에서 크레인 씨 연설을 듣고 크게 감동한 여 씨가 그에게 "우리들도 피압박 민족이니 모쪼록 이번 기회에 그 해방을 도모하고자 한다"는 뜻을 전하면서 파리강화회의행이 급물살을 타게 된 것으로 알려졌다. 여 씨는 "(크레인 씨에게) 대표 파견은 문제없는가 하고 물었더니 그는 '문제없으며 이에 대해서는 나 자신도 충분히 원조할 수 있으니 모쪼록 대표를 파견하라'는 말이 있었다"고 전했다. 이에 여 씨가 상해에 체류하던 일본 유학생 출신 장덕수(25) 씨 등 젊은 독립운동 동지들과 사흘간 두문불출하며 윌슨 대통령 등에게 보낼 조선독립청원서를 작성했다는 후문이다.

여 씨 등이 중국 천진에 머물던 김규식 씨를 굳이 상해로 불러 강화회의 파견 대표로 추대한 것은 그가 조선 독립에 대한 뜻이 굳건한 것은 물론, 미국 동부 로어노크대와 프린스턴대 대학원에서 공부하고 중국에서 상사원으로 근무해 뛰어난 외국어 실력을 갖췄기 때문인 것으로 알려졌다. 조선 반도 안팎에서 '어학의 천재'로 통하는 김 씨는 미국 유학 뒤 동경외국어대 영어 교수 자리를 제안받기도 했지만 이를 뿌리치고 중국 망명길에 오른 인물이다. 알 만한 이들은 망국 뒤 변함없는 김 씨의 꾸준한 독립운동 경험을 들어 "김 씨야말로 준비된 특사"라고 전해 왔다.

여운형

본사는 지난달 10일 김 씨가 미국 하와이에서 독립운동을 이끄는 박용만(37) 씨에게 보낸 편지를 입수했는데, 이 편지에는 특히 파리행을 앞둔 김 씨의 구체적이고도 결연한 의지와 몇 가지 염려가 드러나 있다. 편지에서 김 씨는 "나는 다음달 무렵 이곳을 떠나 유럽으로 가려고 매우 노력하고 있다"며 "우리는 귀하가 구라파(유럽)에서 합류하길 바라며 다른 무엇보다도 우리 민족을 위해 공보국을 개설하고 운영하는 데 조력하길 바란다"고 당부했다. "최소한 1년간 파리에 체류할 예정"이라는 뜻도 밝혔다. 다만 그는 "유일한 문제는 재정 문제"이고 "우리가 (재정 확보에) 성공한다면 우리 출발일을 귀하에게 전보로 알리겠다"고 단서를 달았다. 이와 관련해선 장덕수 씨가 비밀리에 독립운동 자금을 뒷받침하는 부산 백산상회를 찾아 안희제(34) 씨로부터 2000엔을, 김철(33) 씨가 국내의 천도교 쪽으로부터 3만 엔을 지원받는 등 백방으로 알아보고 있다는 소식이다. 세계대전이 종료돼 자유를 빼앗겼던 세계 각국의 독립 움직임이 활발한 이때에, 파리로 향하는 김 씨 등이 독립을 향한 조선인의 염원을 전 세계에 타전할 수 있을지 기대하여 본다.

"민족자결주의는 당위 명제니 우리의 충정을 모아야 않겠소"

파리강화회의 개최 소식에 흥분하는 것은 중국 상해 동포들만이 아니다. 전 세계 곳곳에 흩어져 독립의 실력을 키우고 있는 우국지사들이 암중모색의 준비 상황을 국내 독자들에게 알리는 서신을 보내왔다. 본사에 도착한 서신들 일부를 실어 나라 안팎의 독립운동 소식을 전하니, 독자 여러분은 읽고 마음의 준비를 단단히 하시라.

◆**국내**(**경성**) = 요사이 경성의 천도교 간부들 움직임이 심상치 않소. 천도교 쪽인 보성고등보통학교의 최린(41) 교장이나 오세창(55)·권동진(58) 선생이 민족문제를 논의한다며 자주 만난다는 소식이오. 일제에는 더 이상 기대할 것이 없다고들 보고 있소. 우드로 윌슨 미국 대통령이 말하는 민족자결주의의 새로운 기회를 우리도 이용해보자는 목소리들이 국내에서도 커지고 있다오. 천도교는 이미 지난해 중앙총부 청사 건축을 명목으로 교도들로부터 건축특성금도 모아온 터

요. 논밭과 황소를 가진 이들은 가진 것을 팔고, 가진 것이 없는 이들은 짚신을 삼고 삯바느질을 하여 모아낸 성금이 100만 원의 거액이라고 하더이다. 조선 민중의 열정이 그와 같소. 그러나 천도교는 독자행동에 나서기보다 다른 세력들과 연합을 노리고 있는 모양이오. 3년 전인 을묘년(1915)에 이미 천도교에서 시국선언을 하려다 일제에 발각되어 수포로 돌아간 일(천도구국단 사건)이 있지 않소? 듣자 하니 기독교 쪽에선 신해년(1911)에 데라우치 총독 암살미수 사건으로 이미 옥고를 치른 이승훈(55) 선생이 독립운동을 구상 중이라 하오. 그러나 우리 민족운동 세력이 일제에 일망타진을 당했던 신해년 당시의 일을 떠올려보면, 이름이 알려진 이들 중 몇 사람이나 용기를 낼 수 있을지 걱정이 되어 밤잠을 이루기가 힘드외다.

◆**미국(샌프란시스코)** =세계대전의 종결로 열린 이번 기회를 이용해 한인들도 집단행동에 나서야 한다는 의견이 북미에서도 끓어넘치고 있소. 우리 북미 교민들도 이번 불란서 파리에서 열리는 강화회의에 대표자들을 보내기로 하였소. 지난해 11월 25일 안창호(41) 회장 주재로 열린 중앙총회에서 결정된 사안이오. 안창호 회장은 그간 "한국인의 언약이라면 믿을 수 있다"는 믿음을 이웃 서양인들에게 심어줄 것을 동포들에게 노상 충고했다오. 이번처럼 기회가 다가왔을 때 그들이 우리의 주장을 지지해줄 수 있도록 말이오. 이번에 파견될 대표자는 이승만(44)·정한경(28)·민찬호(41) 세 사람이오. 이미 대표원 3명 중 미국 본토에 있던 정 씨와 민 씨는 지난달 14~15일 뉴욕에서

열린 약소국 회의에도 참석했소. 하와이에 있는 이승만 박사는 본토행 출국허가장의 발급이 늦어져 아직 호놀룰루에서 발도 떼지 못하였다고 하오. 다만 이 박사가 본토에 오더라도 과연 대표원들이 파리로 가는 여권을 얻을 수 있을지 우려스럽소. 정 씨가 파리행 여권 수속을 준비 중이나 뉴욕 지역 일본 총영사의 방해 공작이 진행되고 있다는 소문이 들려오고 있소.

◆**일본(동경)** = 겨울 한파가 거세지고 있지만 이곳 동경 유학생들의 독립을 향한 열기는 나날이 더해가고 있습니다. 무오년(1918) 들어 줄기차게 열렸던 유학생 웅변대회들이 기운을 고취한 데다 미국 한인 동포들의 파리강화회의 대표 파견 소식까지 전해지면서, 타오르는 불꽃에 기름을 부은 형국입니다. 정초를 앞둔 12월 29일 열린 동경 조선유학생 학우회 망년회와 그 이튿날 열린 동서연합 웅변대회에선 서춘(25)·김상덕(28) 형 등이 나서서 열변을 토하였습니다. 자유, 평등, 민족…. 이 얼마나 가슴을 뜨겁게 하는 말들입니까. 우리는 예정된 시간을 넘겨서도 해산하지 못하고 의견을 나눴습니다. 이제야말로 밀실에서 우리끼리 웅변을 이어갈 것이 아니라 마침내 찾아온 기회를 붙들 때가 아닌가 합니다. 때마침 조도전(와세다) 대학의 천재라 하는 이광수(27) 형도 중국에서 돌아와 독립 방책을 논의할 사람을 고르고 있다는 소식입니다. 유학생 학우회 기관지의 편집국장을 맡아 유학생들에게 신임이 두터운 최팔용(28) 형이 이 형과 불콰한 얼굴로 선술집에 앉아 독립 모의를 하는 것을 본 이들도 있답니다. 일본

제국의 한복판에서, 우리 유학생들이 조국의 독립을 외칠 날이 머지 않은 듯합니다.

◆**노서아**(러시아·블라디보스토크) =시베리아의 혹한이 몰아치는 여기 간도와 연해주에선 세계대전이 종결되면서 그간 얼어붙었던 독립운동이 활기를 찾아가고 있다오. 러시아 내전이 발발한 뒤 일본 정부가 질서 유지를 명분 삼아 지난해 무오년 대규모 병력을 파병한 뒤, 노령(시베리아)의 민족운동이 큰 타격을 받은 것은 사실이오. 하나 세계대전의 와중에 동구라파(동유럽)의 보헤미아 독립운동이 체코슬로바키아라는 당당한 공화국의 탄생으로 이어지는 것을 우리는 똑똑히 목격하지 않았소.

이곳에서는 이번 파리강화회의에 민족 대표를 파견하여 자주독립을 선언하고 홍보하도록 하여야 한다는 데 뜻이 모이고 있소. 최근 이곳 노령 지역의 동포들을 이끌고 있는 문창범(49) 회장과 윤해(31) 부회장이 파리에 파견할 대표 선발을 고민하고 있다고 하니, 일단은 논의를 지켜볼 요량이오.

황포강변에 부는 것은 나라 잃은 민족의 바람인가

독립의 희망 '상해 탐방기'

"부우우우우… 부우우우우…."

유니언잭과 일장기, 삼색기를 각각 매단 배들이 경쟁이라도 하듯 출항과 입항을 알리는 뱃고동을 요란스럽게 울려댄다. 누런 황포강이 증기로 뒤덮여 삽시간에 부옇게 흐려졌다. 이내 안개가 걷히자 황포강변에 늘어선 고루거각들이 위용을 드러냈다. 경성에선 볼 수 없던 4~5층짜리 유럽풍 '빌딩'들은 대개 영국 은행이다.

'동양의 런던'이라는 중국 상해 황포강변 풍경에 넋 놓을 새가 없다. 크고 작은 선박들의 소음이 잦아들자 이번엔 사람이 야단이다. 부둣가에 늘어섰던 쿨리(중국 하층노동자)와 인력거꾼들이 달려들어 배에서 내리는 짐과 사람을 서로 차지하려 악다구니를 쓴다. 짐이랄 것이 없고 행색이 초라한 기자야 무사통과지만, 인천항에서부터 함께 온 조선인 남성이 곤혹스럽게도 인력거꾼에게 붙들렸다. 알아듣지 못할 중국말로 떠드는 인력거꾼을 뿌리치며 남자가 화를 내려던 찰나 누

중국 상해 황포강변 풍경.

군가 그의 팔을 조심스럽게 붙들어 말렸다.

"상해에서 조선 사람은 항상 외교관의 마음가짐으로 주의해야 합니다." 몸을 돌려 이 소요에 느닷없이 끼어든 조선 사람의 얼굴을 확인했다. 말쑥한 프록코트 차림에 잘 다듬은 카이저수염의 신사. 상해의 교민들에게 "인력거꾼과 품삯을 다투지 말고, 노상에서 취한 모습을 보이지 말라"며 "국가와 민족을 대표하는 대사 혹은 공사"와 같은 처신을 당부했다던 청년 독립운동가 여운형(32) 씨였다. 기미년(1919)을 코앞에 둔 무오년(1918) 12월 27일 기자가 상해를 찾은 것은 여 씨 등 상해의 젊은 층이 조직한 신한청년당의 활동을 심층 취재하기 위해서다.

여 씨는 1년 전인 정사년(1917) 남경에서 늦깎이 영문학 공부를 마치고 이곳 상해로 왔다. "남경은 정치 무대로서 상해보다 협소하다"는 게 그의 판단이었다. 확실히 지금 상해는 드넓은 혁명의 땅이다. 신해년(1911) 청 왕조를 무너뜨리고 공화국을 탄생시킨 신해혁명의 기운이 전 세계 망명객들을 불러모으고 있다. 포목상이나 인삼 행상을 하는 조선인이 몇몇 터 잡고 살던 이곳에 강제병합 직후인 신해년 신규식(38) 씨가 망명해 오면서, 상해는 나라 잃은 독립운동가들의 주요 터전으로 떠올랐다.

국내와 북미, 간도와 연해주의 독립운동가들을 연결하는 중계지점인 이곳에는 미주의 독립운동가들이 발행하는 <신한민보>를 비롯해 전 세계 한인의 '불온 인쇄물'들이 배달되어 온다. 국제 정세에 민감한 젊은 운동가들이 모여드는 이유다. 경술년(1910)부터 올해까지 상해로 이주해온 독립운동가는 박은식(59) 씨 정도를 빼면 열에 아홉이 20~30대의 청년층이다. 새로운 세대가 상해에서의 독립운동에 새바람을 불어넣고 있달까.

게다가 지난달 11일 독일의 항복으로 세계대전이 막을 내리면서, 조선 사람들을 비롯한 상해의 약소국 망명자들 사이에는 축제 같은 흥분감이 감돌고 있다. 국제 정세의 격변기를 틈타 우리의 독립을 꾀할 수 있다고 믿어온 젊은 운동가들이 세계대전의 종식과 함께 구체적인 행동에 나서려는 참이다. 여 씨는 이들 젊은 운동가에게 신뢰받을 만한 새 인물로 꼽힌다. 상해에 온 지 1년 만에 그는 상해 고려 교민친목회를 조직해 회장을 맡았다.

여 씨가 상해 교민들의 핵심 축이 된 까닭은 또 있다. 미국인 목사 조지 피치가 운영하는 기독교계 서점 '협화서국'에서 판매부 주임을 맡고 있는 그는 미국으로 가려는 조선 사람들의 밀항을 은밀히 돕고 있다. 피치 목사와 그의 아들 애시모어 피치는 모두 조선 사람들에게 온정적이다.

일제의 도미 제한 정책에 미국 유학길이 막힌 조선의 젊은이들이 이런 소식을 듣고 상해로 몰려들고 있다. 여 씨는 "협화서국은 대개 여행권 없이 미국으로 가려는 사람 등을 미국 기선회사와 관계당국에 교섭하여 주는 일종의 알선기관"이라며 "매년 수백 명씩 지원자가 있어 일이 몹시 분주하다"고 전했다. 그의 집 주변은 이런 이유로 그를 찾는 젊은 식객들로 항상 시끌벅적하다. 나중에 한국광복군 장군이 되는 이범석(18) 군도 몇 해 전 고국을 떠나와 지금은 여 씨의 소개로 운남군관학교에 다니고 있다.

여 씨를 비롯한 한국인 독립운동가들은 대부분 상해의 불란서(프랑스) 조계지에 모여 산다. 이곳 조계는 불란서 정부가 다스리는 '나라 속 나라'다. 청나라는 아편전쟁에서 영국에 패배하면서 1842년 남경조약을 맺어 서구 열강에 이런 치외법권 지역을 내주기 시작했다. 영국·미국·일본 등에서 온 이주민들이 공동 자치로 꾸려가는 공공조계나 중국 관할구역인 화계에 견줘, 불란서 조계는 일본의 영향력이 약해 독립운동가들의 운신 폭이 넓다. 일제는 "불란서는 자유·평등을 이상으로 하는 국가이기 때문에 조계 내에서도 분위기가 그러하며,

독자적으로 정치하고 사법 사무상에도 공조에 응하지 않는다"며 "조선인은 이 국제적 관계를 이용하고 일본의 주권이 미치지 않는 이 조계 안에서 각종의 책동을 개시함에 이르렀다"고 판단하고 있다.

거리의 분위기도 사뭇 다르다. 백화점·호텔 같은 마천루가 휘황찬란한 데다 세계 58개국에서 몰려든 외국인들로 번잡한 공공조계와 달리 주택들이 밀집한 불란서 조계는 고즈넉하다. 돈벌이를 위해 상해를 찾은 한인들이 공공조계를 중심으로 살아가는 반면, 독립운동가들은 이곳 불란서 조계를 중심으로 모여들고 있다. 이태 전 신규식·박은식·신채호 등 상해 1세대 독립운동가들이 '대동단결선언'을 통해 임시정부 수립 등을 주장하고 나선 뒤 불란서 조계 밖에서 일제의 감시와 체포가 한층 강화됐다.

이곳 불란서 조계에서도 문턱이 닳도록 많은 한인이 드나드는 곳은 한진교(31) 씨가 운영하는 한약방 '해송양행'이다. 4년 전까지 북경에서 이발소를 하다 상해로 건너온 한 씨는 인삼을 팔아 큰돈을 벌어들이고 있다. 개성에서 수입한 인삼을 중국 전역 판매망을 통해 거래한다. 고려 인삼은 중국인들에게 '불로초'로 알려져 있기 때문에 한인이 직접 판매하는 인삼은 상해에서 인기가 대단하다. 갑인년(1914) 조사에 따르면 상해 거주 한인 53명 중 8명이 인삼 행상이었을 정도다.

한 씨는 단순한 장사치가 아니다. 그가 벌어들이는 돈의 대부분은 독립운동가들에게 흘러들어 간다. 2년 전 상해의 한인들이 민족 교육을 위해 인성학교를 세울 때 목돈을 내놓은 이가 한 씨였다. 이번에 파리강화회의에 김규식(37) 씨를 파견할 때도 여비의 일부를 한 씨가 마련했다. 이런 그를 가리켜 누군가는 "총대 없는 상인 독립군"이라고 표현하기도 했다. 그와 여운형 씨는 올해 들어 토요일마다 꾸준히 여 씨 자택에서 또래 젊은 운동가들과 모임을 하며 독립의 구체적인 방책을 상의해왔다. 지난 11월 결성된 신한청년당이 그 결과물이다.

'터키청년당'을 모방해 40살 이하 상해 교민들로 구성한 신한청년당의 초기 구성원은 여섯 명이다. 여 씨의 절친한 대학 동창이자 상해 <중화신보> 기자인 조동호(26) 씨, 일본 조도전(와세다) 대학에서 유학한 뒤 상해에 온 장덕수(24) 씨, 선우혁(36) 씨, 김철(32) 씨 등이다. 특히 장 씨는 이들 가운데 가장 어린 축이지만 국제 정세에 밝은 편이어서 여 씨의 전적인 신뢰를 얻고 있다. 여 씨는 "연배로 말하면 내가 (신한청년당의) 수령 같지만 장덕수 쪽이 나보다 지식이 앞섰기 때문에 내가 수령이라고 말할 수는 없다"고 했다. 22살이던 병진년(1916) 이미 국제적 반일 비밀결사 조직인 '신아동맹당' 창당에 앞장섰던 장 씨는 베테랑 운동가다. 미국 유학을 가려다 뜻밖에 상해에서 뜻이 맞는 동지들을 만나 의기투합하며 이곳에 눌러앉게 되었다고 한다.

일찍 신문물을 접해 젊고 개방적인 탓인지 이들 당원은 일을 추진하는 데에 거침이 없다. 지난달 27일 우드로 윌슨 미국 대통령의 친구 찰스 크레인 씨의 환영회에 참석해 파리강화회의 대표 파견과 관련한 대화를 나눈 데 이어 여 씨와 장 씨는 곧바로 독립청원서 작성에 돌입했다. 여 씨는 이를 영역해 타이핑하고 한 부는 윌슨 대통령에게 전해질 수 있도록 찰스 크레인 씨에게, 다른 한 부는 '반일 미국인'으로 꼽히던 상해의 평론지 <밀러드 리뷰> 주필 토머스 밀러드 씨에게 건넸다. '신한청년당 총무 여운형' 명의로 작성한 청원서에는 "일본은 전제주의, 군벌주의 국가로 자유주의, 인도주의, 평화주의, 국제연맹을 이해하지 못하는 아시아의 스파르타"이니 한국의 독립을 도와달라는 호소가 담겼다. 이 모든 일이 사흘 만에 추진됐다.

이 청원서 작성을 출발 삼아, 여 씨를 비롯한 신한청년당 당원들은 상해의 울타리를 넘어선 독립운동 계획을 모색하고 있다. 12월 내내 김규식 씨의 파리행 여비를 마련하느라 동분서주한 것은 물론이고, 김 씨가 상해에 도착하는 대로 각 당원은 일본 동경과 경성, 러시아 블라디보스토크로 흩어져 김 씨의 파리 외교활동과 연계한 독립운동의 필요성을 알릴 예정이다.

나중에 대한민국임시정부 기관지인 <독립신문>은 이런 신한청년당의 활동을 "표면상 정숙하던 한토(얼어붙은 땅) 삼천리에 장차 일대 풍운이 일어날 징조"(1919년 8월 26일치)라고 평가한다. 그러나 '계란으로 바위를 치는' 심정으로 일어선 상해의 이 청년들 중 누구도 자신들의 날갯짓이 불러올 태풍을 아직은 차마 짐작조차 하지 못하는 듯했다.

14원 하던 쌀값이 38원? 굶주린 궁민들은 분노한다

기미년(1919)을 맞은 장삼이사들에게 가장 큰 소망은 바로 쌀값 걱정 안 하고 사는 것이다. 두 해 전인 정사년(1917) 이래 쌀값이 천정부지로 치솟고 있기 때문이다. 우려스러운 것은 올해 쌀값도 심상찮은 움직임을 보인다는 점이다.

정사년 상반기 1석(섬·144kg)당 14~15원(현재 가치 약 17만 원)에서 후반기에 22~23원으로 오르기 시작한 쌀값은 지난해 전반기에는 26~28원으로 앙등했다. 1년 만에 갑절이나 오른 셈이다. 쌀값은 8월에 접어들면서 걷잡을 수 없이 더 뛰었다. 그 전달에 비해 한 달 사이 10원이 앙등한 최악의 쌀값 폭등이 나타난 것이다. 11월 38원 95전에서 12월 37원 85전으로 1원 10전 겨우 내려가더니 올해 들어 다시 오름세를 보인다. 자국의 쌀값 안정을 위하여 조선의 쌀을 이출해 가는(옮겨 나가는) 쌀값 조절 정책을 일본이 고수하는 데다, 전란 이래 호경기에 따른 일본의 여유 자금이 쌀 매수에 유입돼 쌀값 폭등의 도화

군산항에 쌓여 있는 일본으로 반출되는 쌀.

선이 된 점, 일본에 쌀을 적출한다는(실어 낸다는) 소문과 쌀 재고가 없다는 풍문, 지난해 한파로 보리 작황이 불량한 사정 등이 더해져 쌀값의 추가 폭등 요인이 되고 있다.

상황이 이러하자 궁민(생활이 어렵고 궁한 백성)들의 쌀 소동도 야기된다. 판결문을 보면 지난해 8월 28일 경성 구제회의 미염매소(쌀·소금 판매소) 중 하나인 종로소학교 판매소에서는 1000여 명의 궁민들이 염가로 판매하는 쌀을 사려고 길게 줄을 서 있었다. 700~800명이 쌀을 사 간 오후 2시, 이윽고 쌀이 떨어졌다. 종로경찰서에서 나온 순사 한 명과 순사보 세 명이 군중들에게 돌아가라고 고지했다. 이때 권농동에 사는 이순우 씨의 아내인 야채상 김성녀(54) 씨가 쌀을 사려 판매소 안으로 들어가려고 하였다. 오야마 순사는 김 씨를 제지하며 그를 문밖으로 밀쳤다. 김 씨는 바닥에 넘어지면서 왼쪽 가슴을 부딪쳐 그 자리에서 숨졌다. 이에 성난 군중이 "경찰이 인민을 때려죽인다"고 항의하며 대충돌이 벌어졌다. 급보를 받은 총독부 경찰은 본정경찰서(중부경찰서), 경무총감부, 헌병대 사령부 용산분대 등에서 헌병경찰 수십 명을 급파해 109명에 달하는 조선인을 검거하였다. 당시 종로경찰서는 '송곳 꽂을 곳도 없는' 상태가 되었고 이들 중 30여 명은 경성지방법원 예심에 회부되어 10월 3일 징역 8월에서 태형 40대까지 판결을 받았다.

종로 미염매소 소동 외에도 8월 22일 전라남도 목포에서는 철도노동자 100여 명이 쌀집을 습격하는 사건이 일어났다. 쌀값이 폭등하자 외상거래에서 현금거래로 바꾸고 가격마저 바가지 씌운 것이 발단이었다. 쌀값이 계속 오르면, 최악의 상태에서 최소한의 생존권마저 유린당한 조선인들의 가슴속 분노는 더 큰 저항을 낳을 것으로 보인다.

해 넘기도록 맹렬한 돌림감기

연말연시에 기온이 크게 떨어지면서 돌림감기가 다시 맹위를 떨칠까 우려하는 목소리가 높다. 지난가을 조선 땅에서만 14만 명의 목숨을 빼앗은 유례없는 전염병으로 인한 참혹한 사연들은 다들 자기 집에서, 이웃집에서 익히 보고 들었을 터이지만 최근에 들려온 소식들은 더욱 가슴을 친다.

소식통에 따르면 평안남도 대동군의 한 마을 이장 이 아무개는 지난해 10월 20일부터 한 달 새 아내와 며느리, 손녀에 이르기까지 가족들을 잇따라 돌림감기로 여의게 되자 처지를 비관한 나머지 정신이상이 되어 방황하고 있다고 한다. 이 감기는 급격한 전염성을 가진 탓에 한 집에서 한 사람만 걸리더라도 가족들에게 별안간 전염되기 때문에 이처럼 안타까운 사연까지 낳은 것이다. 두 달 전인 11월에는 충청남도 연기군 성제리의 홍 아무개라 하는 이가 독감을 앓게 되어 29살 젊은 나이에 세상을 하직하자 그의 아내 김 아무개가 이튿날 간수를 많이 마시고 스스로 목숨을 끊은 채 발견되기도 했다. 다섯 살, 세 살 먹은 여자아이들이 일시에 부모를 잃고 울부짖는 모습이 차마 눈 뜨고 볼 수 없는 광경이었다고 한다.

조선총독부 집계를 보면 이번 돌림감기 피해가 얼마나 컸는지 짐작할 만하다. 2년 전인 정사년(1917) 전염병 사망자는 4만 2209명이지만 지난해엔 조선 사람 1700만 명 중 13만 9152명이 전염병으로 목숨을 잃었다. 북부부터 남부까지 지역을 막론하고, 관리들부터 막벌이꾼까지 신분을 불문하고 돌림감기로 고생하는 실정이다. 경상남도 진주에선 우편배달부들까지 병에 걸려 관리들이 우편물을 배달하러 나서는가 하면, 평양에서는 인구의 반 이상이 감기를 앓았다. 각급 학교와 회사들이 쉬는 것은 물론인 데다 추수철에 일꾼들이 감기로 나가떨어져 농촌에서는 익은 벼를 거두지 못한 채 방치하는 상황이 속출했다. 전 세계에서도 불과 지난가을 3개월 동안 감기와 폐렴으로 죽은 이가 600만 명으로 추산될 정도니 병의 기세가 세계대전보다 맹렬하였다고 볼 법하다. 이 감기는 서반아(스페인)에서 유래하여 서반아감기라고도 하는데, 세브란스 의전에 근무하는 캐나다 사람 스코필드(석호필) 박사는 "감염이 시베리아를 통해 구라파(유럽)에서 전파되어 왔음을 의심할 여지는 없는 듯하다"고 전했다.

그러잖아도 일제 수탈로 궁핍한 농민과 노동자들 삶에 전염병까지 덮치면서 이웃을 돕는 미풍양속마저 기대하기 힘든 시절이다. 그저 열병이 지나가도록 아궁이에 불을 지피고 방문을 꼭꼭 닫아걸어 방을 덥게 하고 이열치열로 이겨내는 것 말고 뾰족한 방도가 없다.

일본 순사 매질은 조선 사람만 골라 하나?

경술년(1910), 조선을 강제로 집어삼킨 일본이 천인공노할 폭력성으로 우리 민족을 억압했다는 건 주지의 사실이다. 소위 '무단통치'라고 하는 조선총독부 지배 방식을 상징하는 제도가 있으니, 바로 태형이다. 태형은 곤장으로 볼기를 때려 불구를 만들거나 망신을 주는 야만적 형벌인데 오직 '민도가 낮은 조선인'만 대상이 된다. 자칭 '문명인'인 일본인은 맞을 수 없다. 식민지 백성의 치욕스러운 현실이 아닐 수 없다.

일곱 해 전인 임자년(1912) 총독부가 조선태형령을 제정해, 없어

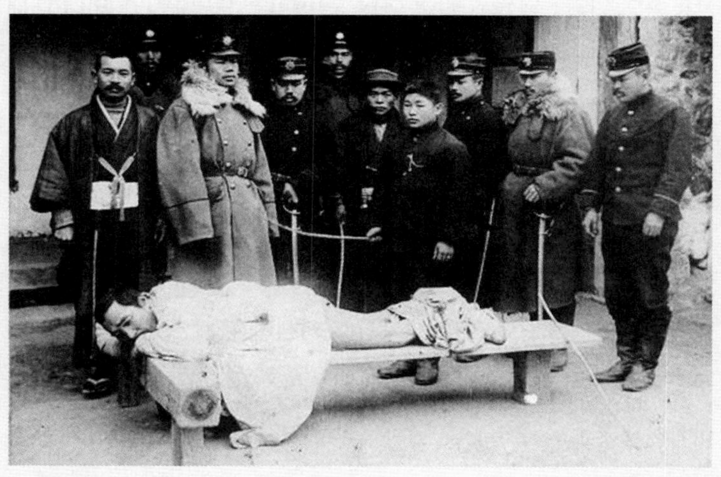

태형은 조선 사람만 대상이었다.

졌던 태형을 부활한 이래 조선인들은 걸핏하면 일본 순사에게 끌려가 즉결처분으로 치욕을 당한다. 지난해 1월과 2월에는 “인왕산 국유산림에 들어가서 감시원 몰래 솔나무가지 한 무더기를 도벌하다가 들켜 태형”을 당하거나 “경성 경복궁 신무문 밖 보안림에 들어가서 솔잎새(소나무 잎사귀) 한 움큼을 절취하다가 발각되어 태형”에 처해지는 일이 있었다. 이들처럼 뒷산에서 나무를 해 오다 삼림령 위반으로 태형에 처해진 게 갑인년(1914)부터 정사년(1917)까지 1만 393명에 이른다. 지난해에는 전체 태형 처분자 3만 8683명 가운데 3991명(10.3%)이 삼림령 위반으로 곤장을 맞았다. 나라를 빼앗은 일본이 자기들 마음대로 산림을 국유화한 뒤 ‘한 움큼의 솔잎새’를 훔쳤다고 조선 사람을 되레 곤장으로 때리니 적반하장도 유분수. 큰 도둑놈이 주인을 때리는 형국이 아니고 무엇이냐.

태형의 단골손님은 도벌이 아닌 도박이다. 도박은 1910년대 내내 하나의 사안으로는 전체 즉결 사건의 약 40%를 차지하고 있으며 그 중 80% 안팎의 인원(13만 187명)이 노름으로 볼기를 맞았다. 반만년 유구한 역사를 자랑하는 조선을 지배하겠다는 도박을 벌인 일본이 동리 야바위꾼들의 볼기를 때리고 앉았으니 소가 웃을 일이로다.

하세가와 요시미치(69) 총독을 위시한 총독부의 살뜰한 폭력이 미치지 않는 곳이 있으리오. 질서나 위생에 관계된 일, 일탈, 풍기 문란도 태형으로 엄히 다스리느라 순사 나리 어깨도 고단하시었다. 임자년에 “과일 장사 하는 리완우는 익지 아니한 감을 팔다가 순사에게 발각되어 태 15개에 처해”졌고 이듬해 “인천부 내면 우각동 3

통 6호에 살던 김원택은 거주지 근처가 청결치 못하여 위생상의 방해가 적지 아니함으로 태 20개에 처해졌다."

하세가와 요시미치 총독

"(태형 제도에 의해) 일본 순사들에게는 그들이 원한다면 재판을 거치지 않고서도 한국인을 구타할 수 있는 권한이 부여되었다. 해마다 수만 명에게 태형을 가했으며 그것이 얼마나 가혹했던지, 남는 것이라고는 줄을 이은 불구자와 시체뿐이었다." 일본이 그렇게 흠모해 마지않는 대영국의 언론인 매켄지가 태형 제도를 두고 한 말이다.

지하」 무단통치
름없는 조선 총독

식민지 폭력지배, 임계점 넘었다

◇◈◇◈◇◈◇◈◇◈

입법·사법·행정 독점…총독의 명령이 곧 조선의 법
직속 헌병경찰 세우고 불법 체포·구금마저 합법화

오승훈 기자]
9일, 대한제
로 병합되
한 것이었다.
을 수 있으
제국 황실
하인 이왕
. 국호는 대
으로 돌아갔
국이었으므
이상 제국
의 통감부
칙령 제319
강력하고
기관인 조
했다. 그 우
주었다.
일왕에게만
하 만인지
본의 관제
(일왕이 직
총독·정무
관·육해군
의 내각 총
및 대심원
막는 자리
대신의 관
만 조선 총
접 보고를
다. 총리에

「경술국치 9년」을 맞아

게 올리는 보고와 재가가 있었지만 이는 형식적이었다.

특히 총독은 조선의 입법·사법·행정의 삼권을 독점하고 있었다. 총독의 명령, 즉 제령(制令)으로 조선에서 시행되는 법률들을 없애거나 대신할 수도 있었다. 총독의 말이 곧 법이었던 셈이다. 일본 육해군 대장 가운데 일왕이 임명하게 돼 있는 총독은 조선 주차군에 대한 통수권도 갖고 있었다. 총독부 관리 중 주임관(참여관 이하 3~9등의 고등관을 뒀고 군수가 고등관 9등)에 대한 인사제청권과 판임관(보통문관시험을 거친 자로 총독이 임명) 이하에 대한 인사권도 가졌다. 총독은

조선인 고문·태형 남발 예사
군국주의 복식 강요하더니
교사마저 칼 차고 등장

한마디로 조선의 새로운 왕이었다. 임기를 마친 총독은 이후 내각 총리대신으로 영전한다. 일본 내에서 조선 총

◆하세가와 요시미치 조선 총독. 일본 국립국회도서관

◆1912년 하세가와가 거액을 들여 지은 유럽풍의 호화 건물.

독의 정치적 입지를 보여주는 대목이다.

총독에겐 조선인들의 저항을 제압할 수 있는 헌병경찰이라는 강력한 체제이 있었

1919년 1월 2일

병전쟁 때문이었다. …하고 눈물겨운 항쟁을 무사

◆무단통치 상징인 헌병경찰. 맨앞줄 자세가 오만불손하기 짝이 없다.

기구는 총독의 직속기관으로 설치되어 있었다. 조선 통감에서 초대 총독이 된 데라우치 마사타케(67)는 이같은 권력을 바탕으로 일종의 계엄령 체제인 '무단통치'(武斷統治)라는 식민지 폭력지배를 확립하였다. 하세가와 요시미치(69) 현 총독은 전임 데라우치 총독의 통치방식을 기계적으로 계승했다는 비판을 받고 있다. 지난 9월 건강상의 이유로 돌연 사퇴의사를 밝혔으나 수리되지 않았다.

헌병경찰의 불법 체포·구금·투옥 행위를 합법화하기 위해 통감부 재판소령을 조선총독부 재판소령으로 바꾼 일제는 조선감옥령을 공포하여 전국 24개소에 감옥을 설치하고 독립운동가와 그 혐

…였다. 일반 문관은 물론 교사들까지 금테 제복과 제모·훈도를 착용하게 된 연유였다. 칼을 찬 교사의 등장이었다. 조선인에 대한 일상적인 고문과 거주제한, 집회·결사의 자유 불허, 언론자유 말살, 태형령 남발 등 무단통치의 가공할 폭력성은 민족의 가슴에 거대한 분노를 키우고 있다.

한편, 군인 출신 총독들의 무단통치를 두고 일본 내에서도 우려가 나오고 있다. 일본 정계를 중심으로 '조선 총독 문관 교체' 등의 내용을 담은 관제개혁안이 논의되고 있는 것이다. 작년 12월17일 하라(63) 총리가 민비시해사건을 지휘한 것으로 알려진 정계의 막후 실세 미우라 고로(73) 전 주한공사와 동경에서 비밀회동을 갖고 조선 총독에 민간인도 임용 가능케 하는 내용의 조선총독부 관제개혁안을 협의한 것으로 알려졌다. 오사카 마이니치신문

사 사장을 지낸 하
일본 정계의 가장
조슈번(長州藩)과
(薩摩藩) 어디에도
은 제3의 인물로 군
정당세력을 대표한

민족의 분노 물론이
일본 막후 실세 미우
문관 총독 필요하다

미우라는 이날
본 정계의 최고 실
마가타 아리토모(81
대신 겸 육군 원수를
같은 사항에 대한
었다고 한다. 총리를
낸 야마가타는 메이
낳은 최대 파벌 조
두이자 '일본 군국
버지'로 불리는 자
따라 조선 총독이
바뀔 가능성이 점
다. 파국을 맞기 전
로 무단통치의 변화
수 있을지 조선 민
일본으로 향하고 있

패전국 독일, 경제파탄 파국

작년 11월11일, 독일은 세계대전에서 패전하였다. 〈뉴욕 타임스〉를 비롯한 서방 유력 언론들은 패전국 독일의 앞날은 순탄치 않을 것으로 점치고 있다. 전쟁에 대한 비난이 독일로 집중되고 있는데다, 가혹한 평화합의안도 큰 걱정이기 때문이다. 파탄난 독일 경제는 당장 660만파운드의 전쟁배상금을 감당해야 한다.

군주제하의 독일제국을 통치하던 황제 빌헬름 2세는 전란이 막바지에 다다를 즈음 폭력 소요에 직면하였다. 작년 11월 황제가 결국 자리에서 물러나게 된 이유였다. 새해가

밝았지만 수천명의
들은 여전히 가난
시달리고 있다. 돌림
성 인플루엔자)로
이 사망한 것도 사
를 어둡게 하고 있다.
많은 독일인은
합의한 평화합의인
버 크리미널즈'(11월
들)라 부르며 자신
에 패하였음을 인정
고 있다. 일부 민족
은 패전의 책임을
자, 정부, 그리고 유
으로 돌리고 있다고
다른 파국이 독일
비되고 있는 것은
세계가 주시하고 있

동맹파업 4443명…민족진영 "총궐기 임박"

「못살겠다」 조선민중 생존투쟁 급증

불이 쌀값 폭등으로
경에 처한 이들은 도
값이 크게 오른 재작
, 알량하게도 조선총
〈매일신보〉조차 이
편을 다룬 기사를 빈
있는 것은, 상황이 그
엄중하기 때문일 것
투쟁이라 할 노동지
또는 임금투쟁이 급
를 방증한다.
저항은 수치로도 확
년 전인 병진년(1916)
에 조선인 참가 인원
데, 이듬해에는 같은
지난해에 이르면 50건
급증했다.
보면, 재작년 8월28
초회사 본공장의 조
9명이 동맹파업을 벌
은 각종 물가가 등귀
래 임금으로 생활할
종전보다 시간당 4전
요구하였으나 거절
들어갔다. 지난해 5
주 철도(만철) 경성
장에 근무하는 노동
파업에 돌입했다. 5월
간이 한시간 연장되
임금을 올리라고 요구
지 않은 데서 일어난
파업은 노동자들에게
이 공상 속의 희유와
를 후 종료되었다.
처절한 생존권 투쟁
사의 차장·운전수
져 나왔다. 지난해 8
1시, 차장·운전수 교
교대할 60여명의 차
전차에 올라 교대를
문 안 전차과의 승무

원 집합소에 모여 '시간당 임금을 10전에서 20전으로 할 것, 차장·운전수 견습 수당은 매일 50전으로 할 것, 한달에 네번 쉬는 날을 줄 것' 등을 요구하며 농성을 벌였다.

일본인이 사주인 회사는 임금 인상 요구를 일축하면서 다음과 같이 입장을 밝혔다. "너희들의 생활상 곤란을 피하게 하기 위하여 이제 들어올 안남미를 많이 사다가 너희에게 싸게 팔겠다. 즉 한되에 이십전이라 하면 차장과 운전수의 가족 수효를 헤아려 얼마든지 먹고 살도록 반값이나 혹은 시가보다 매우 저렴하게 공급하겠다."

임금 인상은커녕 고압적인 어투에 "외국 쌀이나 먹으라"는 회사 입장은 조선인 노동자들에게 심한 모

물가는 물론 쌀값 치솟아
조선인 노동자 생사 고비
"외국 쌀이나 사먹으라"
일본인 사주는 모욕 일관

욕감으로 다가왔다. 노동자들은 즉각 파업에 돌입했고 회사는 사무원, 직공, 차장 감독, 인부 등의 대체인력으로 전차 운행을 시작하려 하였다. 이를 보고 격분한 노동자들이 전차를 가로막고 운전을 중지하려 하자 회사는 종로경찰서에 진압을 요청하였다. 헌병 경찰의 제지 끝에 전차 운행이 시작되었지만 3분지 1의 운행만 가능한 상황이었다. 동일 저녁 6시 회사는 1인당 한달에 2원 이상 4원 이내로 수당을 지급하는 등의 조건을 마지못해 수락하였다.

연이은 동맹파업을 두고 민족진영에서는 쌀값 폭등으로 인한 노동자들의 총궐기가 임박했다는 징후로 해석한다.

참고문헌
요지를 통해서 본 식민지시대 서울'.
의 형성과 그 사회문화적 의미', 〈한
신조 미치히코, 이은-나시모토노미야 마사코의 결혼문제와 왕족의 인연성, 〈역사비평〉(2006)
이정은, 〈매일신보〉에 나타난 3·1운동 직전의 사회상황', 〈한국독립운동사연구〉(1990)

큰소리 조-일 왕실 혼례

강도랑 한 식구가 되어서 그리도 감개무량하오?

민중은 허울뿐인 일선화합 탄식 / 일제는 법 바꾸며

조선 왕실 이은(22) 왕세자와 일본 왕실 나시모토노미야 마사코(18) 공주의 결혼식이 오는 25일 일본 동경 가스미가우라 이궁에서 열린다. 일본 정부와 조선총독부, 조선 왕실은 '일선화합'(日鮮和合)의 상징적인 경사라고 반기지만, 무단통치에 신음하는 조선인들은 허울뿐인 '융화'를 내세워 진행되는 정략결혼이라 비판하고 있다.

두 나라 왕실의 결혼이 세간에 알려진 것은 병진년(1916) 8월3일이었다. 〈요미우리신문〉을 비롯한 일본 신문들은 '이 왕세자의 경사, 나시모토노미야 마사코 여왕 전하와 약혼하심'이라는 제목의 기사를 일제히 보도하였다. 마사코는 자신의 약혼 사실을 신문 보도를 통해 처음 알게 돼 충격에 빠졌다고 한다. 사실 이 결혼은 병합 이전부터 이토 히로부미 전 조선통감에 의해 계획돼 이완용과 합의까지 된 사항이었다. 이후 조선 총독 데라우치 마사타케와 궁내대신 하타노 요시나오의 협의에 의해 결정된 것이 언론에 발표된 것이다.

조선 왕실의 반응은 어땠을까. 이태왕(순종 재위시 태상왕인 고종을 이르

도 시로스케의 전언도 비슷한 내용이다. 다만 이태왕의 속내를 알 수 있는 구절이 있다. "만약 후작이나 백작의 화족(華族) 급이었다면 (이태왕 전하께서) 쉽게 동의하지 않으셨을 것"이라며 "황족의 존귀함은 충분히 이해하셔서 종래 각별히 존경하는 마음을 나타내시고 있어 이제 그 한 사람과 인연을 맺게 된 것에 이태왕 전하는 매우 만족하고 기뻐하셨다."(곤도 시로스케의 회고록)

"강도랑 한 식구가 되어서 그리도 감개무량하오?"라는 조선 민중들의 탄식이 나올 법한 대목이다. 사실 두 왕실의 결혼은 일본 법률에 따르더라도 위법성 시비가 일어날 만한 사안이다. 애초 일본 왕실의 제도와 구성에 대한 법률인 '황실전범'(제39조)에 따르면 "황족의 결혼은 동족 또는 식지에 따라 특별히 인정된 화족에 의한다"고 규정되어 있어 일본 황족과 조선 왕족의 결혼은 불가능하였다. 세기의 정략결혼을 성사시키기 위해 일본은 '황실

◆조선 왕실 이은(22) 왕세자 ◆일본 왕실 마사코(1

있다"는 '황실전범증보'를 가
련하는 촌극을 빚었다.
조선인들의 비판에도 불
혼 준비는 착착 진행되고 있
(1918) 12월5일에는 혼인을
다이쇼 일왕의 칙허가 발표되
뒤인 8일에는 약혼을 의미하
식이 행해졌다. 11일에는 동
이 왕세자의 저택에서 약혼
코 공주와의 첫 대면도 있었
에는 조선 왕실에서 보낸 혼
섯개의 큰 고리짝에 담겨 일
도착할 예정이다. 조선 왕실의
작소에서 제조된 장식품, 의
고 한다.
폭력적으로 지배하되 끝
적으로나마 합의와 설득을

일제하 쌀값 앙등, 참으로 참담하다

2년 새 쌀값이 세 배나 앙등하면서 농민과 영세민들의 생활에 일대 참상이 벌어지고 있다. 풀뿌리, 나무껍질은 예삿일이고 찰흙을 끓여 먹거나 굶어 죽어가는 이들이 속출하고 있다. 심지어 어린아이를 내다버리는 일도 일어난다. 정사년(1917)과 무오년(1918), 일본 제국주의의 식민통치 아래 조선인들이 겪은 참담한 현실을 고발한다.

정사년 6월, 전남 무안군 비금면 도초도 주민 40여 명은 찰흙을 떡가루같이 만들어 물에 넣었다가 가라앉은 것에 기장과 조 가루를 섞어 쪄서 먹거나 그 물을 끓여서 죽처럼 먹느라 야단이었다. 강원도 울진·평해·홍천·정선 등지에서는 익지도 않은 보리를 가루로 만들어 물에 타서 마시고 그중에는 나무껍질로 연명하는 자가 많아 영양불량으로 노동을 할 수 없는 상황이었다고 한다. 전라북도 동부 산기슭 주민들은 보리가 떨어져 기아를 면치 못하다가 산에 있는 대나무 열매를 따 죽을 쑤어 먹고 겨우 지냈다.

인천항에 쌓여 있는 일본으로 반출되는 쌀.

동년 8월에는 전라남도 광주에서 아사한 주검 네 구가 시장에 널려 있어 면장에게 인도하는 일도 벌어졌다. 생활난으로 음독하거나 우물에 빠져 자살했다는 등의 기사들이 조선총독부 기관지 <매일신보>에도 빈번하게 실리고 있다. 심지어 9월에는 걸식에 지친 여인이 자기 아이를 땅에 파묻다가 발각된 믿기 어려운 참극도 일어났다. "요사이 생활 곤란으로 인하여 그리한지 경성 시내에 내어 버리는 아이도 많다"는 세간의 이야기는 조선 민중의 참혹한 현실을 짐작게 한다.

참상을 전하는 그 많은 기사에 일본인들과 관련된 얘기는 찾기 어려우니 생활고는 조선인들만의 몫이다. 이러한 상황에서도 조선과 일본은 하나라는 '일선융화'를 주장하는 자들은 친일파가 아니고 무엇이란 말인가. 모두 일본이 우리 강산을 빼앗은 데 따른 필연적인 재난이 아닐 수 없다.

총독부 무단통치, 임계점 넘었다

경술년(1910) 8월 29일, 대한제국은 일본에 강제로 병합되었다. 나라가 망한 것이었다. 경술국치. 어찌 잊을 수 있으랴. 폐족이 된 대한제국 황실은 일본 황족의 신하인 이왕가로 격하되었다. 국호는 대한제국에서 조선으로 돌아갔다. 일본만이 제국이므로 대한제국은 더 이상 제국일 수 없었다. 종래의 통감부를 폐지한 일본은 칙령 제319호를 공포해 보다 강력하고 보다 직접적인 통치기관인 조선총독부를 설치했다. 그 우두머리로 총독을 두었다.

조선 총독은 일왕에게만 책임지는 '일인지하 만인지상'의 존재였다. 일본의 관제상 최고인 친임관(일왕이 직접 임명하는 직급. 총독·정무총감·조선군 사령관·육해군 대장 등)으로 본국의 내각 총리대신, 각 부 대신 및 대심원장(대법원장)과 맞먹는 자리였다. 대만 총독은 대신의 관리감독을 받았지만 조선 총독은 일왕에게 직접 보고를 하고 지시를 받았다. 총리에게 올리는 보고와 재가가 있었지만 이는 형식적이었다.

특히 총독은 조선의 입법·사법·행정의 삼권을 독점하고 있었다. 총독의 명령, 즉 제령(制令)으로 조선에서 시행되는 법률들을 없애거나 대신할 수도 있었다. 총독의 말이 곧 법이었던 셈이다. 일본 육해군 대장 가운데 일왕이 임명하게 돼 있는 총독은 조선주차군에 대한 통수권도 갖고 있었다. 총독부 관리 중 주임관(참여관 이하 3~9등의 고등관을 뒀고 군수가 고등관 9등)에 대한 인사 제청권과 판임관(보통문관시험을 거친 자로 총독이 임명) 이하에 대한 인사권도 가졌다. 총독은 한마디로 조선의 새로운 왕이었다. 임기를 마친 총독은 이후 내각 총리대신으로 영전한다. 일본 내에서 조선 총독의 정치적 입지를 보여주는 대목이다.

총독에겐 조선인들의 저항을 제압할 수 있는 헌병경찰이라는 강력한 채찍이 있었다. 사실, 을사년(1905) 조선의 외교권을 박탈한 일본이 조선을 바로 식민지화하지 못하고 보호국이라는 과도기적 단계를 거쳤던 이유는, 한말의 의병전쟁 때문이었다. 그 치열하고 눈물겨운 항쟁을 무차별 학살로 진압한 일본은 군사경찰과 민간경찰을 일체화한 헌병경찰제 도입이라는 강수를 두었다. 헌병경찰을 총괄하는 중앙의 경무총감부와 지방의 경무부 등의 경찰기구는 총독의 직속기관으로 설치되어 있었다. 조선 통감에서 초대 총독이 된 데라우치 마사타케(67)는 이 같은 권력을 바탕으로 일종의 계엄령 체제인 '무단통치'(武斷統治)라는 식민지 폭력 지배를 확립하였다. 하세가와 요시미치(69) 현 총독은 전임 데라우치 총독의 통치 방식을 기계

일제 무단통치의 상징인 헌병경찰.

적으로 계승했다는 비판을 받고 있다. 지난 9월 건강상의 이유로 돌연 사퇴 의사를 밝혔으나 수리되지 않았다.

헌병경찰의 불법 체포·구금·투옥 행위를 합법화하기 위해 통감부 재판소령을 조선총독부 재판소령으로 바꾼 일제는 조선감옥령을 공포하여 전국 24개소에 감옥을 설치하고 독립운동가와 그 혐의자를 임의로 투옥하기도 하였다.

또한 지배자의 권위를 보이고 위압감을 주기 위해 군국주의적인 복제를 제정·공포하였다. 일반 문관은 물론 교사들까지 금테 제복과 제모·훈도를 착용하게 된 연유였다. 칼을 찬 교사의 등장이었다. 조선인에 대한 일상적인 고문과 거주제한, 집회·결사의 자유 불허, 언론자유 말살, 태형령 남발 등 무단통치의 가공할 폭력성은 민족의 가슴에 거대한 분노를 키우고 있다.

한편, 군인 출신 총독들의 무단통치를 두고 일본 내에서도 우려가 나오고 있다. 일본 정계를 중심으로 '조선총독 문관 교체' 등의 내용을 담은 관제 개혁안이 논의되고 있는 것이다. 작년 12월 17일 하라(63) 총리가 민비 시해 사건을 지휘한 것으로 알려진 정계의 막후 실세 미우라 고로(73) 전 주한공사와 동경에서 비밀회동을 갖고 조선 총독에 민간인도 임용 가능케 하는 내용의 조선총독부 관제 개혁안을 협의한 것으로 알려졌다. 오사카 마이니치신문사 사장을 지낸 하라 총리는 일본 정계의 가장 큰 파벌인 조슈번(長州藩)과 사쓰마번(薩摩藩) 어디에도 속하지 않은 제3의 인물로 군인이 아닌 정당세력을 대표한다.

미우라는 이날 곧바로 일본 정계의 최고 실권자인 야마가타 아리토모(81) 전 총리대신 겸 육군 원수를 만나 이 같은 사항에 대한 동의를 얻었다고 한다. 총리를 두 번 지낸 야마가타는 메이지유신이 낳은 최대 파벌 조슈번의 거두이자 '일본 군국주의의 아버지'로 불리는 자다. 상황에 따라 조선총독이 문관으로 바뀔 가능성이 점쳐지고 있다. 파국을 맞기 전 일본 스스로 무단통치의 변화를 꾀할 수 있을지 조선 민중의 눈이 일본으로 향하고 있다.

패전국 독일…
배상금에 경제난까지 민심 흉흉

작년 11월 11일, 독일은 세계대전에서 패전하였다. <뉴욕 타임스>를 비롯한 서방 유력 언론들은 패전국 독일의 앞날은 순탄치 않을 것으로 점치고 있다. 전쟁에 대한 비난이 독일로 집중되고 있는 데다, 가혹한 평화 합의안도 큰 걱정이기 때문이다. 파탄난 독일 경제는 당장 660만 파운드의 전쟁 배상금을 감당해야 한다.

군주제하의 독일제국을 통치하던 황제 빌헬름 2세는 전란이 막바지에 다다를 즈음 폭력 소요에 직면하였다. 작년 11월 황제가 결국 자리에서 물러나게 된 이유였다. 새해가 밝았지만 수천 명의 독일 사람들은 여전히 가난과 기아에 시달리고 있다. 돌림감기(유행성 인플루엔자)로 많은 사람이 사망한 것도 사회 분위기를 어둡게 하고 있다.

많은 독일인은 승전국이 합의한 평화 합의안을 '노벰버 크리미널즈'(11월의 범죄자들)라 부르며 자신들이 전쟁에 패하였음을 인정하지 않고 있다. 일부 민족주의자들은 패전의 책임을 공산주의자, 정부, 그

1차 세계대전 이후 초인플레이션으로 독일의 마르크화 가치가 폭락했다. 한 주부가 장작 대신 마르크화로 보일러 불을 피우고 있다.

리고 유대인들 탓으로 돌리고 있다고 한다. 또 다른 파국이 독일 내에서 준비되고 있는 것은 아닌지 전 세계가 주시하고 있다.

쌀값 폭등에 동맹파업 급증… 노동자 총궐기 나서나

물가 상승과 더불어 쌀값 폭등으로 가장 경제적 곤경에 처한 이들은 도시 노동자다. 쌀값이 크게 오른 재작년 후반기 이래, 알량하게도 조선총독부 기관지인 <매일신보>조차 이들의 경제적 형편을 다룬 기사를 빈번하게 싣고 있는 것은, 상황이 그 어느 때보다도 엄중하기 때문일 것이다. 소위 생존투쟁이라 할 노동자들의 동맹파업 또는 임금투쟁이 급증하는 것이 이를 방증한다.

노동자들의 저항은 수치로도 확인할 수 있다. 3년 전인 병진년(1916) 동맹파업은 8건에 조선인 참가 인원이 362명이었는데, 이듬해에는 같은 8건에 1128명, 지난해에 이르면 50건에 4443명으로 급증했다.

사례를 짚어보면, 재작년 8월 28일 평양 동아연초회사 본 공장의 조선인 노동자 29명이 동맹파업을 벌였다. 노동자들은 각종 물가가 등귀한 시점에서 종래 임금으로 생활할 수 없다 하며 종전보다 시간

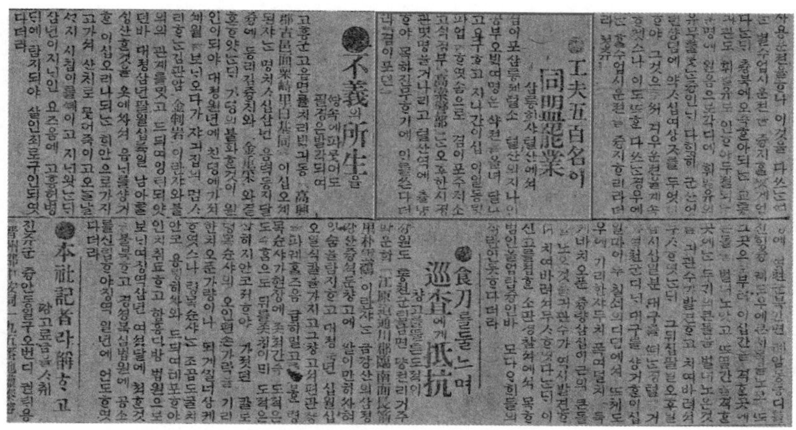

工夫五百名이 同盟罷業

不義의 所生

食刀를 들고 巡査에게 抵抗

本社記者라 稱하고

〈매일신보〉 1918년 9월 24일자 3면에 작게 실린 노동자들의 동맹파업 기사.

당 4전을 올려달라고 요구하였으나 거절당하자 파업에 들어갔다. 지난해 5월 1일에는 남만주 철도(만철) 경성관리국 용산 공장에 근무하는 노동자 1000여 명이 파업에 돌입했다. 5월 1일부터 근무시간이 한 시간 연장되는 데 상응해 임금을 올리라고 요구한 것이 해결되지 않은 데서 일어난 일이었다. 이 파업은 노동자들에게 어떤 소득도 없이 공장 측의 회유와 설득에 의해 이틀 후 종료되었다.

노동자들의 처절한 생존권 투쟁은 경성전기회사의 차장·운전수들에게서도 터져 나왔다. 지난해 8월 12일 오전 11시, 차장·운전수 교대시각에 새로 교대할 60여 명의 차장·운전수가 전차에 올라 교대를 하지 않고 동대문 안 전차과의 승무원 집합소에 모여 '시간당 임금을 10전에서 20전으로 할 것, 차장·운전수 견습 수당은 매일 50전으로 할 것, 한 달에 네 번 쉬는 날을 줄 것' 등을 요구하며 농성을 벌였다.

일본인이 사주인 회사는 임금 인상 요구를 일축하면서 다음과 같이 입장을 밝혔다. "너희들의 생활상 곤란을 피하게 하기 위하여 이제 들어올 안남미를 많이 사다가 너희에게 싸게 팔겠다. 즉 한 되에 20전이라 하면 차장과 운전수의 가족 수효를 헤아려 얼마든지 먹고 살도록 반값이나 혹은 시가보다 매우 저렴하게 공급하겠다."

임금 인상은커녕 고압적인 어투에 "외국 쌀이나 먹으라"는 회사 입장은 조선인 노동자들에게 심한 모욕감으로 다가왔다. 노동자들은 즉각 파업에 돌입했고 회사는 사무원, 직공, 차장 감독, 인부 등의 대체인력으로 전차 운행을 시작하려 하였다. 이를 보고 격분한 노동자들이 전차를 가로막고 운전을 중지하려 하자 회사는 종로경찰서에 진압을 요청하였다. 헌병 경찰의 제지 끝에 전차 운행이 시작되었지만 3분지 1의 운행만 가능한 상황이었다. 동일 저녁 6시 회사는 1인당 한 달에 2원 이상 4원 이내로 수당을 지급하는 등의 조건을 마지못해 수락하였다.

연이은 동맹파업을 두고 민족진영에서는 쌀값 폭등으로 인한 노동자들의 총궐기가 임박했다는 징후로 해석한다.

조선 땅 집어삼킨 동양척식회사

조선에 '만세'가 일어나기 전 겨울이다. 세계대전이 막 끝나고 휴전조약이 성립되어서 세상은 비로소 번해진 듯싶고 세계 개조의 소리가 동양 천지에도 떠들썩한 때이다. 허나 조선은 아직 장막이 드리워진 암흑과 같은 형국이다. 두 달 뒤인 기미년(1919) 3월, '만세'가 일어나면 청년과 중년은 물론이고 아직 열 살을 넘기지 않은 어린아이와 일흔을 넘긴 노인도 뛰쳐나와 "대한독립만세"를 외칠 것이고 자산가와 무산자가 뒤섞여 독립 축하식을 열 것이다. 조선 반도에서 글깨나 쓰는 이 중에 일제의 압제를 꾸짖는 격문을 쓰지 않는 이가 없을 것이고, 무명천에 태극기 한번 그려보지 않은 이가 없게 될 것이다. 금산 농민 박영규(24), 서울 용산기관차 화부 견습공 차금봉(21), 안성 날품팔이꾼 서순옥(36), 천안 직산금광 광부 박창신(25), 수원 기생조합 기생 김향화(23) 등도 거리로 뛰쳐나와 행렬 맨 앞에서 '만세'를 부를 것이다. 그러나 1919년 1월 1일, 그들은 아직 자신이 하게 될 일을 모른 채 식민지 백성으로서 먹고사는 일에 속박돼 있다. 조선 각지에서 또 다른 박영규 · 서순옥 · 박창신 · 차금봉 · 김향화를 만나 그들의 '만세전'을 살펴보았다.

◆농촌의 주인은 이미 일본인=전라북도 정읍에서 조상 대대로 농사를 지으며 살았던 농민 ㄱ은 어느 틈엔가 이웃을 대부분 잃게 되었다고 푸념했다. 경술년(1910)부터 일제가 토지조사라는 명목으로 조선 농민의 토지를 몰수한 탓이다. 신고하지 않은 토지는 주인 없는 땅이라 하여 몰수하고, 신고하려 해도 문서가 없으면 대대로 농사지은 토지 점유권을 인정받을 길이 없다. 무주공산에 밭을 일구며 간신히 살아온 화전민들도 '삼림 범죄자'가 되어 대대적으로 검거됐다. 이런 토지 측량에 참다못한 농민들이 일본인 측량기수를 때려죽이려 한 일도 왕왕 있었다.

달리 식민지가 아니다. 그렇게 조선 사람들이 농토를 빼앗긴 농촌 마을에선 어딜 가나 일본인이 주인 행세를 한다. ㄱ의 이웃마을 화호리는 그런 이들 중에서도 한층 셈이 빠른 구마모토 리헤이라는 자가 대지주 노릇을 하고 있다. 임인년(1902) 조선에 온 구마모토는 화호리에서도 주민들이 명당이라 여기는 땅을 차지하고 불황 때 닥치는 대로 땅을 사들여 전라북도 최대 지주가 된 것으로 유명하다. 그런 일본인이 한둘이 아니다.

일제는 강제병합 직후부터 내지인(일본인)의 조선행 농업 이민을 본격적으로 추진했다. 외양은 한일 합작회사지만, 조선 땅을 통째로 집어삼키려는 동양척식회사가 그 일에 앞장섰다. 내지인이 조선으로 이민을 오기만 한다면 여비, 주택, 영농자금을 지원해주는 데다 문전옥답만 골라서 챙겨준다 하니 생활 불안에 쫓기는 일본인들 발길이 쇄도한다. 그러니 동양척식회사를 향한 조선인들의 증오는 어제오늘

동양척식주식회사 전경.

일이 아니다. 세브란스 의전의 프랭크 스코필드(석호필) 박사도 "한국 사람들은 동양척식회사를 한국인에게서 토지를 빼앗아 일본인 이주자들에게 돌려주는 거대한 조직체라고 생각하고 있다"며 "동양척식회사의 활동보다 한국인들의 원한을 더 사무치게 한 일도 드물 것"이라고 평가했다.

한국을 찾은 일본인들이 일삼는 것은 고리대금업이다. 형편이 궁한 조선인에게 돈을 빌려주는 대신 약조한 날짜를 넘기면 논을 몰수해가는 식이다. 상환 날짜가 되어 찾아가면 사무실을 잠그고 대응을 안 해놓고 상환일을 어겼다고 우기는 수법이다. 조선식산은행에서 저리로 융자금을 꿔오고선 조선 사람에게 꿔줄 때는 연리 4할 4푼(44%)도 우스운 일이라고 한다. 그리하여 자작하던 조선 사람이 소작농으로 전락하면 평균 6할에서 많게는 9할의 소작료율을 일본인

지주에게 지불하며, 피착취민의 처지에 놓이게 되는 것이다. 일할수록 가난해지는 조선 농민들은 먹으려야 밥이 없고 입으려야 옷이 없는 방랑객 신세가 되어 타향을 헤매거나 두만강을 건너고 있다. 무오년(1918) 통감부 통계에 따르면 북간도로 이주한 조선 사람은 24만여 명에 이른다.

◆**조선인의 노동은 일본인의 반값**=도시로 밀려드는 노동자들 역시 참담한 생활난에 시달리는 것은 농민과 다름이 없다. 조선 노동자 실질임금은 9년 전인 1910년을 100으로 칠 때 기미년(1919)엔 67.9에 불과한 수준이다. 12~16시간씩 일하며 수면 시간마저 침해당해도 식비마저 보장되지 않는다. 노동자 가운데서도 광부의 처우는 특히 형편없다. 저자에서는 떠돌아다니며 일하는 광부들을 '부랑배' '무항산자'(無恒産者) '궁민빈사자'라 부르며 손가락질한다. 충청남도 직산 금광에서 일하는 광부 ㄴ은 사람들이 채광부를 어찌 부르는지 잘 알고 있다. 그러나 달리 도리가 있겠는가. 배운 게 도둑질이다. 고향인 평안도에서 소작도 행상도 여의치 않아 흘러흘러 도달한 곳이 광산이었다. 캐도 캐도 나오는 것이 없으면 타 지역 금광을 찾아 떠나는 게 광부 팔자다. 이곳 직산에는 평안도 출신 광부만 2000여 명이다.

좁쌀 반 되, 팥 한 홉. 부식으로 손가락만큼의 고추장. 광부 ㄴ의 하루치 끼니다. 예나 지금이나 무산자의 삶은 변함없이 빈궁하나, 조선인 덕대(탄광 현장 책임자) 아래 일하던 십수 년 전만 해도 '식사'라고 부를 만한 먹거리와 술, 담배를 덕대가 책임졌다고 들었다. 호시탐탐 직

충청남도 천안 직산금광에서 금과 광석을 캐고 있는 무항산자(無恒産者)들. 평안도 출신이 많다. ⓒ독립기념관

산 금광의 '노다지'를 노리던 일본이 조선 궁내부와 '직산 금광 채굴 합동조약'을 체결해 이곳을 맡고, 병오년(1906) 광업법으로 외국인들에게 금광의 문호를 열어주면서 광산에서의 노동은 더욱 견디기 어려운 것이 됐다. ㄴ은 "민족에 따른 임금차별이야말로 참기 어렵다"고 했다. 목숨을 걸고 하는 일인 점은 모두 같건만, 일본인은 조선인보다 갑절 이상 많은 급여를 받는다. 올해 조선총독부 통계를 보면 광부 일급은 조선인에겐 1원이지만 일본인에겐 2원 4전이다.

보호시설이 불비하니 처참한 노동재해도 많다. 조선총독부가 공식 취합한 사고만 헤아려도 광부 1만 명 중 한 해(1919년) 사상자는 924명이다. 두 달 전인 지난해 11월 평북 운산탄광에서도 31살 광부 이재근이 폭발약 사고로 즉사하였다. 바위를 파쇄하고 남은 폭발약이 작업 중 곡괭이에 걸리면서 일어난 참사다. 이런 일이 생길 때면 광부

ㄴ과 동료들은 부실한 끼니 앞에 삼삼오오 모여 일본인들 욕을 반찬 삼는다. 몇 년 전 유럽의 어느 나라에서는 광부들 열에 여섯이 파업에 나서 여덟 시간 노동을 주장했다는 소식을 어느 말 많은 이가 전해주었다. 미국의 어느 주에서는 광부 9000명이 1년을 넘도록 파업을 벌이다 군대에 진압됐다는 소식을 ㄴ도 들었다. 그러나 눈 뜨면 채굴하고 쓰러지면 잠드는 세상에서 어떻게 그런 힘이 솟는 것인지, 그로선 아직 알 길이 없다.

◆**"검사를 폐지하여 주오"**=일제는 조선의 토지와 노동력만 수탈하고 있는 것이 아니다. 조선인의 신체와 풍속마저 그들 손아귀에 두고 압박하고 통제하기 시작한 지 오래다.

기녀들은 이 같은 패악을 최전방에서 마주쳐온 이들이다. 비록 신분은 천하나 예술과 학문에 두루 능하여 '궁인'(궁녀)에 가까운 삶을 살아온 관기들은 예기와 창기를 도매금으로 넘기는 일제식 공창제도에 치를 떨고 있다. 유교적 전통이 명백한 조선 땅에 유곽을 통한 매매춘을 공공연하게 이식한 것도 일본인들이다. 어느 노기는 "예전 기생이라 하면 첫째는 가무를 보고 둘째는 사람을 보는 것이요 셋째는 얼굴을 보는 것인데 지금 와서는 아주 정반대가 되었지요. 가무를 할 줄 모르면서 지껄이는 것으로 반 벌충을 하지요"(<매일신보>)라고 공개 한탄에 나서기도 했다.

10여 년 전 일제는 기생 및 창기 단속령(1908년)을 내려 기생들이 모두 경시청의 인가를 받아 영업하도록 명했다. 인가를 받지 않고 영업했다간 10일 이하 구류 또는 10원 이하 벌금형에 처해진다. 인가받은 조합은 경비 견적서나 결산 보고서 등을 제출하는 것은 물론이고 소속 기생들은 매달 경시청이 지정한 의사에게 건강진단을 받아야 하며, 전염병에 걸린 경우 치료소에 수용된다. 기생의 활동까지 조선총독부가 직접 통제하겠다는 뜻이다. 일본의 신문사는 기생들의 사진과 소개를 엮은 <조선미인보감>까지 내어 기생들을 가십거리로 삼고 있다.

경상남도 김해의 기생 ㄷ은 “기예를 하는 기생들에겐 성병검사야말로 견디기 힘든 치욕”이라고 했다. 작년 1월에는 이 같은 김해 기생 일동이 헌병출장소에 나아가 성병검사를 폐지하여 달라고 청원하는 일까지 벌어졌다. 이들은 “조선은 옛적부터 전래하는 습관으로 남에게 살을 내어 보이는 것은 비상한 치욕이라고 하는데 근래 기생 일동이 검사를 받는 것은 심히 치욕이고 본즉 원컨대 소장의 관대한 처치로 검사를 폐지하여 달라”고 청원하였다. 그러나 식민지 천민 여성의 말을 들어줄 이 없었으니, 이들의 분노가 오는 3월에 이르면 독립만세의 함성으로 터져 나오게 되는 것이다.

선산에 조상도 못 묻다니

조선총독부가 '묘지령'을 시행하여 조선 반도에 공동묘지 제도를 도입한 지 7년이 흘렀으나, 여전히 조선 사람들에게 가장 큰 불편과 불만을 자아내는 것은 바로 이 공동묘지겠다. 조선총독부가 묘지령을 도입할 때 그 일차적 이유는 '근대적 공중위생'을 구현한다는 것이었으나 이는 우리 민족이 지난 500년간 지켜온 관행과 전혀 불일치하는 것임이 자명하다.

"일본인들이 강요하는 공동묘지 제도는 우리 조선인의 민도에 적합하지 않은 악제다." "공동묘지 제도를 폐지하기 바란다. 또는 단독묘지를 허용해야 한다." "묘지에 관한 관습상 공동묘지에 매장하는 것은 참지 못할 일일 것이다." 가산의 많고 적음을 떠나 조선 사람이라면 조상의 묘지 쓰는 일을 두고 다 같은 불평을 토해내고 있다. 요사이 회색분자로 변심한 듯한 윤치호(54) 씨 같은 이야 묘지령에 따라 무덤들을 정리하고 신작로로 개발된 용산의 경우를 두고 "일본인들이 섬뜩하기만 했던 지역을 아름다운 읍내로 변모시킨 건 엄연한 현실"이라고 상찬한다지만, 식민통치에 비교적 협조적이던 귀족들마저 묘지령을 두고 입을 삐죽거리는 게 사실이다.

근래에는 신분제도라는 것이 붕괴되었으나 유서 깊은 가문에서는 여전히 백정, 천민들과 함께 부모의 묘지를 쓴다는 것을 수치와 불효로 받아들이고 있다. 만인이 평등한 묏자리를 쓴다니 무산자들에겐 환영받을 일 같지만 장돌뱅이들이라고 불만이 없지 않다. 일제가 10년 전에 작성한 '토지조사 참고서'에서도 주지하였듯 "(조선의) 빈민들은 보통 그 지방에 있는 공동묘지 내에 비교적 좋은 위치라고 본 장소를 골라서 거기에 시체를 매장"하고 이런 '무주공산'은 인가가 모인 도시나 촌락에 한두 군데씩 있어 사실상 무료로 이용한 터이다. 이제와 돈을 주고 공동묘지에 입주해야 하는 처지가 되니 인심이 크게 흔들리는 것은 인지상정이다.

조선의 오랜 유풍을 거스르는 제도를 놓고 민심이 이처럼 들끓는데도 일본 정부는 그 역풍을 짐작조차 못 하는 듯하다. 경무총감부에서는 "다소 불만을 표하는 사람이 있는 것은 어쩔 수 없다. 만약 양반·자산가 등에게 개개의 묘지를 허가할 때에는 동일한 출원이 속출해서 취급상 한층 번잡을 초래하여 불평가에게 빈틈을 보일 수 있다"며 반발을 일축했다.

강도랑 한식구 돼서 그리도 감개무량?

조선 왕실 이은(22) 왕세자와 일본 왕실 나시모토노미야 마사코(18) 공주의 결혼식이 오는 25일 일본 동경 가스미가우라 이궁에서 열린다. 일본 정부와 조선총독부, 조선 왕실은 '일선화합'(日鮮和合)의 상징적인 경사라고 반기지만, 무단통치에 신음하는 조선인들은 허울뿐인 '융화'를 내세워 진행되는 정략결혼이라 비판하고 있다.

두 나라 왕실의 결혼이 세간에 알려진 것은 병진년(1916) 8월 3일이었다. 〈요미우리신문〉을 비롯한 일본 신문들은 '이 왕세자의 경사, 나시모토노미야 마사코 여왕 전하와 약혼하심'이라는 제목의 기사를 일제히 보도하였다. 마사코는 자신의 약혼 사실을 신문 보도를 통해 처음 알게 돼 충격에 빠졌다고 한다. 사실 이 결혼은 병합 이전부터 이토 히로부미 전 조선통감에 의해 계획돼 이완용과 합의까지 된 사항이었다. 이후 조선 총독 데라우치 마사타케와 궁내대신 하타노 요시나오의 협의에 의해 결정된 것이 언론에 발표된 것이다.

조선 왕실의 반응은 어땠을까. 이태왕(순종 재위 시 태상왕인 고종을 이르던 말)은 "그것은 순전히 조선왕조 500년의 종사를 안녕히 하기 위함이다. 이 경전(慶典)을 하루속히 거행하여 우리 노모의 쓸쓸함을 위안해 달라"고 말한 것으로 전해졌다. 궁내부 사무관 곤도 시로스케의 전언도 비슷한 내용이다. 다만 이태왕의 속내를 알 수 있는 구

日鮮永久의親誼

1916년 8월 4일자 〈매일신보〉. 왕세자 이은의 결혼 결정을 '내선융화'로 미화한 이완용이 기고 글이 실려 있다.

절이 있다. "만약 후작이나 백작의 화족(華族)급이었다면 (이태왕 전하께서) 쉽게 동의하지 않으셨을 것"이라며 "황족의 존귀함은 충분히 이해하셔서 종래 각별히 존경하는 마음을 나타내시고 있어 이제 그 한 사람과 인연을 맺게 된 것에 이태왕 전하는 매우 만족하고 기뻐하셨다."(곤도 시로스케의 회고록)

"강도랑 한식구가 되어서 그리도 감개무량하오?"라는 조선 민중들의 탄식이 나올 법한 대목이다. 사실 두 왕실의 결혼은 일본 법률에 따르더라도 위법성 시비가 일어날 만한 사안이다. 애초 일본 왕실의 제도와 구성에 대한 법률인 '황실전범'(제39조)에 따르면 "황족의 결혼은 동족 또는 칙지에 따라 특별히 인정된 화족에 의한다"고 규정되어 있어 일본 황족과 조선 왕족의 결혼은 불가능하였다. 세기의 정략결혼을 성사시키기 위해 일본은 '황실전범'의 개정까지 마다하지 않았다. 작년 11월 28일에 일본 정부는 "황족 여자는 왕족 또는 공족에게 시집갈 수 있다"는 '황실전범증보'를 가까스로 마련하는 촌극을 빚었다.

조선인들의 비판에도 불구하고 결혼 준비는 착착 진행되고 있다. 작년(1918) 12월 5일에는 혼인을 인정하는 다이쇼 일왕의 칙허가 발표되었고 3일 뒤인 8일에는 약혼을 의미하는 납채의식이 행해졌다. 11일에는 동경에 있는 이 왕세자의 저택에서 약혼자인 마사코 공주와의 첫 대면도 있었다. 1월 2일에는 조선 왕실에서 보낸 혼의품이 다섯 개의 큰 고리짝에 담겨 일본 왕실에 도착할 예정이다. 조선 왕실의 미술제작소에서 제조된 장식품, 의류 등이라고 한다.

폭력적으로 지배하되 끝까지 형식적으로나마 합의와 설득을 표방하는 이러한 통치방식은 앞서 문명을 전수한 조선에 대한 일본의 열등감 때문이라는 분석이 적지 않다.

돈까스·카레·오무라이스… 서양 맛에 빠진 일본

식민지 조선에선 쌀값 폭등으로 아사자가 속출하는 와중에 일본 동경에서는 '돈까스·카레라이스·오무라이스'라는 '화양절충(和洋折衷)요리'가 군부대와 대학을 중심으로 유행하면서 잇따라 관련 음식점들도 문을 열고 있다고 한다. 화양절충 요리란 일본 음식(和)에 서양 음식(洋)을 접목한 요리를 일컫는데 '요쇼쿠'라고도 불린다.

먼저 '돈까스'라는 요리는 서양의 커틀릿에서 유래한 일본 요리로 돼지 등심을 2~3㎝ 두께로 넓적하게 썰어 빵가루를 묻힌 뒤, 기름에 튀겨 일본식 소스, 밥, 배추 비슷한 채소를 채 썰어 곁들여 먹는 음식을 말한다. 돼지 돈(豚) 자에 커틀릿의 일본식 발음인 '까스'가 합성된 것이다. 쇠고기를 넣어 튀긴 것은 '비프 커틀릿'이라고 한다.

카레라이스는 울금과 강황, 향신료 등을 물과 섞어 만든 양념인 인도 음식 카레에 고기와 채소를 볶아 밥 위에 얹은 요리를 말한다. 카레와 밥을 의미하는 영어 라이스가 합쳐진 말이다. 식민지 통치를 통해 18세기 인도에서 영국으로 전해진 커리가 다시 문명개화의 상징으로 일본까지 전파된 것이다.

오무라이스는 채소와 통조림 고기를 잘게 썰어 넣고 중국 남쪽 지방에 사는 오랑캐로부터 들여온 도마도(토마토)라는 감즙을 섞어 밥을 볶은 뒤 지단처럼 계란을 넓게 부쳐 그 밥을 감싼 요리이다. 프랑스어의 '오믈렛'과 라이스가 합성된 것이다.

일본 메이지 유신의 상징인 메이지 왕.

화양절충요리 탄생에는 메이지 유신 이후 일왕의 육식 허용과 서양 요리 도입, 단체급식의 영향으로 음식의 서구화가 앞당겨진 점, 서양 요리에 대한 교육과 홍보 등이 이유로 꼽힌다. 메이지 유신 이전까지 농경사회의 전통과 불교 숭상 문화로 육식이 금지되고 채식과 생선 위주의 식단이 장려되던 일본에서 고기를 먹기 시작한 것은 두 가지 국가적 목표, 즉 부국강병과 문명개화 때문이었다.

메이지 유신을 전후하여 서양인을 만난 일본인들은 그들의 큰 체구에 충격을 받았다고 한다. 서양처럼 부국강병을 하기 위해서는 서양인이 먹는 음식을 먹어야 한다고 생각하게 되었다.

일왕을 비롯해 지배층은 육식을 권장했지만 일본 서민들은 어려운 경제적 형편과 입맛 차이로 상층계급이 즐겨 먹는 서양 요리를 그대로 먹을 수 없었다.

서구의 것을 따라 배우길 바라는 지배층의 의도를 거스르지 않으면서 일본식 음식에 가깝게 조리된 화양절충요리가 20세기 초에 등장한 배경이었다. 여자대학에서 서양 요리를 가르치고 요리학교가 생기기 시작한 것은 바로 이때였다. 대학생들과 군대에 간 청년들 중 서양 요리를 먹어본 이가 적지 않아 화양절충요리에 대한 수요는 이미 충분했다고 한다.

녀 없이 만장일치 "자주독립"
라 밖인들 간절함이 다르리

"우리 젊은 학생들이 나서자" 일제 심장부에서 시위 결의

성/엄지원 기자】

소국가들의 하는 이 국제 인 가운데 이 등이 민족대표 소식이 여러 해외에 타전됐 들 사이에선 의 기회가 왔 족적 의사 표 에서 파견하 제소는 일찍 를 받아보지 망명객들의 가 알 것"이 단이 공 유돼 1910) 국망 이 독립의 기회

소식 퍼지자 실천 나서 영회도 참석 신여성」 면모

선 유학생들 을 실천에 옮 소바집에서 하숙방에서 관한 계획을 다. 리에서 독립 정지읍시다." 될 일도 아니 을 기도하는 나 생각해온 이날 조선기 모인 재동경 진중론과 속 자정을 넘기 못하였다 이오대)에 재 25)씨가 나서 론을 잘랐다. 부만 하다가 우선 대표를 대표들에게 산하는 것이 의 의견에 참 찬성했다. 학 두터운 10명 자리에서선 변대회와 학 언번을 인정 한편, 일제가 복해 일거일 들이기도 하 갈다. 전대), 송계 , 김상덕(28· 수(30·명치 경응대), 전영 , 윤창석(30· 25·동경고등 (22·동경상 동양대). 인 7일 오후 1 어졌다. 대표 운동의 방법 발표와 총부 서와 결의문 일본 정부와 공사관, 일본 게 송부하자 회의에는 재 700여명 중

기미년통신 동경의 밤

◆임자년(1912) 결성된 재동경조선유학생학우회 학생들은 매년 운동회와 웅변대회 등 각종 행사에서 친목을 도모하며 민족의 장래를 토론해왔다. 정사년(1917)에 열린 학우회의 춘계 운동회 모습. 독립기념관

일제의 지독한 골칫거리

동경의 조선인 유학생

신학문 배우며 배일사상 고취
YMCA, 반일투쟁 사랑방 역할

경술년(1910) 국망 이후 재일본 조선 유학생의 처지는 양가적이다. 조선 의 지식인으로서 비분 식민지 백성으로서 이식받아야 하니 말이

유학생 거개는 매판 등관료의 자녀인데, 혹 본국의 실상을 파악하려 동경을 향 하지만 지배계급에 편입하려는 길로 유학길에 오르는 이도 많다. 그러나 일단 조선땅을 떠나오기만 하면, 한층 자유로운 공기 속에서 신학문을 배우고 서구 문물인 자유와 평등의 사상을 학습하며 '운동가'로 거듭나게 되는 것이 요즘의 분위기다.

재동경조선유학생학우회(학우회) 회장을 지낸 백남훈(34)씨는 "일본에 있는 우리 학생은 배우는 가운데 있을뿐더러 타국에 와 있으니 비교적 자유로운 처지라 할 수 있기 때문에 일본의 밀정을 피해가면서 토론도 하고 방법론에 대한 의견 교환을 할 수도 있다"고 설명했다. 오죽하면 일제가 일본 유학생을 '민족해방운동의 저수지'라고 했겠는가. 일본 경찰이 감시하는 재일본 요시찰 조선인 현황을 보면 부오년(1918) 기준 요시찰인 179명 가운데 147명이 학생층이다. 동경 유학생이 600~700

외가 발행 광)은 강제병합 이후 조선인에 의해 한글로 편집된 최초의 사상교양잡지로서 '사상의 장' 구실을 해왔다. 경시청이 번번이 발매금지 처분을 하지만 일본 열도를 넘어 국내에까지 반입되며 인기를 구가하고 있다. 같은 해 신축한 기독교청년회관은 신자와 불신자를 가리지 않는 유학생들의 사랑방이 되었다.

조선총독부마저 '일본 재주 조선인의 정황'에 대해 "고참 학생은 신도래 학생(새로 온 학생)의 환영회를 개최하는 것을 상례로 하고 있는데 그 석상에서의 고참 학생의 환영사 또는 감상담 같은 것은 거의 다 배일사상의 선전 고취를 주로 하였고 기타 모든 기회에도 배일화에 노력한 결과 신도래 학생으로서 이의 감화 영향을 받지 않는 자는 희귀한 상황"이라고 보고하고 있으니 조선인 유학생이 골칫거리는 골칫거리인 모양이다.

1919년 1월 9일

"대표 뽑아 일임함이 어떻소"
조도전·경응·명치대생 등 왜경의 요시찰인 11명 선출
순사들 들이닥쳐 20명 연행

400명 정도가 모여들어 독립운동에 대한 유학생들의 뜨거운 관심을 증명했다. 특히 독립운동 방식을 발표하고 결의하던 중 분위기가 과열되어 학생들이 눈물을 흘리고 오열할 적에 왜경이 들이닥쳐 대표위원들을 포함한 주동자 20이명을 연행하여 갔다. 현장에 있었던 명치대(메이지대) 유학생 양주흡(22)씨는 "총대(대표)로서 20명 정도가 경시청에 갔으나 내용은 알 수가 없다"고 전했다.

다행히 일제 경찰들은 '조롱 비소'(비웃음)하고 학생 대표들을 석방했다. 다만 8일의 회합은 일경의 제지로 강제해산됐다. 학생들은 다음을 기약할 수 없게 됐다. 그사이 학생 대표 중 한 명인 전영택씨는 신병을 이유로 사퇴했는데, 조도전대(와세다대)의 이광수(27)씨와 경응대생 김철수(26)씨가 그의 부재를 메워 총 11명의 '조선청년독립단'이 비로소 발족했다.

새롭게 합류한 이씨는 이른 나이에 이미 동경과 경성에서 두루 '천재'로 불리는 인물인데, 그는 지난 연말부터 조도전대 동문인 최팔용씨와 독립운동의 모의를 진지하게 해온 것으로 전해졌다. 이씨는 중국과 경성에서 전해들은 동경 밖의 독립운동 분위기를 유학생들에게도 전달했다. 나중에 '천황의 신민'을 자처하며 일제의 앞잡이가 되는 그이지만 상해와 동경, 경성을 잇는 이 청년 지식인은 앞으로 기미년(1919)의 급변하는 국제정세 속에서 누구보다 발빠르게 조선의 독립운동을 끌어가게 된다.

「파리강화회의」 엇갈린 지식

【1919년 1월8일 경성/오승훈 기자】

미국 우드로 윌슨 대통령이 '민족자결주의' 원칙을 천명한 지 1년이 지났다. 오는 18일부터 불란서 파리에서 개최될 전승국들의 전후처리 회담인 강화회의에서 조선을 포함한 식민지 처리 문제가 논의될 가능성도 시나브로 점쳐지고 있다. 국내외 민족진영을 중심으로 특사를 파견하는 등 외교적 노력을 기울이고 있지만, 일각에선 외교독립론은 무망한 일이라며 회의적인 시선을 보내기도 한다.

부오년(1918) 1월8일, 미 대통령 윌슨은 의회 연설을 통해 '14개조 평화원칙'을 발표한 바 있다. 조선 민족과 관련된 내용은 5조 민족자결주의로 '주권 회복을 포함한 식민지의 모든 요구에 대한 공정한 조정과 처리'를 강조한다. 민족의 운명은 민족 스스로 결정할 수 있어야 한다는 취지다. 수요 선승국이자 세계 최고의 강대국인 미국 대통령 … 때문 … 민족신념은 이 기회를 놓치지 않고자 김규식(38)씨를 파리 강화회의의 특사로 파견하기로 하였다.

파리 강화회의가 독립의 기회가 될 수 있다고 믿는 인사로는 잡지 〈소년〉과 〈청춘〉을 발행하며 실력양성운동에 앞장서고 있는 최남선(29)씨를 꼽을 수 있다. 일본이 러일전쟁에서 승리한 뒤 부국강병의 길로 치닫던 1906년에 일본 유학을 떠난 최씨는 남들이 하는 법률·정

◆최남선과 윤치호. 한국민족문화

식민지 논의 점쳐지면서 실력양성운동 최남선 등 조선독립 계기 기대하지만
윤치호 "순진한 정세 인식" 일각에선 회의주의 제기

치·경제가 아닌 문학과 역사를 전공했나. 이를 토대로 귀국 후에 출판 사업을 벌여 1910년대 이미 조선 문화계의 대표주자가 된 인물이다. 세계대전을 겪으며 약육강식의 사회진화론에 대한 반성이 이뤄진데다 민족자결주의로 대표되는 인류평화와 평등의 가치가 새로운 시대정신이 됐기 때문에 조선 민족의 뜻을 파리 강화회의

에 전한다면 독립 련할 수 있다고 보

원로 지식인 윤 독교청년회(YMC 이런 세계정세 인 발상이라고 비판 무는 "을사조약은 매우 인상적으로 있는 까닭에 조이 인의 상황이 나빠 강화회의에 알리 "조선은 일본의 때문에 군사적 힘 지 않는 한 일본이 놓지 않을 테고 미 또한 불쌍한 조선 본과 전쟁을 치르 을 것"이라고 부정 내놓고 있다. 윤 부가 조작한 105인 으로 옥고를 치르 뒤 타협주의적 행 고 있다. 파리 강화 립의 발판이 될지 나눠먹기 판이 될 회담 결과가 주목

탐정소설 아직 아니 읽어보셨소

본고장 영국 코난 도일 경의 「충복」 번안

영국 추리소설의 대가인 코난 도일 경의 단편 '충복'(원제 '세 학생')이 작년 처음 번안되면서 국내에도 본격 '탐정소설'시대가 열렸다. 작년에 창간된 주간 문예지 〈태서문예신보〉(3~7호)에 해몽생이라는 번안자를 통해 연재된 '충복'은 추리소설의 본고장인 영국을 배경으로 사설탐정의 활약상을 담은 소설이다. 시험지 유출사건을 두고 용의선상에 오른 학생 3명 가운데 누가 범인인지 단박에 알아차리는 탐정 셜록 홈즈의 재기가 돋보이는 작품이다.

신해년(1911) 이해조의 '쌍옥적' 이래 추리소설이 국내에 소개되었지만 본격 탐정소설은 존재하지 않았다. 추리로 범인을 밝혀내는 탐정의 존재가 미비하거나 드러나지 않은 경우가 많았기 때문이다. 작자 미상의 '지환당'(동양서원, 1912)이나 노익형의 '도 서관, 1913) 등의 작품에서 탐정이 이라 불린 역할은 순사 끄나풀 또는 에 불과하였다. 그나마 이해조의 구의 죄'(보급서관, 1913)와 이상협 보〉(1914~1915)에 연재한 신소설 '정

사설탐정 활약상 국내 본격 소개

그나마 전문성이 두드러지진 않지 정의 존재가 최초로 드러난 경우다.

본격 추리소설인 '충복'이 번안되 으로 상징되는 서구의 과학적이고 수사 주체에 대한 대중의 관심도 늘 리소설에서 코난 도일과 양대산맥 는 불란서 작가 모리스 르블랑의 팡〉이 소개될 날도 머지않았다.

곤소리 부랑자 일제검거

흥청망청 양반들, 우리도 꼴불견이오만…

기생집·요릿집 돌며 무시로 잡아들여

총독부 경찰이 지난 연말 요릿집과 기생집을 대상으로 부랑자 일제 검거에 나선 것을 두고 조선인 상류층에서 볼멘소리가 흘러나오고 있다. 총독부가 정치적 불안을 해소하기 위해 식민통치에 비판적인 양반층을 부랑자로 몰아 잡아들이는 것 아니냐는 의심에서다. 그나저나 나라가 망하니 주지육림에 놀고먹던 양반 처지도 참 딱하게 생겼다.

지난달 17일, 경성 종로경찰서는 전날 자정부터 요릿집과 기생집에 대한 일제 단속을 벌여 부랑자 수십명을 검거해 모두 기소했다고 밝혔다. 이를 위해 종로서는 비번 순사 100여명을 비상소집한 것으로 알려졌다. 일제 단속은 연말을 당하여 각처의 부랑자가 늘어나 그 피해가 매우 심각하다는 신고에 따른 것이라고 하나 신고 건수나 내용은 알려지지 않았다.

부랑자는 일정하게 사는 곳 없이 떠 … 해석이 가장 유력하다.

총독부 기관지 〈매일신보〉는 단속의 백태를 다음과 같이 전했다. "그날 밤 요리집에서 기생을 데리고 흥청거리며 놀던 유야랑(遊冶郞, 주색잡기에 빠진 사람)들은 청천에 벽력이 내릴 듯이 별안간 혼이 나서 망지소조(罔知所措, 너무 당황하거나 급하여 어찌할 줄을 모르고 갈팡질팡함)하는 광경이 일

식민통치 비판 관료·양반층 「망국의 원인」 지목하며 훈계

장활극을 이루었고 더구나 각 기생의 집에서는 누워 자다가 벼락을 맞은 기생과 어떤 자와 함께 자다가 잡혀간 기생 등이 이루 말할 수 없는 장관을 이루었다더라."

총독부의 부랑자 단속은 임자년(1912) 3월25일 조선총독부령으로 발포된 경찰범 처벌규칙 1조 2항(일정한

◆경성 최고의 유흥가인 '혼미치'

자제, 양반 유생, 대한제국 이 부랑자로 단속돼왔다.

갑인년(1914) 11월20일 보〉를 보면 부랑자 단속 과 절절 전하고 있다. 특히 일 서장이 기생집에서 검거해 국의 관료와 양반을 훈계 과 상류층의 부랑자들이 서 노동교화를 받는 장면을 보도하고 있다. 이를 통해 층 부랑자를 '조선 민족 후 거이지 망국의 원인'으로 는 것이다.

흥청망청 놀고먹기 바쁜

재동경 조선 유학생들, '조선청년독립단' 결성

매서운 관동 바람이 동경 시가를 휩쓰는 혹한에도 매화는 핀다. 왜경의 삼엄한 감시 속에 조선인 유학생들이 동경 한복판에서 독립운동 시위를 준비한다는 아연할 소식이 본사에 입수돼 연초부터 기자는 긴급히 동경을 찾았다. 수백 명의 재동경 조선 유학생들은 연말연시 격렬하게 시국 문제를 논의한 끝에 총 11명의 '조선청년독립단'을 선출했는데, 향후엔 이들을 중심으로 본격적인 시위에 나서기로 결의했다.

"우리 민족은 반드시 자주 독립을 해야 할 것이며, 이러한 숭고한 목적을 관철하기 위해서는 우리 젊은 학생들이 앞장서서 목숨을 걸고 싸워야 하오!" 지난 6일 동경 신전구 조선기독교청년회관에서는 열띤 웅변의 목소리가 터져 나왔다. 청산(아오야마)학원의 윤창석(30) 씨, 동경고등사범학교의 서춘(25) 씨 등이 번갈아 변사로 연단에 서서 독립의 주장을 토해냈다. 이날의 행사는 '웅변대회'로 포장됐지만

임자년(1912) 결성된 재동경 조선유학생학우회 학생들은 매년 운동회와 웅변대회 등 각종 행사에서 친목을 도모하며 민족의 장래를 토론해왔다. 정사년(1917)에 열린 학우회의 춘계 운동회 모습. ⓒ독립기념관

기실 독립운동 전략회의였다. 연사들의 한마디 한마디가 이어질 때마다 수백 명 청년들은 흥분의 박수를 쏟아냈다.

독립의 투지가 남학생들만의 것일 리 만무하다. 이번 웅변대회에는 동경여자유학생회를 이끄는 김마리아(27·동경여자학원) 씨와 황에스터(27·동경여자의학전문학교) 씨 등 여학생 여섯 명도 참석해 머리를 맞대었다. 황 씨 등은 특히 남학생들이 발언을 독차지하자 "남녀는 두 개의 수레바퀴와 같은 것이므로 여성도 독립운동에 참여할 의무가 있다"며 연설에 나서 과연 '신여성'의 면모를 과시했다.

재일 유학생들이 금번에 이토록 과감하게 시국 토론에 착수한 것은 18일부터 개막되는 파리강화회의에 우리 대표들이 참석한다는 소식이 전해진 까닭이다. 세계대전 뒤 약소국가들의 독립 문제를 논하는 이 국제회의에 미국 한인 가운데 이승만(44) 박사 등이 민족대표로 참가한다는 소식이 여러 경로를 통해 국내외에 타전됐다. 이에 유학생들 사이에선 “우리에게 절호의 기회가 왔는데 이때에 민족적 의사 표시가 없으면 미주에서 파견하는 우리 대표의 제소는 일찍이 왜적의 통치를 받아보지 못한 불평파 해외 망명객들의 잠꼬대라고 세계가 알 것”이라는 정세적 판단이 공유돼온 터다. 경술년(1910) 국망 이후 9년, 오매불망 독립의 기회를 기다려온 조선 유학생들은 드디어 행동을 실천에 옮기기를 각오하며 소바집에서나, 공원에서나, 하숙방에서나 독립운동에 관한 계획을 모의하게 된 것이다.

“제군들, 이 자리에서 독립운동 방안을 결정지읍시다.” “급히 서두르면 될 일도 아니될 것이오!” 독립을 기도하는 마음은 매한가지나 생각해온 방략은 제각기라 이날 조선기독교청년회관에 모인 재동경 조선 유학생들은 진중론과 속도론으로 나뉘어 자정을 넘기도록 결론을 내지 못하였다.

이때 경응대(게이오대)에 재학 중인 김도연(25) 씨가 나서서 진척 없는 토론을 잘랐다. “이처럼 왈가왈부만 하다가는 끝이 없겠소. 우선 대표를 뽑아 모든 문제를 대표들에게 일임하고 일단 해산하는 것이 어떻겠소?” 김 씨의 의견에 참석자들 대부분이 찬성했다. 학생들에게 신망이 두터운 10명의 대표위원이 그 자리에서 선출됐다. 대개가 웅변대회와 학우회 기관지에서 언변을 인정받아온 이들인 한편, 일제가 '요시찰인'으로 지목해 일거일동을 주목하는 이들이기도 하다. 면면은 다음과 같다.

최팔용(28·조도전대), 송계백(24·조도전대), 김상덕(28·조도전대), 백관수(30·명치대), 김도연(25·경응대), 전영택(25·청산학원), 윤창석(30·청산학원), 서춘(25·동경고등사범학교), 최근우(22·동경상과대), 이종근(24·동양대)

회합은 이튿날인 7일 오후 1시 같은 곳에서 이어졌다. 대표위원 10명은 독립운동의 방법으로 독립선언서 발표와 송부를 발표했다. 선언서와 결의문을 작성한 뒤 이를 일본 정부와 각국 대사관 및 공사관, 일본 양원의 의원들에게 송부하자는 것이었다. 이날 회의에는 재동경 조선 유학생 700여 명 중 400명 정도가 모여들어 독립운동에 대한 유학생들의 뜨거운 관심을 증명했다. 특히 독립운동 방식을 발표하고 결의하던 중 분위기가 과열되어 학생들이 눈물을 흘리고 오열할 적에 왜경이 들이닥쳐 대표위원들을 포함한 주동자 20여 명을 연행하여 갔다. 현장에 있었던 명치대(메이지대) 유학생 양주흡(22) 씨는 "(학생들이) 만장일치로 눈물을 흘리면서 절규할 때에 순사들이 이를 알았다. 총대(대표)로서 20명 정도가 경시청에 갔으나 내용은 알 수가 없다"고 전했다.

다행히 일제 경찰들은 '조롱 비소'(비웃음)하고 학생 대표들을 석방했다. 다만 8일의 회합은 일경의 제지로 강제해산됐다. 학생들은 다음을 기약할 수 없게 됐다. 그사이 학생 대표 중 한 명인 전영택 씨는 신병을 이유로 사퇴했는데, 조도전대(와세다대)의 이광수(27) 씨와 경

최팔용, 이광수.(왼쪽부터).

응대생 김철수(26) 씨가 그의 부재를 메워 총 11명의 '조선청년독립단'이 비로소 발족했다.

새롭게 합류한 이 씨는 이른 나이에 이미 동경과 경성에서 두루 '천재'로 불리는 인물인데, 그는 지난 연말부터 조도전대 동문인 최팔용 씨와 독립운동의 모의를 진지하게 해온 것으로 전해졌다. 이 씨는 겨울방학을 이용해 중국을 여행하던 중 파리강화회의 소식 등을 듣고 급히 경성을 경유하여 동경에 돌아왔다고 한다. 이 씨는 중국과 경성에서 전해들은 동경 밖의 독립운동 분위기를 유학생들에게도 전달했다. 나중에 '천황의 신민'을 자처하며 일제의 앞잡이가 되는 그이지만 상해와 동경, 경성을 잇는 이 청년 지식인은 앞으로 기미년(1919)의 급변하는 국제정세 속에서 누구보다 발빠르게 조선의 독립운동을 끌어가게 된다

동경의 조선인 유학생은 일제의 지독한 골칫거리?

경술년(1910) 국망 이후 재일본 조선 유학생의 처지는 양가적이다. 조선의 지식인으로서 비분강개하면서도 식민지 백성으로서 본국의 교육을 이식받아야 하니 말이다. 이제 막 댕기를 자른 참인데 서구화된 동경의 한복판에 놓이고 보면, 조선 반가의 자부심은 고사하고 당장 피착취민다운 수치심을 느끼거나 고국에서 온 몇 푼어치 돈으로 향락에 빠지기 십상이다.

유학생 거개는 매판자본가나 고등관료의 자녀인데, 혹자는 식민지 본국의 실상을 파악하려 동경을 향하지만 거개는 지배계급에 편입하는 길로 유학길에 오른다. 그러나 일단 조선 땅을 떠나오기만 하면, 한층 자유로운 공기 속에서 신학문을 배우고 서구 문물인 자유와 평등의 사상을 학습하며 '운동가'로 거듭나게 되는 것이 요즘의 분위기다.

재동경 조선유학생학우회(학우회) 회장을 지낸 백남훈(34) 씨는 "일본에 있는 우리 학생은 배우는 가운데 있을뿐더러 타국에 와 있으니 비교적 자유로운 처지라 할 수 있기 때문에 일본의 밀정을 피해가면서 토론도 하고 방법론에 대한 의견 교환을 할 수도 있다"고 설명했다. 오죽하면 일제가 일본 유학생을 '민족해방운동의 저수지'라고 했겠는가. 일본 경찰이 감시하는 재일본 요시찰 조선인 현황을 보면 무오년(1918) 기준 요시찰인 179명 가운데 147명이 학생층이다. 동경 유학생이 600~700명 수준이니 학생 4명 중 1명은 일경의 감시를 받고 있단 뜻이겠다.

임자년(1912) 조직된 학우회와 병오년(1906) 조직된 동경 조선기독교청년회(YMCA)는 조선 유학생 반일투쟁의 구심점이다. 갑인년(1914) 학우회가 발행하기 시작한 기관지 <학지광>은 강제병합 이후 조선인에 의해 한글로 편집된 최초의 사상교양 잡지로서 '사상의 장' 구실을 해왔다. 경시청이 번번이 발매금지 처분을 하지만 일본 열도를 넘어 국내에까지 반입되며 인기를 구가하고 있다. 같은 해 신축한 기독교청년회관은 신자와 불신자를 가리지 않는 유학생들의 사랑방이 되었다.

조선총독부마저 '일본 재주 조선인의 정황'에 대해 "고참 학생은 신도래 학생(새로 온 학생)의 환영회를 개최하는 것을 상례로 하고 있는데 그 석상에서의 고참 학생의 환영사 또는 감상담 같은 것은 거의 다 배일사상의 선전 고취를 주로 하였고 기타 모든 기회에도 배일화에 노력한 결과 신도래 학생으로서 이의 감화 영향을 받지 않는 자는 희귀한 상황"이라고 보고하고 있으니 조선인 유학생이 골칫거리는 골칫거리인 모양이다.

최남선 vs 윤치호… 파리강화회의 논쟁

미국 우드로 윌슨 대통령이 '민족자결주의' 원칙을 천명한 지 1년이 지났다. 오는 18일부터 불란서 파리에서 개최될 전승국들의 전후 처리 회담인 강화회의에서 조선을 포함한 식민지 처리 문제가 논의될 가능성도 시나브로 점쳐지고 있다. 국내외 민족진영을 중심으로 특사를 파견하는 등 외교적 노력을 기울이고 있지만, 일각에선 외교 독립론은 무망한 일이라며 회의적인 시선을 보내기도 한다.

무오년(1918) 1월 8일, 미 대통령 윌슨은 의회 연설을 통해 '14개조 평화원칙'을 발표한 바 있다. 조선 민족과 관련된 내용은 5조 민족자결주의로 '주권 회복을 포함한 식민지의 모든 요구에 대한 공정한 조정과 처리'를 강조한다. 민족의 운명은 민족 스스로 결정할 수 있어야 한다는 취지다. 주요 전승국이자 세계 최고의 강대국인 미국 대통령이 밝힌 원칙이라는 점 때문에 작년 11월, 세계대전이 끝이 나면서 전후 식민지 처리의 대원칙으로 더욱 조명을 받고 있다. <한겨레>가

최남선

신년호에서 보도했듯 신한청년단을 위시한 민족진영은 이 기회를 놓치지 않고자 김규식(38) 씨를 파리 강화회의 특사로 파견하기로 하였다. 서구 열강에 식민지 조선의 가혹한 현실과 일본 무단통치의 부당함을 알려 민족 독립의 계기를 외부로부터 마련한다는 계획이다.

파리 강화회의가 독립의 기회가 될 수 있다고 믿는 인사로는 잡지 <소년>과 <청춘>을 발행하며 실력 양성운동에 앞장서고 있는 최남선(29) 씨를 꼽을 수 있다. 일본이 러일전쟁에서 승리한 뒤 부국강병의 길로 치닫던 1906년에 일본 유학을 떠난 최 씨는 남들이 하는 법률·정치·경제가 아닌 문학과 역사를 전공했다. 이를 토대로 귀국 후에 출판 사업을 벌여 1910년대 이미 조선 문화계의 대표주자가 된 인물이다. 세계대전을 겪으며 약육강식의 사회진화론에 대한 반성이 이뤄진 데다 민족자결주의로 대표되는 인류평화와 평등의 가치가 새로운 시대정신이 됐기 때문에 조선 민족의 뜻을 파리 강화회의에 전한다면 독립의 계기를 마련할 수 있다고 보는 입장이다.

원로 지식인 윤치호(54) 기독교청년회(YMCA) 총무는 이런 세계정세 인식이 순진한 발상이라고 비판한다. 윤 총무는 "조선의 무능한 정부와 일본의 유능한 정부 사이에 맺어진 을사조약은 강대국에 매우 인상적으로 잘 알려져 있는 까닭에 조약 이후 조선인의 상황이 나빠졌다는 것을 강화회의에 알리기 어렵다"며 "조선은 일본의 생명선이기 때문에 군사적 힘으로 강요하지 않는 한 일본이 조선을 내놓지 않을 테고 미국과 영국 또한 불쌍한 조선을 위해 일본과 전쟁을 치르려고 하지 않을 것"이라고 부정적 전망을 내놓고 있다. 윤 총무는 총독부가 조작한 105인 사건(1912)으로 옥고를 치르고 전향한 뒤 타협주의적 행보를 이어가고 있다. 파리 강화회의가 독립의 발판이 될지 강대국들의 나눠 먹기 판이 될지 불란서의 회담 결과가 주목된다.

윤치호

셜록 홈스가 조선땅에 왔다

영국 추리소설의 대가인 코난 도일 경의 단편 「충복」(원제 '세 학생')이 작년 처음 번안되면서 국내에도 본격 '탐정소설'시대가 열렸다.

작년에 창간된 주간 문예지 〈태서문예신보〉(3~7호)에 해몽생이라는 번안자를 통해 연재된 「충복」은 추리소설의 본고장인 영국을 배경으로 사설탐정의 활약상을 담은 소설이다. 시험지 유출 사건을 두고 용의선상에 오른 학생 세 명 가운데 누가 범인인지 단박에 알아차리는 탐정 셜록 홈스의 재기가 돋보이는 작품이다.

셜록 홈스 삽화의 한 장면.

신해년(1911) 이해조의 『쌍옥적』 이래 추리소설이 국내에 소개되었지만 본격 탐정소설은 존재하지 않았다. 추리로 범인을 밝혀내는 탐정의 존재가 미비하거나 드러나지 않은 경우가 많았기 때문이다. 작자 미상의 『지환당』(동양서원, 1912)이나 노익형의 『도리원』(박문서관, 1913) 등의 작품에서 탐정이 아닌 '정탐'이라 불린 역할은 순사 끄나풀 또는 심부름꾼에 불과하였다. 그나마 이해조의 신소설 『누구의 죄』(보급서관, 1913)와 이상협이 〈매일신보〉(1914~1915)에 연재한 신소설 『정부원』 등이 그나마 전문성이 두드러지진 않지만 사설탐정의 존재가 최초로 드러난 경우다.

본격 추리소설인 「충복」이 번안되면서 탐정으로 상징되는 서구의 과학적이고 전문적인 수사 주체에 대한 대중의 관심도 늘고 있다. 추리소설에서 코난 도일과 양대산맥이라 불리는 불란서 작가 모리스 르블랑의 『아르센 루팡』이 소개될 날도 머지않았다.

부랑자로 검거된 양반들

총독부 경찰이 지난 연말 요릿집과 기생집을 대상으로 부랑자 일제 검거에 나선 것을 두고 조선인 상류층에서 볼멘소리가 흘러나오고 있다. 총독부가 정치적 불안을 해소하기 위해 식민통치에 비판적인 양반층을 부랑자로 몰아 잡아들이는 것 아니냐는 의심에서다. 그나저나 나라가 망하니 주지육림에 놀고먹던 양반 처지도 참 딱하게 생겼다.

지난달 17일, 경성 종로경찰서는 전날 자정부터 요릿집과 기생집에 대한 일제 단속을 벌여 부랑자 수십 명을 검거해 모두 기소했다고 밝혔다. 이를 위해 종로서는 비번 순사 100여 명을 비상소집한

경성 최고의 유흥가인 '혼마치'(本町·명동). 일본인들이 주로 거주하는 으뜸 동네라는 뜻에서 혼마치로 이름 지었다.

것으로 알려졌다. 일제 단속은 연말을 당하여 각처의 부랑자가 늘어나 그 피해가 매우 심각하다는 신고에 따른 것이라고 하나 신고 건수나 내용은 알려지지 않았다.

부랑자는 일정하게 사는 곳 없이 떠돌아다니는 집 없는 사람을 일컫는데 이번에 검거된 양반층은 거주지가 분명한 이가 대부분이라 뒷말도 무성하다. 총독부의 부랑자 단속 배경에 양반층을 압박하려는 전략이 깔려 있다는 해석이 가장 유력하다. 의병 항쟁의 구심이자, 향촌 단위에서 여전히 지배력을 행사하면서 식민통치에 비판적이던 양반과 상류층에 대한 길들이기 차원이라는 것이다.

총독부 기관지 〈매일신보〉는 단속의 백태를 다음과 같이 전했다.

"그날 밤 요리점에서 기생을 데리고 흥청거리며 놀던 유야랑(遊冶郞, 주색잡기에 빠진 사람)들은 청천에 벽력이 내릴 듯이 별안간 혼이 나서 망지소조(罔知所措, 너무 당황하거나 급하여 어찌할 줄을 모르고 갈팡질팡함)하는 광경이 일장활극을 이루었고 더구나 각 기생의 집에서는 누워 자다가 벼락을 맞은 기생과 어떤 자와 함께 자다가 잡혀간 기생 등이 이루 말할 수 없는 장관을 이루었다더라."

총독부의 부랑자 단속은 임자년(1912) 3월 25일 조선총독부령으로 발포된 경찰범 처벌 규칙 1조 2항(일정한 거주 또는 생업 없이 제방을 배회하는 자를 처벌한다)에 근거해 해마다 무시로 벌어지고 있다. 주로 부호층의 청년 자제, 양반 유생, 대한제국의 관료 등이 부랑자로 단속돼왔다.

갑인년(1914) 11월 20일자 〈매일신보〉를 보면 부랑자 단속 과정을 구구절절 전하고 있다. 특히 일본인 경찰서장이 기생집에서 검거해 온 대한제국의 관료와 양반을 훈계하는 장면과 상류층의 부랑자들이 유치장에서 노동 교화를 받는 장면을 생생하게 보도하고 있다. 이를 통해 이들 양반층 부랑자를 '조선 민족 후진성의 증거이자 망국의 원인'으로 지목하고 있는 것이다. 흥청망청 놀고먹기 바쁜 양반들이 망국의 원인인 것은 맞지만, 그건 조선 민중이 할 소리지 도적떼인 총독부가 할 말은 아닌 듯싶소만.

토벌에 스러진 「의병정신」 광복회가 되살렸다

회복·무력항전 나선 「조선의병의 후예」…일제, 세력 키우자 "씨 말리겠다" 안간힘

(…림·경성/임지원 기자)

후예, 광복회

…11월 경상북도 …낸 칠곡 부호 장… 맞아 죽었다. 어… 승원을 죽였는… 승도 어렵지 않게… 었다. 사건 현장… 벽으로 쓴 경고… : "너는 어찌 나… 팔아 네 잇속만… 가. 이제, 너의 큰… 우리 동포에게… 꾸짖고 경고하…" 통쾌한 소식은… 중 사이에 삽시… 갔다.

…군자금 마련을 …의 부호들을 앞으… 보내 의연(기부) … 요구했으나, 출… 는 반민족적 부… 리들이 처단 대… 세 고등경찰은 …왕(순종) 전하 … 취한 불충한 자 …력 5월 하순에 …관에 거주하는 …성녀를 불법으… 즉사"케 하는 등 … 박상진 광복회 … 같은 행동에 나 …다.

…모집한 광복회 …에 나서고자 하 …구입 △군관학 …한 무관 양성 △ …인, 만주 이주민 훈련을 통한 군인 양성 △일본인 고등관리, 반역분자 처단을 위한 행형부 조직 등이 구체적인 행동지침이었다. 물론 최종 목표는 일제에 대항한 '무력전'이었다. 광복회원들은 군자금을 모집하러 직접 곡물상도 하고 일제 우편마차를 공격해 세금을 탈취하기도 했다. 일본인 소유 충남 직산광산을 습격한 일도 있었으며 화폐를 위조하기도 했다. 조직되자마자 국내 지부 인원만 137명에 이르렀고 전국 각지 지부를 넘어 국외 만주에까지 지부를 두었다. '비밀사수·폭동·암살·명령엄수'를 4대 실천강령으로 한 광복회의 대담무쌍한 행동은 곧장 일경의 표적이 되었다.

서기… 단… 는… 을… 복… 하면 …며, 군청이나 면사무소 등에 공무원으로 채용하겠다'는 벽보가 걸렸다. 광복회원을 재워준 부락은 모조리 불태워버린다는 유언비어도 퍼졌다. 과거 의병 토벌 때와 같은 수법이다. 광복회 간부들은 장승원 사살사건 뒤 수개월 만에 대부분 체포되었다. 일제로선 의병전쟁의 악몽이 되살아나기 전에 싹을 재빨리 도려낼 필요가 있었음이 자명하다. 을묘년(1915) 11월 신출귀몰한 마지막 의병장 채응언 선생의 사형이 집행된 뒤 완전히 숙청됐다고 믿었던 조…

기미년 통신 의병은 살아있다

일제, 정미년 제천의병 토벌 때 마을 통째로 불태우고 기유년 호남의병에는 중무장선 동원 전남지역 초토화 총칼로도 꺾지 못한 대담무쌍 의병활동, 일제에는 악몽

◆기유년(1909) 일제의 남한대토벌작전으로 체포된 최후의 호남의병장들. 일제는 대학살 이듬해 〈남한폭도대토벌기념사진첩〉을 제작해 기념하였다. 앞줄 왼쪽부터 송병운, 오성술, 이강산, 모천연, 강무경, 이영준 의병장, 뒷줄 왼쪽부터 황두일, 김원국, 양진여, 심남일, 조규문, 안규홍, 김병철, 강사문, 박사화, 나성화 의병장. 국사편찬위원회

1919년 1월 16일

…던 '일제의 토벌' 작전은 잔혹무도하기 그지없었다. 정미년(1907) 충북 제천에서 일본군의 의병 토벌 현장을 목격한 영국 〈데일리 메일〉 특파원 프레더릭 매켄지 기자의 증언은 이러하다. "그들은 제천읍을 보복의 표본으로 삼기로 작정했다. 온 마을을 태우기로 한 것이었다. 일본군들은 불길을 돋우어 가면서 모든 것을 태워버렸다. 부락민들이 피난 갈 때 남자 5명, 부인 1명 그리고 어린이 1명은 몸을 다쳐 따라가지 못했는데 이들은 불길 속에 사라졌다. (중략) 이제 제천은 지도상에서 없어진 마을이 되었다."

당시 일본군의 탄압은 '밀고'와 '대토벌'에 근간을 두었다. 정미년 7월부터 이듬해 말까지 일제가 불태운 집은 공식 집계만 6681호라고 한다. 일본군의 〈조선폭도토벌지〉에 따르면 병오년(1906)부터 5년간 일본군 사상자는 403명이고, 의병 사상자는 2만1485명에 이른다. 민간인 사상자가 포함되지 않았음을 고려하면 피해는 더욱 컸을 것이다. 박상진 총사령의 스승이던 의병장 허위 선생도 의병을 일으킨 죄로 이때 붙잡혀 교수형을 당하였다. 그는 신축된 서대문형무소의 1호 사형수가 되었다.

더욱이 '남한폭도대토벌작전'이라는 이름 아래 벌어진 … 30일까지의 두 달 사이에 전파되었다고 봐도 무방할 지경이다. '인담살이'('담살이'는 머슴살이를 이르는 전라도 방언)로 유명한 보성의 머슴 의병장 안규홍 대장을 비롯한 호남 지역 의병장 103명, 부하 의병 4138명이 이때 체포됐다. 곡창지대인 호남의 이권이 이처럼 의병들로부터 위협받는 것을 일제가 보아 넘길 리 없었던 것이다.

대토벌 당시 일제는 대포를 탑재한 중무장 경비선 16척을 건조해 이 중 10척을 전남 도서지역에 집중적으로 투입했고 무인도까지 샅샅이 수색하여 의병들을 붙잡았다. 수천 명의 병력이 새로 투입됐다. 당시의 일을 매천 황현 선생은 이리 증언했다. "순사들이 촌락을 샅샅이 수색하고 가택마다 조사를 하여 조금만 의심이 나면 즉시 주민을 살해하므로, 이때부터 행인들의 종적이 끊기고 이웃 마을까지도 왕래를 허지 않았다. 한편, 의병들은 삼삼오오 짝을 지어 사방으로 도주하였으나 그들이 숨을 만한 곳이 없기 때문에 점차 그들에게 밀려나 강진, 해남 등 육지가 끝나는 곳까지 쫓기게 되었다."

체포된 호남 의병장 103명 중 안규홍을 포함한 23명은 경술년에 처형되었다. 포로로 잡힌 의병들은 해남과 장흥, 보성, 낙안, 순천을 경유해 광양과 하동까지 도로를 놓는 강제노역에 동원됐다. 이때 닦은 길을 일본군은 '폭도 도로'라고 이름 붙여 조롱하였다. 기유년 전체 교전 참전 인원의 60.1%를 차지했던 호남 의병은 이듬해인 경술년 고작 2.3%에 불과할 정도로 축소되었다.

◇ **의병은 살아 있다** = 야만적 대토벌 뒤에도 조선 의병은 후퇴했을 뿐, 패배하지 않았다. 국망을 전후하여 연해주로 터를 옮긴 기라성 같은 인물들이 국외 의병 봉기를 꾀하였다. 병오년 연해주로 이주한 이범윤(63) 대장이 의병부대를 꾸려 일본군에 맞섰고, 그와 뜻을 같이한 '한국 의용병 참모중장' 안중근은 기유년 중국 하얼빈역에서 이토 히로부미를 사살했다.

수적 열세와 군자금 부족, 삼엄한 일제의 감시에도 불구하고 을묘년(1915)까지는 국내에서도 유격전 형태의 의병 전쟁이 지속되었다. 8년여간 일제 헌병과 그 가족, 헌병 보조원들을 곳곳에서 처단하여 이름을 떨친 채응언 대장은 그해 7월 평남 성천에서 붙잡혔을 때부터 사형이 집행될 때까지 담대한 태도로 조선 민중에게 깊은 감동을 주었다. 그가 평양헌병대 본부로 이송되던 날엔 그의 얼굴을 보기 위해 골목마다 사람들이 운집하였다. 조선총독부 기관지 〈매일신보〉가 그를 가리켜 "사납고, 겁 없고, 담차고, 고집 센 성질이 그 얼굴에 나타났더라"라고 악의적으로 묘사하였으나, "의병을 빙자하고 백성의 재물을 약탈하는 자는 즉시 참수한다. 몰래 술을 먹고 떠들거나 예를 잃는 자는 즉시 참수한다"던 그의 대쪽 같은 성정은 시중에 널리 알려져 있었다. 그해 11월 일제가 적… 인죄로 교수형… 채응언 대장은 …으로 죽는다"… 히 숨을 거두었…

그리하여 의… 자 꾸만 가 못… 이처럼 승산 없… 속하는 이유를… 어느 이방인에… 사람이 답했다…

◆을묘년(1915) 항… 지막 의병장 채응언… 투 끝에 체포되어 …고, 팔목에는 몽대를… 인다.

이범윤·안중…
"나는 의병장…
8년간 일제 처…
조선의병, 담대…

…피 죽게 되겠지… 습니다. 일본의… 사느니보다는 자… 는 것이 훨씬 낫…

기미년 1월, 투… 혀서 죽고 투항한… 아 부귀영화를 누… 앞으로도 반복된… 복회 총사령도 오… 도·살인죄로 사… 신유년(1921) 8월… 순국한다. 그러나… 이 떠난 뒤에도 '… 래 살아남는다. '… 뒤 술장수·엿장수… 살던 의병들은 오… 동이 일어나면 만… 마을의 만세운동… 다. 박상진의 광복… 진은 경신년(1920… 에서 대승을 거두… 진을 흠모한 21살… 은 장차 무장독립… 열단'을 조직하여… 작과 친일파를 처… 강령을 계승한다.

제국주의 전쟁의 광기 통렬하게 비판한

『붉은 로자』 옛 동지에 피살

독일의 사회주의 혁명단체 스파르타쿠스단을 주도한 로자 룩셈부르크 …르크 …와 혁명동지 카를 리프크네히트 …잔혹하게 살해 …식이 타전되었 …셈부르크 등은 …였던 사국 내 사 …우파 집권세력 …해되었는데 그 …림(베를린)의 운 …혔었다고 한다. …란(폴란드)에 …유대계인 로자는 서서(스위스) …에서 정치학과 경제학을 수학 …의 산업 발전을 주제로 박사학 …한 학자 출신의 혁명가이다. 1893 …이자 평생의 정인이었던 레오 …등과 함께 〈스프라바 로보트니…(의)〉라는 신문을 창간해 필명으 …쓴 기자이기도 하다. 유럽의 노…동자에 의해 소식된 국제단체인 …년의 3차 대회가 그해 8월 취 …개최되었는데 이때의 명연설로 …회주의자들에게 이름을 떨치게 …은 로자'의 등장이었다.

독일 사민당 전쟁 지지에 반대
「피지배계급 연대·협력 지향」
스파르타쿠스단 결성 주도
처참한 주검 백림 운하 유기

1914년 세계대전 발발 후 독일사민당이 독일 정부의 참전을 지지하자, 이에 반대하며 탈당한 로자는 카를 리프크네히트 등 동지들과 함께 로마시대에 노예 검투사의 반란을 일으켰던 스파르타쿠스에서 이름을 딴 혁명단체 스파르타쿠스단을 결성하였다. 작년 말부터 다른 사회주의 세력들을 규합하여 올해 1월1일 독일 공산당을 창당하였으나 군부와 결탁한 독일사민당 우파 세력들에 의해 체포되기에 이른다. 이송 도중 군인의 개머리판에 이마를 맞고 확인사살을 당한 로자의 시신은 백림 운하에 버려졌다고 한다. 수많은 적에 둘러싸여 있던 붉은 로자는 결국 피투성이 로자가 되었다.

다섯살 때 앓은 병으로 평생 절름발이였던 로자는 제국주의 전쟁을 지지하는 사회주의자들을 통렬하게 비판한 원칙주의자였다. 전쟁의 광기가 모든 것을 삼켜버린 지난 대전시기에 반전주의자로 남는 것은 쉬운 일이 아니었지만, 그녀는 죽을 때까지 전세계 모든 피지배계급의 연대와 협력을 지향하는 국제주의자의 삶을 살았다.

빚 때문에 무자비한 살해
미국 여인 행세 결혼사기

시흥 서독산 40대 강도살인
일본인 범인 이송 보려 장사진

미국인 위장해 남편감 찾아
혼인 빙자 숱하게 돈 뜯어내
범인 남자로 밝혀져 더 당혹

작년에는 세간의 이목을 집중시킨 범죄도 적지 않았는데 대표적으로는 '서독산'(西讀山) 살인사건과 미국 여인 위장 사기사건을 꼽을 수 있다. 두 사건 모두 근래에 보기 드문 무자비성과 황당무계함을 보여준다 할 것이다.

무오년(1918) 9월, 경기도 시흥군에 있는 서독산에서 도리 다케지로라는 40대 고치 상인이 살해당하고 그 점원 요시가와가 상해를 입는 사…역 소위 신분의 일본인 쓰노가와 요시오. 사건 발생 10일 후 일본 오사카에서 검거된 그는 빚 때문에 범죄를 저질렀다고 실토하였다. 범인이 조…

◆돈 많은 미국 여인으로 위장해 사기 치다 종로경찰서에 연행된 희대의 사기꾼 이세일. 매일신보

…은 남대문통 길에도 사람의 병풍이 서졌고 본정 경찰서까지 사람이 담을 쌓을 지경"(〈매일신보〉)이었다. 일제 강점 이후 형사사건이 20% 증가했지만 그 대부분이 절도와 사기 그리고 경범죄였더…

인이 사회사업… 을 물 쓰듯 한다… 로경찰서 순사들… 취조한 결과, 범… 안군 출신 24세… 일로 밝혀졌다. … 위장해서 사기행… 이씨는 100만원… 니고 한국에서 … 는다는 소문을 … 을 품은 숱한 남… 들었다고 한다. … 현금 1천여원을 … 게까지 이르기… 이 일을 웃어야 … 할지. 외모를 의… 에겐 미국인 모… 부치 사이에서…

…사 주요 참고문헌

…「비밀결사의 투쟁방략과 의의」, 〈한국독…3)

…「'조선귀족'의 실태」, 〈사회연구〉(2004)

…인' 사회의 형성에 관한 고찰」, 〈일본연…회·1996)

프레더릭 매켄지, 〈대한제국의 비극〉(집문당·1999)

류시중·박병원·김희곤 역주, 〈국역 고등경찰요사〉(선인·2010)

임종국, 〈실록 친일파〉(돌베개·1991)

하시야 히로시, 〈일본제국주의, 식민지 도시를 건설하다〉

김좌진의 탄식 "광복회 동지들이여!"

"가을 깃든 압록강 너머 그대를 보내니/ 쾌히 내린 그대 단심 우리들 서약 밝게 해주네." 만주 길림의 별이 시리게 빛나던 1919년 겨울밤, 대한광복회 만주사령관 김좌진(30)은 의형 박상진(35) 광복회 총사령이 그를 만주로 보내며 읊었던 시를 소개하다 고개를 떨궜다. "'공을 세운 그날에 개선가 소리가 들리리라'고 했는데. 이리 허망할 데가…."

이른 나이에 국망을 지켜보며 독립운동에 투신한 뒤 김구(43) 선생을 비롯한 여러 의협들과 인연을 맺었지만, 김좌진에게 박상진은 한층 각별했다. 대한제국 최초의 판사 시험에 합격하고도 관직을 고사하고 투쟁가가 된 박상진은 무장투쟁과 계몽운동을 동시에 고민하는 이였다. 김좌진이 걷고자 하는 길과 같았다. 총칼을 앞세운 일제의 무단통치 아래 국내 의병투쟁이 '박멸'당하다시피 한 상황에서도, 광복회 동지들은 육혈포 권총을 손에 쥐고 무장투쟁을 계승해야 한다고 믿는 이들이었다. 박상진이 을묘년(1915) 꾸린 광복회에 김좌진이 흔쾌히 합류한 것도 그런 까닭이다.

의형제를 맺은 두 사람은 각각 만주와 국내에서 반일 투쟁을 전개하기로 결의했다. 광복회원들은 만주에 군사학교를 건립하여 김좌진이 경영에 나설 수 있도록 군자금도 마련해둔 터였다. 김좌진이 만주 사령관으로 부임하게 된 정사년(1917) 8월의 어느 밤 이들은 광복회원인 기생 어재하의 집에서 이별시를 나누며 후일을 기약하였다.

그리 작별한 지 반년 만인 작년(1918) 2월, 박상진을 비롯한 국내 광복회 지도부 대부분이 일제에 일망타진당하였다는 소식에 김좌진은 억장이 무너지는 듯하였다. 당장에라도 달려가 동지들을 가둔 감옥을 폭파하여 그들을 구출하고픈 심정이었다. 그러나 동지들이 만주의 김좌진에게 바라는 바가 그것일 리 없었다. 체포된 뒤 1년 동안 감감했던 광복회원들의 공판 일자가 내달 5일로 확정됐다는 소식이 최근 들려오면서 국내외 독립운동가들의 이목도 쏠리고 있다. 10년 전 의병 대토벌의 기억이 아직 선연하다. 중형이 내려질 것이 분명하다. "형벌이 가볍지 않을 것이라지요? 일본이 단단히 벼르고 있다고 들었습니다." 김 사령관이 깊은 한숨을 내쉬었다.

◆ 의병의 후예, 광복회

정사년(1917) 11월 경상북도 관찰사를 지낸 칠곡 부호 장승원이 총에 맞아 죽었다. 어떤 이들이 장승원을 죽였는지, 일제 경찰도 어렵지 않게 파악할 수 있었다. 사건 현장에는 한지에 먹으로 쓴 경고문이 나붙었다. “너는 어찌 나라와 백성을 팔아 네 잇속만 챙기려 하는가. 이제, 너의 큰 죄를 꾸짖고 우리 동포에게 경고하노라. – 꾸짖고 경고하는 자, 광복회.” 통쾌한 소식은 나라 잃은 민중 사이에 삽시간에 퍼져나갔다.

광복회는 군자금 마련을 위해 각 지역의 부호들 앞으로 통고문을 보내 의연(기부)금을 낼 것을 요구했는데, 출연을 거부하는 반민족적 부호와 악덕 관리들이 처단 대상이 됐다. 일제 고등경찰은 “장승원은 이왕(순종) 전하의 토지를 편취한 불충한 자이며 1916년 음력 5월 하순에는 경북도 왜관에 거주하는 김요현의 처 이성녀를 불법으로 구타하여 즉사”케 하는 등 비행을 저질러 박상진 광복회 총사령이 이 같은 행동에 나섰다고 기록했다.

군자금을 모집한 광복회는 국권 회복에 나서고자 하였다. 무기 구입, 군관학교 설치를 통한 무관 양성, 의병·해산 군인·만주 이주민 훈련을 통한 군인 양성, 일본인 고등관리·반역분자 처단을 위한 행형부 조직 등이 구체적인 행동지침이었다. 물론 최종 목표는 일제에 대항한 ‘무력전’이었다. 광복회원들은 군자금을 모집하려 직접 곡물상도 하고 일제 우편마차를 공격해 세금을 탈취하기도 했다. 일본인 소유 충남 직산광산을 습격한 일도 있으며 화폐를 위조하기도 했다. 조직되자마자 국내 지부 인원만 137명에 이르렀고 전국 각지 지부를 넘어 국외 만주에까지 지부를 두었다. ‘비밀사수·폭동·암살·명령엄수’를 4대 실천강령으로 한 광복회의 대담무쌍한 행동은 곧장 일경의 표적이 되었다.

영국인 종군 기자 매켄지가 양평군 지평 인근에서 촬영한 의병대의 모습(1907).

시가에는 '광복회와 광복단원에 관한 정보를 제공하는 자에게는 거액의 현상금을 지급하며, 과거나 현재 광복단원이었을 경우에도 자수하면 일체의 죄를 묻지 않으며, 군청이나 면사무소 등에 공무원으로 채용하겠다'는 벽보가 걸렸다. 광복회원을 재워준 부락은 모조리 불태워버린다는 유언비어도 퍼졌다. 과거 의병 토벌 때와 같은 수법이다. 광복회 간부들은 장승원 사살 사건 뒤 수개월 만에 대부분 체포되었다. 일제로선 의병전쟁의 악몽이 되살아나기 전에 싹을 재빨리 도려낼 필요가 있었음이 자명하다. 을묘년(1915) 11월 신출귀몰한 마지막 의병장 채응언 선생의 사형이 집행된 뒤 완전히 순치됐다고 믿었던 조선 땅에서 이토록 빨리 무력 항전의 기개가 되살아날 줄 짐작이나 했겠는가.

◆ 두 달간의 호남 의병 대학살

경술년(1910) 강제병합 전 의병을 초토화하려던 일제의 토벌작전은 잔혹무도하기 그지없었다. 정미년(1907) 충북 제천에서 일본군의 의병 토벌 현장을 목격한 영국 <데일리 메일> 특파원 프레더릭 매켄지 기자의 증언은 이러하다. "그들은 제천을 보복의 표본으로 삼기로 작정했다. 온 마을을 태우기로 한 것이었다. 일본군들은 불길을 돋우어 가면서 모든 것을 태워버렸다. 부락민들이 피난 갈 때 남자 다섯 명, 부인 한 명 그리고 어린아이 한 명은 몸을 다쳐 따라가지 못했는데 이들은 불길 속에 사라졌다. (중략) 이제 제천은 지도상에서 없어진 마을이 되었다."

당시 일본군의 탄압은 '밀고'와 '대토벌'에 근간을 두었다. 의병장 체포에 큰 상을 걸고 각 부락에 광고하며 밀고자를 장려하고, 의병이 숨어들었던 마을이나 의병에게 물자를 지원한 마을은 무참하게 방화하였다. 정미년 7월부터 이듬해 말까지 일제가 불태운 집은 공식 집계만 6681호라고 한다. 일본군의 <조선폭도토벌지>에 따르면 병오년(1906)부터 5년간 일본군 사상자는 403명이고, 의병 사상자는 2만 1485명에 이른다. 민간인 사상자가 포함되지 않았음을 고려하면 피해는 더욱 컸을 것이다. 박상진 총사령의 스승이던 의병장 허위 선생도 의병을 일으킨 죄로 이때 붙잡혀 교수형을 당하였다. 그는 신축된 서대문형무소의 1호 사형수가 되었다.

더욱이 '남한폭도 대토벌작전'이라는 이름 아래 벌어진 기유년(1909)의 '호남의병 대학살 사건'은 그 참상을 이루 말할 수 없다. 갑오년(1894) 봉기한 뒤 15년간 줄기차게 명맥을 이어온 호남 의병이 사실상 기유년 9월 1일부터 10월 30일까지의 두 달 사이에 전파되었다고 봐도 무방할 지경이다. '안담살이'('담살이'는 머슴살이를 이르는 전라도 방언)로 유명한 보성의 머슴 의병장 안규홍 대장을 비롯한 호남 지역 의병장 103명, 부하 의병 4138명이 이때 체포됐다. 안규홍 대장은 일본군을 야습해 50여 명의 일본인을 처단하는 등 신출귀몰한 활약상으로 명성이 자자하였다. 곡창지대인 호남의 이권이 이처럼 의병들로부터 위협받는 것을 일제가 보아 넘길 리 없었던 것이다.

항전 끝에 1915년 체포된 마지막 의병장 채응언(오른쪽). 격투 끝에 체포되어 눈 주위가 부어 있고, 팔목에는 붕대를 감은 것으로 보인다. ©독립기념관

대토벌 당시 일제는 대포를 탑재한 중무장 경비선 16척을 건조해 이 중 10척을 전남 도서지역에 집중적으로 투입했고 무인도까지 샅샅이 수색하여 의병들을 붙잡았다. 수천 명의 병력이 새로 투입됐다. 당시의 일을 매천 황현 선생은 이리 증언했다. "순사들이 촌락을 샅샅이 수색하고 가택마다 조사를 하여 조금만 의심이 나면 즉시 주민을 살해하므로, 이때부터 행인들의 종적이 끊기고 이웃 마을까지도

왕래를 하지 않았다. 한편, 의병들은 삼삼오오 짝을 지어 사방으로 도주하였으나 그들이 숨을 만한 곳이 없기 때문에 힘이 강한 사람은 그들과 싸우다가 사망하고, 약한 사람들은 땅을 기면서 애걸하다가 그들의 칼에 맞아 사망하였으므로 의병들은 점차 그들에게 밀려나 강진, 해남 등 육지가 끝나는 곳까지 쫓기게 되었다."

체포된 호남 의병장 103명 중 안규홍을 포함한 23명은 경술년에 처형되었다. 포로로 잡힌 의병들은 해남과 장흥, 보성, 낙안, 순천을 경유해 광양과 하동까지 도로를 놓는 강제노역에 동원됐다. 이때 닦은 길을 일본군은 '폭도 도로'라고 이름 붙여 조롱하였다. 기유년 전체 교전 참전 인원의 60.1%를 차지했던 호남 의병은 이듬해인 경술년 고작 2.3%에 불과할 정도로 축소되었다.

◆ 의병은 살아 있다

야만적 대토벌 뒤에도 조선 의병은 후퇴했을 뿐, 패배하지 않았다. 국망을 전후하여 연해주로 터를 옮긴 기라성 같은 인물들이 국외 의병 봉기를 꾀하였다. 병오년 연해주로 이주한 이범윤(63) 대장이 의병부대를 꾸려 일본군에 맞섰고, 그와 뜻을 같이한 '한국의용병 참모중장' 안중근은 기유년 중국 하얼빈역에서 이토 히로부미를 사살했다.

수적 열세와 군자금 부족, 삼엄한 일제의 감시에도 불구하고 을묘년(1915)까지는 국내에서도 유격전 형태의 의병전쟁이 지속되었다. 8년여간 일제 헌병과 그 가족, 헌병 보조원들을 곳곳에서 처단하여 이름을 떨친 채응언 대장은 그해 7월 평남 성천에서 붙잡혔을 때부터 사형이 집행될 때까지 담대한 태도로 조선 민중에게 깊은 감동을 주었다. 그가 평양헌병대 본부로 이송되던 날엔 그의 얼굴을 보기 위해 골목마다 사람들이 운집하였다. 조선총독부 기관지 <매일신보>가 그를 가리켜 "사납고, 겁 없고, 담차고, 고집 센 성질이 그 얼굴에 나타났더라"라고 악의적으로 묘사하였으나, "의병을 빙자하고 백성의 재물을 약탈하는 자는 즉시 참수한다. 몰래 술을 먹고 떠들거나 예를 잃는 자는 즉시 참수한다"던 그의 대쪽 같은 성정은 시중에 널리 알려져 있었다. 그해 11월 일제가 적용한 강도·살인죄로 교수형을 당할 적에도 채응언 대장은 "나는 의병장으로 죽는다"고 말하며 조용히 숨을 거두었다고 한다.

그리하여 의로운 이들은 자꾸만 가뭇없이 죽어갔다. 이처럼 승산 없는 전투를 계속하는 이유를 궁금해하는 어느 이방인에게 의병의 한 사람이 답했다. "우리는 어차피 죽게 되겠지요. 그러나 좋습니다. 일본의 노예가 되어 사느니보다는 자유민으로 죽는 것이 훨씬 낫습니다."

* 기미년 1월, 투쟁한 이들은 잡혀서 죽고 투항한 이는 살아남아 부귀영화를 누리는 일들은 앞으로도 반복된다. 박상진 광복회 총사령도 오는 2월 28일 강도·살인죄로 사형을 선고받고 신유년(1921) 8월 대구감옥에서 순국한다. 그러나 의로운 이들이 떠난 뒤에도 '의병정신'은 오래 살아남는다. 일제의 대토벌 뒤 술장수·엿장수·농부로 숨어 살던 의병들은 오는 3월 만세운동이 일어나면 맨 앞에서 자기 마을의 만세운동을 이끌게 된다. 박상진의 광복회 동지 김좌진은 경신년(1920) '청산리전투'에서 대승을 거두게 된다. 박상진을 흠모한 21살 청년 김원봉은 장차 무장 독립운동 단체 '의열단'을 조직하여 일제 고관대작과 친일파를 처단하여 광복회 강령을 계승한다.

총독부마저 비판한 친일파들

쌀값 폭등으로 조선인들의 고통이 이루 말할 수 없는 가운데 일제로부터 '조선 귀족' 작위를 받은 친일파들이 총독부가 권한 빈민구제 활동에도 소홀해 작년 <매일신보>로부터 호된 비판을 받은 일은 주지의 사실이다. 이 과정에서 해당 사설을 쓴 매일신보 기자가 친일파들의 항의로 퇴사했다는 사실이 뒤늦게 알려졌다. 이참에 나라를 팔아먹은 대가로 귀족이 되고 부귀영화를 누리는 친일파들과 절개를 지킨 지사들을 고하니 오늘의 경계로 삼아 마땅하리.

<매일신보>는 작년 8월 20일자 사설 '귀족 부호의 빈민구제에 대하여'를 통해 빈민구제에 동참하지 않은 조선 귀족들에 대해 '인민의 모범'을 보이지 않았다며 강도 높게 비판하였다. 총독부는 조선 귀족들에게 기부금 등 자선사업에 적극 나서기를 주문해왔는데 일왕으로부터 은사금과 함께 귀족 작위까지 받은 친일파들이 이에 적극 나서지 않았다는 것은 '위를 향한 충성스러운 순종'과 '아래를 향한 모범'

이라는 일본 제국의 방침을 거스른 것이라고 지적했다. 총독부 기관지의 입을 빌린 간접적 경고였지만 친일 귀족들의 반발은 거셌다. 당장 총독부는 해당 사설을 집필한 선우일(鮮于日)을 퇴사시키는 것으로 진화에 나섰다.

이완용 총리대신의 친일 내각. 가운데 어린이가 영친왕 이은이고 뒷줄 왼쪽이 이완용이다.

총독부가 한발 물러선 모양새를 취한 건 식민통치의 안정화를 위해 친일파들의 존재가 긴요했기 때문이었다. 1894년부터 이뤄진 '갑오개혁'으로 신분제를 철폐한 일제는 강점 직후 새로운 신분제를 만들었다. 이로써 경술년(1910) 10월 7일 76명의 조선인들이 일왕에게 작위를 수여받고 '조선 귀족'이 됐다. 구대한제국 지배계급에 대한 회유정책으로 탄생한 조선 귀족은 왕족과 고관대작으로 나뉘었다. 이왕(순종)가의 종친과 척족(성이 다른 일가)의 경우 2~3등급인 후작·백작을, 대한제국의 정일품·종일품 등 고위 대신들에게는 4~5등급인 자작·남작이 수여되었다. 이에 따라 철종의 부마(사위)였던 대표적인 친일파 박영효와 순종의 장인 윤택영, 왕족인 이재각·이재완·이해승·이해창이 후작을 받았다.

'합방에 기여한 공로'도 빼놓을 수 없는 기준이었다. '을사늑약'을 주도한 '을사오적' 중 이지용(당시 내부대신)과 이완용(학부대신)은 백작을 받았다. 당시 외부대신이었던 박제순과 군부대신 이근택, 농상공부대신 권중현에게는 자작이 수여됐다. 경술년 강제병합에 앞장선 임선준, 고영희, 이병무, 조중응, 송병준 등도 그 공을 인정받아 자작이 되었다. 1등급인 공작은 없었는데 이는 일본 귀족과의 차별성 때문이었다.

이들 귀족은 일왕으로부터 국채증권으로 된 은사금도 받았다. 나라는 망했는데 친일파들은 그 대가로 재산이 불어난 것이다. 가장 많은 50만 4000엔(2010년 가치 100억 8000만 원)을 받은 것은 윤택영이었다. 박영효는 28만 엔(56억 원)을 받았고 을사오적 중 가장 큰 공을 세운 이완용에게는 15만 엔(30억 원)이 지급됐다. 둘째가라면 서운해할 친일파 송병준도 10만 엔(20억 원)을 챙기는 등 총 452만 9000엔(906억 원)의 은사금이 하사됐다.

친일파에게 명예와 부귀는 주어졌지만 권력에선 철저히 소외되었다. 강점 직후 총독부는 중추원이라는 자문기구를 만들어 하루아침에 실업자가 된 조선 귀족들이 소일하도록 했다. 하지만 의장은 총독

이지용, 이완용, 권중현, 이근택.(왼쪽 위부터 시계 방향순)

부의 정무총감이 맡도록 해 여기서도 친일파들은 들러리에 불과하였다.

한편, 모두가 조선 귀족이 되길 자처한 것은 아니었다. 을사오적 처형 상소를 올렸던 문신 김석진은 작위를 수치로 여겨 자결하였다. 대원군의 둘째 사위인 조정구도 자결을 시도하였고, 의친왕의 장인 김사준은 반일운동으로 작위를 박탈당하였다. 대한제국의 관료들이었던 윤용구, 한규설, 민영달, 홍순형, 조경호도 작위를 반납하였다.

일본 하층민에게 조선은 기회의 땅

조선 땅에 살고 있는 일본인은 병자년(1876) 54명(남자 52명, 여자 2명)을 시작으로 을묘년(1915)엔 그 수가 30만 3659명(남자 16만 3012명, 여자 14만 647명)까지 늘었다. 40년 사이에 6000배 가까이 늘어난 재조 일본인들은 지배자로 군림하면서 피지배자인 조선인들과 다른 자신들만의 거류지를 형성해오고 있다.

식민지의 도시 경성에선 일본인과 조선인의 거주지역이 청계천을 경계로 남과 북으로 나뉘었다. 조선인 거주지는 북촌, 일본인 거류지는 남촌이라 불렸다. 1914년 행정구역 개편이 이뤄지면서 동리 이름이 조선식인 '동'(洞)과 일본식인 '정'(町) 두 가지로 나뉘는데, 이에 따라 조선인들은 주로 '동'에서 거주하고 일본인들은 '정'에서 터 잡게 되었다.

거주지뿐만 아니라 상가나 유흥시설도 이중 구조를 보이게 되었다. 조선인 번화가는 북쪽의 종로인 반면, 일본인 번화가는 남쪽의 본정(本町, 충무로)·황금정(黃金町, 을지로)·명치정(明治町, 명동)을 중심으로 형성되었다. 활동사진관부터 유곽에 이르기까지 일본인을 상대로 하는 곳과 조선인을 상대로 하는 곳은 별도의 지역에 세워졌다. 조선극장·단성사·우미관이 조선인 대상이었다면, 희락관·대정관·황금관·중앙관은 일본인 대상이었다. 유곽은 총독 관저가 있었던 용산에 집중되어 있었다.

지역이 나뉘어 있었지만 문화나 생활양식에서 일본인이 처음부터 압도적 우위에 있던 것은 아니었다. 이는 조선에 살던 일본인 상당수가 경찰과 군인 같은 지도층보다는 일본에서 상업과 노동 일에 종사했던 하층민이었다는 점과도 관련이 있다.

원래 경성부의 일본인 거류지는 일본 공사관이 자리한 남촌의 왜성대(倭城臺, 중구 예장동)를 중심으로 형성돼왔다. 이 지역은 진고개(진흙투성이의 언덕)라고 불리던 변두리 마을로 조선인 거주지보다 오히려 열악한 환경이었다. 한성의 기존 노른자땅은 이미 양반세력이 차지한 데다 일본의 위세가 청나라에 미치지 못한 점 등이 초기 이주지역을 결정짓는 한 요인이었으나, 더 주요한 원인은 이주 1세대가 일본 내 주류세력이 아닌 점에서도 찾을 수 있다. 조선은 일본 내에서 자기 기반을 잡지 못한 이들에게 '기회의 땅'이었던 셈이다.

'붉은 로자' 옛 동지들에게 피살

독일의 사회주의 혁명단체 스파르타쿠스단을 주도한 로자 룩셈부르크(48)와 그의 혁명동지 카를 리프크네히트(48)가 15일 잔혹하게 살해됐다는 소식이 타전되었다. 로자 룩셈부르크 등은 한때 동지였던 자국 내 사회민주당 우파 집권세력에 의해 살해되었는데 그 주검은 백림(베를린)의 운하에 유기되었다고 한다.

1871년 파란(폴란드)에서 출생한 유대계인 로자는 서서(스위스) 취리히대학에서 정치학과 경제학을 수학하고 파란의 산업 발전을 주제로 박사학위를 취득한 학자 출신의 혁명가이다. 1893년에는 동학이자 평생의 정인이었던 레오 요기헤스 등과 함께 <스프라바 로보트니차>(노동 대의)라는 신문을 창간해 필명으로 기사를 쓴 기자이기도 하다. 유럽의 노동운동 지도자에 의해 조직된 국제단체인 제2인터내셔널의 3차 대회가 그해 8월 취리히에서 개최되었는데 이때의 명연설로 유럽의 사회주의자들에게 이름을 떨치게 되었다. 이른바 '붉은 로자'의 등장이었다.

로자 룩셈부르크

1914년 세계대전 발발 후 독일사민당이 독일 정부의 참전을 지지하자, 이에 반대하며 탈당한 로자는 카를 리프크네히트 등 동지들과 함께 로마시대에 노예 검투사의 반란을 일으켰던 스파르타쿠스에서 이름을 딴 혁명단체 스파르타쿠스단을 결성하였다. 작년 말부터 다른 사회주의 세력들을 규합하여 올해 1월 1일 독일공산당을 창당하였으나 군부와 결탁한 독일사민당 우파 세력들에 의해 체포되기에 이른다. 이송 도중 군인의 개머리판에 이마를 맞고 확인사살을 당한 로자의 시신은 백림 운하에 버려졌다고 한다. 수많은 적에 둘러싸여 있던 붉은 로자는 결국 피투성이 로자가 되었다.

다섯 살 때 앓은 병으로 평생 절름발이였던 로자는 제국주의 전쟁을 지지하는 사회주의자들을 통렬하게 비판한 원칙주의자였다. 전쟁의 광기가 모든 것을 삼켜버린 지난 대전 시기에 반전주의자로 남는 것은 쉬운 일이 아니었지만, 그녀는 죽을 때까지 전 세계 모든 피지배계급의 연대와 협력을 지향하는 국제주의자의 삶을 살았다.

사회주의는 독일의 마극사(마르크스) 선생이 주조한 혁명이론으로 생산수단을 공유하여 빈부 격차 없이 모두가 평등하게 사는 세상을 만들자는 사상이다. 레닌이라는 혁명가의 주도로 정사년(1917) 러시아에서 일어난 인민봉기가 최초의 사회주의 혁명이었다.

세상 놀래킨 무오년의 범죄들

작년에는 세간의 이목을 집중시킨 범죄도 적지 않았는데 대표적으로는 '서독산'(西讀山) 살인사건과 미국 여인 위장 사기사건을 꼽을 수 있다. 두 사건 모두 근래에 보기 드문 무자비성과 황당무계함을 보여준다 할 것이다.

무오년(1918) 9월, 경기도 시흥군에 있는 서독산에서 도리 다케지로라는 40대 고치 상인이 살해당하고 그 점원 요시가와가 상해를 입는 사건이 벌어졌다. 피해자는 쌀을 사기 위해 현금 2만 6000원을 지닌 채 지방으로 내려가는 길에 강도를 당한 것으로 알려졌다. 유족들이 현상금 2000원을 내걸면서 더 뜨거운 관심을 받았다. 경찰의 수사로 밝혀진 범인은 예비역 소위 신분의 일본인 쓰노가와 요시오. 사건 발생 10일 후 일본 오사카에서 검거된 그는 빚 때문에 범죄를 저질렀다고 실토하였다. 범인이 조선으로 이송된 날, 남대문 정거장역에는 일선인 구분 없이 그의 얼굴을 보려는 사람들이 장사진을 쳤다. "원래 넓은 남대문통 길에도 사람의 병풍이 쳐졌고 본정 경찰서까지 사람이 담을 쌓을 지경"(《매일신보》)이었다. 일제 강점 이후 형사사건이 20% 증가했지만 그 대부분이 절도와 사기 그리고 경범죄였던 탓에 서독산 살인사건은 더 큰 눈길을 끌었다.

12월에는 희대의 사기사건도 벌어졌다. 부유한 미국 여인이 사회사업을 한다며 돈을 물 쓰듯 한다는 소문에 종로경찰서 순사들이

동행하여 취조한 결과, 범인은 충남 천안군 출신 24세 남자인 이세일로 밝혀졌다. 미국 여자로 위장해서 사기행각을 벌이던 이 씨는 100만 원의 재산을 지니고 한국에서 남편감을 찾는다는 소문을 내 헛된 욕심을 품은 숱한 남자들이 달려들었다고 한다. 그중 하나는 현금 1000여 원을 잃고 혼인 단계까지 이르기도 했다 하니 이 일을 웃어야 할지 울어야 할지. 외모를 의심하는 자들에겐 미국인 모친과 조선인 부친 사이에서 태어났다고 속였다던데 미국이라면 사족을 못 쓰는 사대주의와 돈에 눈이 먼 세태가 낳은 어처구니없는 사건이었던 것이다.

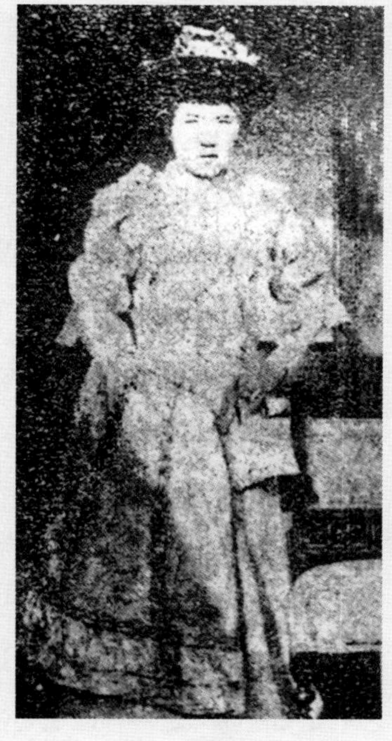

돈 많은 미국 여인으로 위장해 사기 치다 종로경찰서에 연행된 희대의 사기꾼 이세일.

차별 조장하고 뒤로 훈수 두는 총독부

조선 왕세자 이은과 일본 공주 마사코의 결혼이 추진 중인 가운데 작년부터 총독부 기관지 〈매일신보〉는 '일선동화'의 사례로 일본인과 조선인이 결혼한 가정을 연일 보도하고 있다. "조선 내 일본인들의 안하무인이 하늘을 찌르는데 말로만 '조선과 일본은 하나'라고 떠드는 기만책이 가소롭다"는 지적이 나오는 배경이다.

작년 12월 12일 〈매일신보〉는 경시총감부 통역관으로 일하고 있는 재조 일본인인 와타나베 다카지로 가정을 소개한 기사를 실었다. 30여 년 전 경찰관으로 조선에 온 그는 조선인 박완양 씨의 영애인 박곡자와 혼인해 10남매를 낳았다. 조선인이라고 보기 어려울 정도로 집안에서도 유창한 일본어를 사용한 아내 박 씨는 지난 세월 마음고생이 많았다고 한다. "시집왔을 때 조선 측의 비평도 많이 들었고 우리 영감도 일본 사람들에게 여간 시비가 아니었어요. 소란할 때는 고생도 적지 아니하고 핍박도 여간치 않게 받았어요."

병자년(1876) 부산 개항과 더불어 조선에 온 일본인들의 조선인에 대한 우월감과 선민의식이 가관인데 조선인 아내로서 박 씨의 설움을 알 만하다. 실제 일본인들의 꼴사나운 지배자 행세가 얼마나 심했냐면 이미 강제 병합 당시 총독부가 일본인 관리들에게 다음과 같은 경고를 했을 정도다. "일본 국민들이 이번 합병을 강대국이 약소국을 정복한 결과로 간주하거나 이와 같은 잘못된 생각 하에 거만하고 품위 없는 태도로 말하고 행동한다면 이는 제국이 추구하고 있는 참뜻에 반하는 행동을 하는 것이다. (중략) 일본인은 한국인이 우리의 형제라는 사실을 항상 기억하고 호감과 우정으로 그들을 대하고 그리하여 상호 협력하고 협동하여 두 민족 모두 제국 전체의 성장과 발전을 위해 자기 몫의 기여를 해야 한다."

물론 이 경고문을 곧이곧대로 해석하면 곤란하다는 건 동네 코흘리개도 안다. 기관과 조직 내에서 조선인이 승진을 못하게 하고 조선인만 태형이라는 형벌로 볼기짝을 때려 차별하는 당사자가 바로 총독부니까 말이다. 일본인들의 망동을 조장해놓고 뒤에서 훈수 두는 꼴이라니. 가증스럽기는 매한가지다.

한편, 가히 '식민지' 조선에서 반(半)일본인이 다 된 박 씨. "이번 이 왕세자의 가례는 더할 수 없는 경사"라는 그는 이토 공이 말한 조선이 일본처럼 되는 길의 일환이라며 침략의 주구인 이토 히로부미를 그리워하였다.

광무황제 승하에 바쳐

앞에서 유약했던 제국 시대의 종언

오승훈 기자]
들이 두려워

던한 직접은
을 남겼다
을까. 동이
요한 순간
습을 보인
이 저무는
었지만, 황
던 때를 제
구한 단호
났았다.

◇◇

휘청
군 부르자"
제공
부단

의 대부분
자신의 능
물이 아니
) 세도정치
서 여색에
잡지 못한
신정왕후
로 흥선대
명복(아호)
왕이 되었
김씨 세력
양 조씨와
다.
1년을 숨죽
인인 민비
갈등 구도
74) 대원군
세력과 합
축하였다.
에도 관심
제를 개혁
신사유람

◆서양식 제복을 입은 광무황제.

단과 수신사를 파견하였다.

왕의 치세는 늘 불안하기 짝이 없었다. 민비 세력의 부정부패로 임오년(1882) 군란이 일어나자 구식 군대를 등에 업은 대원군이 다시 권력을 잡았고 갑신년(1884) 정변 때는 김옥균을 위시한 개화 세력에게 정권이 흔들리는 등 왕권은 늘 휘청거렸다.

임금은 그럴 때마다 외국 군대의 힘을 빌려 반전을 도모하고자 했다. 계사년(1893) 동학농민군이 보은집회를 열자 외국 군대의 준동을 우려하는 대신들의 반대에도 불구하고 청국 군대를 끌어들인 것도 그였다. 외교정책에서는 '반성' 성향을 보였던 임금이 동학군 봉기에는 청군의 도움을 받으려 했던 것이다. 이러한 이중성의 배경에는 '왕권이 곧 국권'이라고 여긴 봉건적 인식이 자리하고 있었다. 결국 청군의 진출은 일본의 참전으로 이어져 청일전쟁의 도화선이 됐다. 외세에 기댄 군주 탓에 동학농민군은 외국 군대에 무참히 학살되었고 나라는 마지막 기혁의 기회를 잃었다.

을사년(1905) 대한제국의 외교권이 박탈되던 조약 체결 과정에서도 황제는 오락가락 하였다. 반대 의사를 피력하다가도 현실론을 제시한 학부대신 이완용의 주장에 동조하는 모습을 보이기도 하였다. 소심하고 유약한 성정의

민중 지지보다 왕권에 우선 외세 의존하며 망국 자초

그는 조약이 노예의 길로 가는 관문임을 모르지 않았지만 결코 목숨을 걸고 맞서지 않았다. 이후 헤이그 만국평화회의에 이준 밀사를 보내 조약의 부당함을 알리려 했지만 냉엄한 국제사회는 약소국의 처지를 외면하였다.

이일로 이토 히로부미의 사주를 받은 친일파 대신들에 의해 퇴위를 당하는 수모를 겪기도 했던 그는 덕수궁에서 대한제국이 일본의 식민지가 되는 과정을 무력하게 지켜보았다. 식민 지배 9년, 파리강화회의 개최와 함께 독립의 기운이 예사롭지 않은 기미년 정초에 경기 남양주 금곡동에 한 많은 육신을 누이게 되었다.

일국의 영수가 민중의 지지를 구하기보다 외세에 의존해 국가를 운영할 때, 망국은 시나브로 다가온다는 역사적 교훈을 후대는 잊지 않아야 한다. 황제의 부음에서 이제 '제국'의 시대가 저물고 '민국'의 시대가 도래하였음을 깨닫는 것은 신민에서 인민이 된 우리의 당연한 '불충'이다.

황제 급서 불가사의

「식혜에 무슨 짓을…」 독살설 확산

"나인이 올린 식혜 먹고" 소문…공교롭게 해당 나인마저 숨져 오리무

광무황제(고종)의 갑작스러운 서거 소식이 알려지면서 조선인들이 큰 충격과 비탄에 빠진 가운데 조선총독부가 광무황제의 서거 소식을 하루 동안 숨긴 것도 모자라 사망시점을 22일이라고 허위 발표한 것으로 드러났다. 광무황제의 갑작스러운 서거와 총독부 은폐 의혹 등이 맞물리면서 일각에서는 독살설이 급속도로 퍼지고 있다.

조선총독부는 "이태왕(고종) 전하가 22일 오전 6시20분에 뇌일혈로 승하하였고 장례는 일본 신도 의식을 따라 거행될 것"이라고 이날 발표하였다. 하지만 실제 황제가 사망한 시점은 21일이었던 것으로 확인됐다.

1919년 1월 23일

뒤 새벽 1시30분께부터 마비 증상과 함께 경련을 일으켰다는 것이다. 공교롭게도 식혜를 올린 것으로 알려진 나인 김춘형(79·수하동 26거주)이 23일 사망하면서 누군가 독살을 은폐하기 위해 나인을 살해한 것이 아니냐는 해석까지 나온다.

시신을 목격한 이들의 전언도 독살설에 무게를 더한다. '황제의 팔다리가 엄청나게 부어올랐다. 입안의 이가

시신 목격 "팔다리 부어올라" 전언 총독부, 하루 동안 승하사실 은폐 '독살 아니다' 반박에도 의혹 여전

모두 빠져 있었으며 혀가 닳아 없어졌 … 검은 줄이 목 부위 … 나 있었다' 등의 … 때문이다. … 대해 사실이 아 … 기도 떠돈다. 면 … 특이사항은 사망 뒤 3일이나 지난 시신이 부패하는 과정에서 자연스럽게 발생하는 현상이

지 독살과는 무관하다는 것이다. 인 김춘형도 23일에 죽은 것은 맞 안동별궁에서 종사한 자로 황제가 무른 덕수궁에는 출입한 적이 없 이야기가 전해진다.

발표가 늦은 점에 대해서는 이 사무관인 곤도 시로스케가 해명 섰다. 그는 "당시 하세가와 총독과 왕식 고관들이 모두 부재 중인 에서 야마가타 정무총감과 대응 을 놓고 고심하느라 그리된 것"이 "이태왕의 장례를 조선과 일본 실의 가례 뒤로 미룰 것인지 그냥 합지를 두고 결정을 하느라 늦어 고 했다. 물론 고종의 승하 당시 에는 25일로 예정된 이은 왕세자 례 참석을 위해 하세가와 총독과 직 고관들이 모두 도일한 상황이 마가타와 곤도 시로스케 정도가 있었다. 하지만 통상 국상에 해당 임금의 장례를 자식의 혼례 뒤로 하는 일이 예법에 맞지 않을뿐더러 망 시점까지 허위로 공표한 점 등 혹이 확산되는 배경으로 작용한다

◆파리강화회의에 참석한 주요 전승국 지도자. 왼쪽부터 클레 서 총리, 윌슨 미국 대통령, 오를란도 이태리 총리, 로이드 조지

파리강화회의의 개막 일제, 민족자결주의 기사 금지

세계대전의 전후처리를 위한 전승국들의 강화회의 서 파리에서 개최되었다. 미국 윌슨 대통령이 주창 족은 정치적 운명을 스스로 결정할 권리가 있다'는 결주의에 따라 식민지 조선 문제가 주요 의제로 부 관심이 쏠린다. 조선총독부는 민족자결주의 관련 사 게재를 금지하였다.

지난 18일, 불란서 파리 교외의 베르사유에서 강 가 열렸는데 영국, 불란서, 미국, 이태리 등 5대 강대 수반과 외무장관들로 구성된 10인의 최고이사회가 제를 결정할 것으로 보인다. 신한청년당의 김규식 식민지 조선의 현실을 강대국 정상들에게 알리기 재 파리로 출발할 준비를 마쳤다 한다. 민족자결주 요 의제로 다뤄지면서 일본 식민지배의 부당함이 전된다면 새로운 독립의 계기가 마련될 수 있다는 나온다. 다만 일본이 식민지 처리 문제에 조선이 … 않도록 대비하고 있는 점도 예의 주시해야 한다.

일본의 대응과 함께 조선총독부도 18일자로 민족 의와 관련된 내용의 기사를 작성, 게재, 배포하는 행위 하는 등 파리강화회의에 극도로 예민한 반응을 보이

△1월23일치 기사 주요 참고문헌

김상태 옮김, 《윤치호 일기》(역사비평사·2001)
조선소요사건 상황, 《독립운동사자료집6》(국가보훈처)
서동일, '김황의 일기에 나타난 유림의 3·1운동 경험과 독립운동 독립운동사연구·2018)
윤소영, '한·일 언론 자료를 통한 고종독살설 검토'(한국민족운동사
하원호, '망국의 리더십, 고종의 리더십'(내일을 여는 역사·2015)
이태진, '고종황제의 독살과 일본정부 수뇌부'(역사학보·2009)

엄지원 기자]
돌연한 홍
는 어찌할
과 황망함
1910) 국망
내어준 무
민심이 숫
돌이켜보
해진 직후
문 앞에 물
를 이루는
는 다소 뜻

고. 아이고,
차려입은
를을 끓은
한 광경에
던 일본인
이었다. 광
경성의 기
기 기생조
이 총출동
다. 기생들
총독부 기
광무황제
는 호의를
한 뒤부터
정 오늘 이
히 불경한
가서 장구
잡한 행동
" 하며 근

기미년통신 왕의 죽음

"지금이 민중 회집할 절호의 남녀노소 대한문 앞에서 망곡

기생들만이 아니다. 황제의 중병 소식에 경성시민들 일부는 오밤중에도 덕수궁 앞에 나와 서성이며 그의 건강을 기도하였다. 극장에선 "안연히 연극을 흥행할 수 없다" 하고 휴연을 발표하였고, 홍거 뒤엔 종로의 상점가들도 가게를 거두고 애도하는 뜻을 표하였다. 더욱이 홍거 직후부터 황제의 죽음을 둘러싸고 자결설, 독살설 등의 소문과 억측이 나돌면서 민중의 감정에 기름을 붓는 격이 되고 있다.

국망 이후 9년 동안 무기력하다 못해 무감각해 보였던 조선 민중의 어디에 이토록 뜨거운 감정이 숨어 있었던 것인가. 조선인들 스스로도 놀랍다는 반응이다. 기독교청년회(YMCA) 총무 윤치호(54) 씨는 "남녀노소를 불문하고 수천명의 조문객들이 깊은 슬픔에 잠겨 몸을 가누지 못하고 엎드린 채 통곡하는 놀라운 모습을 목격하고 있다"고 전했다. 윤씨는 "광무황제의 통치가 어리석음과 실수로 점철된 오랜 통치였다는 사실 상징적인 사건이기 때문"에 이토록 울분을 나타내는 것이라고 보았다. 그는 한때 개화운동을 통해 황제와 가까이 지내고, 독립운동에도 열성으로 나섰으나 모두 수포로 돌아간 뒤 거의 칩거에 가까운 삶을 살고 있는 인물이다.

에 이번 일은 '기회'일 수밖에 없다. 민중의 감정이 격앙된데다, 다수가 모일 구실이 명백하다. 평범한 유학생조차 "이태왕 서거로 인하여 민중이 회집하여 혁명을 하는 데 절호의 기회"(명치대 학생 양주흡)라고 말하며 흥분할 정도다.

상복 입은 기생들 "우리가 천기일망정 어찌 노래하리" 유생들 "나라 이어 임금도 잃었다" 자결 목소리까지

황제의 죽음으로 특히 복잡한 심기를 나타내는 이들은 유생들이다. 경성의 노인들은 상복을 차려입고 국치 뒤 9년간 쌓인 울분과 수치심을 드러내고 있다. 유예된 '망국'의 감정이 한꺼번에 폭발된 모양이다. 황제의 홍거를 통해 비로소 500년 종묘사직이 끊긴 것을 절감하게 된 듯하다. 일부 유생들에게서는 자결을 각오하는 목소리도 나온다. "나라가 없으나 임금은 있어 복국될까 기다렸더니 시방은 상황 돌아간이 쓸데없으니 어찌 살겠나"는 것이다. 그런 한편 일부 유생들은 '이태왕(고종)은 대한제국을 멸망시킨 사직의 죄인'이라며 상복 입기를 거부하는 등 유생들 사이에서도 황제의 홍

때마침 18일 파리강화회의 개막으로 세계 각지 독립운동 세력이 움직이는 때다. 근자에 상해와 상항(샌프란시스코), 연해주 등지에서 파리강화회의에 우리 대표를 파견하려는 움직임은 이미 본사에서 보도했거니와, 국내에서도 심상치 않은 동향들이 전해진다. 선도교 쪽의 권동진(58)·오세창(55)·최린(41)씨 등이 지난 연말부터 자주 회합하여 독립운동의 방략을 논했다는 소식이다. 동경에서 독립선언을 준비 중인 유학생들은 국내에 사람을 보내어 정보를 공유할 계획이라고 하고, 여운형(33)씨를 중심으로 한 상해의 신한청년당원들도 파리강화회의 대표자로서 김규식(38)씨를 불란서(프랑스)

하나마 조선총독부에도 감지되고 있다. "민족사견(윌슨 미국 대통령의 민족자결주의)에 공명하는 사상과, 이태왕 승하의 원인에 대한 (독살설 등) 망설에 현혹되어 원망하는 마음이 상하의 구별 없이 그들의 가슴속에 충만하여 일종의 요운(불길한 징조)이 경성 전시에 가득 차, 누구의 말이랄 것도 없이 국장의 전후에 무슨 일이나 사변이 발발하지 않을까 하는 말이 퍼

총독부 "망설에 현혹 각 지방관리에 감시

도 도장관도 "홍거의 해지자, 이 급격한 건을 애도 비탄하는 다는 오히려 경악과 고 이상하게 여김)하 짖음이 높다"고 보고 시호씨는 "일본 당국 인들이 광무황제에게 충성심에 놀랐고, 로 각 지방 관리들에

광무황제 뇌일혈로 21일 급서

조선의 제26대 왕이자 대한제국 초대 황제인 광무황제(고종)가 21일 아침 6시 20분 급서하였다. 향년 67.

왕실 살림을 도맡는 이왕직 관계자들의 전언을 종합하면, 덕수궁 함녕전에서 수면 중이던 황제는 이날 새벽 1시 30분께 왼손에 마비가 와 고통을 호소해, 부속 궁녀가 손을 주물렀는데 갑자기 의자 아래로 쓰러졌다. 촉탁의인 안상호와 가미오카 가즈유키가 전갈을 받고 달려와 배진(공손히 진찰함)하였으나 20분마다 경련을 일으키는 등 상태가 더욱 악화되었다. 세 번째 경련 때는 맥박이 분당 110회, 네 번째는 130회에서 140회를 왔다 갔다 하고 체온은 37도 7부로 올라갔다고 한다. 가미오카와 함께 진찰한 모리야스 렌키치 총독부의원 의관이 뇌졸중의 하나인 뇌일혈 진단을 내리고 치료에 들어갔으나 8회째 경련이 시작된 새벽 4시께 의식을 잃은 뒤 끝내 회복하지 못하였다.

5척가량(153㎝)의 키에 18관 850문(70㎏) 정도의 체중으로 노안이나 근시도 없던 그는 서거 전날(20일)까지 별다른 건강상의 문제점이 없었다고 한다. 평소와 같이 저녁 수라를 들고 침전에 들 때에도 아무 이상이 없었는데 돌연한 발병으로 홍거(왕이나 왕족 등의 죽음을 높여 이르는 말)하게 됐다는 것이다.

네덜란드 화가 휴버트 보스가 그린 광무황제의 초상화.

왕위에 오른 이래 아버지 흥선대원군과 부인 민비의 권력 투쟁 사이에서, 일본 등 외세와 결탁한 신하들 사이에서 갈팡질팡하던 그의 치세는 1897년 10월, 대한제국을 수립하고 스스로 황제에 올랐을 때 본격 시험대를 맞았다. 광무개혁을 통해 서구 문물을 도입하기도 했지만 입헌군주제를 반대하고 전제군주제 강화로 나아가는 등 세계정세를 읽지 못한 봉건군주였다는 평가가 지배적이다. 일본의 침략 야욕을 막기 위한 선택지가 많지 않았다는 점을 고려하더라도 권력이 있을 때조차 외세에 결연히 맞서지 못한 망국의 유약한 임금이었다.

외세 앞에 유약했던 봉건제국의 종언

"황제는 죽음을 많이 두려워하는 인상이다."

광무황제를 알현한 적잖은 외국인들은 이런 평을 남겼다고 한다. 그래서였을까. 돌이켜보면 황제는 중요한 순간에 결단력 있는 모습을 보인 적이 없었다. 국운이 저무는 시절에 임금이 되었지만, 황제 퇴위를 거부하던 때를 제외하곤 시대가 요구한 단호함을 보여주지도 않았다.

봉건시대의 임금이 대부분 그러하듯 황제도 자신의 능력으로 왕이 된 인물이 아니었다. 계해년(1863) 세도정치의 소용돌이 속에서 여색에 빠져 정치를 바로잡지 못한 철종이 병사하자, 신정왕후 조 씨가 내린 전교로 흥선대원군의 둘째 아들 명복(아호)은 12살의 나이에 왕이 되었다. 세도가인 안동 김씨 세력을 견제하려는 풍양 조씨와 대원군의 연합이었다.

대원군의 섭정 11년을 숨죽여 지낸 임금은 부인인 민비와 아버지의 권력갈등 구도 속에서 갑술년(1874) 대원군을 축출하고 민비 세력과 함께 친정체제를 구축하였다. 개항 초기 개화정책에도 관심을 가져 관제와 군제를 개혁하는 한편, 일본에 신사유람단과 수신사를 파견하였다.

왕의 치세는 늘 불안하기 짝이 없었다. 민비 세력의 부정부패로 임오년(1882) 군란이 일어나자 구식 군대를 등에 업은 대원군이 다시 권력을 잡았고 갑신년(1884) 정변 때는 김옥균을 위시한 개화세력에게 정권이 흔들리는 등 왕권은 늘 휘청거렸다.

임금은 그럴 때마다 외국 군대의 힘을 빌려 반전을 도모하고자 했다. 계사년(1893) 동학농민군이 보은집회를 열자 외국 군대의 준동을 우려하는 대신들의 반대에도 불구하고 청국 군대를 끌어들인 것도 그였다. 외교정책에서는 '반청' 성향을 보였던 임금이 동학군 봉기에는 청군의 도움을 받으려 했던 것이다. 이러한 이중성의 배경에는 '왕권이 곧 국권'이라고 여긴 봉건적 인식이 자리하고 있었다. 결국 청군의 진출은 일본의 참전으로 이어져 청일전쟁의 도화선이 됐다. 외세에 기댄 군주 탓에 동학농민군은 외국 군대에 무참히 학살되었고 나라는 마지막 개혁의 기회를 잃었다.

을사년(1905) 대한제국의 외교권이 박탈되던 조약 체결 과정에서도 황제는 오락가락하였다. 반대 의사를 피력하다가도 현실론을 제시한 학부대신 이완용의 주장에 동조하는 모습을 보이기도 하였다. 소심하고 유약한 성정의 그는 조약이 노예의 길로 가는 관문임을 모르지 않았지만 결코 목숨을 걸고 맞서지 않았다. 이후 헤이그 만국평

서양식 제복을 입은 광무황제.

화회의에 이준 밀사를 보내 조약의 부당함을 알리려 했지만 냉엄한 국제사회는 약소국의 처지를 외면하였다.

이 일로 이토 히로부미의 사주를 받은 친일파 대신들에 의해 퇴위를 당하는 수모를 겪기도 했던 그는 덕수궁에서 대한제국이 일본의 식민지가 되는 과정을 무력하게 지켜보았다. 식민 지배 9년, 파리강화회의 개최와 함께 독립의 기운이 예사롭지 않은 기미년 정초에 경기 남양주 금곡동에 한 많은 육신을 누이게 되었다.

일국의 영수가 민중의 지지를 구하기보다 외세에 의존해 국가를 운영할 때, 망국은 시나브로 다가온다는 역사적 교훈을 후대는 잊지 않아야 한다. 황제의 부음에서 이제 '제국'의 시대가 저물고 '민국'의 시대가 도래하였음을 깨닫는 것은 신민에서 인민이 된 우리의 당연한 '불충'이다.

조선인들 충격과 통곡… 독립진영 기민한 움직임

광무황제(고종)의 돌연한 훙거 소식에 조선 반도는 어찌할 바 모르는 비통함과 황망함에 빠졌다. 경술년(1910) 국망 뒤 나라를 일제에 내어준 무력한 황제를 향한 민심이 숫제 등을 돌렸음을 돌이켜보면, 훙거 소식이 전해진 직후부터 덕수궁 대한문 앞에 몰려들어 인산인해를 이루는 민중들의 곡소리는 다소 뜻밖의 일이다.

"아이고, 아이고. 아이고, 아이고." 상복을 차려입은 기생 수백 명이 무릎을 꿇은 채 곡을 하는 기이한 광경에 대한문 앞을 지나던 일본인들은 아연한 표정이었다. 광교·한남·대정 등 경성의 기생 권번(일제강점기 기생조합의 일본식 명칭)이 총출동하였다고 전해졌다. 기생들은 앞서 21일 조선총독부 기관지 <매일신보>가 광무황제의 병환이 중하다는 호외를 경성시내에 배포한 뒤부터 "우리가 천기일망정 오늘 이때를 당하여 여전히 불경한 태도로 요리점에 가서 장구 치고 노래하는 난잡한 행동은 일절 못 하겠다" 하며 근신하였다. 수원 기생들도 성복일(상을 당한 지 나흘째의 절차)에는 상경하여 대한문 앞에서 망곡을 할 예정이라고 한다.

기생들만이 아니다. 황제의 중병 소식에 경성시민들 일부는 오밤중에도 덕수궁 앞에 나와 서성이며 그의 건강을 기도하였다. 극장에선 "안연히 연극을 흥행할 수 없다." 하고 휴연을 발표하였고, 홍거 뒤엔 종로의 상점가들도 가게를 거두고 애도하는 뜻을 표하였다. 더욱이 홍거 직후부터 황제의 죽음을 둘러싸고 자결설, 독살설 등의 소문과 억측이 나돌면서 민중의 감정에 기름을 붓는 격이 되고 있다.

국망 이후 9년 동안 무기력하다 못해 무감각해 보였던 조선 민중의 어디에 이토록 뜨거운 감정이 숨어 있었던 것인가. 조선인들 스스로도 놀랍다는 반응이다. 기독교청년회(YMCA) 총무 윤치호(54) 씨는 "남녀노소를 불문하고 수천 명의 조문객들이 깊은 슬픔에 잠겨 몸을 가누지 못하고 엎드린 채 통곡하는 놀라운 모습을 목격하고 있다"고 전했다. 윤 씨는 "광무황제의 통치가 어리석음과 실수로 점철된 오랜 통치였다는 사실을 몰라서가 아니라, 광무황제의 승하가 조선의 자결권이 끝내 소멸되었음을 나타내는 상징적인 사건이기 때문"에 이토록 울분을 나타내는 것이라고 보았다. 그는 한때 개화운동을 통해 황제와 가까이 지내고, 독립운동에도 열성으로 나섰으나 모두 수포로 돌아간 뒤 거의 칩거에 가까운 삶을 살고 있는 인물이다.

황제의 죽음으로 특히 복잡한 심기를 나타내는 이들은 유생들이다. 경성의 노인들은 상복을 차려입고 국치 뒤 9년간 쌓인 울분과 수치심을 드러내고 있다. 유예된 '망국'의 감정이 한꺼번에 폭발된 모양

광무황제의 장례식.

이다. 황제의 홍거를 통해 비로소 500년 종묘사직이 끊긴 것을 절감하게 된 듯하다. 일부 유생들에게서는 자결을 각오하는 목소리도 나온다. “나라가 없으나 임금은 있어 복국될까 기다렸더니 시방은 상황 돌아감이 쓸데없으니 어찌 살겠냐”는 것이다. 그런 한편 일부 유생들은 ‘이태왕(고종)은 대한제국을 멸망시킨 사직의 죄인’이라며 상복 입기를 거부하는 등 유생들 사이에서도 황제의 홍거는 간단치 않은 감정을 불러일으킨다.

나라 안팎의 독립운동 진영에 이번 일은 ‘기회’일 수밖에 없다. 민중의 감정이 격앙된 데다, 다수가 모일 구실이 명백하다. 평범한 유학생조차 “이태왕 서거로 인하여 민중이 회집하여 혁명을 하는 데 절호의 기회”(명치대 학생 양주흡)라고 말하며 흥분할 정도다.

때마침 18일 파리강화회의 개막으로 세계 각지 독립운동 세력이 움직이는 때다. 근자에 상해와 상항(샌프란시스코), 연해주 등지에서 파리강화회의에 우리 대표를 파견하려는 움직임은 이미 본사에서 보도했거니와, 국내에서도 심상치 않은 동향들이 전해진다. 천도교 쪽의 권동진(58)·오세창(55)·최린(41) 씨 등이 지난 연말부터 자주 회합하여 독립운동의 방략을 논했다는 소식이다. 동경에서 독립선언을 준비 중인 유학생들은 국내에 사람을 보내어 정보를 공유할 계획이라고 하고, 여운형(33) 씨를 중심으로 한 상해의 신한청년당원들도 파리강화회의 대표자로서 김규식(38) 씨를 불란서(프랑스) 파리행 선박에 태울 준비를 거의 마쳤다고 한다.

심상치 않은 기류는 미미하나마 조선총독부에도 감지되고 있다. "민족자결(윌슨 미국 대통령의 민족자결주의)에 공명하는 사상과, 이태왕 승하의 원인에 대한 (독살설 등) 망설에 현혹되어 원망하는 마음이 상하의 구별 없이 그들의 가슴속에 충만하여 일종의 요운(불길한 징조)이 경성 전시에 가득 차, 누구의 말이랄 것도 없이 국장의 전후에 무슨 일이나 사변이 발발하지 않을까 하는 말이 퍼져, 민심이 매우 평온하지 않은 상태에 있었다"는 게 경기도 도장관의 보고다. 평안북도 도장관도 "훙거의 보가 전해지자, 이 급격한 불의의 사건을 애도 비탄하는 소리보다는 오히려 경악괴아(놀라고 이상하게 여김)하는 부르짖음이 높다"고 보고했다. 윤치호 씨는 "일본 당국이 조선인들이 광무황제에게 보이는 충성심에 놀랐고, 전국적으로 각 지방 관리들에게 소요가 일어날 조짐이 있는지 잘 감시하라는 비밀지령을 내렸다고 한다"고 전했다.

파리강화회의 개막…
일제, 민족자결주의 보도 금지

세계대전의 전후처리를 위한 전승국들의 강화회의가 불란서 파리에서 개최되었다. 미국 윌슨 대통령이 주창한 '각 민족은 정치적 운명을 스스로 결정할 권리가 있다'는 민족자결주의에 따라 식민지 조선 문제가 주요 의제로 부상할지 관심이 쏠린다. 조선총독부는 민족자결주의 관련 신문기사 게재를 금지하였다.

지난 18일, 불란서 파리 교외의 베르사유에서 강화회의가 열렸는데 영국, 불란서, 미국, 이태리 등 5대 강대국 국가수반과 외무장관들로 구성된 10인의 최고이사회가 주요 의제를 결정할 것으로 보인다. 이들은 앞으로 5개월 동안 전후처리 문제를 논의하게 된다. 여기에서 합의된 원칙과 약속에 따라, 패전국과 차례로 강화조약이 체결될 예정이다.

신한청년당의 김규식(38) 씨도 식민지 조선의 현실을 강대국 정상들에게 알리기 위해 현재 파리로 출발할 준비를 마쳤다 한다. 민족자결주의가 주요 의제로 다뤄지면서 일본 식민지배의 부당함이 널리 선전된다면 새로운 독립의 계기가 마련될 수 있다는 전망도 나온다. 다만, 5대 강대국의 하나로 강화회의에 참가하고 있는 일본이 사이온지 긴모치 전 총리 등을 전권대사로 임명, 식민지 처리 문제에 조선이 포함되지 않도록 대비하고 있는 점도 예의 주시해야 한다.

일본의 대응과 함께 조선총독부도 18일자로 민족자결주의와 관련된 내용의 기사를 작성, 게재, 배포하는 행위를 금지하는 등 파리강화회의에 극도로 예민한 반응을 보이고 있다.

파리강화회의에 참석한 주요 전승국 지도자. 왼쪽부터 클레망소 불란서 총리, 윌슨 미국 대통령, 오를란도 이태리 총리, 로이드 조지 영국 총리.

"식혜에 무슨 짓을…" 고종 독살설 확산

광무황제(고종)의 갑작스러운 서거 소식이 알려지면서 조선인들이 큰 충격과 비탄에 빠진 가운데 조선총독부가 광무황제의 서거 소식을 하루 동안 숨긴 것도 모자라 사망시점을 22일이라고 허위 발표한 것으로 드러났다. 광무황제의 갑작스러운 서거와 총독부 은폐 의혹 등이 맞물리면서 일각에서는 독살설이 급속도로 퍼지고 있다.

조선총독부는 "이태왕(고종) 전하가 22일 오전 6시 20분에 뇌일혈로 승하하였고 장례는 일본 신도 의식을 따라 거행될 것"이라고 이날 발표하였다. 하지만 실제 황제가 사망한 시점은 21일이었던 것으로 확인되었다.

사망 사실을 숨기고 사망 시점을 일부러 늦춰 발표한 사실이 알려지면서 '황제가 나인이 올린 식혜를 먹고 숨졌다'는 소문이 급속도로 퍼지고 있다. 20일 밤에는 10시께에 저녁을 먹었는데 이때 나인이 올린 식혜를 마신 뒤 새벽 1시 30분께부터 마비 증상과 함께 경련을 일으켰다는 것이다. 공교롭게도 식혜를 올린 것으로 알려진 나인 김춘형(79·수하동26 거주)이 23일 사망하면서 누군가 독살을 은폐하기 위해 나인을 살해한 것이 아니냐는 해석까지 나온다.

시신을 목격한 이들의 전언도 독살설에 무게를 더한다. '황제의 팔다리가 엄청나게 부어올랐다, 입안의 이가 모두 빠져 있었으며 혀가 닳아 없어졌다, 30㎝가량 되는 검은 줄이 목 부위에서 복부까지 길게 나 있었다' 등의 소문이 회자되고 있기 때문이다.

시중에는 독살설에 대해 사실이 아니라고 반박하는 이야기도 떠돈다. 먼저 주검에 나타난 특이사항은 사망 뒤 3일이나 지난 시신이 부패하는 과정에서 자연스럽게 발생하는 현상이지 독살과는 무관하다는 것이다. 나인 김춘형도 23일에 죽은 것은 맞지만 안동별궁에서 종사한 자로 황제가 머무른 덕수궁에는 출입한 적이 없다는 이야기가 전해진다.

발표가 늦은 점에 대해서는 이왕직 사무관인 곤도 시로스케가 해명에 나섰다. 그는 "당시 하세가와 총독과 이왕직 고관들이 모두 부재 중인 상황에서 야마가타 정무총감과 대응방략을 놓고 고심하느라 그리된 것"이라며 "이태왕의 장례를 조선과 일본 두 왕실의 가례 뒤로 미룰 것인지 그냥 발표할지를 두고 결정을 하느라 늦어졌다"고 했다. 물론 고종의 승하 당시 경성에는 25일로 예정된 이은 왕세자의 혼례 참석을 위해 하세가와 총독과 이왕직 고관들이 모두 도일한 상황이라 야마가타와 곤도 시로스케 정도가 남아 있었다. 하지만 통상 국장에 해당하는 임금의 장례를 자식의 혼례 뒤로 연기하는 일이 예법에 맞지 않을뿐더러 사망 시점까지 허위로 공표한 점 등은 의혹이 확산되는 배경으로 작용한다.

도교는 왜?
운동 앞장섰나

상징인 천도교 중앙대교당.

서거를 계기로 촉발된 독립운동 모의에
배경에는 강점 이후 지속된 천도교에 대
모진 탄압도 한 원인이다. 총독부는 성
헌금을 동결하거나 포교활동을 억압하기
주인 손병희(58)씨를 협박·회유하거나 음
리는 등 비열한 짓도 서슴지 않았다.
도교는 조선 말기 최제우가 창시한 동학
05년 12월 개칭한 민족 고유의 종교로
년(1894) 동학난 이후 줄곧 탄압을 받아
특히 자국의 국가신도(國家神道)만을
하고 기존의 천도교·기독교·불교·유교
포교허가제를 도입하여 통제·탄압하
총독부는 천도교를 단순한 종교세력이
정치세력으로 봐 경무국 관할에 둘 정도
경술년(1910) 9월, 천도교회월보사 이교
간 등 간부 4명이 한일병합에 반대하는
를 각국 영사에게 보내고 도움을 요청하
건이 발생하자 일제 당국은 이를 빌미로
간부들을 체포·구금하였다. 이즈음 칠
총독부는 교단의 조직과 운영, 재정 상
인의 동태, 간부의 신상 등에 대해 조사
이고 앞으로 천도교인은 일체의 정치적
행동과 의사를 삼갈 것이라는 서약을
뒤에야 교단 간부들을 석방하였다.

총독부, 포교허가제 빌미
정치세력 간주 갖은 차별
중앙대교당 성금 동결하고
교주 손병희 모략도 일삼아

해인 신해년(1911) 데라우치 총독은 직
병희를 불러 협박과 회유를 하기도 하였
그 탄압의 양상이 다음과 같았다고 한다.
교가 종교단체라는 것을 부인하면서 날
경찰을 파견하여 중앙총부와 각지의 교
감시하며, 달마다 재무·회계의 장부를 보
게 하여 흠을 억지로 찾아내어 다수 징벌
했다. 교회의 주요한 인물은 날마다 경찰
찰과 속박을 받는다. 시방교도의 예시보
입도 구금당하여 곧 노예나 가축 따위의
를 받는다. 교인이 비교인과 소송하는 일
으면 시리의 옳고 그름을 불문하고 반드
인을 패소시켰다."
오년(1918) 4월, 천도교 부구총회(部區總
에서 중앙대교당을 짓기로 결의하고 교인
당 10원 이상씩 성금을 내도록 하였다. 이
선총독부는 기부행위금지법 위반이라
명목으로 천도교가 모금한 금액을 전액
시킨 일도 있었다. 이때 모인 성금의 일부
번 모의 과정에 쓰이고 있다고 한다.
독부는 손병희 교주 개인에 대한 모략을
교세의 확장을 저지하는 책동도 벌였다.
회가 교도의 성금으로 사치를 일삼고 진
출신의 기생을 2000원에 빼내 와 첩으로
다고 하며 '정미(誠米, 신도들이 하나님
총에 보답하기 위해 모으는 쌀)가 첩으
했다'고 조롱하는 흑색선전을 일삼았다.
지만 손병희의 올곧은 됨됨이는 일제
정한 바 있다. 일본 망명 시절인 갑진년
4) 9월7일에 하야시 곤스케 재한 특명전
주타로 외무대신에게 보낸 사찰보고
한(손병희의 가명)은 매우 부자인데 유
하는 것을 아끼지 않으면서도 정작 자
박하며 성품도 단정하고 힘써 독서를 한
있다.

요 참고문헌
역주, 〈국역 고등경찰요사〉(선인, 2010)
집(나남출판, 2008)
동 신문조서, 국사편찬위원회 누리집
〈독립운동사자료집6〉

동경 이광수·경성 최남선 「독립선언문」 집필

【1919년 1월29일 경성/염지원 기자】

이광수

최남선

홍명희

이, 조선청년독립단 대표위원
집필 마치고 내달 발표 예정
최 "조선 사람의 참마음 전달"
흔쾌히 국내 선언문 작성 맡아

홍명희 소개로 만난 두 수재
한중일 오가며 10년 넘게 교우
최의 잡지 「소년」에도 이름
독립운동 최전선에 나란히

조선반도 안팎에서 독립선언을 공포하려는 움직임이 비상한 와중에, 이 뜻깊은 선언문의 대표 집필자로 꼽힌 이들의 면면에 더욱 시선을 끈다. 조선인 유학생들이 앞장서 독립선언 준비를 시작한 일본 동경에서는 조도전(와세다)대에 재학 중인 청년 문필가 이광수(27)씨가 집필을 맡았고, 근래에 종교계에서 착수 중인 국내 독립선언문의 집필자로는 저명한 문필가이자 출판업자인 최남선(29)씨가 내정됐다. 두 사람은 현재 고향 충북 괴산에서 지내는 홍명희(31)씨와 더불어 '조선 3대 천재' 혹은 '동경 3대 천재'라 불리는데 상해와 동경과 ... 넘게 ... 의 인 ... 에도 ... 하다.

29일 ... 따르면 오는 2월 조선청년독립단 명의로 발표될 독립선언서 집필을 이미 마감한 이광수씨는 30일 상해행 배에 몸을 실을 예정이라고 한다. 그는 독립선언서에 이름을 올린 11명의 대표위원 가운데 한명이지만 동경의 진행 상황을 상해에 타전하라는 동지들의 당부를 받아안고 발길을 돌렸다. 조선에서는 최씨가 "조선 사람의 참마음 참뜻을 가장 정확하게 발표할 선언서를 내가 남당하는 것이 옳겠다"며 과업을 받아들였다. 독립선언에 '자중론'을 펼쳐왔던 최남선씨가 심기일전하여 흔쾌히 나선 것은 두살 아래 후배인 이씨를 의식한 탓이라는 후문도 있다.

두 수재의 인연은 무려 12년 전인 정미년(1907)까지 거슬러 올라간다. 소년 이광수의 나이 15세, 최남선의 나이 17세 때의 일이다. 일찌감치 동경에서 유학 중이던 두 사람은 '미국에서 온 조선 청년이 연설을 한다'는 소식을 듣고 구경차 갔다가 한자리에서 마주쳤다. 당시 연설에 나서 두 소년의 가슴을 뛰게 했던 '청년'은 현재 미국 대한인 국민회 회장인 안창호(41)씨인데, 여전히 두 사람은 안창호씨를 마음의 선생으로 여 ... 나 많지만 ... 은 기질만큼이나 배경도 달랐다. 세 사람 가운데 집안이 가장 좋은 축에 들고 학문에 소양이 깊은 이는 홍명희지만 ... 대문 안에 80채가량의 집과 대지를 소유하였고 이를 바탕으로 최씨가 출판사 '신문관'을 설립할 수 있었다.

열살 나이에 부모를 모두 콜레라로 잃은 뒤 고아로 자란 이광수에게 뛰어난 학식을 가진 두 벗은 이후 마음의 버팀목이 되었다. 최남선이 ... 낸 잡지 〈소년〉에는 홍명희와 이광수 정도만 이름을 올릴 수 있었고, 이광수가 서울에 들를 때면 최남선의 집에

1919년 1월 30일

국경 넘어
벗이 됐던
「동경삼재」
東京三才

머물렀으며 그가 상 ... 볼 때 가장 맛있는 ... 를 끓여준 이는 홍명 ... 이러한 세명의 수재 ... 두 사람이 기미년(19 ... 르러 독립운동의 최 ... 서게 됐으나 운명이 ... 하다. 고향인 괴산에서 ... 돌보고 있는 홍씨는 비 ... 은 뒤로 물러나 있지만 ... 월 괴산에서 자신이 손 ... 언서를 배포하고 만세시 ... 끈다. 이광수와 최남선 ... '학도병 출정을 권유하 ... 가가 되어 변절할 때에 ... 회는 순국한 부친의 ... 로 절개를 지킨다.

"유학생들도 나서는데 우리가 침묵할 때인가"

경성 학생대표 「관수동 대관원」 회합

◇◈◇◈◇◈

김원벽·강기덕·한위건 등
YMCA 주최로 모인 10여명
"파리강화회의 한창인데
조선인 독립운동 모의해야"
종로 중국집에서 의견 나눠

동경의 유학생들이 독립선언을 준비한다는 소식이 전해진데 이어 경성 각 학교의 대표급 학생들도 독립운동 모의에 착수한 것으로 확인됐다.

움직임이 본격화된 것은 지난 26일의 일이다. 중앙기독교청년회(YMCA) 간사인 박희도(30)씨가 '청년 회원 모집'을 구실 삼아 각 학교 학생 지도자들을 모은 자리에서 갑작스럽게 독립선언 제안을 내놓았다. 박씨는 애초부터 동경

김원벽

유학생들의 독립선언계획에 대한 소식을 듣고 국내 독립선언을 목적으로 학생을 규합하러 나온 것이었다. 이 자리에선 경성의학전문학교 학생인 한위건(23)씨가 작심한 듯 먼저 일어나 입을 열었다고 한다. "지금 구라파에서는 파리강화회의가 열리고 있고, 또 해외의 조선인은 독립운동을 하고 있는 모양인데 우리 조선인은 현재 독립운동을 해야 할 시기인지 어떤지, 만약 독립을 해야 할 시기라면 크게 해야 하지 않겠소? 그것에 대하여 여러분의 의견을 듣고 싶습니다."

이처럼 무거운 주제 앞에 관수동 중국집 '대관원' 사각탁자에 둘러앉은 각 학교 학생 지도자 10여명의 의견은 저마다 엇갈렸다고 한다. 강기덕(33·보성전문학교)씨 등은 "(독립을 하기에) 좋은 시기"라고 입을 모았다. 김형기(23·경성의학전문학교)씨도 "동경에서 유학생들이 독립운동을 하고 있으므로 우리 학생도 이때에 참여하고 있을 수 없다"고 거들었다. 김원벽(24·연희전문학교)씨는 의견이 달랐다. "독립에는 찬성하나 시기상조요. 냉정하게 생각할 때 조선의 현 상태는 가령 독립을 얻는다 해도 완전한 국가로서의 체면을 유지하기는 곤란하지 않겠소?" 대관원에 모인 학우들에게 김씨가 시간을 좀 더 달라고 하면서 이날의 모임은 결의를 맺지

못하고 일단락됐다고 ... 김씨가 결심에 나 ... 일본인들에게 '저명한 ... 국인'으로 꼽히는 선 ... 산온(46·조지 섀넌 ... 만난 뒤다. 독립운 ... 역사의 갈림길, 운명 ... 길 앞에서 '미국인'에 ... 선인의 처지에 대해 ... 던 김씨는 윤씨에게 ... 같이 물었다. "미국인 ... 에 대한 감정은 어떠 ... 이어진 윤씨의 말은 ... 답'이었다. "미국인이 ... 을 동정하고 있느냐 ... 것이오? 동정하고 안 ... 은 말할 문제가 못 되 ... (미국인의) 동정이 있 ... 자기의 일은 자기가 ... 으면 안 됩니다." 김씨 ... 의 충고를 들은 뒤 "운 ... 행하자"고 마음을 ... 본사에 밝혔다. 이날 ... 모인 학생들은 오는 3 ... 만세시위를 주도하게 ... 덕과 김원벽은 3·1운 ... 한 협의로 재판을 받 ... 표 48인'이다.

쓴소리 창경원

전염병 창궐·쌀값 폭등이 하마 순산보다 못하오?

매일신보는 시답지 않은 온갖 소식 써
황실 권위 능멸하려 창경궁 허물고 지

광무황제(고종)의 서거로 3일 동안 음주가무를 금지한 조선총독부가 추모 분위기 조성 차원에서 동식물원이자 박물관인 창경원을 장례식인 3월까지 입장 폐쇄하기로 하였다. 황실의 권위를 능멸하고자 만든 창경원이 개원 10년 만에 잠시나마 문을 닫게 된 것이다. 창경원 동식물을 가꾸고 기르느라 조선인을 금수만도 못하게 여긴 총독부인데 서운해서 어쩌나.

정미년(1907) 광무황제의 강제퇴위 뒤 즉위한 이왕(순종)이 경운궁에서 창덕궁으로 이어(移御)하면서 창덕궁 동쪽에 위치한 창경궁에 동식물원을 짓는다는 계획이 수립되었다. "왜놈이 한국 황제를 동물원 속에 집어넣고 500년 도둑" 함과 동시에 "문명국이라면 동식물원과 박물관이 있어야 한다"는 명목을 내세운 통감부는 무신년(1908) 4월 공사를 강행하였다. 1년6개월가량 진행된 공사에서 화려하고 웅장한 창경궁의 전각은 허물어졌고 일부는 해체돼 경매에 부쳐지기도 하였다. '문명국' 일본이 벌인 문화재 파괴의 증좌인 셈이다. 국권의 상징인 왕궁을 허물고 그 위에 신문물인 박물관과 동식물원을 세워 식민지배의 발전상을 선전하기 위함이라는 걸 삼척동자도 다 아는 바.

총독부 기관지 〈매일신보〉도 지난 9년여 동안 창경원을 선전하느라 부단히도 애썼다. 일제 강점 직후 3건에 불과했던 창경원 관련 기사는 임자년(1912)에 23건으로 보면 계절 변화에 따른 창경원 소개와 동식물원 소식이 57건으로 가장 많았고, 이왕과 총독 등 관람객 관련 내용도 42건이나 됐다. 특히 정사년(1917)에는 '하마가 순산을 했다'(10월26일자)거나 '사자가 둘째 수놈을 낳았다'(12월6일)는 기사를 써댔고, 작년에는 '강치(물개)가 질환으로 죽었다'는 내용을 보도하는 등 〈동물신보〉다운 면모를 보였다. 전염병과 쌀값 폭등으로 조선인이 죽어 나가던 소식은 외면하더니, 이쯤 되면 권력에 기생하는 언론이 보여준 타락의 극치다.

총칼 찬 헌병경찰이 겁박하면 태형을 휘두르기 일쑤였고 노예의 삶만이 허락된 무단통치 시대에 창경원은 소수 특권층만이 누릴

◆창경원 동물 연못(위)과 ... 위치한 경성박물관.

왕실은 총독부 관리들과 호화만찬 즐기기까지

다케 총독 등 총독부 관 ... 대해 오찬회를 즐겼다.

천도교 손병희 교주, 독립선언 준비 지시

동경의 날갯짓이 경성의 침묵을 깨는 태풍을 몰고올 것인가. 파리 강화회의 개최에 발맞춘 국외 독립운동가들의 활동이 속속 전해지자 국내에서도 종교계를 중심으로 독립선언 준비가 본격화한 것으로 확인되었다. 특히 동경 유학생들의 독립운동 소식은 국내 독립운동가들에게 적잖은 반향을 일으키고 있다. 민족운동에 앞장서온 천도교에서는 작년(1918) 말 무렵부터 독립운동 모의가 진행됐는데, 금번에 교주인 손병희(58) 선생이 착수 의사를 분명히 하면서 향후 일사천리로 운동이 진행될 것이라는 전망이다.

천도교의 한 관계자는 "앞서 25일 무렵 천도교 원로인 권동진(58)·오세창(55) 양 씨와 최린(41) 보성고등보통학교 교장이 경성부 가회동 손병희 선생의 자택에서 만나 독립운동의 실행방법을 구체적으로 논의했다"고 본사에 전해왔다. 이들은 지난 연말부터 거의 날마다 회합하며 중지를 모아왔는데, "세계 여러 강국으로 하여금 조선 일반인의 의사표시를 인정케 하려면 천도교만의 힘으로는 불가"한 만큼 기독교와 힘을 합치는 방안을 모색하고 있다고 한다. 이에 최 교장이 기독교와 친교가 있으면서 문필에 능한 출판업자 최남선(29) 씨를 찾아가 운동에 합류할 것을 제안하여 승낙을 받았다는 후문이다.

손병희 천도교 교주.

신문을 통해 국제정세를 지켜보며 때를 기다려온 손병희 선생이 결심을 굳힌 것은 최근 동경에서 전해져온 유학생들의 독립운동 소식 때문이다. 최린 교장의 제자인 중앙학교 교사 현상윤(23) 씨를 통

3·1운동의 실무를 도맡은 천도교 원로 권동진과 오세창.(왼쪽부터)

해 동경 유학생들의 2월 독립선언 계획을 듣게 된 손병희 선생은 “어린 학생들이 저렇게 운동을 한다 하니 어찌 앉아서 보기만 할 수 있느냐”며 서둘러 거사에 착수하도록 지시한 것으로 전해졌다. 앞서 26일 관수동 중식당 ‘대관원’에서 10여 명의 각 학교 학생 지도자들이 의견을 나누는 와중에도 “현재 동경에서 유학생들이 독립운동을 하고 있으므로 우리들 학생도 이때에 침묵하고 있을 수 없다”는 의견이 여럿 나왔다고 한다. 경성의 학생 지도자들에게도 동경 유학생들의 소식이 참신한 자극제가 되고 있는 모양이다.

극심한 한파 속에서도 매일 덕수궁 대한문 앞에선 시민 수만 명이 운집하여 광무황제(고종)의 홍거를 애도하는 곡소리가 끊이지 않는다. 저간의 기류로 보아하니, 그 곡소리가 만세 소리에 밀려날 날도 머지않은 듯하다.

천도교는 왜 독립운동 앞장섰나

광무황제(고종) 서거를 계기로 촉발된 독립운동 모의에 천도교가 앞장선 배경에는 강점 이후 지속된 천도교에 대한 조선총독부의 모진 탄압도 한 원인이다. 총독부는 성전 건축을 위한 예금을 동결하거나 포교 활동을 억압하기 일쑤였고 3대 교주인 손병희(58) 씨를 협박·회유하거나 음해성 소문을 퍼뜨리는 등 비열한 짓도 서슴지 않았다.

천도교는 조선 말기 최제우가 창시한 동학을 1905년 12월 개칭한 민족 고유의 종교로 갑오년(1894) 동학난 이후 줄곧 탄압을 받아왔다. 특히 자국의 국가신도(國家神道)만을 장려하고 기존의 천도교·기독교·불교·유교 등은 포교허가제를 도입하여 통제·탄압하였던 총독부는, 천도교를 단순한 종교세력이 아닌 정치세력으로 봐 경무국 관할에 둘 정도였다. 경술년(1910) 9월, 천도교회월보사 이교홍 주간 등 간부 네 명이 한일병합에 반대하는 편지를 각국 영사에게 보내고 도움을 요청하는 사건이 발생하자 일제 당국은 이를 빌미로 교단 간부들을 체포·구금하였다. 이즈음 설치된 총독부는 교단의 조직과 운영, 재정 상태, 교인의 동태, 간부의 신상 등에 대해 조사를 벌이고 앞으로 천도교인은 일체의 정치적 불온 행동과 의사를 삼갈 것이라는 서약을 받은 뒤에야 교단 간부들을 석방하였다.

총독부 탄압의 상징인 천도교 중앙대교당.

이듬해인 신해년(1911) 데라우치 총독은 직접 손병희를 불러 협박과 회유를 하기도 하였는데 그 탄압의 양상이 다음과 같았다고 한다. "천도교가 종교단체라는 것을 부인하면서 날마다 경찰을 파견하여 중앙총부와 각지의 교구를 감시하며, 달마다 재무·회계의 장부를 보고하게 하여 흠을 억지로 찾아내어 다수 징벌을 행한다. 교회의 주요한 인물은 날마다 경찰의 정찰과 속박을 받는다. 지방교도의 예사로운 출입도 구금당하여 곧 노예나 가축 따위의 대우를 받는다. 교인이 비교인과 소송하는 일이 있으면 사리의 옳고 그름을 불문하고 반드시 교인을 패소시켰다.”

무오년(1918) 4월, 천도교 부구총회(部區總會)에서 중앙대교당을 짓기로 결의하고 교인 1호당 10원 이상씩 성금을 내도록 하였다. 이에 조선총독부는 기부행위금지법 위반이라는 명목으로 천도교가 모금한 금액을 전액 동결시킨 일도 있었다. 이때 모인 성금의 일부가 이번 모의 과정에 쓰이고 있다고 한다.

총독부는 손병희 교주 개인에 대한 모략을 통해 교세의 확장을 저지하는 책동도 벌였다. 손병희가 교도의 성금으로 사치를 일삼고 진남포 출신의 기생을 2000원에 빼내 와 첩으로 삼았다고 하며 ‘성미(誠米, 신도들이 하나님의 은총에 보답하기 위해 모으는 쌀)가 첩으로 변했다’고 조롱하는 흑색선전을 일삼았다.

하지만 손병희의 올곧은 됨됨이는 일제도 인정한 바 있다. 일본 망명 시절인 갑진년(1904) 9월 7일에 하야시 곤스케 재한 특명전권공사가 고무라 주타로 외무대신에게 보낸 사찰 보고서를 보면 “이상헌(손병희의 가명)은 매우 부자인데 유익한 사업에 투자하는 것을 아끼지 않으면서도 정작 자신의 생활은 소박하며 성품도 단정하고 힘써 독서를 한다”고 기록돼 있다.

동경 이광수·경성 최남선 '독립선언문' 집필

조선 반도 안팎에서 독립선언을 공표하려는 움직임이 비상한 와중에, 이 뜻깊은 선언문의 대표 집필자로 꼽힌 이들의 면면이 더욱 시선을 끈다. 조선인 유학생들이 앞장서 독립선언 준비를 시작한 일본 동경에서는 조도전(와세다)대에 재학 중인 청년 문필가 이광수(27) 씨가 집필을 맡았고, 근래에 종교계에서 착수 중인 국내 독립선언문의 집필자로는 저명한 문필가이자 출판업자인 최남선(29) 씨가 내정됐다. 두 사람은 현재 고향 충북 괴산에서 지내는 홍명희(31) 씨와 더불어 '조선 3대 천재' 혹은 '동경 3대 천재'라 불리는데 상해와 동경과 경성을 오가며 10년 넘게 교우한 동시대 세 천재의 인연 또한 각별하여 향후에도 인구에 자주 회자될 듯하다.

29일 동경의 소식통들에 따르면 오는 2월 조선청년독립단 명의로 발표될 독립선언서 집필을 이미 마감한 이광수 씨는 30일 상해행 배에 몸을 실을 예정이라고 한다. 그는 독립선언서에 이름을 올린 11

명의 대표위원 가운데 한 명이지만 동경의 진행 상황을 상해에 타전하라는 동지들의 당부를 받아안고 발길을 돌렸다. 조선에서는 최 씨가 "조선 사람의 참마음 참뜻을 가장 정확하게 발표할 선언서를 내가 담당하는 것이 옳겠다"며 과업을 받아들었다. 독립선언에 '자중론'을 펼쳐왔던 최남선 씨가 심기일전하여 흔쾌히 나선 것은 두 살 아래 후배인 이 씨를 의식한 탓이라는 후문도 있다.

이광수, 최남선, 홍명희.(왼쪽부터)

두 수재의 인연은 무려 12년 전인 정미년(1907)까지 거슬러 올라간다. 소년 이광수의 나이 15세, 최남선의 나이 17세 때의 일이다. 일찌감치 동경에서 유학 중이던 두 사람은 '미국에서 온 조선 청년이 연설을 한다'는 소식을 듣고 구경차 갔다가 한자리에서 마주쳤다. 당시 연설에 나서 두 소년의 가슴을 뛰게 했던 '청년'은 현재 미국 대한인국민회 회장인 안창호(41) 씨인데, 여전히 두 사람은 안창호 씨를 마음의 선생으로 여기고 있다고 전해진다.

먼발치에서만 마주쳤던 이광수와 최남선이 서로를 대면하게 된 것은 그로부터 2년 뒤 홍명희의 소개를 통해서라고 한다. 홍 씨는 이 씨보다 네 살이나 많지만 동급생이었다. 셋은 기질만큼이나 배경도 달랐다. 세 사람 가운데 집안이 가장 좋은 축에 들고 학문에 소양이 깊은 이는 홍명희지만 현감을 지낸 그의 부친이 경술년(1910) 강제병합의 치욕을 견디지 못하고 자결하면서 가세가 기울었다. 중인 계급인 최남선의 집안은 약재 무역 등으로 큰돈을 벌어 사대문 안에 80채가량의 집과 대지를 소유하였고 이를 바탕으로 최 씨가 출판사 '신문관'을 설립할 수 있었다.

열 살 나이에 부모를 모두 콜레라로 잃은 뒤 고아로 자란 이광수에게 뛰어난 학식을 가진 두 벗은 이후 마음의 버팀목이 되었다. 최남선이 펴낸 잡지 <소년>에는 홍명희와 이광수 정도만 이름을 올릴 수 있었고, 이광수가 서울에 들를 때면 최남선의 집에 머물렀으며 그가 상해에 머물 때 가장 맛있는 된장찌개를 끓여준 이는 홍명희였다. 이러한 세 명의 수재 가운데 두 사람이 기미년(1919)에 이르러 독립운동의 최전방에 서게 됐으니 운명이라 할 만하다.

* 고향인 괴산에서 집안을 돌보고 있는 홍 씨는 비록 지금은 뒤로 물러나 있지만 오는 3월 괴산에서 자신이 쓴 독립선언서를 배포하고 만세시위를 이끈다. 이광수와 최남선, 두 벗이 '학도병 출정'을 권유하는 연설가가 되어 변절할 때에도 홍명희는 순국한 부친의 가르침대로 절개를 지킨다.

"동경서도 독립운동하는데…" 경성 청년들도 나선다

동경의 유학생들이 독립선언을 준비한다는 소식이 전해진 데 이어 경성 각 학교의 대표급 학생들도 독립운동 모의에 착수한 것으로 확인됐다.

움직임이 본격화된 것은 지난 26일의 일이다. 중앙기독교청년회(YMCA) 간사인 박희도(30) 씨가 '청년 회원 모집'을 구실 삼아 각 학교 학생 지도자들을 모은 자리에서 갑작스럽게 독립선언 제안을 내놓았다. 박 씨는 애초부터 동경 유학생들의 독립선언 계획에 대한 소식을 듣고 국내 독립선언을 목적으로 학생을 규합하러 나온 것이었다. 이 자리에선 경성의학전문학교 학생인 한위건(23) 씨가 작심한 듯 먼저 일어나 입을 열었다고 한다. "지금 구라파에서는 파리강화회의가 열리고 있고, 또 해외의 조선인은 독립운동을 하고 있는 모양인데 우리 조선인은 현재 독립운동을 해야 할 시기인지 어떤지, 만약 독립을 해야 할 시기라면 크게 해야 하지 않겠소? 그것에 대하여 여러분의 의견을 듣고 싶습니다."

이처럼 무거운 주제 앞에 관수동 중국집 '대관원' 사각 탁자에 둘러앉은 각 학교 학생 지도자 10여 명의 의견은 저마다 엇갈렸다고 한다. 강기덕(33·보성전문학교) 씨 등은 "(독립을 하기에) 좋은 시기"라고 입을 모았다. 김형기(23·경성의학전문학교) 씨도 "동경에서 유학생들이 독립운동을 하고 있으므로 우리 학생도 이때에 침묵하고 있을 수 없다"고 거들었다. 김원벽(24·연희전문학교) 씨는 의견이 달랐다. "독립에는 찬성하나 시기상조요. 냉정하게 생각할 때 조선의 현 상태는 가령 독립을 얻는다 해도 완전한 국가로서의 체면을 유지하기는 곤란하지 않겠소?" 대관원에 모인 학우들에게 김 씨가 시간을 좀 더 달라고 하면서 이날의 모임은 결의를 맺지 못하고 일단락됐다고 한다.

김 씨가 결심에 나선 것은 일본인들에게 '저명한 배일 미국인'으로 꼽히는 선교사 윤산온(46·조지 섀넌 매큔) 씨를 만난 뒤다. 독립운동이라는 역사의 갈림길, 운명의 갈림길 앞에서 '미국인'이 보는 조선인의 처지에 대해 듣고 싶었던 김 씨는 윤 씨에게 다음과 같이 물었다. "미국인의 조선에 대한 감정은 어떠합니까?" 이어진 윤 씨의 말은 '우문현답'이었다. "미국인이 조선인을 동정하고 있느냐고 묻는 것이오? 동정하고 안 하는 것은 말할 문제가 못 되오, 김 군. (미국인의) 동정이 있든 없든, 자기의 일은 자기가 하지 않으면 안 됩니다." 김 씨는 윤 씨의 충고를 들은 뒤 "운동을 실행하자"고 마음을 먹었다고 본사에 밝혔다.

* 이날 대관원에 모인 학생들은 오는 3월 경성의 만세시위를 주도하게 된다. 강기덕과 김원벽은 3·1운동을 주도한 혐의로 재판을 받은 '민족대표 48인'이다.

조선인 목숨이 하마보다 못하오?

광무황제(고종)의 서거로 3일 동안 음주가무를 금지한 조선총독부가 추모 분위기 조성 차원에서 동식물원이자 박물관인 창경원을 장례식인 3월까지 임시 폐원하기로 하였다. 황실의 권위를 능멸하고자 만든 창경원이 개원 10년 만에 잠시나마 문을 닫게 된 것이다. 창경원 동식물을 가꾸고 기르느라 조선인을 금수만도 못하게 여긴 총독부인데 서운해서 어쩌나.

정미년(1907) 광무황제의 강제 퇴위 뒤 즉위한 이왕(순종)이 경운궁에서 창덕궁으로 이어(移御)하면서 창덕궁 동쪽에 위치한 창경궁에 동식물원을 짓는다는 계획이 수립되었다. "왜놈이 한국 황제를 동물원 속에 집어넣고 500년 이씨의 종사를 멸하게 한다"거나 "단군 자손이 삼천만이나 되는 것을 금수와 같이 압제한다"는 등 반대가 빗발쳤다. 하지만 "이왕이 새로운 생활에 취미를 느낄 수 있도록" 함과 동시에 "문명국이라면 동식물원과 박물관이 있어야 한다"는 명목을 내세운 통감부는 무신년(1908) 4월 공사를 강행하였다. 1년 6개월가량 진행된 공사에서 화려하고 웅장한 창경궁의 전각은 허물어졌고 일부는 해체돼 경매에 부쳐지기도 하였다. '문명국' 일본이 벌인 문화재 파괴의 증좌인 셈이다. 국권의 상징인 왕궁을 허물고 그 위에 신문물인 박물관과 동식물원을 세워 식민지배의 발전상을 선전하기 위함이라는 걸 삼척동자도 다 아는바.

1909년 조성된 창경궁의 동물원 연못.

총독부 기관지 〈매일신보〉도 지난 9년여 동안 창경원을 선전하느라 부단히도 애썼다. 일제 강점 직후 3건에 불과했던 창경원 관련 기사는 임자년(1912)에 23건으로 급증한 뒤, 매년 10여 건을 기록해오다 무오년(1918)에는 무려 35건에 달하게 되었다. 기사 내용으로 보면 계절 변화에 따른 창경원 소개와 동식물원 소식이 57건으로 가장 많았고, 이왕과 총독 등 관람객 관련 내용도 42건이나 됐다. 특히 정사년(1917)에는 '하마가 순산을 했다'(10월 26일자)거나 '사자가 둘째 수놈을 낳았다'(12월 6일)는 기사를 써댔고, 작년에는 '강치(물개)가 질환으로 죽었다'는 내용을 보도하는 등 〈동물신보〉다운 면모를 보였다. 전염병과 쌀값 폭등으로 조선인이 죽어 나가던 소식보다 금수들이 나고 죽는 게 그리 중요하더냐. 독재적 권력에 기생하는 언론의 몰골이니 이는 언제나 반복될 수 있을 터.

매일신보

창경원의 단풍

七千人의 去處

一負에 七圓內外

창경원의 단풍 소식을 전하는 매일신보 1918년 11월 5일자 3면.

총칼 찬 헌병경찰이 걸핏하면 태형을 휘두르기 일쑤였고 노예의 삶만이 허락된 무단통치 시대에 창경원은 소수 특권층만이 누릴 수 있는 유일한 여가 문화였다. 이왕은 창경원의 식물원 온실에서 의친왕 등과 함께 데라우치 마사타케 총독 등 총독부 관리들을 초대해 오찬회를 즐겼다. 조선인들은 학정에 신음할 때 강도들과 산해진미를 드시니 참으로 맛나고 좋았겠구나 싶다.

「적국의 심장부」 아랑곳없이 절로 터져나온 "만세"

기미년통신 동경 유학생 독립선언

**정오 무렵부터 이미 기청회관 가득 메운 청년 400명
「조선청년독립단」 발족 선언 뒤 「독립선언서」 때 최고조
열화 같은 분위기에 일경, 오후 4시 해산명령·진압**

◆일본 동경 조선기독교청년회관

조도전대 학생 송계백의 활약

송계백

모자 속에 꿰매 숨기고 국내로 명주천에 베껴 쓴 선언서 초고

8일 동경 한복판에서 독립선언이 터져 나오기까지 제일 유학생들의 작전은 첩보극을 방불케 할 정도로 은밀하고 침착하게 진행되었다. 특히 조도전(와세다)대학교 학생인 송계백(24)씨는 독립선언문 인쇄에 사용할 조선말 활자본을 구하는 한편, 본국에 거사 계획을 알리려 목숨을 건 여정을 감행했던 것으로 확인됐다.

본지가 취재한 바에 따르면, 동경 독립선언 주동자 중 한명으로 이날 일본 서신전(니시칸다)경찰서에 연행된 송계[…] 월 유학생 대표[…] 단)의 결정으로 […] 국의 독립운동[…] 언 계획을 전달했[…] 에 베껴 쓴 독립선언서 초고를 […] 내에 밀반입했는데, 일본 경찰의 삼엄한 감시에 대비해 이를 '각모(사각형 모자) 내피'에 꿰매어 숨겼다는 후문이다. 백성을 위해 목화씨를 밀반입했던 고려 말의 충신 문익점이 떠오르는 대목이다.

이번에 독립선언서를 집필한 조도전대 학생 이광수(28)씨에 따르면 송씨는 평소 "침착하고 말이 없는 사람"이지만, 그런 한편

◇◈◇◈◇

**문익점 목화씨 첩보전에 버금
동경-경성 오가며 목숨건 여정
활자 보통이 짊어지고 돌아와**

유학생들의 웅변대회에서는 국제 정세와 관련해 사자후를 토해내고 했던 외유내강형의 인물이다. 아울러 송계백씨가 이처럼 중요한 '배달'[…] 교 교주 손병희 선생에게 전달했고, 이에 손병희 선생도 적극 나서게 된 것이다. 젊은 유학생들의 운동이 국내 독립운동 기류에 기름을 부은 격이다. 송씨는 국내에서 운동자금을 구하고, 등에 상처가 나도록 활자 보퉁이까지 짊어진 채 동경에 돌아갔다고 하니 이번 동경 유학생 독립선언에서 그의 역할이 절대적이라고 할 법하다.

1919년 2월 9일

[…지원 기자] […] 부터 일본 […] 정복경찰 […] 고 있었다. […] 인 유학생 […] 원 의원들 […] 사와 공사 […] 집 청원서 […] 낸 사실이 […] 학생들 쪽 […] 가 예정 […] 데도 정오 […] 구 조선 […] 청회관)은 […] 한 400여 […] 하여 입추 […] 일본동경 […] 회) 임원선 […] 낭독 동안 […] 결의 지극 […] 소집한 자 […] 를 기대하 […] 듯하였다. […] 들의 눈은 […] 있었다. 2 […] 지 않게 펼 […] 내에 기표 […] 면 아홉 사 […] 기소되겠 […] 될까요? 모 […] 는 점에서 […] ~5년 정도 […] 재를 위해 […] 기자를 보 […] 어두운 낯 […] 날 예고된 […] 대표로 이 […] 독립단 동 […] 정이었다. […] 도연·송계 […] 김철수 […] 서춘·윤창 […] 청년독립단 […] 최근우(22)

양씨는 상해 방면 등으로 유학생 독립선언 소식을 타전하려 이미 일본을 뜬 상태다. 최씨는 대표단이 체포되면 나서서 '후사'를 도모하기로 약속했다고 했다. 하루 앞선 7일 밤 백관수(30) 조선청년독립단 단장은 조도전(와세다)대학 앞 본인 자취방에 동지들을 모아놓고 말했다. "독립선언서에 서명한 사람은 내일 다 붙들려 갈 것이오. 또 언제 나오게 될는지도 모르는 일이니 여러분들은 우리의 뒤를 이어 잘 일해주시오." 최씨는 그 같은 기억을 떠올리며 "국민의 일원으로 국가와 민족을 위하여 언제든지 한번은 죽을 인간이니 이러한 숭고한 일에 목숨을 바친다는 일이 오히려 영광"이라고 하였다.

이윽고 시곗바늘이 오후 2시를 가리켰다. 학우회장 백남규(28)씨가 개회를 선언했다. 개회 선언과 동시에 분위기는 급반전됐다. 학우회 기관지 〈학지광〉 편집장 최팔용(28)씨가 개회 동의에 이어 '조선청년독립단' 발족을 선언했다. 장내의 청년들은 박수와 함께 환성을 질러댔다. 백관수씨가 뒤를 이어 뛰어 올라갔다. "합병 이래 일본 조선통치 정책을 보건대 합병 시의 선언에 반하여 오족(우리 민족)의 행복과 이익을 무시하고 정복자가 피정복자에 대한 고대의 비인도적 정책을 습용(답습)하여 오족에게 참정권, 집회결사의 자유, 언론·출판의 자유 등을 불허하며 심지어 신교의 자유, 직업의 자유까지도 불소히(적지 않게) 구속하며 행정, 사법, 경찰 등 제 기관이 조선민족의 사권까지도 침해하며 공사 간에 오인과 일본인의 우열의 차별을 설[…] 오족의 신성한 역사적 […]

상해로 떠난 이광수씨와, 유학생 가운데 내로라할 웅변가들이 며칠씩 합숙하며 머리를 맞대어 쓴 선언서와 결의문은 구절구절 명문이었다. 억눌려온 식민지 청년들의 심정을 자극하기에 충분하였다. 김도연씨의 결의문 낭독, 서춘씨의 웅변까지 이어지며 장내 분위기가 과열되자 일경은 계획된 절차에 착수했다. 오후 4시가 가까워질 무렵, 때를 기다려온 일경의 '해산 명령'과 함께 진압이 시작되었다. 이미 격분할 대로 격분한 학생들이 순순히 흩어질 리 없었다. 그러나 소리 지르며 대항하는 것뿐 달리 무기를 갖지 못한 조선 청년들이었다. 일경을 상대로 '혈전'을 벌일 수단이 그들에겐 없었다. 달아나려는 조선 청년들과 체포하려는 일경이 서로에게 목재 의자를 집어던지는 바람에 장내는 곧 아수라장이 되었다.

**'밀정' 선우갑 주구 노릇 허탈
나무토막 하나 들지 않았지만
20여명 피 흘리며 일경에 끌려가**

그런 가운데서도 조선인을 잡으라고 가장 크게 고함을 지르는 이는 일경의 밀정으로 유학생들 사이에서 유명한 선우갑(26)씨였다. "이놈 잡아라! 저놈 잡아라!" 동년배 조선 청년들의 용기에 동조하기는커녕 노골적으로 일본의 주구 노릇을 하는 선우갑의 모습에 유학생들은 소란 속에서도 허탈한 표정을 감추지 못하였다. 그의 활약 덕분인지 일경은 이날 독립선언 장에 있던 조선청년독[립단] 원을 포함한 주동자 2[…] 붙들 수 있었다. 백성[…] 러던 8일 오후, 조선 […] 조국의 독립을 '선언[…] 이유만으로 빨간 피를 […] 며 서신전(니시칸다)[…] 끌려갔다. 총 한자루[…] 막 하나도 들려 있지 […] 이들의 선언은 조선[…] 앞날에 어떤 영향을 […] 될 것인가. 일본 정부[…] 은 유학생 독립선언으[…] 짐작하게 한다. 동경 […] 독립선언 사건은 어떤 사[…] 전속결로 처리된다. 이들 […] 경찰은 주동자 11명을 출[…] 으로 동경지방재판소 검사[…] 하고, 1심 법원은 15일 최팔[…] 게 징역 1년형의 선고를 내[…]

**안으로는 민주주의
밖으로는 제국주의**

일제 「다이쇼 데모크라시」의 이중성

대정 민주주의

동경 유학생들의 독립선언은 일본 내의 민본주의 확산과도 무관하지 않다. 무오년(1918) 일본 전역을 들끓게 했던 쌀폭동을 계기로 일본 사회는 보통선거권의 요구와 농민·노동조합 결성 등 아래로부터 변화 움직임이 일고 있는데 당시 동경 유학생들은 자연스럽게 이러한 분위기에 노출되었다. 민본주의는 부국강병론을 신봉하는 사상적 흐름과 만나면서 '안으로는 민주주의, 밖으로는 제국주의'의 색채를 띠는 이중적 양태를 보였다.

작년 7월22일, 일본 도야마현 우오즈항에서 300여명의 부녀자들이 회집해 홋카이도로 가져갈 쌀 선적을 막으며 주민 판매를 호소하였다. 출동한 경찰이 이들을 곧바로 해산시켰지만 이미 소문은 주변 동리로 퍼져 군중심리를 자극하였다. 이들이 거리로 나온 이유는 조선처럼 쌀값 폭등으로 쌀을 구할 수 없었기 […] 크게 늘었는데 농업 생산력이 이에 미치지 못한데다 호황에 따른 인플레이션도 물가고를 부추겼다. 러시아혁명 파급을 막기 위한 시베리아 출병 계획이 확정되자 쌀값 상승을 노린 미곡상인들이 사재기를 벌인 점도 한 원인이었다.

데라우치 마사타케와 하라 다카시

**일본 전역 쌀값 폭동 계기
언론인 출신 하라 총리 교체
보통선거권 요구 등 높아져
유학생들 독립선언도 영향**

8월3일, 도야마시에서 200여명의 시민들이 집회를 열어 쌀도매상과 부자들에게 쌀을 공출하지 말고 판매해달라는 탄원을 낸 사건을 기화로, 폭[…] 벌 스즈키 본점 건물이 불타기도 하였다. 탄광으로까지 번진 폭동은 9월엔 일본 전역을 뒤흔들었다.

폭동은 군대와 경찰에 의해 무자비하게 진압되었지만, […] 권력 교체를 불러왔다. 강경진압 일변도였던 데라우치 마사타케(67) 총리는 사태 확산에 책임을 지고 9월21일 결국 사퇴하였다. 24일에는 데라우치의 최측근인 하세가와 요시미치(69) 조선총독도 사의 […]

◆쌀폭동으로 불타버린 고베시의 스즈키 본점 건물.

[…] (63) 입헌정우회(立憲[…]) 총재가 총리대신에 […] 다. 이는 메이지유신 […] 공신으로 군국주의 […] 벌인 조슈벌(長州閥) […] 하고 정당세력인 정우[…] 상한 것을 의미하였[…]

민중들은 나아가 […] 권을 비롯해 원로의 […] 해군 대신 무관제 폐[…] 내각제의 확립, 노동[…] 유 등 더 많은 민본주[…] 구하였다. 소위 '다이[…] 크라시'(대정 민주주[…] 대가 만개한 것이었[…] 학생들은 이러한 일[…] 변화에 자극을 받았[…] 통제에 맞서 쌀폭동[…] 으로 보도한 〈아사[…] 정론지의 명성을 알[…]

만약 일본 민중이 […] 중의 처지를 이해할 […] 묻는다면 답은 아니[…] 수밖에 없다. 안으로[…] 주의를 갈망하는 그[…] 밖으로는 일본의 한[…] 주의를 지지하고 있[…]

군소리 도깨비불

[…]없는 「경성 연속 화재」 흉흉한 민심

주야 막론하고 발화 탓 괴소문 횡[…]

[…] 동 등지 […] 수 없는 […] 생하여 […] 에 잡을 […] 를 하는 […] 벌어지 […] 사가들 […] 타났다 […] 있다. 고 […] 서한 더 […] 곳이라 […] 민심이 […] 로 이화 […] 씨 집에 […] 난 것을 […] 하고 곧 […] 무리 색

여 여섯 집이 똑같은 일을 겪었다고 한다. 그날 이후 그 요상한 불이 주야를 막론하고 발화되는 까닭에 도깨비불이라는 소문이 퍼져나갔다. 그 동리 사람이 전하는 미신의 말을 들은즉 지금으로부터 다섯 해전에 동리 어떤 총각이 어떤 처녀의 자태를 보고 연모하다가 상사병에 걸려 말라 죽은 일이 있었다고 한다. 사람들은 그 총각의 원귀가 도깨비불이 되어서 그같이 장난한다고 말하고 있다.

동리가 무사하려면 굿을 해야 한다는 의견에 사

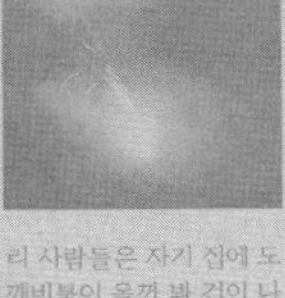

리 사람들은 자기 집에 도깨비불이 옮겨 붙게 될까 겁이 나서 아주 죽을 지경으로 지내는 중이라더라. 최근 시중에는 조선시대부터 민간에 몰래 전해져오는 국가 존망 예언서 〈정감록〉도 다시 회자되고 있다고 한다. 정도령이 나타나 새로운 나라를 세울 것이라는 얘기가 돌고 있다는데 식민

"세계 만국에 조선 독립을 선언하노라"

"만세!" "만세!" 경술년(1910) 강제병합 뒤 9년의 침묵을 찢고 나온 조선 청년들의 저항이자 모든 치욕을 씻어내는 첫 함성이었다. 2월 8일, 적국 일본의 수도 동경에서 유학생 400여 명이 조선의 독립을 선언했다. 일제가 감히 성공할 것이라고 상상하지 못한 일이다. 그러나 청년들의 계획은 용의주도하고 행동은 담대하였다. '정의와 평화'의 기치는 고매하며 언어는 선명하였다. 주동 인물 20여 명은 계획하였던 가두시위를 실행에 옮기지 못한 채 일경에 체포되었으나 청년들의 선언은 이미 동경을 넘어 현해탄을 건넜으니, 이제 기성세대가 응답할 일이 남았다.

"조선청년독립단은 아(我) 2000만 조선민족을 대표하여 정의와 자유의 승리를 득(得)한 세계 만국의 전(前)에 독립을 기성(期成)하기를 선언하노라. 일본이 만일 오족(우리 민족)의 정당한 요구에 불응할진대 오족은 일본에 대하여 영원의 혈전을 선(선언)하리라. 오족은 정의

1919년 일본에서 2·8 독립선언서를 발표한 유학생들.

와 자유를 기초로 한 민주주의의 선진국의 범(전범)을 취하야 신국가를 건설한 후에는 건국 이래 문화와 정의와 평화를 애호하는 오족은 세계의 평화와 인류의 문화에 공헌함이 유할지라."

'적국의 심장부' 아랑곳없이 절로 터져 나온 "만세"

약속 장소에는 벌써부터 일본 쪽의 사복경찰과 정복경찰 수십 명이 진을 치고 있었다. 오전 10시 무렵 조선인 유학생들이 일본 국회 양원 의원들과 대신들, 각국 대사와 공사들에게 민족대회 소집 청원서와 독립선언서를 보낸 사실이 보고된 모양이었다. 학생들 쪽도 마찬가지다. '거사'가 예정된 것은 오후 2시인데도 정오 무렵 동경 신전(간다)구 조선기독교청년회관(기청회관)은 이미 400여 명의 학생들로 가득하여 입추의 여지가 없었다. 재일본 동경유학생학우회(학우회) 임원선거 총회를 내세워 소집한 자리였지만 총회 따위를 기대하고 모인 이는 없는 듯하였다. 모여든 조선 청년들의 눈은 흥분감으로 빛나고 있었다. 2월 동경 날씨에 맞지 않게 펄펄 내리는 눈은 장내에 기묘한 기운을 더하였다.

"오늘 일이 끝나면 아홉 사람의 대표는 반드시 기소되겠지요. 반란죄로 몰릴까요? 모두 학생 신분이라는 점에서 관대히 해준다면 4~5

독립선언식이 거행된 일본 도쿄 간다구에 있던 조선기독교청년회관.

년 정도가 아닐는지요." 취재를 위해 기청회관을 찾은 기자를 보고 최승만(22) 씨가 어두운 낯빛으로 말했다. 이날 예고된 유학생 독립선언에 대표로 이름을 올린 조선청년독립단 동지들을 염려하는 표정이었다. 최팔용·이종근·김도연·송계백·이광수·최근우·김철수·김상덕·백관수·서춘·윤창석 등 11명의 조선청년독립단원 중 이광수(27)·최근우(22) 양 씨는 상해 방면 등으로 유학생 독립선언 소식을 타전하려 이미 일본을 뜬 상태다. 최 씨는 대표단이 체포되면 나서서 '후사'를 도모하기로 약속했다고 했다. 하루 앞선 7일 밤 백관수(30) 조선청년독립단 단장은 조도전(와세다)대학 앞 본인 자취방에 동지들을 모아놓고 말했다. "독립선언서에 서명한 사람은 내일 다 붙들려 갈 것이오. 또 언제 나오게 될는지도 모르는 일이니 여러분들은 우리의 뒤를 이어 잘 일해주시오." 최 씨는 그 같은 기억을 떠올리며 "국민의 일원으로 국가와 민족을 위하여 언제든지 한 번은 죽을 인간이니 이러한 숭고한 일에 목숨을 바친다는 일이 오히려 영광"이라고 하였다.

이윽고 시곗바늘이 오후 2시를 가리켰다. 학우회장 백남규(28) 씨가 개회를 선언했다. 개회 선언과 동시에 분위기는 급반전됐다. 학우회 기관지 <학지광> 편집장 최팔용(28) 씨가 개회 동의에 이어 '조선청년독립단' 발족을 선언했다. 장내의 청년들은 박수와 함께 환성을 질러댔다. 백관수 씨가 뒤를 이어 뛰어 올라갔다. "합병 이래 일본 조선통치 정책을 보건대 합병 시의 선언에 반하여 오족(우리 민족)의 행복과 이익을 무시하고 정복자가 피정복자에 대한 고대의 비인도적 정책을 습용(답습)하여 오족에게 참정권, 집회결사의 자유, 언론·출판의 자유 등을 불허하며 심지어 신교의 자유, 직업의 자유까지도 불소히(적지 않게) 구속하며 행정, 사법, 경찰 등 제기관이 조선민족의 사권까지도 침해하며 공사 간에 오인과 일본인의 우열의 차별을 설하며… 오족의 신성한 역사적 전통과 위엄을 파괴하고 능모(능멸)하고…." 백 씨가 독립선언서를 읽어 내려가는 동안 유인물을 손에 쥔 장내 유학생들의 입에서는 절로 "만세"의 함성이 터져 나왔다.

상해로 떠난 이광수 씨와, 유학생 가운데 내로라할 웅변가들이 며칠씩 합숙하며 머리를 맞대어 쓴 선언서와 결의문은 구절구절 명문이었다. 억눌려온 식민지 청년들의 심정을 자극하기에 충분하였다. 김도연 씨의 결의문 낭독, 서춘 씨의 웅변까지 이어지며 장내 분위기가 과열되자 일경은 계획된 절차에 착수했다. 오후 4시가 가까워질 무렵, 때를 기다려온 일경의 '해산 명령'과 함께 진압이 시작되었다. 이미 격분할 대로 격분한 학생들이 순순히 흩어질 리 없었다. 그러나 소리 지르며 대항하는 것뿐 달리 무기를 갖지 못한 조선 청년들이었다. 일경을 상대로 '혈전'을 벌일 수단이 그들에겐 없었다. 달아나려는 조선 청년들과 체포하려는 일경이 서로에게 목재 의자를 집어던지는 바람에 장내는 곧 아수라장이 되었다.

그런 가운데서도 조선인을 잡으라고 가장 크게 고함을 지르는 이는 일경의 밀정으로 유학생들 사이에서 유명한 선우갑(26) 씨였다. "이놈 잡아라! 저놈 잡아라!" 동년배 조선 청년들의 용기에 동조하기는커녕 노골적으로 일본의 주구 노릇을 하는 선우갑의 모습에 유학생들은 소란 속에서도 허탈한 표정을 감추지 못하였다. 그의 활약 덕분인지 일경은 이날 독립선언 사건 현장에 있던 조선청년독립단 전원을 포함한 주동자 20여 명을 붙들 수 있었다. 백설이 흩뿌리던 8일 오후, 조선 청년들은 조국의 독립을 '선언'했다는 이유만으로 빨간 피를 흩뿌리며 서신전(니시칸다)경찰서로 끌려갔다. 총 한 자루, 나무토막 하나도 들려 있지 않았던 이들의 선언은 조선 반도의 앞날에 어떤 영향을 미치게 될 것인가. 일본 정부의 대응은 유학생 독립선언의 파장을 짐작하게 한다.

* 동경 유학생들의 독립선언 사건은 어떤 사건보다 속전속결로 처리된다. 이틀 뒤인 10일 경찰은 주동자 11명을 출판법 위반으로 동경지방재판소 검사국에 송치하고, 1심 법원은 15일 최팔용 씨 등에게 징역 1년형의 선고를 내린다.

선언문 곳곳 '결연한 기백'…
왕정과 결별·새 국가 쟁취 선포

"조선청년독립단은 우리 2000만 민족을 대표하여 정의와 자유의 승리를 얻은 세계만국 앞에 독립을 이룰 것을 선언하노라."

일본 유학생들이 8일 동경에서 발표한 독립선언서는 우리 민족이 국권을 빼앗긴 이후 최초로 발표된 독립선언이라는 차원에서 '2·8독립선언'이라 부를 만하다. 일본 제국주의의 심장부인 동경에서 대낮에 공개적으로 거사가 이뤄졌다는 것으로도 통쾌한 일이었다. 선언서에서는 요구사항이 받아들여지지 않을 시 일제와 '영원한 혈전'을 벌인다고 다짐하는 등 청년들의 결연한 투쟁 의지를 확인할 수 있는데 식민통치에 신음하던 민중에게 여간 반가운 소식이 아닐 수 없었다. 또한 독립될 새로운 국가는 민주주의를 지향할 것이라고 밝혀 왕정복고에 분명히 선을 그은 점에서 과거와 결별하고 미래로 나아가는 청년들의 정신을 대변한다.

선언서는 본문과 4개항의 결의문으로 이뤄져 있는데 크게 네 가지

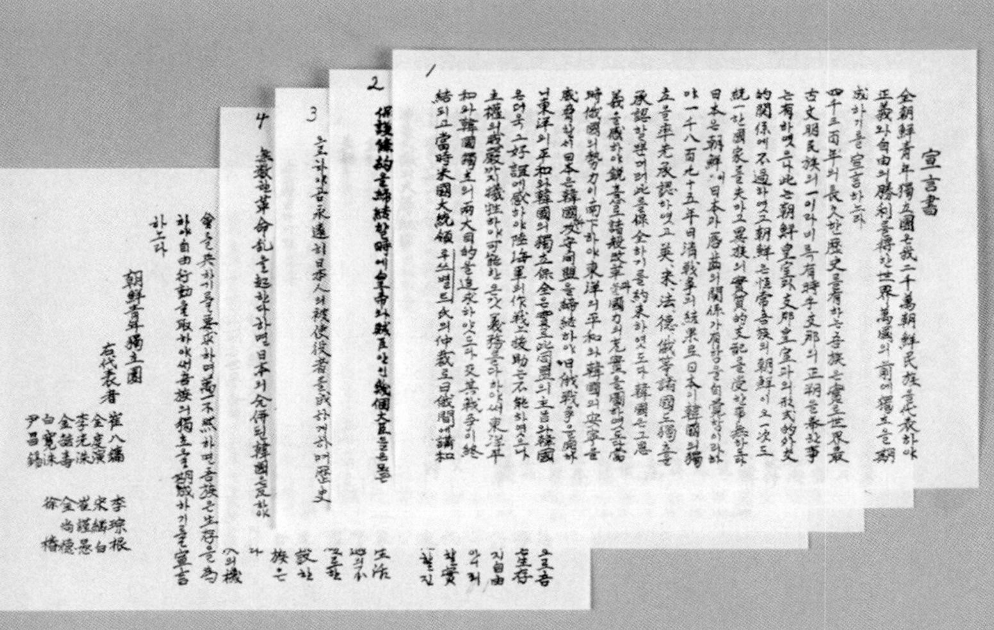

2·8 독립선언서.

요구로 구성돼 있다. 조선은 4300여 년의 유구한 역사를 지닌 자주독립국가로서 이른바 한일합병은 조선인의 뜻에 어긋나는 것인 만큼 일본은 한국을 독립시킬 것, 미국과 영국은 일본의 한국 합병을 솔선해서 승인한 죄가 있으므로 속죄의 의무를 질 것, 이에 응하지 않을 때 우리 민족은 생존을 위해 자유행동을 취해 독립을 이룰 것, 앞으로 독립할 국가는 민주주의 원리에 따르는 신국가로 세계 평화와 인류 문화의 발전에 이바지할 것 등이다.

먼저 청년들은 일본의 식민지배를 '무단전제이자 부정하고 불평등한 정치'라고 규정했다. "조선인에게 참정권, 집회·결사의 자유, 언론·출판의 자유를 불허하고 신교(信敎)의 자유와 기업의 자유를 구속했으며 행정·사법·경찰 등 모든 통치기관이 개인의 권리를 침해했다"고 비판하였다. 또한 "일본 '정복자'가 인권에 반하는 노골적인 민족차별을 일삼고 있다"고 준열히 꾸짖었다. 이번 선언식이 '내지' 한복판에서 백주에 공개적으로 이뤄졌다는 점은 조선인을 멸시하던 일본 지배자들의 뺨을 대낮에 후려친 것과 진배없다.

선언서에 딸린 결의문에서 "전항(前項)의 요구가 실패될 시는 우리 민족은 일본에 대하여 영원의 혈전을 선언함"이라고 피력한 것도 눈여겨볼 대목이다. 불법적인 한일합병을 인정할 수 없기에 우리 민족 대표기관을 통해 독립을 달성하되 외교적 수단을 병행하고 만약 그 뜻이 이뤄지지 않을 때는 일본과의 '전쟁'도 불사한다는 것이다. 이는 외교적인 방법으로만 조국의 독립을 도모하지 않고 상황에 따라 무장 투쟁으로 독립을 쟁취하겠다는 청년다운 기백에 다름 아니다. 강대국의 선의에 기대 독립을 구하는 것이 허망한 것일 수도 있음을 조국의 청년들이 인식하고 있다는 방증이다.

그렇다고 이들이 편협한 민족주의에 매몰돼 있다고 보면 오산이다. 이들은 일본의 침략이 단지 조선만의 문제가 아니라 동양의 평화를 위협하는 까닭에 독립을 선언한다고 밝히고 있다. "국제 평화주의를 지향한다"는 이들은 "정의와 자유를 기초로 한 민주주의 선진국의 모범을 쫓아 새로운 국가를 건설한 뒤에는 건국 이래 문화와 평화를 애호하는 우리 민족이 세계의 평화와 인류의 문화에 공헌"할 것이라고 내다보고 있다.

또 선언서는 추후 독립될 '새로운 국가'의 정치체제로 1인만을 위한 군주정이 아닌 만인을 위한 공화정을 표방했다. 청년들이 시대정신과 정세 변화에 조응하고 있음을 일깨움과 동시에 이번 선언의 진보성을 보여주는 대목이다.

이러한 독립선언이 나오기까지 경술년(1910) 국치 이후 9년이 걸렸다. 미국 윌슨 대통령이 주창한 '민족자결주의' 원칙에 따라 신한청년당이 파리강화회의에 김규식 박사를 대표로 파견하는 등 분주히 움직이고 있는 이때, 민족의 운명을 짊어진 조선 청년들이 가장 앞장서 조국의 독립을 선언하였다. 이제 우리 민족도 미국의 독립선언서에 필적할 만한 독립선언서를 갖게 되었다.

사각 모자에 선언서 숨겨… 문익점 버금가는 첩보전

8일 동경 한복판에서 독립선언이 터져 나오기까지 재일 유학생들의 작전은 첩보극을 방불케 할 정도로 은밀하고 침착하게 진행되었다. 특히 조도전(와세다)대학교 학생인 송계백(24) 씨는 독립선언서 인쇄에 사용할 조선말 활자본을 구하는 한편, 본국에 거사 계획을 알리려 목숨을 건 여정을 감행했던 것으로 확인됐다.

본지가 취재한 바에 따르면, 동경 독립선언 주동자 중 한 명으로 이날 일본 서신전(니시칸다)경찰서에 연행된 송계백 씨는 앞서 1월 유학생 대표단(조선청년독립단)의 결정으로 경성에 밀파돼 본국의 독립운동가들에게 독립선언 계획을 전달했다. 그는 명주 천에 베껴 쓴 독립선언서 초고를 국내에 밀반입했는데, 일본 경찰의 삼엄한 감시에 대비해 이를 "각모(사각형 모자) 내피"에 꿰매어 숨겼다는 후문이다. 백성을 위해 목화씨를 밀반입했던 고려 말의 충신 문익점이 떠오르는 대목이다.

송계백, 현상윤, 최린.(왼쪽부터)

이번에 독립선언서를 집필한 조도전대 학생 이광수(28) 씨에 따르면 송 씨는 평소 "침착하고 말이 없는 사람"이지만, 그런 한편 유학생들의 웅변대회에서는 국제 정세와 관련해 사자후를 토해내곤 했던 외유내강형의 인물이다. 아울러 송계백 씨가 이처럼 중요한 '배달' 및 연락 임무를 맡게 된 것은 그가 보성고등보통학교 선배인 현상윤(26) 씨, 은사인 최린(41) 보성고보 교장 등과 긴밀한 소통이 가능했기 때문이다. 과연 송 씨가 전해온 소식에 현 씨와 최 교장 등은 흥분하여 이를 천도교 교주 손병희 선생에게 전달했고, 이에 손병희 선생도 적극 나서게 된 것이다. 젊은 유학생들의 운동이 국내 독립운동 기류에 기름을 부은 격이다. 송 씨는 국내에서 운동자금을 구하고, 등에 상처가 나도록 활자 보퉁이까지 짊어진 채 동경에 돌아갔다고 하니 이번 동경 유학생 독립선언에서 그의 역할이 절대적이라고 할 법하다.

독립선언 영향 준 일본의 '두 얼굴 민주주의'

동경 유학생들의 독립선언은 일본 내의 민본주의 확산과도 무관하지 않다. 무오년(1918) 일본 전역을 들끓게 했던 쌀 폭동을 계기로 일본 사회는 보통선거권의 요구와 농민·노동조합 결성 등 아래로부터 변화 움직임이 일고 있는데 당시 동경 유학생들은 자연스럽게 이러한 분위기에 노출되었다. 민본주의는 부국강병론을 신봉하는 사상적 흐름과 만나면서 '안으로는 민주주의, 밖으로는 제국주의'의 색채를 띠는 이중적 양태를 보였다.

작년 7월 22일, 일본 도야마현 우오즈항에서 300여 명의 부녀자들이 회집해 홋카이도로 가져갈 쌀 선적을 막으며 주민 판매를 호소하였다. 출동한 경찰이 이들을 곧바로 해산시켰지만 이미 소문은 주변 동리로 퍼져 군중심리를 자극하였다. 이들이 거리로 나온 이유는 조선처럼 쌀값 폭등으로 쌀을 구할 수 없었기 때문이다. 작년 초 일본의 쌀값은 1석에 15엔이었으나 7월 들어 30엔으로 두 배나 앙등하였다.

세계전란을 계기로 공업화가 진전되면서 도시 인구가 크게 늘었는데 농업 생산력이 이에 미치지 못한 데다 호황에 따른 인플레이션도 물가고를 부추겼다. 러시아혁명 파급을 막기 위한 시베리아 출병 계획이 확정되자 쌀값 상승을 노린 미곡상인들이 사재기를 벌인 점도 한 원인이었다.

8월 3일, 도야마시에서 200여 명의 시민들이 집회를 열어 쌀 도매상과 부자들에게 쌀을 공출하지 말고 판매해달라는 탄원을 낸 사건을 기화로, 폭동은 교토와 나고야 등 대도시로 번져나갔다. 성난 군중들은 매점매석으로 쌀값을 올린 상인들과 지주들을 공격하였고, 고베에서는 유통재벌 스즈키 본점 건물이 불타기도 하였다. 탄광으로까지 번진 폭동은 9월엔 일본 전역을 뒤흔들었다.

쌀 폭동으로 불타버린 고베시의 스즈키 본점 건물.

폭동은 군대와 경찰에 의해 무자비하게 진압되었지만, 권력 교체를 불러왔다. 강경 진압 일변도였던 데라우치 마사타케(67) 총리는 사태 확산에 책임을 지고 9월 21일 결국 사퇴하였다. 24일에는 데라우치의 최측근인 하세가와 요시미치(69) 조선총독도 사의를 표명하였지만 수리되지는 않았다. 27일, 민심 수습책의 일환으로 번벌(藩閥)에 속하지 않고 귀족 작위도 받지 않은 언론인 출신 하라 다카시(63) 입헌정우회(立憲政友會) 총재가 총리대신에 임명되었다. 이는 메이지 유신의 개국공신으로 군국주의 최대 파벌인 조슈벌(長州閥)이 실각하고 정당세력인 정우회가 부상한 것을 의미하였다.

민중들은 나아가 보통선거권을 비롯해 원로의 폐지, 육·해군 대신 무관제 폐지, 정당내각제의 확립, 노동조합의 자유 등 더 많은 민본주의를 요구하였다. 소위 '다이쇼 데모크라시'(대정 민주주의)의 시대가 만개한 것이었다. 일본 유학생들은 이러한 일본 사회의 변화에 자극을 받았다. 보도 통제에 맞서 쌀 폭동을 적극적으로 보도한 <아사히 신문>은 정론지의 명성을 얻게 되었다.

만약 일본 민중이 조선 민중의 처지를 이해할 수 있냐고 묻는다면 답은 아니라고 할 수밖에 없다. 안으로는 민본주의를 갈망하는 그들이지만 밖으로는 일본의 침략적 제국주의를 지지하고 있는 까닭이다. 이러한 모순은 군국주의의 화신인 천황제 위에서 민주정을 구현하려는 소위 '임페리얼 데모크라시'(황제 민주주의)의 이중성에 기인한다.

하늘도 돕는 신한청년당 독립투쟁

암흑은 빛을 이길 수 없다. 나라가 망하고 종묘사직이 끊기었어도, 독립을 향한 조선 사람들의 열망은 도리어 안팎에서 뜨겁게 타오르고 있다. 동경에서 유학생들이 독립선언식을 한 것은 본지에서 대서특필하고 있거니와, 일본·미주·노서아(러시아)·중국·조선의 독립운동 진영은 모두 발 빠르게 소식을 주고받으며 움직이는 중이다. 청년 망명객들이 망라된 상해 신한청년당은 그 구심점이 되고 있다. 미주 방면의 파리강화회의 대표로 추대되며 기대를 모았던 이승만(44) 박사가 여권 발급에 실패해 주저앉은 가운데, 신한청년당이 파리강화회의 대표로 추대한 김규식(38) 씨가 지난 1일 불란서 우편선에 올라탄 사실이 뒤늦게 알려지면서 각 방면의 독립운동에 가속을 붙이고 있다.

본지 기자는 8일 동경 유학생들의 독립선언식 뒤 신전(간다)구 현장 인근에서 신한청년당 핵심 당원인 장덕수(25) 씨를 조우하였다. 장 씨는 1월 하순 상해를 출발해 동경에 들어왔다고 했다. 김규식 씨의 파리행을 뒷받침하기 위한 파견이었다. “나뿐만이 아니오. 우리 신한청년당 동지들은 전부 각지로 흩어졌소.” 지난 1일 김규식 씨는 상해에서 포르토스호를 타고 불란서로, 신한청년당의 실질적 구심점인 여운형(33) 씨는 지난달 하순 무렵 노서아 블라디보스토크 방면으로 출발하였다. 국내로는 선우혁(37) 씨가 평북 선천·정주 방면에, 김규식 씨의 부인 김순애(30) 씨가 부산·대구 방면에 각각 파견될 것이라고 한다. 김 씨가 파리에 도착하더라도 조선 독립을 희구하는 ‘민족적 의사 표시’가 없다면 세계의 정상들은 김 씨의 의견을 “해외 망명객의 잠꼬대”로 여길 것이 불 보듯 뻔하였으므로 민족적 호응이 필요하다는 판단에 따른 것이었다.

특히 상해 독립운동 진영의 대표 격인 신규식(40) 씨는 장 씨를 일본으로 보내며 몇 가지 주의사항을 내렸다. “일본 관헌이 이 운동의 진상을 해외에 보도하는 것을 금할 것은 명약관화하므로 귀하는 일본인을 가장하고 동경 및 경성으로 들어가 운동 정황을 상해 <중화신보> 기자인 조동호(27·신한청년당 당원)에게 통신하기 바란다. 만일 일본 관헌에 체포되더라도 당의 행동은 절대로 비밀을 엄수하라.” 이처럼 자세는 엄격하지만 호주머니는 가벼운 것이 이즈음 독립운동가의 처지다. 장 씨는 “다행히 오는 길에 우연찮게 이광수 형을 마주쳐 그의 남은 여비를 털어왔다”며 웃음을 지었다. 동경 유학생 독립선언서를 작성한 이광수(27) 씨는 지난달 동경을 떠나 상해로 이 소식을 타전하러 갔는데, 부두에서 하필 조도전(와세다)대학 후배인 장 씨와 맞닥뜨려 장 씨의 손에 여비 25원을 내어줬다는 것이다. 두 사람의 조우를 듣고 보니 조선의 독립운동에 천운이 따르는 것이 아닌가 싶다.

김규식 씨가 불란서행 선박에 오르기까지 겪은 곡절도 가슴을 쓸어내리게 한다. 경비 마련에 신한청년당 당원이 모두 팔을 걷어붙이고 나선 것(<한겨레> 1월 1일치 1면)은 이미 보도하였거니와, 여권 문제 해결에 중국 신해혁명 지도자 손문(53·쑨원) 선생의 조력이 컸다는 후문이다. '중국인으로 위장하면 파리에 갈 수 있을 것'이라는 김규식 씨의 판단에 따라 손문 선생은 중국 귀화 한인 '김중문'으로 위장해 여권을 받을 수 있도록 손을 써주었다고 한다. 배편을 마련하는 일도 쉽지 않았다. 남중국해를 지나 인도양을 건너는 배는 3~4월까지 만석이었다. 파리강화회의는 이미 1월 18일 개회하였으므로 그보다 늦어지면 만사가 허사일 터였다. 그리하여 발을 구르던 찰나, 파리강화회의 중국 대표단 수행원 중 한 사람이 여운형 씨와의 친분 덕에 흔쾌히 본인의 배표를 김규식 씨에게 양도하였다고 한다. 국경과 민족을 넘어 핍박받던 혁명가들 간의 교감이 아니었던들 김규식 씨의 파리행은 성립되기 어려웠을지 모를 일이다.

동경을 방문한 장덕수 씨가 전한 박진감 넘치는 이야기는 유학생 독립선언 준비에 한층 활력을 더했다. 그는 지난 3일 한발 먼저 상해에 와 있던 조용은(32·이명 조소앙) 씨와 함께 동경 유학생들을 만나 김규식 씨의 파리강화회의 파견 소식을 전해주었다. 장덕수와 조용은만이 아니다. 미국 프린스톤대학 유학생 여운홍(28) 씨도 최근 동경을 찾아 유학생들에게 미주 방면의 운동 소식을 전하였다고 한다. 여

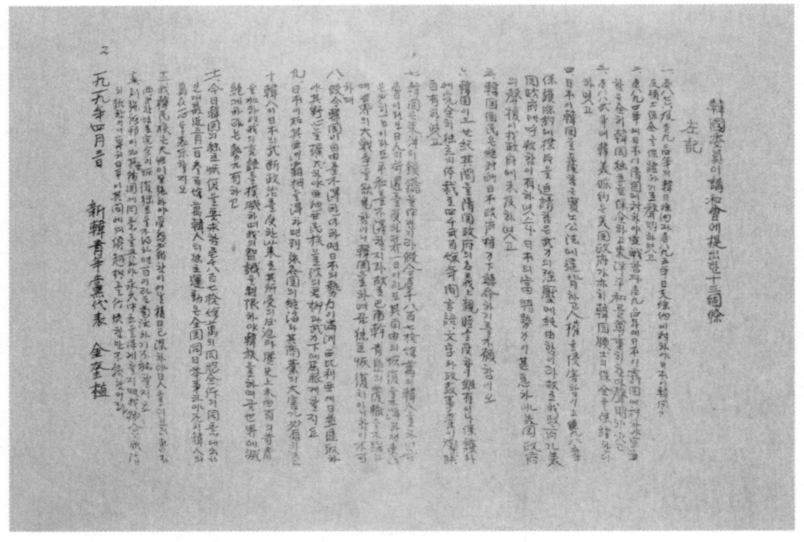

韓國委員이講和會에提出한十三個條

左記

一九一九年四月三日

新韓青年黨代表 金奎植

신한청년당 대표 김규식이 파리강화회의에 제출하기 위해 작성한 13개조.

씨는 신한청년당 총무 여운형 씨의 친동생인데, 파리강화회의에서 발언권을 얻기 위해 독립 청원서에 조선 사람 100만 명의 서명을 받으러 가는 길이다. 미주 방면 대한인국민회의 안창호(41) 회장이 그의 뜻에 동의해 무려 여비 300불을 내주었다고 한다. 이렇듯 각 방면의 명망가들이 독립운동에 전폭적으로 나서고 있다는 사실을 확인한 뒤에 동경 유학생들이 가일층 용기백배하였을 것임은 자명한 일이다.

연해주 윤해·고창일 씨, 파리강화회의행

김규식 씨 말고도 세계 각국에 흩어져 있는 조선인들이 파리강화회의에 대표를 파견하고 있는 모양이다. 동시다발적으로 견기이작(見機而作·기회를 보아 일을 도모함)을 하는 형국이다.

20만 명의 조선인이 거주하는 아라사(러시아) 연해주에서는 윤해(31) 씨와 고창일(27) 씨가 '조선인 총대표' 증명서를 소지하고 지난 5일 파리로 출발하였다. 독립운동 유력자인 문창범(49) 씨 등 전로 한족중앙총회 간부들이 1월 27일 긴밀히 회합하여 정한 것이다. 이들은 윤해 씨와 고창일 씨가 영어·불란서어 등 외국어를 해득하고 다소 교육이 있어 세계 정세와 통하는 자들이라 대표로 정하였다고 한다. 한 소식통은 "열강들이 일본과 전쟁을 하면서까지 조선의 독립 문제를 관철시키겠는가 싶지만은, 동경·상해·미주에서의 분투를 수수방관하지 아니하고 그들 간에 끼여 일을 하고자 함"이라고 설명하였다. 파견 비용은 문창범 씨 등의 기부와 모금활동으로 마련되었다. 연해주에서는 '일본이 조선에서 철퇴하지 아니할 경우 혈전을 포고할 수 밖에 없다'는 맹렬한 독립선언서 또한 마련 중인 것으로 알려졌다.

미국에서는 이승만(44) 씨와 정한경(28) 씨가 파리강화회의로 향하려다 난관에 봉착했다고 한다. 작년 12월 미국의 대한인국민회는 이 씨 등을 파견 대표로 선출하였고, 하와이에 있던 이 씨가 1월 15일 샌프란시스코로 가서 안창호(41) 대한인국민회 중앙총회장으로부터 위임장도 받았다. 그런데 이 씨 등이 뉴욕과 워싱턴을 오가며 불란서로 갈 수 있는 여권을 달라 하니, 미국 정부는 발급하지 못하겠노라고 했다 한다. 윌슨 미국 대통령의 민족자결주의 주창이 무안스럽게도 '참전국이 아닌 조선의 문제는 강화회의에서 논의되지 않기 때문'이라는 게 이유였다고 한다. 이에 이 씨는 2일부터 일찍이 미국에 망명해 필라델피아에 있는 스승 서재필(55) 씨를 찾아 다른 방도를 숙의하고 있다. 정 씨가 5일 안창호 씨에게 보낸 편지 내용을 듣자니, 이 씨는 캐나다를 경유하거나 아니면 곧 귀국할 윌슨 대통령에게 직접 호소해보려는 심산이다.

* 윤해, 고창일은 일본의 눈을 피해 소비에트 혁명으로 혼란했던 러시아 한복판을 시베리아 횡단열차 등을 이용해 관통해야 했다. 이 때문에 파리강화회의가 끝난 9월 26일에야 파리에 도착했다.

국내서도 '독립선언' 거사 착수… 이완용 동참 거부

지난 8일, 일본 수도 동경에서 벌어진 조선 유학생들의 통쾌한 독립선언에 이어 국내에서도 천도교를 중심으로 '거사' 준비에 박차를 가하고 있다. 이들은 독립선언서 초안에 대한 내부 검토와 동시에 명망가들의 동참을 끌어내려 물밑에서 분주한 움직임을 보이고 있는 것으로 확인됐다. 하지만 이미 박영효(58), 윤용구(66), 윤치호(54), 한규설(63), 이완용(61) 등 구 대한제국 고위관료들은 불참 의사를 통보한 것으로 알려졌다.

10일 천도교 내부 관계자에 따르면, 조선 최고의 문필가인 출판업자 최남선(29) 씨가 독립선언서와 미국 대통령 및 파리강화회의에 참석하는 열국 대표에게 보내는 건의서 초안을 완료해 최린(41) 보성고등보통학교 교장에게 건넸다. 거사의 실무 책임을 맡고 있는 최 교장은 독립선언서 초안을 천도교 교주 손병희(58) 선생과 천도교 중진인 권동진(58)·오세창(55) 씨에게 보내 검토를 의뢰하였다. 최 교장은 또 기독교계 중진인 함태영(46) 목사에게도 초안을 보내 검토하도록 했다.

오 씨와 권 씨는 임인년(1902)에 당시 일본 동경에서 망명하던 손 선생을 만나 천도교에 입교한 인물이다. 최 교장 역시 이때 손 선생이 양성한 유학생으로 함경남도 함흥의 양반 가문 출신이다. 기유년(1909) 명치대 법과를 졸업할 당시 법부 대신인 조중응이 출사를 권유하였으나 국권이 상실된 마당에 관리를 지내는 게 타당하지 않다고 여겨 거절하였다고 한다.

최 교장은 이달 상순 최남선 씨를 비롯해 송진우(29) 중앙고등보통학교장, 제자인 중앙학교 교사 현상윤(23) 등과 회합해 독립운동 방식을 '대중화·일원화·비폭력'으로 정하고 최남선 씨에게 선언서와 청원서를 기초하도록 하였다. 이들은 또 천도교·기독교·대한제국 명망가들을 민족대표로 내세워야 한다는 데 인식을 같이하고 후보자 명단과 업무 분담에 대해서도 합의를 이뤘다고 한다. 이 과정에서 "매국적(賣國賊)까지 독립을 원한다면 3000만이 다 독립을 원하는 것이 되지 않는가"라는 손 선생의 뜻이 반영돼 친일파의 상징인 이완용 백작에게도 참여를 권유하기로 하였다.

이에 따라 갑신정변의 주동자로 이후 친일파가 된 박영효와 을사오적 중 한 명인 이완용은 비슷한 연배의 손병희 선생이, 참정대신으로 을사조약 체결을 끝까지 반대한 한규설과 국치 이후 작위를 반납한 윤용구는 최린이, 유림의 거두 김윤식(84)은 최남선이 각각 담당하였으나 모두 거절하였다고 한다. 이완용은 "세상이 나를 친일매국

한규설, 김윤식.(왼쪽부터)

노라고 하는데 이제 와서 민족대표가 되면 뭐라 하겠는가"라며 참여를 거부했다고 한다. 손병희 선생은 '이완용이 행여나 총독부에 밀고를 하지 않을까' 내심 걱정을 하고 있다는 후문이다. 애초 계획과 달리 대한제국 명망가들의 참여가 불발에 그치면서, 이제 기독교계의 가담 여부가 거사의 성공을 좌우할 마지막 변수로 남게 됐다.

잇따른 화재에 도깨비불 소문… 흉흉한 민심

요사이 경성 이화동 등지에서는 정체를 알 수 없는 화재가 잇따라 발생하여 동리 사람들이 밤에 잠을 자지 못하고 경계를 하는 등 한바탕 소동이 벌어지고 있다고 한다. 호사가들은 도깨비불이 나타났다며 호들갑을 떨고 있다. 고종(광무황제)이 급서한 덕수궁과 멀지 않은 곳이라 가뜩이나 흉흉한 민심이 더 술렁이고 있다.

일전에 처음으로 이화동 31번지 신장석 씨 집에서 난데없는 불이 난 것을 집안사람이 발견하고 곧 진화하였으나 아무리 생각하여도 원인을 알 수 없다더라. 그 이튿날 밤에도 시퍼런 불이 줄에 달린 것처럼 연이어 날아와 그 이웃집에 불이 났고 연속하여 여섯 집이 똑같은 일을 겪었다고 한다. 그날 이후 그 요상한 불이 주야를 막론하고 발화되는 까닭에 도깨비불이라는 소문이 퍼져 나갔다. 그 동리 사람이 전하는 미신의 말을 들은즉 지금으로부터 다섯 해 전에 동리 어떤 총각이 어떤 처녀의 자태를 보고 연모하다가 상사병에 걸려 말라 죽은 일이 있었다고 한다. 사람들은 그 총각의 원귀가 도깨비불이 되어서 그같이 장난한다고 말하고 있다.

동리가 무사하려면 굿을 해야 한다는 의견에 사람들이 돈을 걷어 굿을 하려 경찰서에 청원하였으나 허가가 나지 않았는지 동리 사람들은 자기 집에 도깨비불이 올까 봐 겁이 나서 아주 죽을 지경으로 지내는 중이라더라. 최근 시중에는 조선시대부터 민간에 몰래 전해져오는 국가 존망 예언서 『정감록』도 다시 회자되고 있다고 한다. 정도령이 나타나 새로운 나라를 세울 것이라는 얘기가 돌고 있다는데 식민지 백성의 불만이 만든 허깨비가 아니고 무엇이겠는가.

독립운동 위해 혼례 열흘 만에 생이별

김규식(38) 씨가 파리강화회의에 참석하려고 지난 1일 중국 상해를 떠난 가운데, 그가 혼례를 치른 지 불과 10여 일 만에 부인 김순애(30) 씨와 생이별을 하게 됐음이 알려져 안타까움을 주고 있다.

8일 본사가 상해 신한청년당 관계자들에게 취재한 바에 따르면 김규식 씨와 김순애 씨는 지난달 19일 남경에서 혼인하였는데, 혼례는 어느 선교사 댁에서 서약하는 방식으로 간소하게 치렀고 혼인한 그날로 두 사람은 '임무 수행'을 위해 상해로 향했다고 한다. 두 사람은 이미 10여 년 전 국내에서부터 알고 지낸 사이로, 김순애 씨의 손위 오라비인 김필순(41) 씨가 김규식 씨와 막역한 동무인 데다 신한청년당의 주요 구성원 중 한 명인 서병호(34) 씨도 김순애 씨의 형부이면서 김규식 씨와는 유아세례를 함께 받았을 정도로 각별한 관계다. 이미 세상을 떠난 김규식 씨의 전처 조은수 씨도 김순애 씨와 정신여학교 동창 관계인데, 조 씨가 숨질 적에 김규식 씨의 재혼

김규식과 그의 부인 김순애.

상대로 김순애 씨를 점찍었었다는 후문도 있다.

김순애 씨는 국내에서 교사로 재직하던 시절 학생들에게 남몰래 우리 역사 교육을 하다 일본 경찰에 탄로나 만주로 망명하였을 정도로 역사의식이 투철할 뿐 아니라, 혼인하기를 거부해온 신여성이다. 그런 김순애 씨가 나이 30세에 이르러 혼인을 결정한 데는 병석에 누워 있는 모친과 가족들의 권유뿐 아니라, 김규식 씨가 독립운동을 함께할 동지로 적당한 인물이라는 판단이 작용했을 것으로 보인다. 요사이 독립운동가들에게 망명지에서의 결혼이란 '동지적 결합'에 다름 아닌 까닭이다. 남편 김규식 씨가 동지들에게 "국내에서 움직임이 있어야 (파리에서) 내가 맡은 사명이 잘 수행될 것"이라고 당부하고 떠난 만큼 김순애 씨는 "조만간 조선으로 돌아가 신한청년당원으로서 독립운동에 나설 계획"이라고 밝혔다.

·유교적 굴레」 이중속박, 담대히 떨치고 선 「신여성」

김지원 기자]

혜석(23·동
현덕신(23·
이미 조선
름을 알린
분이 참석
현장에서
붙잡히지
겨루하는
까닭일 것
"조선 여자
받았다"는
30)씨의 경
김마리아씨
추가로 피
이른 것이
학생들과
방되었으
에 불과할
실로 부철

·고집하나
변신 귀재」
달 임무차
채비 마쳐

에게 기회
것이 아닌
학생들로부
들이보면,
도전(와세
등이 이번
의할 때부
히 참여했
들을 규합
모집하는

기미년통신 여학생들의 독립선언

김마리아 비롯 황애시덕·나혜석·현덕신 등 일당백 운동가
독립선언서 주도적 참여에도 조선청년독립단서 이름 빠져
"언제까지 삼종지도에 갇혀있을 건가"…「진정한 해방」 걸기

역할 등을 맡은 것으로 전해졌다. 변신의 귀재인 그는 평소에는 일본 여학생들 가운데서도 한복 입기를 고집하나 연락 임무를 맡을 때면 기모노를 입고 일본 여자로 변장해 일경의 눈을 피하는 대선수라고 한다. 그러나 어떤 연유에선지 여학생을 대표하는 김마리아씨는 유학생 독립선언서 대표자인 '조선청년독립단' 11명 명단에 이름을 올리지 못하였다. 오늘날 조선여성의 해방은 일제로부터는 물론이거니와 여자로가 온전한 사람으로 대접받지 못하는 유교적 굴레로부터의 자유까지를 포함한다는 것을 이때 김씨는 분명히 깨달았을 것이다. 황해도에서 태어난 김마리아씨 집안은 독립운동 명문가다. 어려서 부모를 잃은 김씨를 돌본 삼촌 김필순(41)씨가 신민회 회원인 까닭에 김씨는 어려서부터 안창호(41)·이동휘(46)씨 등 독립운동가들을 보며 자랐다고 한다. 김마리아씨의 세 고모들도 모두 민족운동에 헌신하였다. 최근 파리강화회의에 파견된 김규식(38)씨와 혼인한 이가 바로 둘째 고모 김순애(30)씨다. 김씨는 경성에서 정신여학교를 졸업하고 을묘년(1915) 일본 유학길에 나섰는데, 곧 유능함을 인정받아 동경여자유학생친목회의 회장에 선출됐다. 당시 그를 보조하여 총무를 맡게 된 이가 나혜석씨다.

나라가 망한 뒤 조선과 일본에서 여학생들의 활약은 대단하다. 예수교 여자 선교사들에게 교육받고 구라파의 철학을 배우며 자라난 이들은 구시대 조선 사람들과는 사상이 크게 다르다. 특히 17 살 나이 [illegible] 는 유 [illegible] 지광〉 [illegible] 을 담 [illegible] 유명하 [illegible] 광〉에 게재된 그의 글을 잠시 소개하면 이렇다. "삼종지도로만 언제까지 여자의 진생명을 삼을까요? 방구석에 들어앉아서 삼시 밥만 파먹고 그대로 문지방에서 술래잡기하다가 늙어 죽던 그때 말이지, 오늘과 같이 방에서 마루까지 걸어나와 대문까지 나온 [illegible]

1919년 2월 14일

여자유학생친목회는 〈여자계〉라는 기관지도 발행하기 시작하였다. 언론, 수양, 문예 등의 내용을 두루 아우른 〈여자계〉 발행을 위해 김씨는 평양 숭의여학교 동창회 잡지부를 설득하여 그들이 받아놓은 발행 인가를 차용하였다. 조선 여자의 사상을 담아, 조선 여자 손으로 만드는 첫 잡지가 김씨 등에 의해 탄생하였으니 일당백 여장부들이라 할 만하다. 이처럼 당당한 조선 여자로서 여학생들이 독립운동에 적극 나서고 있는 것은 지당한 결과일 것이다. 황애시덕씨 역시 조선에 있을 때 젊은 여자들의 비밀 운동 조직인 '송죽결사대'를 조직하여 멀리 미국 하와이까지 회원을 둘 정도로 활발한 활동을 벌인 인물이다. 그는 작년 연말 구라파 세계대전 종식과 파리강화회의 개최 소식을 접한 뒤부터 동경 하숙집에 와 동거 중인 동생 황신덕(21)씨에게 "내가 그토록 기다리던 때가 왔다. 국내에 잠입하여 할 일이 있으니 너는 여기에서 꾹 눌러앉아 공부나 착실히 해두어라"라고 신신당부를 하는 등 거사를 일으킬 나집을 해 온 것으로 전해졌다.

들어보니 김마리아와 황애시덕 양씨는 동경 유학생 운동을 조선에 알릴 임무를 띠 [illegible] 모양이다. 그러나 '조 [illegible] 식이다. 광무황제(이태왕) 홍거 뒤 학생들이 원통함을 표하려 상복에 검은 댕기를 드

나씨 기고하던 학지광 이어
유학생친목회, 여자계 발행
황씨, 비밀 운동조직 결성도

리운 채 동맹휴학을 벌이고 있으니, 존경받는 선배인 김씨가 귀국하여 이를 다독여 달라는 것이었다. 학생들이 일경에 끌려갈 것을 염려한 선생들이 이를 말리면 도리어 "선생님들은 사상이 없어요"라고 반발한다니, 동경에서나 경성에서나 여학생들의 결기를 따를 이가 없을 듯하다.

기회를 만났으니 머뭇거릴 새가 없다. 김씨는 '미농지에 유학생 독립선언서를 베껴 적고, 일본인 동창생에게 기모노를 빌려 귀국 채비를 마무리하였다'고 본지에 알려왔다.

2월17일 조선으로 돌아간 김마리아는 부산·대구·광주 등을 다니며 독립운동을 촉구하고 3·1운동 때 정신여학교 만세시위의 배후로 지목되어 모진 옥고를 치르게 된다. 이때 얻은 후유증으로 그는 평생 고통받으면서도 도산 안창호가 "김마리아 같은 여성이 10명 있었다면 한국은 독립이 됐을 것"이라고 할 정도로 운동가로서 뜨거운 삶을 산다.

◆기모노를 입은 여학생들 가운데 홀로 한복을 입고 있는 김마리아씨(둘째 줄 오른쪽 끝) 모습.

저린 일본, 사이온지 암살 경계령

강화회의 파견 전권대사…하라 총리, 보호조치

선에 당혹…대처 분주

섬의 한복판에서 일어난
독립선언 사건 직후 일본
에 나서면서도 내심 당혹
고 있다. 행여 이 사건이
영향을 줄까 전전긍긍하
야 하라 다카시(63) 일본
온지 긴모치(70) 파리강화회
한 보호조치를 내리는 등 분

(54) 외무대신은 지난 10일
선인 일부가 민족자결주의
독립을 시도했으나 당국 관
파리평화회의에 참여하는
성원이며 주불대사인 마쓰
게 전보를 보냈다. 조선 유
언은 간단히 진압되었으나
전력을 다하고 참가한 열국
린 내용을 알리라는 의미

사이온지 긴모치

가 담겨 있다.

같은 날 하라 다카시 총리도 "조선인이 사이온지 긴모치를 저격한다는 소문"이 있어서 경계훈령을 내렸다며 일본 대표단 수석(전권대사)인 사이온지에 대한 보호조치를 강화하였다. 소문의 근거와 출처는 알려지지 않았다. 사이온지는 이토 히로부미의 측근으로 12·14대 총리대신을 지낸 인물이다.

하라 총리는 잇따른 조선 독립운동에 대해 "민족자결 같은 비현실적인 설에 의해 촉진된 사실도 있지만, 이외에도 다소 원인이 있다"며 일본 내 최대 파벌인 조슈번 출신이 장악한 조선총독부의 실정도 한 배경이 되었다는 속뜻을 내비쳤다.

유학생들의 독립선언은 일본 내각이 조선반도의 문제를 심각하게 여기게 만든 계기가 된 셈이다.

조선어문학의 꽃봉오리

동인지 「창조」 일본서 창간

김동인

지난 1일, 일본에서 조선어로 된 문학잡지 〈창조〉가 창간되었다. 조선어문학 동인지로서는 최초인 〈창조〉의 창간 주역들은 '2·8 독립선언' 대표위원 중 한 명이었으나 신병을 이유로 사퇴한 일본 아오야마학원 문학부의 전영택(25)씨와 김동인(19·가와바타화숙 재학생)·주요한(19·메이지학원 재학생)군 등으로 알려졌다.

김동인·전영택·주요한 등
계몽문학 반대 순문학 표방
김, 유학생 재궐기에도 참여

◇◈◇◈◇

◆문학동인지 〈창조〉 창간호.

이들은 이광수(27·와세다대 철학과 재학생)씨가 설파한 '계몽문학'에 반대하며 '순문학'을 표방하고 나섰다. 소설 〈무정〉으로 전성기를 구가하던 선배세대인 이광수 문학의 극복을 전면에 내세운 것이다.

김군이 "4000년 역사 이래 최초의 신문학의 꽃봉오리"라고 자부했던 〈창조〉 창간호에는 자신의 단편소설 '약한 자의 슬픔', 주요한군의 신시 '불놀이', 최승만씨의 희곡 '황혼' 등이 실렸다. 특히 최씨의 작품은 자유연애를 주장하는 이들과 전통적인 혼례를 중시하는 아버지의 갈

등을 흥미롭게 묘사
"김: (……) 참혼인을
면 두 사람 사이에 완
이해와 열렬한 사랑
어야 하지요. 이것이
혼인이라면, 벌써, 이
참혼인이 못되겠지요
이놈아 살면 사는 것
참혼인은 어떤 것이
짓
어떤
란
나.
리는
두
다.
한
이라
은
하는
열렬
랑
이
광수
의
내서
나
들답
유연
의만큼은 이광수와
에 있다는 해석이
하는 대목이다.

주요한군이 편집
발행인으로 이름을
고 전씨 등이 '창조
으로 참여했으나
부담은 부잣집 아들
동인군의 몫이었다
다. 평양 대지주의
김군은 12일 일본
공원에서 열린 동경
생들의 독립선언
참여해 경찰에 연행
으로 알려졌다.

큰소리 품삯 차별

선인에다 여인이면 책임감이 박약하오?

민족적 차별에다 더
일본인 남자 임금 …

조선 민
다시 불
통치 9년
별이 가
별의 양
으로 드
과 조선
자의 임
일을 하
이 일본
선인 4

집 짓는 목수의 월급은 조선인이 1270원, 일본인이 2050원이었다. 미장일도 각각 1160원과 2130원으로 현저한 차이가 났다. 심지어 벽돌제조공은 조선인이 980원, 일본인이 2080원으로 2배가 넘었다. 이러한 차이는 모든 노동일에 걸쳐 고르게 나타나는데도 총독부 나팔수인 〈매일신보〉

중의 굴레에 놓여 있다. 일본인 남자 하인의 임금을 100으로 할 때, 조선인 남자 하인은 50, 조선인 여자 하인은 일본인의 4분지1인 25를 손에 쥘 뿐이었다.

일본인 고용주들은 "조선인은 일본인에 비해 출근율이 일정하지 않고 작업 능률이 낮으며 책임감이 박약한 까닭에 일본의

◆공장에서 일하는 여성 노동자들.

시 작업 방식과 능률, 출근 상황 등을 조사하여 그것을 같은 조건에 있는 일본 공장과 비교해보면 이러한 주장은 말도 되지 않는 민

지 않을 뿐만 아니라 여성 작업자는 오히려 더 높기 때문이다. 한번이라도 조선인에게 책임 있는 지위를 맡기거나 동일한 대우를

△2월14일치 기사 주요 참고문헌

김마리아·황애시덕 신문조서, 〈한민족독립운동사자료집 14〉(국사편찬
박용옥, 〈김마리아〉(홍성사·2003)
[illegible]

'일제·유교 굴레' 이중속박, 담대히 떨치고 선 신여성

독립운동 중심에 선 여학생들

"여기 김마리아, 김마리아라고 하는 조선인 여자가 있는가." 금남의 구역인 동경여자학원 기숙사에 경찰이 들이닥쳤다. 아연한 여학생들 앞을 학감 선생이 막아섰다. 경찰은 8일 동경 조선기독교청년회관에서 있었던 조선인 유학생들의 독립선언에 이 학교 유학생 김마리아(27) 씨가 주동자로 참여했다며 그를 연행하려는 것이었다. 학감 선생은 "여기는 학교입니다. 김마리아는 자신이 신념하는 것을 하고 있어요. 범죄인처럼 취급하지 않도록 해주세요"라며 맞섰다. 그러나 경찰은 아랑곳하지 않고 김 씨를 연행하여 갔다. 현장에 있었던 김 씨의 일본인 동창생 가와니시 씨의 전언이다.

지난 8일 재동경 조선기독교청년회관에서 있었던 동경 유학생들의 '만세사건'으로 남학생 20여 명이 붙잡혀 간 사실은 이미 보도했지만, 사건에 가담한 여학생 김마리아(27·동경여자학원), 황애시덕(27·동경여자의전) 씨도 체포됐다 풀려난 사실이 뒤늦게 드러났다. 당시 현장에는 나혜석(23·동경여자미술학교), 현덕신(23·동경여자의전) 등 이미 조선반도에 수재로 이름을 알린 여자 유학생 대부분이 참석하였다. 그럼에도 현장에서 여학생이 한 명도 붙잡히지 않은 것은 경찰과 격투하는 와중에 몸을 피한 까닭일 것으로 보인다. 다만 "조선 여자로부터 돈 30원을 받았다"는 독립단원 윤창석(30) 씨의 경찰 진술에 따라 김마리아 씨와 황애시덕 씨가 추가로 피체(붙잡힘)되기에 이른 것이었다. 두 사람은 남학생들과 달리 이튿날 곧 훈방되었으니, '여자는 조력자에 불과할 것'이란 선입견이 실로 투철한 여자 운동가들에게 기회를 열어준 셈이 된 것이 아닌가 한다. 13일 유학생들로부터 그간의 정황을 들어보면, 작년(1918) 연말 조도전(와세다)대 최팔용(28) 씨 등이 이번 만세사건을 처음 모의할 때부터 여학생들은 긴밀히 참여했다. 김 씨는 여학생들을 규합하고 운동자금을 모집하는 역할 등을 맡은 것으로 전해졌다. 변신의 귀재인 그는 평소에는 일본 여학생들 가운데서도 한복 입기를 고집하나 연락 임무를 맡을 때면 기모노를 입고 일본 여자로 변장해 일경의 눈을 피하는 데 선수라고 한다. 그러나 어떤 연유에선지 여학생을 대표하는 김마리아 씨는 유학생 독립선언서 대표자인 '조선청년독립단' 11명 명단에 이름을 올리지 못하였다. 오늘날 조선 여성의 해방은 일제로부터는 물론이거니와 여자가 온전한 사람으로 대접받지 못하는 유교적 굴레로부터의 자유까지를 포함한다는 것을 이때 김 씨는 분명히 깨달았을 것이다.

황해도에서 태어난 김마리아 씨 집안은 독립운동 명문가다. 어려서 부모를 잃은 김 씨를 돌본 삼촌 김필순(41) 씨가 신민회 회원인 까

김마리아, 안창호, 차경신이 남경에서 함께 찍은 사진.(왼쪽부터) ©독립기념관

닭에 김 씨는 어려서부터 안창호(41)·이동휘(46) 씨 등 독립운동가들을 보며 자랐다고 한다. 김마리아 씨의 세 고모들도 모두 민족운동에 헌신하였다. 최근 파리강화회의에 파견된 김규식(38) 씨와 혼인한 이가 바로 둘째 고모 김순애(30) 씨다. 김 씨는 경성에서 정신여학교를 졸업하고 을묘년(1915) 일본 유학길에 나섰는데, 곧 유능함을 인정받아 동경여자유학생친목회의 회장에 선출됐다. 당시 그를 보조하여 총무를 맡게 된 이가 나혜석 씨다.

나라가 망한 뒤 조선과 일본에서 여학생들의 활약은 대단하다. 예수교 여자 선교사들에게 교육받고 구라파의 철학을 배우며 자라난 이들은 구시대 조선 사람들과는 사상이 크게 다르다. 특히 17살 나이에 유학 온 나혜석 씨는 유학생학우회 기관지 <학지광>에 '신여성'으로서 주장을 담은 글을 여럿 발표하여 유명하다. 정사년(1917) <학지광>에 게재된 그의 글 일부를 소개하면 이렇다. "삼종지도로만 언제까지 여자의 전 생명을 삼을까요? 방구석에 들어앉아서 삼시 밥만 파먹고 그대로 문지방에서 술래잡기하다가 늙어 죽던 그때 말이지, 오늘과 같이 방에서 마루까지 걸어 나와 대문까지 나온 우리로서, 평등이 어떻고 자유가 무엇이니 하는 우리로서는 이른 것보다 늦은 듯합니다. 조선 여자도 사람이 될 욕심을 가져야겠소."

한 걸음 나아가 김마리아 씨가 친목회장에 선출된 뒤 여자유학생 친목회는 <여자계>라는 기관지도 발행하기 시작하였다. 언론, 수양, 문예 등의 내용을 두루 아우른 <여자계> 발행을 위해 김 씨는 평양 숭의여학교 동창회 잡지부를 설득하여 그들이 받아놓은 발행 인가를 차용하였다. 조선 여자의 사상을 담아, 조선 여자 손으로 만드는 첫 잡지가 김 씨 등에 의해 탄생하였으니 일당백 여장부들이라 할 만하다. 이처럼 당당한 조선 여자로서 여학생들이 독립운동에 적극 나서고 있는 것은 지당한 결과일 것이다. 황애시덕 씨 역시 조선에 있을 때 젊은 여자들의 비밀 운동 조직인 '송죽결사대'를 조직하여 멀리 미국 하와이까지 회원을 둘 정도로 활발한 활동을 벌인 인물이다. 그는 작년 연말 구라파 세계대전 종식과 파리강화회의 개최 소식을 접한 뒤부터 동경 하숙집에 와 동거 중인 동생 황신덕(21) 씨에게 "내가 그토록 기다리던 때가 왔다. 국내에 잠입하여 할 일이 있으니 너는 여기에서 꾹 눌러앉아 공부나 착실히 해두어라"라고 신신당부를 하는 등 거사를 일으킬 다짐을 해온 것으로 전해졌다.

들어보니 김마리아와 황애시덕 양 씨는 동경 유학생 운동을 조선에 알릴 임무를 띠고 있는 모양이다. 그러나 '조선 유학생의 불온'을 놓고 일본 당국의 감시가 삼엄해져 조선으로 돌아갈 명분을 찾던 차, 김 씨가 최근 모교인 정신여학교로부터 "귀국하여 달라"는 전보를 받았다는 소식이다. 광무황제(이태왕) 홍거 뒤 학생들이 원통함을 표하려 상복에 검은 댕기를 드리운 채 동맹휴학을 벌이고 있으니, 존경받는 선배인 김 씨가 귀국하여 이를 다독여 달라는 것이었다. 학생들이 일경에 끌려갈 것을 염려한 선생들이 이를 말리면 도리어 "선생님들은 사상이 없어요"라고 반발한다니, 동경에서나 경성에서나 여학생들의 결기를 따를 이가 없을 듯하다.

기회를 만났으니 머뭇거릴 새가 없다. 김 씨는 '미농지에 유학생 독립선언서를 베껴 적고, 일본인 동창생에게 기모노를 빌려 귀국 채비를 마무리하였다'고 본지에 알려왔다.

* 2월 17일 조선으로 돌아간 김마리아는 부산·대구·광주 등을 다니며 독립운동을 촉구하고 3·1운동 때 정신여학교 만세시위의 배후로 지목되어 모진 옥고를 치르게 된다. 이때 얻은 후유증으로 그는 평생 고통받으면서도 도산 안창호가 "김마리아 같은 여성이 10명 있었다면 한국은 독립이 됐을 것"이라고 할 정도로 운동가로서 뜨거운 삶을 산다.

제발 저린 일본, 사이온지 암살 경계령

지난 8일 수도 동경의 한복판에서 일어난 조선 유학생들의 독립선언 사건 직후 일본 정부는 강경진압에 나서면서도 내심 당혹감을 감추지 못하고 있다. 행여 이 사건이 파리강화회의에 영향을 줄까 전전긍긍하는 모습이다. 급기야 하라 다카시(63) 일본 총리 명의로 사이온지 긴모치(70) 파리강화회의 전권대사에 대한 보호조치를 내리는 등 분주한 모양새다.

우치다 고사이(54) 외무대신은 지난 10일 "동경에 있는 조선인 일부가 민족자결주의에 의해 조선의 독립을 시도했으나 당국 관헌이 단속했다"고 파리평화회의에 참여하는 일본 대표단의 구성원이며 주불대사인 마쓰이 게이시로(51)에게 전보를 보냈다. 조선 유학생들의 독립선언은 간단히 진압되었으니 파리강화회의에 전력을 다하고 참가한 열국의 대표들에게 이런 내용을 알리라는 의미가 담겨 있다.

같은 날 하라 다카시 총리도 "조선인이 사이온지 긴모치를 저격한

하라 다카시 총리와 사이온지 긴모치 파리강화회의 전권 대사.(왼쪽부터)

다는 소문"이 있어서 경계훈령을 내렸다며 일본 대표단 수석(전권대사)인 사이온지에 대한 보호조치를 강화하였다. 소문의 근거와 출처는 알려지지 않았다. 사이온지는 이토 히로부미의 측근으로 12·14대 총리대신을 지낸 인물이다.

하라 총리는 잇따른 조선 독립운동에 대해 "민족자결 같은 비현실적인 설에 의해 촉진된 사실도 있지만, 이외에도 다소 원인이 있다"며 일본 내 최대 파벌인 조슈번 출신이 장악한 조선총독부의 실정도 한 배경이 되었다는 속뜻을 내비쳤다. 유학생들의 독립선언은 일본 내각이 조선 반도의 문제를 심각하게 여기게 만든 계기가 된 셈이다.

조선 여자 임금, 일본 남자 임금의 반의반 토막

일본과 국내에서 조선 민중의 독립운동이 다시 불붙는 데에는 식민통치 9년 동안의 민족적 차별이 가장 큰 요인이다. 차별의 양상이 가장 노골적으로 드러난 곳은 일본인과 조선인, 특히 여성 노동자의 임금 부분이다. 같은 일을 하더라도 조선 남성이 일본인의 절반, 조선 여성이 4분지 1의 돈을 받고 있는 것이다. '내선일체' 타령에 울화통이 터지는 이유이다.

무오년(1918)의 '조선총독부 통계연보'를 보면, 집 짓는 목수의 월급은 조선인이 1270원, 일본인이 2050원이었다. 미장일도 각각 1160원과 2130원으로 현저한 차이가 났다. 심지어 벽돌 제조공은 조선인이 980원, 일본인이 2080원으로 두 배가 넘었다. 이러한 차이는 모든 노동일에 걸쳐 고르게 나타나는데도 총독부 나팔수인 <매일신보>는 이를 자연스러운 현상으로 보도하였다.

더욱이 조선 여성은 이중의 굴레에 놓여 있다. 일본인 남자 하인의

공장에서 일하는 여성 노동자들.

임금을 100으로 할 때, 조선인 남자 하인은 50, 조선인 여자 하인은 일본인의 4분지 1인 25를 손에 쥘 뿐이었다.

일본인 고용주들은 "조선인은 일본인에 비해 출근율이 일정하지 않고 작업 능률이 낮으며 책임감이 박약한 까닭에 일본인과 차별하지 않을 수 없다"고 말한다. 하지만 조선인이 경영하는 제사공장에서 작업 방식과 능률, 출근 상황 등을 조사하여 그것을 같은 조건에 있는 일본 공장과 비교해보면 이러한 주장은 말도 되지 않는 민족적 편견이라는 것이 드러난다. 조선인 회사의 생산성은 결코 일본에 뒤지지 않을 뿐만 아니라 여성 작업자는 오히려 더 높기 때문이다. 한 번이라도 조선인에게 책임 있는 지위를 맡기거나 동일한 대우를 해준다면 사정은 달라질 것이라는 항변이 타당한 이유다.

19살에 잡지 <창조> 창간한 김동인

지난 1일, 일본에서 조선어로 된 문학잡지 〈창조〉가 창간되었다. 조선어문학 동인지로서는 최초인 〈창조〉의 창간 주역들은 '2·8 독립선언' 대표위원 중 한 명이었으나 신병을 이유로 사퇴한 일본 아오야마학원 문학부의 전영택(25) 씨와 김동인(19·가와바타화숙 재학생)·주요한(19·메이지학원 재학생) 군 등으로 알려졌다.

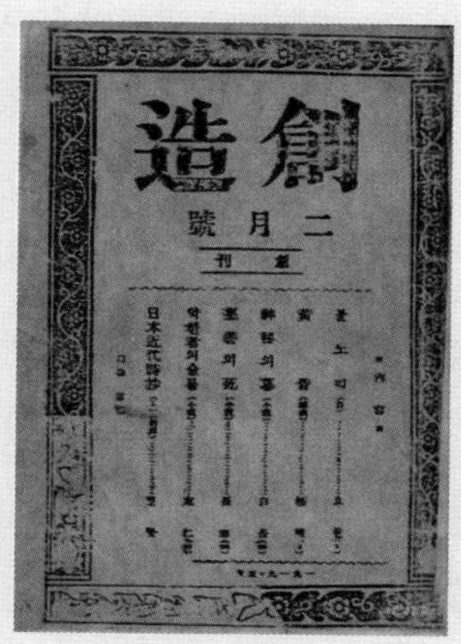

문학동인지 〈창조〉 창간호.

이들은 이광수(27·와세다대 철학과 재학생) 씨가 설파한 '계몽문학'에 반대하며 '순문학'을 표방하고 나섰다. 소설 〈무정〉으로 전성기를 구가하던 선배 세대인 이광수 문학의 극복을 전면에 내세운 것이다.

김동인

김 군이 "4000년 역사 이래 최초의 신문학의 꽃봉오리"라고 자부했던 〈창조〉 창간호에는 자신의 단편소설 「약한 자의 슬픔」, 주요한 군의 신시 「불놀이」, 최승만 씨의 희곡 「황혼」 등이 실렸다. 특히 최 씨의 작품은 자유연애를 주장하는 아들과 전통적인 혼례를 중시하는 아버지의 갈등을 흥미롭게 묘사했다. "김: (…) 참혼인을 하려면 두 사람 사이에 원만한 이해와 열렬한 사랑이 있어야 하지요. 이것이 없는 혼인이라면, 벌써, 이것은 참혼인이 못되겠지요./ 부: 이놈아 살면 사는 것이지, 참혼인은 어떤 것이요 거짓 혼인은 어떤 것이란 말이냐. 네 소리는 하나두 모르겠다. 열렬한 사랑이라는 것은 어떻게 하는 것이 열렬한 사랑이란 말이냐." 이광수 문학의 극복을 내세웠으나 젊은이들답게 자유연애만큼은 이광수의 계보에 있다는 해석이 나오게 하는 대목이다.

주요한 군이 편집인 겸 발행인으로 이름을 올리고 전 씨 등이 〈창조〉 동인으로 참여했으나 재정적 부담은 부잣집 아들인 김동인 군의 몫이었다고 한다. 평양 대지주의 아들인 김 군은 12일 일본 히비야공원에서 열린 동경 유학생들의 독립선언 시위에 참여해 경찰에 연행된 것으로 알려졌다.

번이고 세번이고 행하리로다"

명 이은 「독립선언」 결의

성/엄지원 기자】

회전문학교 미국 대통령 의 원칙을 선 의 희망인 자 정치를 구가 갔다"고 말하 선총독부는 경성 민점휘 첩보문서에 가 있는 고 원리를 '신 하 기도 하였다. 한 연희전문 4) 박사나 박 미 독립운동 는 하와이에 살을 홀쩍 이라 할 강기 출신으로 인물이다. 마 출신인 한위 들 가운데 연

들불처럼 번지는 학생운동

◆종로 승동예배당.

배일 기질 강한 조선 청년들, 구체적 방략 논의
"민족자결주의에 입각" 선언서 초안 이미 완성
천도교·기독교 등 종교계와 공동전선도 타진

소하나 지략에 있어 단호한 편이니 세 대표자의 합이 곧 잘 맞는다고 하겠다.

학생들은 이미 독립선언서 초안도 작성해둔 터이다. 선언서 집필은 보성법률전문학교 졸업생인 주익(나이 미상)씨가 맡았는데, 작성 과정에서 김·강·한 제씨와 주로 상의하였다. "이익을 받는 사람은 일본인에게만 많고, 조선인은 보존 은 독 고 동 색인 위하여 … 각하여 이에 독립을 선언한다"는 것이 선언서의 주된 골자다.

학생들은 20일 이를 천도교 도사실 편집원으로서 한문학자이기도 한 이관(59)씨에게 보여 교열을 부탁하였으나 원고가 미흡하여 조정 뒤 가져와 달라는 답을 들었다고 한다. 이 선언서는 3월 운동에서 학생들이 종교계 민족대표들과 공동전선을 펴기로 결정한 뒤 … 실은 어지간한 운동가들에게 이미 알려진 터. 교계의 호흡에 보조를 맞추는 것이 운동의 효과를 극대화할 수 있을 것인가도 숙고할 문제였다. 대관원 회합 당시 이미 한차례 운동 방략을 논의한 중앙기독교청년회 간사 박희도(30)씨와 중앙기독교청년회 소속인 김원벽씨는 접촉할 기회가 많으므로 교계 움직임을 그들안 빌접하게 전달받아왔다고 한다. 김원벽씨는 "박희도씨는 천도교·기독교측 방면에서 독립운동을 계획하고 있는데, 학생측에서도 독립운동을 한다면 지금으로서는 서로 연락할 기관도 없으니 합동하여 계획을 진행할 수도 없으며, 합동할 시기가 있으면 그것을 알려주겠다고 했다"고 밝혔다.

회의에서 한위건씨는 '종교계의 독립운동에 합류해 운동을 벌이게 되더라도 그것으로 끝내지 말고 계속해서 학생들이 주도하는 운동을 벌여나가자'는 의견을 내었다고 한다. 김원벽씨 또한 이렇게 …

1919년 2월 21일

자칫 민족대표 33인의 독립선언서 낭독과 연행에 그칠 수 있던 오는 3월의 만세사건이 전국적으로 확산된 배경엔 학생운동 청년 대표자들의 이같은 전략적 판단이 작용했던 것이다.

장덕수 체포 운명의 장

상해 신한청년당의 열성 당원인 장덕수(25)씨 인천에서 일본 순사에 피체되었다는 소식이 전 여타 청년당원들과 마찬가지로 김규식(38)씨의 회회의 파견 소식을 전파하러 동경을 거쳐 국내 장씨는 인천 부두를 통해 상해에 돌아가려 하였 국 붙잡히고 말았다.

일본말도 능수능란하고
「기무라 겐지」 위장해 활동
천연덕스럽게 관헌 따돌려

◇◈◇◈◇◈

동경 만세사건 소식 전하려
국내 잠입 뒤 상해 가려다
인천부두서 헌병대에 걸려
하필 살인범 이름과 같아…

장씨는 지난 경에서 유학생 세사건을 목격한 본에서의 임무 였으므로 경성 조선기독교청년 국연합회의 월남 재(69)씨 등을 해와 동경 방면 소식을 전파하 본 정부가 감시 시찰조선인' 중 에 속하는 장덕 유아무개라는 으로 위장하거나 라 겐지'라는 가 의 일본인을 가 관헌의 눈을 피 로 전해졌다.

일찍이 부친 고 일본인 관리의 으로 성장한 그 도 일본인을 연 고 조도전(와세다)대의 대웅변가로 알려질 만치 을 조선말보다 능숙하게 구사하는 이라 모든 일이 히 마무리될 것처럼 보였다. 장씨를 잘 아는 한 는 "중국 안동현에서는 수색이 심해 하마터면 기 서 붙잡힐 뻔하였으나 마침 옆에 나란히 서 있던 여자의 아기를 팔에 안고 부부처럼 이야기하여 모면하였다고 한다"고 전하였다.

그런 장씨가 붙들려 남산 경무 총감부로 끌려 운명의 장난 같은 사건 탓이다. 기무라 겐지라고 범한 일본인의 이름을 쓴 것이 화근이 되었다. 인 헌병대의 수색에 그가 가짜 신분증을 내놓자 헌 쳤다고 한다. "너, 대판(오사카)에서 사람을 죽였 마침 대판에서 사람을 죽이고 도피해 공개수배 일본인의 이름이 기무라 겐지였다는 것이다. '나 을 죽인 기무라 겐지가 아니다'라고 하는 장씨의 할 리가 없다. 이에 "나는 너희들이 잡으려는 기무 니고 장덕수"라고 신분을 밝히자 헌병대는 "이거 진짜 큰 고기를 잡았다"며 붙잡아갔다고 한다.

장덕수는 '재외 불령선인'(불온한 조선인)으로서 3 을 배후에서 주모하였다는 이유로 나중에 전남 신안 에 유배된다. 기미년(1919) 11월 그를 전적으로 신뢰했 형이 일본 경찰과 담판에 나선 뒤에야 석방된다.

은 거의 절명 지경
천인들 이만하리오

여운형의 명문, 일본서도 "새겨들어야"

선우복 등 명의로 중국신문에
「오호망국한인흥멸지통」 기고
일제 악정 고발·독립 주장
일 재중국 공사, 본국에 보고

교에서 발행 〈익세보〉에 고발하고 조 하는 기고문 의 관심이 모 망국한인흥 韓人興滅之 의 기고문 작성자는 '조선인민대표 선우복, 길천보 등'으로 되어 있지만, 본지 취재 결과 이는 상해 독립운동 단체인 신한청년당 총무 여운형(33)씨가 작성한 것이라고 한다.

신한청년당 관계자들에 따르면 여씨는 현재 북경과 장춘을 거쳐 김규식(38)씨가 신한청년당의 대표로서 불란서 파리강화회의에 파견된 사실을 타전하기 위해 블라디보스토크로 향하는 중이다. 여씨가 중국 신문에 글을 실을 수 있게 된 것은 익세보 주필 서겸(48)씨와 기독교 교우로서 상해에서부터 친분이 있는 데다, 익세보 측이 산동반도의 이권을 두고 중국이 일본과 겪고 있는 문제가 조선의 처지와 같다고 본 까닭이다.

기고문은 윌슨 미국 대통령에 보내는 진정서 형식을 띠고 있는데, 이를 확인한 일본 재중국 특명전권공사마저 "내용과 기분이 자못 진지하여 우리로서도 참고하고 마음에 새겨야 할 점이 있다"고 본국에 보고했다고 한다. 본지는 여운형씨의 기고문 일부를 축약하여 국내 독자들에게 전한다.

축약본

는 조선 인민 부 각 대신각 이켜보면 조 후 거의 절 의 세계대전 강마(강한 있는 지금, 가 민족자결 도를 지키려 을 따름이다. 상황을 경청 의에서 이 민족의 원을 풀 수 있도록 도와주시오. 귀국 정부 만세.

한국은 개국 이래 4천년의 독립국이다.

(1910년 일본은) 한국 황제를 강제로 협박하여 통치권을 이양하게 했다. 그때 매국노 이완용 등 수 명 외에는 이에 대해 조금도 아는 자가 없었다. 국가의 운명이 어찌 사적인 거래 대상이 되어, 마치 전당포 증서를 교환하듯 가볍게 처리될 수 있는가. 이것은 실로 국가 행위에 반하는 강도 행위일 따름이다.

병탄 후 일본인이 척식회사를 이식하여 한민은 모두 생업을 잃었으며 노인과 아이들을 데리고 남북 만주로 이주했다. 눈과 얼음 천지에 굶어죽은 주검이 넘쳐나는 참경을 차마 볼 수 없다. 그것이 망국의 죄로 어쩔 수 없는 것이라 할지라도, 오호 황천이라 한들 이만하리오.

지금 일본은 선정을 베푼다고 하나 다른 민족의 고통을 알지 못할 뿐 아니라, 오히려 고의로 악정을 행하여 진멸을 꾀하니 어찌된 일인가. 다행히도 황천이 돌보아 유럽의 세계대전이 종말을 고하고 강권은 꺾였으며, 윌슨 대통령 각하가 타고난 인도주의자로서 민족자결주의를 선언했다. 바라건대 우리들의 고통스러운 지경을 평화회의에 제출하여, 2천만 한민족이 자유와 행복을 누리고 국권을 회복할 수 있도록, 눈물을 흘리며 기원해 마지않는다.

조선인민대표 선우복, 길천보 등

차디찬 감옥에서도…의연하다, 대한광복회

【1919년 2월20일 경성/오승훈 기자】

총독부, 28일 선고공판
박상진 총사령 등 관련자
32명 공판 회부…8명 면소

법원이 지난 16일 국내 최대의 항일독립운동단체인 '대한광복회' 사건의 피고인 40명에 대한 예심종결 결정을 내려 박상진(35) 총사령, 채기중(46) 경상도 지부장, 김한종(35) 충청도 지부장, 장두환(25) 군자금 모집책 등 32명을 공판에 회부하였다. 홍현주(37)씨 등 8명에 대해선 면소 처분을 내렸다. 선고공판은 오는 28일에 열린다.

대한광복회는 경술국치 이후 국내에서 활동한 비밀결사 중 가장 규모가 크고 활동범위가 넓었던 무장투쟁단체였다. '비밀사수·폭동·암살·명령엄수'의 4대 실천강령을 바탕으로 을묘년(1915) 대구에서 결성되었는데 해외 무장투쟁 근거지 마련을 위한 군자금 모금이 당면 목표였다. 국내 지부 인원만 137명에 이르렀고 국외 만주에까지 지부를 두었다.

모두가 외교독립론으로 기울었을 때 대한광복회는 무장투쟁을 전면에 내걸고 친일파 처단 등 용감무쌍한 활동을 벌여 일경의 집중 표적이 되었다. 작년 1월, 조직원 이종국이 천안경찰서에 밀고한 뒤 주요 인물이 검거되는 비운을 맞았다.

박상진

채기중 김한종

박상진 총사령과 함께 공판에 회부된 채기중 동지는 경북 상주의 양반유생 출신으로 풍기 이주 뒤 풍기광복단(대한광복회 전신) 결성을 주도하면서 독립운동에 뛰어들었다. 정사년(1917) 11월, 의연금을 내지 않은 칠곡의 친일악덕지주 장승원 처단을 지휘해 친일파 들 서늘케 하였다.

충청도 예산이 한종 동지는 의병 안 출신이었다. 의 식의 휘 약한 김 이 그의 나. 작년 환 동지 청도 아 면장 박용하를 처 쟁의 전통을 이었 천안 출신인 장두 군자금 모집을 담당 자신의 재산을 광 놓을 정도로 항일 철했던 위인이다.

조선 독립을 위한 움직임이 일고 있는 에도 무장투쟁의 빛 을 이어간 대한광복 은 중형이 예고된 감옥에 갇혀 있다. 과 시련에도 박상진 비롯한 광복회원들 과 의연함을 잃지 않

큰소리 장래희망

명 노릇이나 해야죠" 꿈이 없는 학생들

현실과 타협해 안정적 직업
충성스러운 신민되기 강요하

기 일로 여기며 하는 학생들도 무원이나 교사· 적 직업을 선호 분인 듯하다. 어 운 신민' 말고는 지 않았던 식민 한 귀결인지도

월에 나온 잡지 는 앞으로 장차 나?'라고 물으면 르겠어요'나 '글 이나 볼까 해요' 면 좋겠지만, 영 … 지 않겠어요?"라고 답하였다. 저마다 영웅이나 위대한 학자가 되겠다며 공상에 빠지는 것도 문제지만, 젊은이들이 현실적이고 안전한 길만 가려는 것도 문제가 아닐 수 없다. 국권상실의 시대, 이러한 젊은이들의 세태를 비판하는 신문 잡지의 논설이 수년 동안 계속된 이유다.

하지만 곰곰이 생각해보면 젊은이들의 지극히 현실적인 선택을 나무랄 수만은 없다. 조선총독부의 교육정책은 '건전한 국민'을 양성하는 데 그 목적이 있을 뿐인데다, 문·사·철 같은 기초학문보다

◆교실 수업 풍경

온하다'는 딱지와 함께 배를 곯게 된다는 것을 뜻한다.

나라가 망한 시대에 어른들이 가지지 못하는 새로운 목표와 포부를 학생들에게만 요구하는 것은 부당하다. 학생들이 공무원이나 교사 같은 직업을 좇는다고 비난할 것이 아니라, 나라가

경성 학생들,
광무황제 장례 전후 '만세' 거사

바야흐로 '학생운동'의 시대다. 지난 8일 동경에서 유학생들이 만세사건을 일으킨 데 이어서 경성에서도 오는 3월 광무황제(고종) 장례일을 전후하여 학생들이 독립선언을 발표할 것으로 결의되었다.

각 전문학교 대표자 청년들은 20일 경성 종로 승동예배당에 모여 "학생만으로 결속하여 독립운동을 하기로 하고, 모인 이들 각자 학교 대표자가 되어서 독립운동에 참가하도록 진력한다"는 데 합의하였다. 학생들은 이미 지난달 하순 '대관원 회합' 당시 민족자결주의와 파리강화회의의 기회를 틈타 독립운동을 전개한다는 데에 어느 정도 뜻을 모은 바 있으므로 이날에 이르기까지 삼삼오오 모여 방략을 논의해온 것으로 전해졌다. 주요 대표자는 김원벽(25·연희전문학교), 강기덕(33·보성법률상업학교), 한위건(23·경성의학전문학교) 씨다.

황해도 은율의 장로교 가문에서 자란 김원벽 씨는 "웅변도 잘할 뿐 아니라 학생들에게 인기가 있고 세력이 있는 편"이라는 평을 듣고 있다. 그는 막 약관을 넘긴 나이부터 중앙기독교청년회(YMCA)의 유력자인 윤치호(54) 씨에게 조직 운영과 관련한 쓴소리를 아끼지 않았을 정도로 괄괄한 성격이다. 그를 비롯한 연희전문학교 학생들이 윌슨 미국 대통령의 민족자결주의 원칙을 선전하며 "우리들의 희망인 자유 평등한 공화정치를 구가할 날도 멀지 않았다"고 말하고 다닌 탓에 조선총독부는 작년(1918) 11월 '경성 민정휘보'라는 제하의 첩보문서에서 연희전문학교가 있는 고양군 연희면 창천리를 '신 하와이'라고 평하기도 하였다. '배일' 기질이 강한 연희전문학교를 이승만(44) 박사나 박용만(38) 씨 등 도미 독립운동가들이 몰려 있는 하와이에 빗댄 것이다. 서른 살을 훌쩍 넘겼으니 '노학'이라 할 강기덕 씨는 함남 원산 출신으로 결기가 남다른 인물이다. 마찬가지로 함남 출신인 한위건 씨는 대표자들 가운데 연소하나 지략에 있어 단호한 편이니 세 대표자의 합이 곧잘 맞는다고 하겠다.

학생들은 이미 독립선언서 초안도 작성해둔 터이다. 선언서 집필은 보성법률전문학교 졸업생인 주익(나이 미상) 씨가 맡았는데, 작성 과정에서 김·강·한 제씨와 주로 상의하였다. "이익을 받는 사람은 일본인에게만 많고, 조선인은 적다. 동양의 평화도 보존할 수 없다. 따라서 조선은 독립하여 일본과 제휴하고 동양의 평화에 대하여 유색인종 단결의 결과를 맺기 위하여 민족자결주의에 입각하여 이에 독립을 선언한다"는 것이 선언서의 주된 골자다. 학생들은 20일 이를 천도교 도사실 편집원으로서 한문학자이기도 한 이관(59) 씨에게 보여 교열을 부탁하였으나 원고가 미흡하여 조정 뒤 가져와 달라는 답을 들었다고 한다.

* 이 선언서는 3월 운동에서 학생들이 종교계 민족대표들과 공동전선을 펴기로 결정한 뒤 소각하여 후대에 전해지지 않는다.

이날 회의의 기타 주요 안건은 최근 진행하는 종교계 독립운동과의 연대 여부다. 천도교와 기독교 양 교계가 독립운동을 모색 중이란 사실은 어지간한 운동가들에게 이미 알려진 터. 교계의 호흡에 보조를 맞추는 것이 운동의 효과를 극대화할 수 있을 것인가도 숙고할 문제였다. 대관원 회합 당시 이미 한 차례 운동 방략을 논의한 중앙기독교청년회 간사 박희도(30) 씨와 중앙기독교청년회 소속인 김원벽 씨는 접촉할 기회가 많으므로 교계 움직임을 그동안 밀접하게 전달받아왔다고 한다. 김원벽 씨는 "박희도 씨는 천도교·기독교 측 방면에서 독립운동을 계획하고 있는데, 학생 측에서도 독립운동을 한다면 지금으로서는 서로 연락할 기관도 없으니 합동하여 계획을 진행할 수도 없으며, 합동할 시기가 있으면 그것을 알려주겠다고 했다"고 밝혔다.

회의에서 한위건 씨는 '종교계의 독립운동에 합류해 운동을 벌이게 되더라도 그것으로 끝내지 말고 계속해서 학생들이 주도하는 운동을 벌여나가자'는 의견을 내었다고 한다. 김원벽 씨 또한 이렇게 강조하였다. "독립운동은 한 번만으로 성공할 수 있는 일이 아니므로 제1회에 선언서를 발표한 사람이 체포되면 제2회, 제3회, 운동을 하지 않으면 안 된다."

* 자칫 민족대표 33인의 독립선언서 낭독과 연행에 그칠 수 있던 오는 3월의 만세사건이 전국적으로 확산된 배경엔 학생운동 청년 대표자들의 이 같은 전략적 판단이 작용했던 것이다.

여운형의 명문, 일본서도 "새겨들어야"

지난 18일 천주교에서 발행하는 중국 신문 <익세보>에 일제의 악정을 고발하고 조선 독립을 주장하는 기고문이 실려 식자층의 관심이 모이고 있다. '오호망국한인흥멸지몽'(嗚呼亡國韓人興滅之夢)이라는 제하의 기고문 작성자는 '조선 인민대표 선우복, 길천보 등'으로 되어 있지만, 본지 취재 결과 이는 상해 독립운동 단체인 신한청년당 총무 여운형(33) 씨가 작성한 것이라고 한다.

신한청년당 관계자들에 따르면 여 씨는 현재 북경과 장춘을 거쳐 김규식(38) 씨가 신한청년당의 대표로서 불란서 파리강화회의에 파견된 사실을 타전하기 위해 블라디보스토크로 향하는 중이다. 여 씨가 중국 신문에 글을 실을 수 있게 된 것은 익세보 주필 서겸(48) 씨와 기독교 교우로서 상해에서부터 친분이 있는 데다, 익세보 측이 산동반도의 이권을 두고 중국이 일본과 겪고 있는 문제가 조선의 처지와 같다고 본 까닭이다.

1935년 안창호 출옥 후 기념 촬영한 것으로 왼쪽부터 여운형, 안창호, 조만식. ©독립기념관

기고문은 윌슨 미국 대통령에 보내는 진정서 형식을 띠고 있는데, 이를 확인한 일본 재중국 특명전권공사마저 "내용과 기분이 자못 진지하여 우리로서도 참고하고 마음에 새겨야 할 점이 있다"고 본국에 보고했다고 한다. 본지는 여운형 씨의 기고문 일부를 축약하여 국내 독자들에게 전한다.

여운형 씨 기고문 축약본

중국에서 떠돌고 있는 조선 인민들은 삼가 대미국정부 각 대신각하에게 간청한다. 돌이켜보면 조선은 일본에 병탄된 후 거의 절멸할 지경이다. 유럽의 세계대전이 종막을 가했으나 강마(강한 악마)가 여전히 남아 있는 지금, 귀국의 대통령 각하가 민족자결주의를 선언하고 인도를 지키려고 함에 감격에 겨울 따름이다. 이에 조선의 곤구한 상황을 경청하여, (파리) 평화회의에서 이 민족의 원을 풀 수 있도록 도와주시오. 귀국 정부 만세.

一. 한국은 개국 이래 4000년의 독립국이다.

一. (1910년 일본은) 한국 황제를 강제로 협박하여 통치권을 이양하게 했다. 그때 매국노 이완용 등 수명 외에는 이에 대해 조금도 아는 자가 없었다. 국가의 운명이 어찌 사적인 거래 대상이 되어, 마치 전당포 증서를 교환하듯 가볍게 처리될 수 있는가. 이것은 실로 국가 행위에 반하는 강도 행위일 따름이다.

一. 병탄 후 일본인이 척식회사를 이식하여 한민은 모두 생업을 잃었으며 노인과 아이들을 데리고 남북 만주로 이주했다. 눈과 얼음 천지에 굶어죽은 주검이 넘쳐나는 참경을 차마 볼 수 없다. 그것이 망국의 죄로 어쩔 수 없는 것이라 할지라도, 오호 황천이라 한들 이만하리오.

一. 지금 일본은 선정을 베푼다고 하나 다른 민족의 고통을 알지 못할 뿐 아니라, 오히려 고의로 악정을 행하여 진멸을 꾀하니 어찌된 일인가. 다행히도 황천이 돌보아 유럽의 세계대전이 종말을 고하고 강권은 꺾였으며, 윌슨 대통령 각하가 타고난 인도주의자로서 민족자결주의를 선언했다. 바라건대 우리들의 고통스러운 지경을 평화회의에 제출하여, 2000만 한민족이 자유와 행복을 누리고 국권을 회복할 수 있도록, 눈물을 흘리며 기원해 마지않는다.

조선 인민대표 선우복, 길천보 등

장덕수 체포,
운명의 장난?

상해 신한청년당의 열성 당원인 장덕수(25) 씨가 20일 인천에서 일본 순사에 피체되었다는 소식이 전해졌다. 여타 청년당원들과 마찬가지로 김규식(38) 씨의 파리강화회의 파견 소식을 전파하려 동경을 거쳐 국내 잠입한 장 씨는 인천 부두를 통해 상해에 돌아가려 하였으나 결국 붙잡히고 말았다.

장 씨는 지난 8일 동경에서 유학생들의 만세사건을 목격한 뒤 일본에서의 임무를 다하였으므로 경성을 찾아 조선기독교청년회 전국연합회의 월남 이상재(69) 씨 등을 만나 상해와 동경 방면의 운동 소식을 전파하였다. 일본 정부가 감시하는 '요시찰 조선인' 중 갑(甲)호에 속하는 장덕수 씨는 유 아무개라는 유학생으로 위장하거나 '기무라 겐지'라는 거짓 이름의 일본인을 가장하여 관헌의 눈을 피한 것으로 전해졌다.

일찍이 부친을 여의고 일본인 관리의 도움으로 성장한 그는 외모

장덕수

도 일본인을 연상시키고 조도전(와세다)대의 대웅변가로 알려질 만치 일본말을 조선말보다 능숙하게 구사하는 이라 모든 일이 무사히 마무리될 것처럼 보였다. 장 씨를 잘 아는 한 관계자는 "중국 안동현에서는 수색이 심해 하마터면 기차역에서 붙잡힐 뻔하였으나 마침 옆에 나란히 서 있던 일본인 여자의 아기를 팔에 안고 부부처럼 이야기하여 위기를 모면하였다고 한다"고 전하였다.

그런 장 씨가 붙들려 남산 경무총감부로 끌려간 것은 운명의 장난 같은 사건 탓이다. 기무라 겐지라고 하는 평범한 일본인의 이름을 쓴 것이 화근이 되었다. 인천에서 헌병대의 수색에 그가 가짜 신분증을 내놓자 헌병이 외쳤다고 한다. "너, 대판(오사카)에서 사람을 죽였지?" 때마침 대판에서 사람을 죽이고 도피해 공개수배에 오른 일본인의 이름이 기무라 겐지였다는 것이다. '나는 사람을 죽인 기무라 겐지가 아니다'라고 하는 장 씨의 말이 통할 리가 없다. 이에 "나는 너희들이 잡으려는 기무라가 아니고 장덕수"라고 신분을 밝히자 헌병대는 "이거야말로 진짜 큰 고기를 잡았다"며 붙잡아갔다고 한다.

* 장덕수는 '재외 불령선인'(불온한 조선인)으로서 3·1운동을 배후에서 주모하였다는 이유로 나중에 전남 신안 하의도에 유배된다. 1919년 11월 그를 전적으로 신뢰했던 여운형이 일본 경찰과 담판에 나선 뒤에야 석방된다.

사형 예고에도 의연한 대한광복회원들

법원이 지난 16일 국내 최대의 항일 독립운동 단체인 '대한광복회' 사건의 피고인 40명에 대한 예심종결 결정을 내려 박상진(35) 총사령, 채기중(46) 경상도 지부장, 김한종(35) 충청도 지부장, 장두환(25) 군자금 모집책 등 32명을 공판에 회부하였다. 홍현주(37) 씨 등 여덟 명에 대해선 면소처분을 내렸다. 선고공판은 오는 28일에 열린다.

대한광복회는 경술국치 이후 국내에서 활동한 비밀결사 중 가장 규모가 크고 활동범위가 넓었던 무장투쟁 단체였다. '비밀사수·폭동·암살·명령엄수'의 4대 실천강령을 바탕으로 을묘년(1915) 대구에서 결성되었는데 해외 무장투쟁 근거지 마련을 위한 군자금 모금이 당면 목표였다. 국내 지부 인원만 137명에 이르렀고 국외 만주에까지 지부를 두었다.

모두가 외교독립론으로 기울었을 때 대한광복회는 무장투쟁을 전면에 내걸고 친일파 처단 등 용감무쌍한 활동을 벌여 일경의 집중 표적이 되었다. 작년 1월, 조직원 이종국이 천안경찰서에 밀고한 뒤 주요 인물이 검거되는 비운을 맞았다.

박상진 총사령과 함께 공판에 회부된 채기중 동지는 경북 상주의 양반 유생 출신으로 풍기 이주 뒤 풍기광복단(대한광복회 전신) 결성을 주도하면서 독립운동에 뛰어들었다. 정사년(1917) 11월, 의연금을 내지 않은 칠곡의 친일 악덕지주 장승원 처단을 지휘해 친일파들의 간담을 서늘케 하였다.

충청도 예산이 고향인 김한종 동지는 의병운동가 집안 출신이었다. 의병장 민종식의 휘하에서 활약한 김재정 선생이 그의 부친이었다. 작년 1월, 장두환 동지와 함께 충청도 아산의 악질 면장 박용하를 처단, 의병투쟁의 전통을 이었다. 충청도 천안 출신인 장두환 동지는 군자금 모집을 담당하였는데 자신의 재산을 광복회에 내놓을 정도로 항일의식이 투철했던 위인이다.

조선 독립을 위한 거사의 움직임이 일고 있는 이 와중에도 무장투쟁의 빛나는 전통을 이어간 대한광복회 동지들은 중형이 예고된 채 차디찬 감옥에 갇혀 있다. 모진 고문과 시련에도 박상진 총사령을 비롯한 광복회원들은 당당함과 의연함을 잃지 않고 있다.

'동경 2·8만세' 일주일 만에 유학생 아홉 명에 실형

동경 조선기독교청년회관 만세사건을 주도한 최팔용(28) 씨 등 조도전(와세다)·경응(게이오)·명치(메이지)대학 유학생들이 15일 동경지방재판소에서 금고 1년형 등의 판결을 언도받은 것으로 전해졌다. 본 사건이 일어난 지 일주일 만에 일사천리로 형사사법 절차가 진행된 것인데, 일본 한복판에서 일어난 의외의 의거에 일본 당국이 적잖이 당황하였음을 짐작해볼 수 있겠다.

동경지방재판소 형사 제2부는 15일 오전 공판을 열어 최 씨 등 동경 유학생 만세사건 주동자인 '조선청년독립단' 소속 아홉 명에게 출판법 위반 혐의를 적용하여 금고 7개월 15일~1년형을 언도하였다. 8일 발표된 조선독립선언서에 연명한 독립단 청년지사 11명 가운데 사건 당시 동경 밖에 있었던 이광수·최근우 두 사람을 제외한 전원에게 실형을 언도한 것이다. 각 유학생이 언도받은 판결 내용은 이하와 같다. 최팔용·서춘 금고 1년, 김도연·김철수·백관수·윤창석 금고 9개

2·8독립선언의 주역 최근우와 독립운동을 벌인 조선인들을 변호한 일본인 변호사 후세 다쓰지.(왼쪽부터)

월, 송계백·김상덕·이종근 금고 7개월 15일. 애초 일본 검사는 이들에게 최소한 7년 이상의 중형이 적용되는 내란죄를 적용하려 하였으나 국제사회의 여론을 의식하여 감행하지 못하였다.

나라를 잃은 유학생들이 독립을 선언하고 유인물을 돌렸다고 하여 실형을 언도한 재판장도 그러하거니와, 금번 재판에서 일본 사법당국은 식민지 민중에 대한 이중잣대를 국제사회에 명명백백히 드러내었다. 사건을 공판에 회부하는 것이 합당한지 여부를 미리 조사하는 예심 절차는 '조선형사령'에 따라 '외지'(조선 반도)에서는 무시되지만 그들 '내지'(일본)에서는 피의자의 방어권 보장을 위하여 필수인데, 금번 조선 유학생들의 예심 절차는 간편히 생략되었다. 내지에서 일어난 사건이니 내지식 사법절차를 준수하는 것이 타당한 원칙인데도 유학생들에게 외지 기준을 적용한 것이다. 유학생들의 공판은 방청 또한 허락되지 않았다. 유학생 만세사건의 파급효과를 최소화하려는 꿍꿍이로 보인다.

고향도 아닌 일본의 감옥에서 고초를 당하는 학생들을 걱정하는 가족들의 심정은 오죽하랴. 유학생 학우회 회장을 지내고 현재는 조선기독교청년회(YMCA)에서 활동 중인 백남훈(34) 씨가 가족들을 대신하여 침구와 사식을 넣고 변호사 비용을 마련하느라 홀로 백방으로 뛰고 있는 형편이다. 백 씨는 "청년회 이사 가운데 법학박사인 일본인 한 사람이 있어 다소나마 힘이 되어줄까 해서 방문하였더니 면회조차 사절이라 하더라"고 안타까운 심정을 토로하였다.

향후 공소심(항소심)과 상고심 과정에선 백남훈의 노력으로 양심적 법률가인 후세 다쓰지 변호사가 참여하여 적극 변론에 나서게 된다.

한편 동경감옥 바깥의 유학생들은 조선청년독립단 선배들의 뜻을 이어가려 분투 중이다. 이들은 12일 일비곡(히비야)공원에서 유학생 대회를 열고자 하였으나 그 결과 13명이 검속되었고, 17일엔 조선총독부가 관할하는 기숙사에서 사생 50여 명이 동맹퇴사를 감행하였다. 그러나 동경에서는 유학생에 대한 관헌의 감시가 심하여졌을 뿐 아니라, 조선에서 운동을 일으킬 때라는 공감대가 커지면서 거개의 유학생들은 조선으로 발길을 옮기고 있다.

공무원·교사가 꿈인 요즘 학생들

민중의 고통을 자기 일로 여기며 대의를 위해 헌신하는 학생들도 있지만, 여전히 공무원이나 교사·변호사 같은 안정적 직업을 선호하는 경우가 대부분인 듯하다. 어찌 보면 '충성스러운 신민' 말고는 다른 길이 허용되지 않았던 식민지 조선에서 당연한 귀결인지도 모른다.

잡지 〈청춘〉.

을묘년(1915) 3월에 나온 잡지 〈청춘〉을 보면 "'너는 앞으로 장차 무엇이 되려고 하니?'라고 물으면 나오는 대답이 '모르겠어요'나 '글쎄요. 공무원 시험이나 볼까 해요' '변호사가 되었으면 좋겠지만, 영 쉽지가 않아요'"라는 대목이 나온다. 근래에 만난 한 수학 영재에게도 같은 질문을 던졌더니 심드렁한 표정으로 "교사 자격증 따면 중학교 선생 노릇이라도 할 수 있지 않겠어요?"라고 답하였다. 저마다 영웅이나 위대한 학자가 되겠다며 공상에 빠지는 것도 문제지만, 젊은이들이 현실적이고 안전한 길만 가려는 것도 문제가 아닐 수 없다. 국권상실의 시대, 이러한 젊은이들의 세태를

일제 강점기 교실 수업 풍경.

비판하는 신문 잡지의 논설이 수년 동안 계속된 이유다.

하지만 곰곰이 생각해보면 젊은이들의 지극히 현실적인 선택을 나무랄 수만은 없다. 조선총독부의 교육정책은 '건전한 국민'을 양성하는 데 그 목적이 있을 뿐인 데다, 문·사·철 같은 기초학문보다 산림업이나 광업, 농업 등 기능지식이 더 우대받기 때문이다. 조선에서 인문학을 배운다는 것은 '불온하다'는 딱지와 함께 배를 곯게 된다는 것을 뜻한다.

나라가 망한 시대에 어른들이 가지지 못하는 새로운 목표와 포부를 학생들에게만 요구하는 것은 부당하다. 학생들이 공무원이나 교사 같은 직업을 좇는다고 비난할 것이 아니라, 나라까지 일본에 빼앗기게 만든 어른들이 먼저 반성해야 한다는 말이다.

기 맞았던 '독립운동 연대' 극적 타결

교가 돈 대고 기독교가 선언서 배포키로

오승훈 기자】
단통시기,
H산되었고
결사의 자
마 제한적
양선교사
식한 종교
의가 천도
교계를 중
경이었다.
동을 먼저
교였다. 천
청회(58)와
(58), 오세
년(1910) 국
입교한 최
교 교장이
올 1월 말
작였는데
실무는 밤
갔다.
독립운동
화, 비폭력,
염두에 두
투쟁을 할
없었던 탓
의 광범위
기 위한 방
각에서는
있는 내란
위한 외도
.
둔 가장
기독교였
주에 거주
측을 시도
훈은 비밀
으로 신해
미수사건'
자로 지목
기독교 장
다. 지난 11
은 최린이
양학교 교
도교의 독
고서 그 자
를 밝혔다.
것보다 내
나섰다. 종
인 천도교
는 장로교
되어 있었

◆최린

◆이승훈

◆송진우

◆함태영

던 탓에 두 교파의 단결이 종교 간 연합의 선결과제였기 때문이었다. 그는 먼저 평북 선천에서 장로교 지도자인 양전백(50)·유여대·김병조·이명룡(46) 등을 만나 동참을 끌어냈다. 평양에서는 장로교의 길선주(50) 목사와 함께 감리교의 신홍식(47) 목사를 만나 동의를 구하였다.

천도교와의 연대가 결렬될 뻔한 위기도 있었다. 17일에 다시 상경한 이 장로는 최남선을 대신해 나타난 송진우가 계속 사무적 태도를 보이자 기독교만의 독자적인 독립운동을 모색하였다. 20일, 평양에서 온 신홍식과 서울의 감리교 지도자인 박희도(30)·오화영(39)·정춘수(46)·오기선(42) 등과 만나 장로교와 감리교 연합으로 일본 정부에

◇◈◇◈◇

이승훈, 기독교 독자적 운동 모색 중
최린이 공동 행동 요구하며 설득
만해 한용운은 불교계 대표로 동참

'독립청원서'를 제출하기로 결정하였던 것이다. 장로교에서는 함태영, 이갑성, 안세환(27), 오상 … 임에 … 께 … 기독 … 에 이 … 서 되살아났 … 이승훈에게 기독교만의 독자적 추진을 중단하고 공동행동에 나설 것을 강하게 요구하였다. 기독교 측에서는 독립선언보다 좀 더 온건한 독립청원 방식의 운동을 전개하자고 맞섰다. 이에 최린은 "독립운동이 민족자결주의라는 외부적 정세의 영향하에서 제기된 것인 만큼 민족자결의 의사를 명확히 표시해야 한다"며 "일본 정부에 청원하는 것은 단지 당사자에 대해 의견을 진술하는 것이니 민족자결의 의사를 충분히 표시할 수 없다"고 설득하였 … 훈이 이날 기독교 인사대표들이 체포될 경우를 대비해 가족 생계자금으로 5천원(현재가치 약 4억원)을 요구했는데 최린의 보고를 받은 손병희가 곧바로 자금을 제공했다. 천도교와의 공동행동을 주저했던 기독교 측 인사들이 머는 연대를 거부할 명분이 사라지면서 분위기는 급속히 타결로 기울었다.

1919년 2월 25일

독립선언서 인쇄는 천도교 측에서 맡되 배포는 두 종교계가 함께 하기로 하였다. 지방의 천도교회와 기독교회에서도 같은날 독립선언식을 하도록 독려하기 위해서라고 한다. 거사에 필요한 자금은 천도교 측에서 부담하기로 했고 기독교 측은 주요 열강들에 선언서를 번역해 알리는 임무를 맡았다.

합의를 끌어낸 최 교장은 "조선을 일본으로부터 분리해 조선인에게 독립을 줘 동양평화를 실현코자 한다"며 "그것은 첫째 조선민족의 생 … 독교계와의 합의가 완료됨에 따라 천도교 측은 이날 독립선언에 서명할 민족대표 인선 작업에 착수했다. 빠르면 25일에 확정될 명단에는 손병희 선생과 최린·권동진·오세창 등 15명 정도가 선정될 전망이다.

전문학교 학생들, 종교계 독립선언 합류 결정

3월 만세시위를 모의 중이었던 전문학교 학생 대표들이 독자적인 독립선언 방침을 철회하고, 천도교 등 종교계의 독립선언에 합류하기로 결정했다. 이는 김원벽(25·연희전문학교)씨가 종교계 쪽 인맥인 중앙기독교청년회 간사 박희도(30)씨와 협상하고 강기덕(33·보성법률상업학교), 한위건(23·경성의학전문학교) 양씨와 논의하여 가닥을 잡았다. 박씨는 23일 김씨에게 "한 구역인 경성에서 2개의 선언서를 발표하는 것은 좋지 않으니 학생단의 선언서 발표를 중지해달라"고 말한 것으로 전해졌다. 두 사람은 ▲선언서를 학생 측에서 발표하지 않을 것 ▲중학생 측의 사람은 3월1일의 선언서 발표 때에 모두 참가하도록 할 것 ▲그 뒤의 운동에 대해서는 학생 측에게 일임의 행동에 맡길 것 ▲3월1일의 운동에는 전문학교 학생들은 가급적 나오지 않도록 해달라는 것 등을 협의하였다고 한다. 한편 동경에서는 24일 오후 2시 반 무렵 일비곡(히비야)공원에서 조선인 유학생 150여 명이 모여 조선청년독립단 명의 '민족대회 소집 취지서'를 낭독하고 항일의 기세를 올렸다.

독자적 독립선언 방침 철회
"한 구역 2개 선언 좋지 않아"

동경 유학중인 학생들도
만세사건으로 후계투쟁

지난 8일 유학생 만세사건으로 조선청년독립단 대표단원들은 대부분 수감되었지만 후배 학생들이 연달아 후계투쟁을 벌이고 있는 것이다. 그러나 유학생들을 향한 일경의 경비가 삼엄한 터라 한시간여 만에 강제 해산을 당하고 16명이 연행되었다. 다행히 이 중 14명은 풀려났으나 동인지 〈창조〉를 펴내 유명세를 떨치고 있는 유학생 김동인(19)씨 등 2명은 아직 일비곡경찰서에 붙잡혀 있는 것으로 전해졌다.

군소리 일본 아이 총에 조선 아이 사망

민족 분노에 기름 붓는 꼴이라니…

조선인은 때리기만 해도 잡아가나
일본인은 사람 죽여도 풀어주는데

이 모의되고
본인 아이가 조
으로 쏘아 죽
사건이 일어났
는 일본인 아
인들이 훈육하
이 이뤄졌는
본인 아이는 뇌
해 조사하는
감정을 더욱 부

지난 18일 오후
당천면 하장
시로의 장남 다
렵 사냥총을
산동면 임천동
러 갔다. 오리
잡더니만 그
교에서 배운 조
면 자나 을 처

들 김조이(12)의 머리에 총을 발사해 김군이 현장에서 즉사한 사건이 일어났다.

다케이치는 뜻밖의 큰일을 저질러 자신도 자살을 하려 하였는데 같이 간 동무들이 만류하자 이내 포기하고 당천주재소로 신고를 하려고 걸어갔다는 게 경찰의 설명이다. 이때 피해자 김조이의 동리 사람들이 달려들어 이 중 세 소년을 결박해 매타작을 하였다고 한다. 급보를 접한 당천주재소원과 선산경찰서원, 헌병파출소원 등이 현장에 달려가 겨우 마을 사람들을 진정시킨 뒤 세 소년을 풀어주었다. 이후 경찰은 주모자로 지목된 조선인 5명만을 서산경찰서로 인치하여 취조 중이라고 한다. 조선인들은 "조선인 아이를 죽인 일본인 아이는 풀어주고 이

◆일본 순사에게 검문당하는 조선인.

기만 해도 잡혀가니 말이 되나"고 분통을 터뜨리고 있다.

조선인과 일본인의 갈등이 폭력사태로 비화하는 사건은 최근 몇년 동안 빈번하게 일어나고 있다. 작년 9월 경상도 고성군 남면 내소리에서는 조선인 어부들이 임금을 올려달라고 요구하다가 일본인 어부들과 싸움이 나 조선인과 일본인 도합 100여명이 지다 나가 경상을 입었다.

최근에는 이웃과의 시비 끝에 사망한 조선인 시신을 경찰이 부검하려 이송하려는 도중에 격분한 조선인들이 순사에게 달려드는 일도 있었다. 을묘년(1915) 이래 전국 각지에서 폭동과 파출소 습격 등이 빈번하게 일어난 것을 보면, 평상시에 억압돼 있던 민족적 분노가 사소한 계기에 폭발하 …

"사회주의 하는 것이 곧 반
한인사회당의 꿈은 어디

근자에 로서아(러시아) 연해주에서도 윤해(31)·고창일(27)씨가 불란서 파리강화회의로 출발하였다는 바는 이미 보도한바, 본래 파송자로 검토했던 이는 연해주 지방 수령급인 이동휘(46)·문창범(49)씨였다고 한다. 노령 한인들을 대표하는 전로한족중앙총회에서 논의해보니, 열강들이 일본과 전쟁을 하면서까지 조선의 독립을 관철시키겠는가란 근심이 부거워 파송 대표의 격을 낮추었다는 후문이다.

◆김알렉산드

◆이동휘

거명된 이동휘씨는 조선인으로는 처음으로 작년에 사회주의 정당 '한인사회당'을 결성한 인물이다. 동포들어는 사회주의네 공산주의네 생소할 터이나, 제국의 전쟁을 반대해 진작에 세계대전 연합국에서 퇴한 로서아에서는 본류라고 한다. 로서아에서는 년 전 10월 공산혁명을 하여 노동자·농민이 권리 쥐는 소비에트 정부가 탄생하였다.

이동휘, 김알렉산드라 도움받아
조선인 최초 사회주의 정당 창당
「소비에트 연대·반일·반제」 주창
러시아 반혁명파에 처참히 패퇴

그러나 혁명에 반대하는 불란서·영국·미국과 동 시방을 호시탐탐 노리는 일본이 수만 군대를 내 적기를 흔들어대는 혁명군과 싸우고 있으니, 씨 안목에는 사회주의 하는 것이 곧 반일이었다. 육이 연해주 한인들 간에도 '계급 차별' 정서가 있고 한다. 로서아로 진작 귀화해 토지와 재산을 받 한인(원호)들은, 소작이나 일용 노동을 하여 먹 사는 한인(여호)에게는 항일을 논하는 회합(1917 5월 전로한족회의)에서도 의결권을 주지 않았다 '소비에트 만세, 볼셰비키 혁명 만세' 목소리가 질 커진 것이다.

한인사회당은 작년 5월 '소비에트 로서아와 대, 반일·반제 사회주의'를 강령으로 내세우고 씨를 위원장으로 하여 결성되었다. 작년에 사망 김알렉산드라 페트로브나 허발표(하바로브스 소비에트 외무위원도 발 벗고 나서 도왔는데, 가 김씨가 없었으면 창당은 쉽지 않았을 터다. 로서 에서 태어난 김씨는 전에는 우랄 지방에서 조선과 중국인 벌목공들을 조직해 노동자 동맹을 결 하는 등 활약하였다. 이씨가 독일의 밀정 혐의로 속됐을 때 석방 운동을 조직하기도 하였다.

한인사회당은 작년 8월 적위군으로서 전투하 로서아 반혁명파(백위파)에 처참히 패퇴하였다 한다. 천행으로 이씨 등은 생존하였지만, 김씨는 위파에 잡혀 작년 9월16일 허발표 아무르강변에 33살의 나이에 총살되었다. 김씨가 총살 직전 외 유언이 원동의 많은 이들을 울렸다고 하니 동포 에게도 소개한다. "지금 내가 걸은 열세걸음은 조 의 열세개 도이다. 조선의 13도 젊은이들이여, 조 의 자유와 독립을 성취하여라. 여러분 모두는 우 의 후예가 조선을 해방시키고 사회주의를 어떻 건설하는지를 보게 될 것이다! 조선독립 만세! 소 에트 만세! 세계혁명 만세!"

조선 젊은이들이여, 자유와 독립을 성취히
여러분은 우리의 후예가 조선을 해방시키
사회주의를 어떻게 이루는지 보게 될 것이

–김알렉산드라가 총살 직전 외친 유언

△2월25일치 기사 주요 참고문헌

김정인, 〈오늘과 마주한 3·1운동〉(책과함께·2019)
조한성, 〈만세열전〉(생각정원·2019)
김정인, '1910~25년간 천도교 세력의 동향과 민족운동'(한국사론·19
김정인, '1919년 3월1일 만세시위, 연대의 힘'(역사교육·2018)

독립선언 드디어 '3월 1일' 확정

천도교와 기독교 측 종교 지도자들이 오는 3월 1일에 '독립선언식' 방식의 독립운동을 거행하기로 24일 최종 합의하였다. 조선의 대표적 종교세력인 천도교와 기독교계가 손을 맞잡으면서 명망가들의 불참으로 한때 좌초 위기에 놓였던 '거사'의 불씨가 가까스로 되살아났다. 막판 연대에는 천도교 측 최린(41) 보성고등보통학교 교장과 기독교 측 이승훈(55) 장로의 역할이 주효하였다.

최 교장과 이 장로, 함태영(47) 전 대한제국 판사 등 주요 인사들은 24일 밤 최 교장 자택에서 비밀회동을 하고, 독립선언서를 발표하는 방식의 거사를 1일 오후 2시 파고다공원에서 거행하기로 결정하였다. 1일로 정한 이유는 고종의 장례식인 3일을 피하되 국장을 보러 사전에 상경한 인파를 고려한 데 따른 것이지만, 3일에 폭동이 일어날지 모른다는 우려도 작용하였다. 애초 2일도 거론되었으나 일요일인지라 기독교계가 난색을 보여 1일로 낙점되었다고 한다.

최린, 이승훈, 한용운, 함태영.(왼쪽 위부터 시계 방향순)

민족대표는 천도교와 기독교에서 각각 선정하되, 불교와도 연대하기로 결정하였다. 이에 따라 이날 최 교장은 밤늦게 불교계 대표인 만해 한용운 스님과 비밀회동을 하고 동참 의사를 확인한 것으로 알려졌다.

거사 자금은 천도교, 선언서 번역은 기독교가 맡기로

일제의 폭압적인 무단통치기, 모든 사회단체는 해산되었고 조선인들에게 정치결사의 자유는 없었다. 그나마 제한적으로 허용된 건 서양 선교사들과 민족감정을 의식한 종교단체였다. 거사 모의가 천도교와 기독교 등 종교계를 중심으로 이루어진 배경이었다.

거국적 독립운동을 먼저 제안한 곳은 천도교였다. 천도교 창건자인 손병희(58)와 그의 측근인 권동진(58), 오세창(55) 그리고 경술년(1910) 국망 직후 천도교에 입교한 최린 보성고등보통학교 교장이 핵심이었다. 그들은 올 1월 말부터 본격적으로 움직였는데 연대를 위한 연락 실무는 발 빠른 최 교장이 맡았다.

그들은 처음부터 독립운동의 원칙으로 '대중화, 비폭력, 일원화' 세 가지를 염두에 두었다고 한다. 무장투쟁을 할 수 있는 물리력이 없었던 탓도 있지만 대중들의 광범위한 참여를 끌어내기 위한 방편이기도 했다. 일각에서는 사형까지 받을 수 있는 내란죄 적용을 피하기 위한 의도라는 분석도 나온다.

천도교가 염두에 둔 가장 중요한 연대세력은 기독교였다. 최린이 평북 정주에 거주하는 이승훈과 접촉을 시도한 이유였다. 이승훈은 비밀결사 신민회 출신으로 신해년(1911) '총독 암살 미수사건'(105인 사건) 주모자로 지목돼 옥고를 치렀던 기독교 장로교의 핵심인물이다. 지난 11일에 상경한 이승훈은 최린이 보낸 송진우(32) 중앙학교 교장을 만났는데 천도교의 독립운동 계획을 듣고서 그 자리에서 동참 의사를 밝혔다. 이후 이승훈은 무엇보다 내부 '단일화' 작업에 나섰다. 중앙집권적 단일조직인 천도교와 달리 기독교계는 장로교와 감리교로 양분되어 있었던 탓에 두 교파의 단결이 종교 간 연합의 선결과제였기 때문이었다. 그는 먼저 평북 선천에서 장로교 지도자인 양전백(50)·유여대·김병조·이명룡(46) 등을 만나 동참을 끌어냈다. 평양에서는 장로교의 길선주(50) 목사와 함께 감리교의 신홍식(47) 목사를 만나 동의를 구하였다.

천도교와의 연대가 결렬될 뻔한 위기도 있었다. 17일에 다시 상경한 이 장로는 최남선을 대신해 나타난 송진우가 계속 사무적 태도를 보이자 기독교만의 독자적인 독립운동을 모색하였다. 20일, 평양에서 온 신홍식과 서울의 감리교 지도자인 박희도(30)·오화영(39)·정춘수(46)·오기선(42) 등과 만나 장로교와 감리교 연합으로 일본 정부에 '독립청원서'를 제출하기로 결정하였던 것이다. 장로교에서는 함태영, 이갑성, 안세환(27), 오상근, 현순(39) 등이 모임에 함께하였다.

꺼질 것만 같았던 '천도교·기독교 연합'의 불씨는 21일에 이승훈

장로교 지도자로 3·1운동에 참여한 양전백과 의주 3.1운동의 주역 유여대.(왼쪽부터)

과 최린이 만나면서 되살아났다. 최린은 이날 이승훈에게 기독교만의 독자적 추진을 중단하고 공동행동에 나설 것을 강하게 요구하였다. 기독교 측에서는 독립선언보다 좀 더 온건한 독립청원 방식의 운동을 전개하자고 맞섰다. 이에 최린은 "독립운동이 민족자결주의라는 외부적 정세의 영향하에서 제기된 것인 만큼 민족자결의 의사를 명확히 표시해야 한다"며 "일본 정부에 청원하는 것은 단지 당사자에 대해 의견을 진술하는 것이니 민족자결의 의사를 충분히 표시할 수 없다"고 설득하였다. 이에 기독교 측은 일단 장로교 및 감리교 지도자들과의 협의가 필요하다며 한발 물러섰다.

연대의 물꼬는 예상치 못한 곳에서 터져 나왔다. 이승훈이 이날 기독교 민족대표들이 체포될 경우를 대비해 가족 생계자금으로 5000원(현재 가치 약 4억 원)을 요구했는데 최린의 보고를 받은 손병희가 곧바로 자금을 제공했다. 천도교와의 공동행동을 주저했던 기독교 측

인사들이 더는 연대를 거부할 명분이 사라지면서 분위기는 급속히 타결로 기울었다.

독립선언서 인쇄는 천도교 측에서 맡되 배포는 두 종교계가 함께 하기로 하였다. 지방의 천도교회와 기독교회에서도 같은 날 독립선언식을 하도록 독려하기 위해서라고 한다. 거사에 필요한 자금은 천도교 측에서 부담하기로 했고 기독교 측은 주요 열강들에 선언서를 번역해 알리는 임무를 맡았다.

합의를 끌어낸 최 교장은 "조선을 일본으로부터 분리해 조선인에게 독립을 줘 동양평화를 실현코자 한다"며 "그것은 첫째 조선민족의 생존권 확장, 둘째 일본 정부의 조선에 대한 정책의 잘못을 뉘우쳐 깨닫게 하고 셋째 세계평화를 부르짖는 여러 나라의 동정을 얻기 위함"이라고 거사 목적을 강조했다. 기독교계와의 합의가 완료됨에 따라 천도교 측은 이날 독립선언에 서명할 민족대표 인선 작업에 착수했다. 빠르면 25일에 확정될 명단에는 손병희 선생과 최린·권동진·오세창 등 15명 정도가 선정될 전망이다.

전문학교 학생들, 종교계 독립선언 합류 결정

3월 만세시위를 모의 중이었던 전문학교 학생 대표들이 독자적인 독립선언 방침을 철회하고, 천도교 등 종교계의 독립선언에 합류하기로 결정했다. 이는 김원벽(25·연희전문학교) 씨가 종교계 쪽 인맥인 중앙기독교청년회 간사 박희도(30) 씨와 협상하고 강기덕(33·보성법률상업학교), 한위건(23·경성의학전문학교) 양 씨와 논의하여 가닥을 잡았다. 박 씨는 23일 김 씨에게 "한 구역인 경성에서 두 개의 선언서를 발표하는 것은 좋지 않으니 학생단의 선언서 발표를 중지해달라"고 말한 것으로 전해졌다. 두 사람은 선언서를 학생 측에서 발표하지 않을 것, 중학생 측의 사람은 3월 1일의 선언서 발표 때에 모두 참가하도록 할 것, 그 뒤의 운동에 대해서는 학생 측에게 임의의 행동에 맡길 것, 3월 1일의 운동에는 전문학교 학생들은 가급적 나오지 않도록 해달라는 것 등을 협의하였다고 한다. 한편 동경에서는 24일 오후 2시 반 무렵 일비곡(히비야)공원에서 조선인 유학생 150여 명이 모여 조

체포되어 압송되는 3·1운동 주도 학생들.

선청년독립단 명의 '민족대회 소집 취지서'를 낭독하고 항일의 기세를 올렸다. 지난 8일 유학생 만세사건으로 조선청년독립단 대표단원들은 대부분 수감되었지만 후배 학생들이 연달아 후계투쟁을 벌이고 있는 것이다. 그러나 유학생들을 향한 일경의 경비가 삼엄한 터라 한 시간여 만에 강제 해산을 당하고 16명이 연행되었다. 다행히 이 중 14명은 풀려났으나 동인지 <창조>를 펴내 유명세를 떨치고 있는 유학생 김동인(19) 씨 등 2명은 아직 일비곡경찰서에 붙잡혀 있는 것으로 전해졌다.

"사회주의가 곧 반일"… 한인사회당 꿈은 어디로

근자에 로서아(러시아) 연해주에서도 윤해(31)·고창일(27) 씨가 불란서 파리강화회의로 출발하였다는 바는 이미 보도한바, 본래 파송자로 검토했던 이는 연해주 지방 수령급인 이동휘(46)·문창범(49) 씨였다고 한다. 노령 한인들을 대표하는 전로 한족중앙총회에서 논의해보니, 열강들이 일본과 전쟁을 하면서까지 조선의 독립을 관철시키겠는가란 근심이 무거워 파송 대표의 격을 낮추었다는 후문이다.

거명된 이동휘 씨는 조선인으로는 처음으로 작년에 사회주의 정당 '한인사회당'을 결성한 인물이다. 동포들에게는 사회주의네 공산주의네 생소할 터이나, 제국주의 전쟁을 반대해 진작에 세계대전 연합국에서 탈퇴한 로서아에서는 본류라고 한다. 로서아에서는 2년 전 10월 공산혁명을 하여 노동자·농민이 권력을 쥐는 소비에트 정부가 탄생하였다.

그러나 혁명에 반대하는 불란서·영국·미국과 원동 지방을 호시탐

한인 최초의 볼셰비키 혁명가 김알렉산드라와 한국 최초의 사회주의 정당 '한인사회당'을 결성했으며 1919년 수립된 임시정부에서 국무총리를 지낸 이동휘.(왼쪽부터)

탐 노리는 일본이 수만 군대를 보내 적기를 흔들어대는 혁명군과 싸우고 있으니, 이 씨 안목에는 사회주의 하는 것이 곧 반일이었다. 더욱이 연해주 한인들 간에도 '계급 차별' 정서가 있다고 한다. 로서아로 진작 귀화해 토지와 재산을 받은 한인(원호)들은, 소작이나 일용노동을 하여 먹고사는 한인(여호)에게는 항일을 논하는 회합(1917년 5월 전로한족회의)에서도 의결권을 주지 않았다니, '소비에트 만세, 볼셰비키 혁명 만세' 목소리가 절로 커진 것이다.

한인사회당은 작년 5월 '소비에트 로서아와 연대, 반일·반제 사회주의'를 강령으로 내세우고 이 씨를 위원장으로 하여 결성되었다. 작년에 사망한 김알렉산드라 페트로브나 허발표(하바로브스크) 소비에트 외무위원도 발 벗고 나서 도왔는데, 기실 김 씨가 없었으면 창당은 쉽지 않았을 터다. 로서아에서 태어난 김 씨는 전에는 우랄 지방에서 조선인과 중국인 벌목공들을 조직해 노동자 동맹을 결성하는 등 활약하였다. 이 씨가 독일의 밀정 혐의로 구속됐을 때 석방 운동을 조직하기도 하였다.

한인사회당은 작년 8월 적위군으로서 전투하다 로서아 반혁명파(백위파)에 처참히 패퇴하였다고 한다. 천행으로 이 씨 등은 생존하였지만, 김 씨는 백위파에 잡혀 작년 9월 16일 허발표 아무르강변에서 33살의 나이에 총살되었다. 김 씨가 총살 직전 외친 유언이 원동의 많은 이들을 울렸다고 하니 동포들에게도 소개한다. "지금 내가 걸은 열세 걸음은 조선의 열세 개 도이다. 조선의 13도 젊은이들이여, 조선의 자유와 독립을 성취하여라. 여러분 모두는 우리의 후예가 조선을 해방시키고 사회주의를 어떻게 건설하는지를 보게 될 것이다! 조선독립 만세! 소비에트 만세! 세계혁명 만세!"

조선인 아이, 일본인 아이가 쏜 총에 숨져

거족적인 독립운동이 모의되고 있는 이 와중에, 일본인 아이가 조선인 아이를 사냥총으로 쏘아 죽인 어처구니없는 사건이 일어났다. 실수라고 주장하는 일본인 아이를 격분한 조선인들이 훈육하는 과정에서 매타작이 이뤄졌는데 경찰이 정작 일본인 아이는 놔두고 조선인만 체포해 조사하는 바람에 성난 민족감정을 더욱 부채질하고 있다.

경찰에 따르면 지난 18일 오후 2시께 경상도 선산군 당천면 하장동에 사는 우즈노 시로의 장남 다케이치가 아버지 몰래 사냥총을 가지고 나와 인근 산동면 임천동까지 동무 두 명과 놀러 갔다. 오리 사냥을 한다고 폼을 잡더니만 그게 여의치 않자 학교에서 배운 조총 교련을 복습한다며 장난을 쳤는데 조선인 아이들이 이를 보고 구경을 하러 몰려들었다고 한다. 이때 총을 쏘는 시늉을 하던 다케이치가 구경을 하던 칠곡군 인동면 금년동에 사는 김학출의 맏아들 김조이(12)의 머리에 총을 발사해 김 군이 현장에서 즉사한 사건이 일어났다.

다케이치는 뜻밖의 큰일을 저질러 자신도 자살을 하려 하였는데 같이 간 동무들이 만류하자 이내 포기하고 당천주재소로 신고를 하려고 걸어갔다는 게 경찰의 설명이다. 이때 피해자 김조이의 동리 사람들이 달려들어 이 중 세 소년을 결박해 매타작을 하였다고 한다. 급보를 접한 당천주재소원과 선산경찰서원, 헌병파출소원 등이 현장에 달려가 겨우 마을 사람들을 진정시킨 뒤 세 소년을 풀어주었다. 이후 경찰은 주모자로 지목된 조선인 다섯 명만을 선산경찰서로 인치하여 취조 중이라고 한다. 조선인들은 "조선인 아이를 죽인 일본인 아이는 풀어주고 이를 징치한 조선인만 잡아 가두냐"며 "일본놈은 조선인을 죽여도 석방이고 조선인은 그 일본놈 때리기만 해도 잡혀가니 말이 되냐"고 분통을 터뜨리고 있다.

조선인과 일본인의 갈등이 폭력사태로 비화하는 사건은 최근 몇 년 동안 빈번하게 일어나고 있다. 작년 9월 경상도 고성군 남면 내소리에서는 조선인 어부들이 임금을 올려달라고 요구하다가 일본인 어부들과 싸움이 나 조선인과 일본인 도합 400여 명이 집단 난투극을 벌인 난리도 있었다. 그 일로 일본인 어부 10명이 중상을 입고 다수의 조선인과 일본인 어부가 경상을 입었다.

최근에는 이웃과의 시비 끝에 사망한 조선인 시신을 경찰이 부검하려 이송하려는 도중에 격분한 조선인들이 순사에게 달려드는 일도 있었다. 을묘년(1915) 이래 전국 각지에서 폭동과 파출소 습격 등이 빈번하게 일어난 것을 보면, 평상시에 억압돼 있던 민족적 분노가 사소한 계기에 폭발할 만큼 임계점에 다다랐다는 것을 알 수 있다. '노도'가 밀려오는데 총독부만 모르고 있다.

…국민의회 "열강에만 기댈 순 없다"…무력투쟁 불사

"열강은 일본과 한패" 자주 독립국가 기틀

기미년 통신 대한국민의회 출범

【1919년 2월25일 연해주/최하안 기자】

▶1면에서 받음

모인 방략을 들어보니 진정으로 주도면밀하고 용감하다. 이들은 우선 중앙기관의 이름으로 일본에 독립 승인 최후통첩을 발할 것이다. 그러나 일본이 제국주의적 발악을 멈추지 않으면 혈전을 선포할 계획이다. 한 소식통은 "서울… 씨 등… 에 당… 본격…

…의에 착수할 것"이라며 "로서아 10월 혁명으로 수립된 소비에트 정부처럼 중앙기관의 의회와 행정, 사법 기능을 한꺼번에 하게 될 것"이라고 설명하였다.

파리강화회의에 집결한 열강들을 움찔하게 할 시위운동도 대비하고 있다. 8일 일본 동경 유학생들이 발표한 독립선언서와 결의문에 준거해 대한 독립을 세계에 선포할 선언서를 마련 중이다. 24일에는 소왕령의 보이스카우트를 대표해 김아파나시(19)씨가 해삼위(블라디보스토크) 청년 대표자들과 시위에 관한 협의를 하였다. 그 결과로서 소왕령에서 300명, 해삼위에서 200명의 청년들이 독립기를 흔들며 몸을 바쳐 시위운동에 앞장…

"일본은 제국주의적 발악 멈추라" 독립 승인 통첩 예…
소왕령 등 청년시위 맹서…국내 긴급 파송 결사대도 …

맺지 못할 때를 대비하여, 무력시위와 독립 전쟁도 빈틈없이 준비하려는 것이다.

원동과 중국 지사들이 바삐 움직이는 것은, 조선의 미래를 열강에만 기댈 수 없다는 것을 눈치챘기 때문이다. 로서아 볼셰비키 10월 혁명이 낳은 소비에트 정부는 독일과 단독으로 강화해 전쟁

경성서 김하석 등 도착 뒤 당국자 인선 및 구성 논의 외교 노력·무력투쟁 병행

을 중단하고 우리와 같이 반일하고 있다. 작년 11월에는 …

…는 말들도 있었다. 그러나 우리 민족의 운명은 지금도 깜깜하고 원동에서 일본이 부리는 광포는 나날이 거세지고만 있다.

원동을 보자니 불란서·미국·영국과 일본은 한패다. 세계대전에서 패배하고 포로가 되었던 체코군이 작년 로서아 곳곳에서 봉기하자, 이들은 체코군 구출을 명분으로 연해주에 수만 군대를 파송하였다. 이곳에서는 로서아 백위파(반혁명군)와 함께 혁명을 방해하는 '간섭군'이라고 하더라. 일본 힘을 받고 작년 11월 원동 볼셰비키 정부를 붕괴시킨 백위파 옴스크 정부는 조선인들의 항일운동을 건건이 탄압하고 있다고 하니 조선 민족 편이 아닌 것이다. 이날 중앙기관 창설 모

의에 참석했던 어… 스크 정부가 우리… 위를 허가하겠는지… 개를 저었다.

실제로 옴스크 정… 들의 만세 시위를 … 압했다. 이 때문에… 행하려던 만세 시위… 비합법적으로 시위… 다. 노령 지역 한인… 보스토크, 우수리스… 으로 스파스크 등… 로 만세 시위를 확다… 한편, 최초의 임시정… 국민의회 간부로는 … 한족중앙총회 회장… 부의장에 김철훈, 서… 환, 외교부장 최재형… 이동휘, 재정부장 한… 선임됐다. 대한국민의… 년 4월 상해 임시정부… 다.

1919년 2월 26일

경술국치 뒤 의병·지사들 망명해 후사 도모
로서아 정부 탄압에도 「항일투쟁 본산」 명성

연해주에서의 독립운동

◇◈◇◈◇◈

8624명 「병합 무효 선포」 주도 「대한광복군」 망명정부 경제조합 「권업회」 활동도

각지 독립운동 대표자들이 로서아(러시아) 원동 연해주로 모여든 것은 이유가 있다. 이 지역은 국외에서 우리 민족이 가장 많이 거주하는 곳이자, 일찍이 일본과 맞선 조선의 의병과 지사들이 망명한 뒤 후사를 도모해온 곳이다. 1914년 세계대전이 시작되고 로서아와 일본이 동맹함에, 한동안 조선 민족의 독립운동이 활개를 칠 수 없었다. 그러나 작년에 세계대전이 종전하였고 그 전에는 1917년 2월 로서아의 혁명으로 차르 황제의 제정 로서아가 붕괴되면서 형편이 바뀌었다.

두만강 넘어 로서아로 한인이 처음 이주한 시기는 1863년이라고 한다. 양강도 혜산시 경흥의 13가구가 연해주 얀치헤(추카노보) 지신허에 정착했는데, 이들을 따라서 함경도와 평안도의 빈궁한 농민들이 농사지을 땅을 찾아 이주를 시작하였다. 기미년(1919)에 와서는 해삼위(블라디보스토크), 연추(크라스키노), 국허우(포시에트), 수청(파르티잔스크), 추풍(수이푼), 허발포(하바롭스크), 니항(니콜라옙스크), 소왕령(우수리스크) 등 여러 도시와 농촌에서 한인들이 상부상조하고 있다.

연해주 독립운동은 일본이 대한제국을 겁박해 1905년 을사늑약을 체결한 뒤부터 활개하였다. 국내와 간도에서 활약하던 의병 지도자들이 연해주에 당도해 국내 진공작전을 결행한 것은 주지의 사실이다. 간도 관리사 이범윤(63)씨가 함경도 일대의 포수를 모아 조직한 충의대를 이끌고 중국 훈춘을 거쳐 1906년 연추로 당도하였다. 어려서 연해주로 이주해 로서아 군대에 무기와 소고기를 팔아 흥한 재력가 최재형(59)씨가 이씨의 의병 조직을 지원하였는데 한때 그 규모가 3천~4천명에 이르렀다고 한다. 국내에서 이름을 떨친 의병장 유인석(77)씨도 연해주로 왔고, 함경남도에서 활약한 의병장 홍범도(51)씨는 간도를 거쳐 1908년 연해주로 건너왔다. 이들은 연해주의 의병들을 통합해 1910년 6월21일 유인석씨를 도총재로 하는 '십삼도의군'을 결성하였다.

1910년 8월23일 연해주의 한인들이 해삼위 한민학교에서 대회를 열어 '대한의 국민된 사람은 대한의 광복을 죽기로 맹세하고 성취한다'고 외치고 성명회를 조직한 것은 진정으로 역사적인 일이었다. 외국 신문을 통하여 일본이 곧 한국을 병합할 것을 알게 된 한인 지도자들이 분개해 '적의 죄상을 성토하고, 우리의 억울함을 밝힌다'는 뜻의 조직을 만들고 세계 만국에 '병합 무효' 선언서를 발한 것이다. 선언서에는 각지 한인 사회 지도자 8624명이 서명해, 불란서(프랑스)어로 적힌 것은 서명자 명… 에 이른다고 한다. …본의 항의를 받은 …부는 강제로 성명회… 키고 이범윤씨 등 … 해 멀리 떨어진 이르… 유배하였다.

권업회와 대한광… 도 망각해서는 안… 일본의 눈치를 본… 부가 건건이 탄압… 주 한인들은 1911년… 업회'라는 경제 조… 은 조직을 구성하… 형씨가 회장을 하고… 가 부회장을 했는… 달리 기실 조선의… 표로 한 자치 조직… 날이 세가 불어 19… 회원이 6405명에… 기관지 〈권업신문〉… 신한촌의 한민학교… 들었으며 1914년 비… 명정부로서의 대한… 부를 만들었지만 … 해체되었다.

…만이 파리에 있다? 낭설로 확인

…운동 소식

…이승만(44) 박사와 정한경(28) …회의행이 무산된 지 오래인 …에 잘못 알려진 바가 있어 …명히 할 필요가 있겠다. 파…개최 소식과 더불어 "조선 대…독립을 호소하려고 불란서(프…했다더라"는 소문이 퍼지자 …한 방병객인 이승만 박사가 …으로 알고 있으나, 기실 파리…는 이는 중국 상해 신한청년…(38)씨임을 여러번 밝힌 바…의 결과 현재 이 박사는 워싱…원하여 지병을 치료 중인 것…다.

…한인국민회(국민회) 관계자 …민회는 전날인 24일 회의를 …박사가 파리강화회의 '대표…했다는 의사를 비공식적으로 …의 가부를 결정하기 위한 사…사는 본인 대신 정미년(1907) …화회의 당시 이준 특사의 통…되기도 한 윤병구(39) 목사…의 우군인 미국인 호머 헐버…천하였다고 한다. 그러나 국… 요청을 부결하였다. 명성이 …할 때 이 박사를 대체할 이가 마땅치 않다는 판단이 작용한 것으로 보인다.

그러나 이 박사가 미주의 파리강화회의 대표로 선정된 뒤 보여온 소극적인 태도로 볼 때 앞으로도 그의 활약을 기대하기는 어려워 보인다. 윌슨 미국 대통령과 가까운 그의 파리강화회의행 소식은 3월 독립선언이 결정되기까지 동경과 경성의 독립운동가들에게 막강한 불쏘시개 구실을 한 것이 사실이나, 정작 그 자신은 미온적인 자세로 일관해왔다.

미주 파리강화회의 대표 사임 밝히며 지병 치료 중 조선 안팎 독립 기대에 미온적 자세 일관 「찬물」

이 박사는 이미 병원에 입원하기에 앞서 주변에 "평화회의(파리강화회의) 건은 사실 그대로를 동포들에게 발표하여 이를 완전히 단념하고 선후책을 협의해야 한다. 애초 하와이에 있을 때부터 이를 예측한 고로 서서히 일을 추진하려고 하였던 것"이라고 밝혔다고 한다. 파리강화회의에서 털끝 같은 독립의 희망이라도 건져볼까 하는 조선반도 안팎의 동포들의 기대에 냉수를 끼얹는 언동이 아닐 수 없다. 이 박사와 정한경씨가 25일 요양원에서 회동을 해 향후 대책을 논의하였다고 하니, 후속 보도를 이어가겠다.

군소리 조선인 사기

뭐 먹을것 있다고 동포를 등쳐먹소?

상인들 믿고 써준 오십원이 오백원 둔갑
순사보 출신이란 자가 무려 이천원 착복

날강도 일본의 침략으로 조선 인민의 고통이 그 끝을 알 수 없는 나락으로 빠져들고 있는 삭금의 상황에도 조선인끼리 단결하기는커녕 동포를 등쳐먹거나 사기를 치는 이가 있어 씁쓸함을 더하고 있다.

최근에는 상인들을 대상으로 10~50원의 소절수(수표)를 받아 십자를 백자로 변조한 뒤 은행에서 돈을 찾아간 사기꾼 때문에 원성이 자자하다. 피해액만 무려 2천원(2019년 가치 약 1억6천만원)에 이른다고 한다. 24일자 〈매일신보〉를 보면, 대구부 경정(京町)에 사는 정갑득(27)이라는 자가 경성 봉래정 일정목 8번지에서 우피(쇠가죽)상을 하는 장희완에게 "1원 지폐 50매를 은행 절수 한장을 써달라"고 했다. 장희완은 별 의심 없이 1원 지폐 50매를 받고 정갑득에게 50원짜리 소절수를 써줬다. 이에 정갑득은 한자로 된 오십의 십을 백으로 고쳐서 한성은행 남대문지점에서 500원을 찾았다. 졸지에 50원이 500원으로 탈바꿈한 순간이었다. 사기꾼 정갑득은 이런 식으로 지난 4일부터 10여일에 걸쳐 약종상에게 20원, 고물상에게 10원, 포목상에게 10원짜리 소절수를 받아 위조하는 등 총 2천원을 사취하였다. 승승장구하던 사기 행각은 은행에 맡긴 돈에 이상이 있음을 알게 된 상인들의 신고로 덜미가 잡혔다. 공평동 여인숙에 은신하다 체포된 정갑득은 알고 보니 …다고 한다.

◆사건 현장을 조선총독부 순사와 자위대원이 지키고 있…

평남 강서군에서는 한 사기꾼의 농간으로 네 가족이 수은중독으로 몰살되는 안타까운 사연도 전해졌다. 반석면에 사는 조찬식(19)은 아홉살 적에 높은 언덕에서 떨어져 반신불수가 되었다고 한다. 부친 조경하(63)는 아들 걱정에 약을 구하던 중 1월 중순에 이웃 동네 다방에 갔다가 황해도 해주 산다는 최모란 자를 만났다. 조경하의 고민을 들은 최모는 "아들이 매우 가엽다"며 쑥과 수은을 섞어서 태운 뒤 불을 부어 먹이면 된다 …왔다. 아들이 누… 안에서 수은과 … 4시간 동안 태… 방안에 있던 조… 의 처 최인식(28… 효신(6), 조귀덕(… 자기 어지러워하… 어린 조귀덕은 … 아침 7시경에, 조… 일 새벽 1시경에, … 등 4시경에, 조찬… 시경에 모두 수… 로 숨졌다. 행인… 지 이 사단을 만… 경하는 평소 건… 있던데다 중독… 않아 목숨을 부… 고 한다. 나쁜 놈…

최초의 임시정부, 대한국민의회 결성

로서아(러시아) 원동 땅에 독립운동을 이끌고 내정과 외교를 총괄할 최고 중앙기관이 세워진다.

로서아와 중국령, 간도, 국내 지역 등의 대표자 130명은 25일 로서아 연해주 소왕령(우수리스크)에서 노·중령 독립운동 단체 대표회를 개최하고 임시정부로서 행동할 중앙기관인 대한국민의회를 결성하기로 뜻을 모았다. 일찍이 의병과 독립운동 지사들이 망명해 활개를 친 로서아 연해주 땅에 원동과 중국 각지 대표들이 모여 머리를 맞대고 있는 것이다. 신한청년당 총무 여운형 씨(33)도 만주·하얼빈을 거쳐 얼마 전 연해주에 당도해 이들의 모의를 지원하고 있다는 소식이다.

간도 대표로는 김약연(50)·정재면(37)·이중집(35) 씨 등이, 학생 대표로는 지린성 명동학교 생도 유익현·임국정(25) 씨, 훈춘 지역 대표로는 문병호·윤동철 씨, 서간도에서도 대표 세 명이 24일부터 속속 집결하였다. 근래까지 사사건건 대립했던 최재형·문창범 씨 등 연해주 '원호' 계열과 이동휘 씨 등 '여호' 세력도 이번만큼은 의기상투하려고 한다. 로서아로 일찍 망명해 토지 등의 재산을 받고 뿌리를 내린 '원호'와 소작농, 하루 노동 등에 나서 있는 한인사회당 계열 '여호'는 소비에트 정부에 대한 입장 등 각면에서 의견 불일치가 많았다.

모인 방략을 들어보니 진정으로 주도면밀하고 용감하다. 이들은 우선 중앙기관의 이름으로 일본에 독립 승인 최후통첩을 발할 것이다. 그러나 일본이 제국주의적 발악을 멈추지 않으면 혈전을 선포할 계획이다. 한 소식통은 "서울에서 파견될 김하석 씨 등 국내 대표들까지 이곳에 당도하면 당국자 인선 등 본격적인 중앙기관 구성 논의에 착수할 것"이라며 "로서아 10월 혁명으로 수립된 소비에트 정부처럼 중앙기관이 의회와 행정, 사법 기능을 한꺼번에 하게 될 것"이라고 설명하였다.

파리강화회의에 집결한 열강들을 움찔하게 할 시위운동도 대비하고 있다. 8일 일본 동경 유학생들이 발표한 독립선언서와 결의문을 준거해 대한 독립을 세계에 선포할 선언서를 마련 중이다. 24일에는 소왕령의 보이스카우트를 대표해 김아파나시(19) 씨가 해삼위(블라디보스토크) 청년 대표자들과 시위에 관한 협의를 하였다. 그 결과로서 소왕령에서 300명, 해삼위에서 200명의 청년들이 독립기를 흔들며 몸을 바쳐 시위운동에 앞장서기로 맹서하였다고 한다. 간도에서는 100명이 국내로 긴히 파송돼 독립군 결사대 1만 명을 모집하고 있다. 외교적 노력도 결실을 맺지 못할 때를 대비하여, 무력시위와 독립 전쟁도 빈틈없이 준비하려는 것이다.

문창범, 최재형, 이동휘, 김아파나시, 여운형, 김약현.(왼쪽 위부터 시계 방향순)

원동과 중국 지사들이 바삐 움직이는 것은, 조선의 미래를 열강에만 기댈 수 없다는 것을 눈치챘기 때문이다. 로서아 볼셰비키 10월 혁명이 낳은 소비에트 정부는 독일과 단독으로 강화해 전쟁을 중단하고 우리와 같이 반일하고 있다. 작년 11월에는 세계대전이 종전하였고 근자에 우드로 윌슨 미국 대통령은 '민족자결주의'를 외치었으니 독립이 머지않았나 하는 말들도 있었다. 그러나 우리 민족의 운명은 지금도 깜깜하고 원동에서 일본이 부리는 광포는 나날이 거세지고만 있다.

원동을 보자니 불란서·미국·영국과 일본은 한패다. 세계대전에서 패배하고 포로가 되었던 체코군이 작년 로서아 곳곳에서 봉기하자,

이들은 체코군 구출을 명분으로 연해주에 수만 군대를 파송하였다. 이곳에서는 로서아 백위파(반혁명군)와 함께 혁명을 방해하는 '간섭군'이라고 하더라. 일본 힘을 받고 작년 11월 원동 볼셰비키 정부를 붕괴시킨 백위파 옴스크 정부는 조선인들의 항일운동을 건건이 탄압하고 있다고 하니 조선 민족 편이 아닌 것이다. 이날 중앙기관 창설 모의에 참석했던 한 지사는 "옴스크 정부가 우리의 만세 시위를 허가하겠는가"라며 고개를 저었다.

* 실제로 옴스크 정부는 한인들의 만세 시위를 불허하고 탄압했다. 이 때문에 3월 15일 거행하려던 만세 시위는 17일에서야 비합법적으로 시작될 수 있었다. 노령 지역 한인들은 블라디보스토크, 우수리스크를 시작으로 스파스크 등 다른 지역으로 만세 시위를 확대해나갔다. 한편, 최초의 임시정부인 대한국민의회 간부로는 의장에 전로 한족중앙총회 회장인 문창범, 부의장에 김철훈, 서기에 오창환, 외교부장 최재형, 선전부장 이동휘, 재정부장 한명세 등이 선임됐다. 대한국민의회는 1919년 4월 상해 임시정부와 통합된다.

각지 독립운동가는 왜 연해주에 모였나

각지 독립운동 대표자들이 로서아(러시아) 원동 연해주로 모여든 것은 이유가 있다. 이 지역은 국외에서 우리 민족이 가장 많이 거주하는 곳이자, 일찍이 일본과 맞선 조선의 의병과 지사들이 망명한 뒤 후사를 도모해온 곳이다. 1914년 세계대전이 시작되고 로서아와 일본이 동맹함에, 한동안 조선 민족의 독립운동이 활개를 칠 수 없었다. 그러나 작년에 세계대전이 종전하였고 그 전에는 1917년 2월 로서아의 혁명으로 차르 황제의 제정 로서아가 붕괴되면서 형편이 바뀌었다.

두만강 넘어 로서아로 한인이 처음 이주한 시기는 1863년이라고 한다. 양강도 혜산시 경흥의 13가구가 연해주 얀치헤(추카노보) 지신허에 정착했는데, 이들을 따라서 함경도와 평안도의 빈궁한 농민들이 농사지을 땅을 찾아 이주를 시작하였다. 기미년(1919)에 와서는 해삼위(블라디보스토크), 연추(크라스키노), 묵허우(포시예트), 수청(파르티잔스크), 추풍(수이푼), 허발포(하바롭스크), 니항(니콜라옙스크), 소왕령(우수

의병장 유인석과 홍범도.(왼쪽부터)

리스크) 등 여러 도시와 농촌에서 한인들이 상부상조하고 있다.

연해주 독립운동은 일본이 대한제국을 겁박해 1905년 을사늑약을 체결한 뒤부터 활개하였다. 국내와 간도에서 활약하던 의병 지도자들이 연해주에 당도해 국내 진공작전을 결행한 것은 주지의 사실이다. 간도 관리사 이범윤(63) 씨가 함경도 일대의 포수를 모아 조직한 충의대를 이끌고 중국 훈춘을 거쳐 1906년 연추에 당도하였다. 어려서 연해주로 이주해 로서아 군대에 무기와 소고기를 팔아 흥한 재력가 최재형(59) 씨가 이 씨의 의병 조직을 지원하였는데 한때 그 규모가 3000~4000명에 이르렀다고 한다. 국내에서 이름을 떨친 의병장 유인석(77) 씨도 연해주로 왔고, 함경남도에서 활약한 의병장 홍범도(51) 씨는 간도를 거쳐 1908년 연해주로 건너왔다. 이들은 연해주의 의병들을 통합해 1910년 6월 21일 유인석 씨를 도총재로 하는 '십삼도의군'을 결성하였다.

1910년 8월 23일 연해주의 한인들이 해삼위 한민학교에서 대회를 열어 '대한의 국민 된 사람은 대한의 광복을 죽기로 맹세하고 성취한다'고 외치고 성명회를 조직한 것은 진정으로 역사적인 일이었다. 외국 신문을 통하여 일본이 곧 한국을 병합할 것을 알게 된 한인 지도자들이 분개해 '적의 죄상을 성토하고, 우리의 억울함을 밝힌다'는 뜻의 조직을 만들고 세계 만국에 '병합 무효' 선언서를 발한 것이다. 선언서에는 각지 한인 사회 지도자 8624명이 서명해, 불란서(프랑스)어로 적힌 것은 서명자 명단만 112장에 이른다고 한다. 그러나 일본의 항의를 받은 로서아 정부는 강제로 성명회를 해산시키고 이범윤 씨 등 일곱 명을 체포해 멀리 떨어진 이르쿠츠크에 유배하였다.

권업회와 대한광복군 정부도 망각해서는 안 될 터이다. 일본의 눈치를 본 로서아 정부가 건건이 탄압하자, 연해주 한인들은 1911년 12월 '권업회'라는 경제 조합인 것 같은 조직을 구성하였다. 최재형 씨가 회장을 하고 홍범도 씨가 부회장을 했는데, 명칭과 달리 기실 조선의 독립을 목표로 한 자치 조직이었다. 나날이 세가 불어 1914년에는 회원이 6405명에 이르렀고, 기관지 <권업신문>과 해삼위 신한촌의 한민학교 등을 만들었으며 1914년 비밀리에 망명정부로서의 대한광복군 정부를 만들었지만 탄압당해 해체되었다.

"열강에 독립청원서 전하라" 상해·동경으로 밀사 급파

각계 대표들이 3월 1일 대의거를 앞두고 각국에 독립원조 탄원서와 독립청원서를 제출하기로 하고, 이를 위해 중국과 일본 양국으로 파견될 밀사들을 결정하였다. 밀명을 받아든 이들은 상해 방면에 현순(39) 씨, 동경 방면에 임규(52)·안세환(27) 양 씨다.

현순, 임규, 안세환.(왼쪽부터)

천도교 핵심인사인 최린(41) 보성고등보통학교 교장은 26일 본지에 "이번 거사와 관련하여 탄원서 등을 외국에 보내는 것은 예수교(기독교) 측에서 맡아서 하기로 하였는데 그 일에 운동비가 든다고 하여 손병희 교주의 승인을 받아 이승훈(55) 장로에게 현금 5000원을 직접 건네었다"고 전하였다. 각계 대표들은 독립선언식을 기하여 영국·미국·불란서·이태리 등 파리강화회의의 각국 위원들에게 독립원조 탄원서를 제출하고 조선에서는 조선 총독에게, 일본에서는 정부와 양의원, 정당 수령들에게 청원서를 제출하기로 결정한 바 있다. 다만 외국에 우편으로 보내는 것은 일본 관헌에게 압수될 우려가 있으므로 일단 밀사가 상해나 천진 방면으로 향한 뒤에 그곳에서 발송하기로 한 것이다.

우선 일본 정부와 정치인들에게 독립청원서를 전달하러 나선 이는 천도교 인사 임규 씨다. 경응(게이오)대학에서 수학하고 일본어 선생으로 일해온 임 씨는 <일문 역법> 등 일본어 학습서를 펴낼 정도로 일본어에 능통하다. 금번 독립선언서를 대표 집필한 최남선(29) 씨와는 우리 고전문헌을 연구하는 조선광문회에서 함께 활동해온 막역한 관계다. 임 씨의 아내가 일본인인 터라 일본 관헌의 감시망을 피하기 유리한 만큼 최 씨는 선언서를 주로 임규 씨의 집에서 작성해왔고, 임 씨는 이를 일본어문으로 번역하는 임무를 맡았다고 한다. 그는 당초 '청원서' 형식으로 작성된 글에 원작자인 최남선은 붙이지 않았던 '통고문'이라는 표제를 달았는데 "결코 (독립을) 청원한 것이 아니다. 이대로 조선은 독립했으니 이것을 보아 달라는 것이다"라는 취지라고 설명하였다. 임 씨는 27일 저녁 기차로 경성에서 출발하여 1일 오후 동경에 있는 조카의 집에 도착할 예정이다.

평양 기독서원 총무인 안세환 씨는 신해년(1911) '105인 사건'으로 불리는 신민회 탄압 사건에 휘말려 옥고를 치르고도 이번 거사의 기획 단계부터 앞장서왔다. 안 씨는 일본어에 능통하여 일제 당국에 독립에 대한 구두 진술을 하는 임무를 맡았다고 하니, 그야말로 용감 활발한 인물이 아닌가 한다. 그는 기독교 대표자로 독립선언서의 최초 지판에는 포함됐으나, 동경에 밀사로 가게 되면서 서명자 명단에선 빠지기로 한 것으로 전해졌다. 임규와 안세환, 두 사람은 3월 1일 무사히 동경에 도착하여 각각 임무를 수행한 뒤 체포된다. 임규는 일본 내각과 양의원에 독립선언서 등을 우송한 뒤 9일 동경역에서 붙잡힌다. 안세환은 4일 경시총감을 만나 조선 독립의 필요성을 주창한 다음날 경찰에 끌려간다.

미국 대통령과 각국 파리강화회의 위원에게 조선 독립선언 소식을 알리려 상해로 향하는 현순 씨는 예수교 목사다. 사탕수수 농장에서 조선인 이민자들의 통역원을 맡게 된 것을 시작으로 미국 하와이에 다년간 거주한 그는 영어에 능통한 편이다. 극비리에 출발하게 된 현 씨는 가족들에게조차 "강원도로 전도 여행을 떠난다"고 속인 것으로 전해졌다. 현 씨에게 맡겨진 지침은 '조선을 즉시 빠져나갈 것, 만주의 봉천으로 갈 것, 그 지역의 독립운동가들을 만날 것' 등이다. 그는 남루한 농부로 변장하고 조선을 빠져나갈 채비를 마쳤다고 한다. 상해에 도착한 현순은 곧바로 이광수와 함께 독립선언서를 영문으로

안창호, 이승만.(왼쪽부터)

번역해 현지 언론에 널리 알린다. 3·1운동의 발발과 각지의 임시정부 구성 소식을 안창호와 이승만이 있는 미주 지역에 발빠르게 타전하는 것도 그다. 자신의 의도와 상관없이 현순은 상해 대한민국임시정부의 시작을 가장 생생하게 목도하며 그 복판에 서게 된다.

파리회의 간다던 이승만 미 병원에?

미국에 있는 이승만(44) 박사와 정한경(28) 씨의 파리강화회의행이 무산된 지 오래인데도 아직 국내에 잘못 알려진 바가 있어 사실관계를 분명히 할 필요가 있겠다. 파리강화회의 개최 소식과 더불어 "조선 대표가 우리의 독립을 호소하려고 불란서(프랑스)로 출발했다더라"는 소문이 퍼지자 많은 이가 유력한 망명객인 이승만 박사가 가고 있는 것으로 알고 있으나, 기실 파리로 향하고 있는 이는 중국 상해 신한청년당원인 김규식(38) 씨임을 여러 번 밝힌 바 있다. 본지 취재 결과 현재 이 박사는 워싱턴요양원에 입원하여 지병을 치료 중인 것으로 확인되었다.

25일 미국 대한인국민회(국민회) 관계자들에 따르면 국민회는 전날인 24일 회의를 열었는데, 이 박사가 파리강화회의 '대표직'을 사임하겠다는 의사를 비공식적으로 밝혀온 데 따라 가부를 결정하기 위한 자리였다. 이 박사는 본인 대신 정미년(1907) 헤이그 만국평화회의 당시 이준 특사의 통역원으로 파견되기도 한 윤병구(39) 목사나 조선의 독립 우군인 미국인 호머 헐버트(56) 씨를 추천하였다고 한다. 그러나 국민회에서는 이 요청을 부결하였다. 명성이나 인맥으로 볼 때 이 박사를 대체할 이가 마땅치 않다는 판단이 작용한 것으로 보인다.

그러나 이 박사가 미주의 파리강화회의 대표로 선정된 뒤 보여온 소극적인 태도로 볼 때 앞으로도 그의 활약을 기대하기는 어려워 보인다. 윌슨 미국 대통령과 가까운 그의 파리강화회의행 소식은 3월 독립선언이 결정되기까지 동경과 경성의 독립운동가들에게 막강한 불쏘시개 구실을 한 것이 사실이나, 정작 그 자신은 미온적인 자세로 일관해왔다. 이 박사는 이미 병원에 입원하기에 앞서 주변에 "평화회의(파리강화회의) 건은 사실 그대로를 동포들에게 발표하여 이를 완전히 단념하고 선후책을 협의해야 한다. 애초 하와이에 있을 때부터 이를 예측한 고로 서서히 일을 추진하려고 하였던 것"이라고 밝혔다고 한다. 파리강화회의에서 털끝 같은 독립의 희망이라도 건져볼까 하는 조선 반도 안팎의 동포들의 기대에 냉수를 끼얹는 언동이 아닐 수 없다. 이 박사와 정한경 씨가 25일 요양원에서 회동을 해 향후 대책을 논의하였다고 하니, 후속 보도를 이어가겠다.

뭐 먹을 것 있다고 동포 등쳐먹소?

날강도 일본의 침략으로 조선 인민의 고통이 그 끝을 알 수 없는 나락으로 빠져들고 있는 작금의 상황에도 조선인끼리 단결하기는 커녕 동포를 등쳐먹거나 사기를 치는 이가 있어 씁쓸함을 더하고 있다.

최근에는 상인들을 대상으로 10~50원의 소절수(수표)를 받아 십자를 백자로 변조한 뒤 은행에서 돈을 찾아간 사기꾼 때문에 원성이 자자하다. 피해액만 무려 2000원(2019년 가치 약 1억 6000만 원)에 이른다고 한다. 24일자 〈매일신보〉를 보면, 대구부 경정(京町)에 사는 정갑득(27)이라는 자가 경성 봉래정 일정목 8번지에서 우피(쇠가죽)상을 하는 장희완에게 "1원 지폐 50매를 은행에 가서 10전짜리로 바꾸려고 하는데 은행에서 잔돈으로 바꿔주지 않아 당신의 소절수를 가지고 가면 될 듯하니 50원짜리 소절수 한 장을 써달라"고 했다. 장희완은 별 의심 없이 1원 지폐 50매를 받고 정갑득에게 50원짜리 소절수를 써줬다. 이에 정갑득은 한자로 된 50의 10을 100으로 고쳐서 한성은행 남대문지점에서 500원을 찾았다. 졸지에 50원이 500원으로 탈바꿈한 순간이었다. 사기꾼 정갑득은 이런 식으로 지난 4일부터 10여 일에 걸쳐 약종상에게 20원, 고물상에게 10원, 포목상에게 10원짜리 소절수를 받아 위조하는 등 총 2000원을 사취하였다. 승승장구하던 사기 행각은 은행에 맡긴 돈에 이상이 있음을 알게 된 상인들의 신고로 덜미가 잡혔다. 공평동 여인숙에 은신하다 체포된 정갑득은 알고 보니 순사보 출신이었다. 토지조사국 기수설치단에서 일도 했다는데 잔꾀가 많다고 한다.

평남 강서군에서는 한 사기꾼의 농간으로 네 가족이 수은중독으로 몰살되는 안타까운 사연도 전해졌다. 반석면에 사는 조찬식(19)은 아홉 살 적에 높은 언덕에서 떨어져 반신불수가 되었다고 한다. 부친 조경하(63)는 아들 걱정에 약을 구하던 중 1월 중순에 이웃 동

사건 현장을 지키고 있는 조선총독부 순사와 자위대원.

네 다방에 갔다가 황해도 해주 산다는 최 모란 자를 만났다. 조경하의 고민을 들은 최 모는 "아들이 매우 가엽다"며 쑥과 수은을 섞어서 태운 뒤 물을 부어 먹이면 된다고 하였다. 아버지 조 씨는 최 모에게 사례하고 평양에 가서 수은 서 돈을 사서 왔다. 아들이 누워 있는 방안에서 수은과 쑥을 섞어 네 시간 동안 태웠는데 그 방안에 있던 조찬식과 그의 처 최인식(28), 손자 조효신(6), 조귀덕(4) 넷이 갑자기 어지러워하더니 제일 어린 조귀덕은 지난 10일 아침 7시경에, 조효신은 11일 새벽 1시경에, 최인식은 동 4시경에, 조찬식은 동 6시경에 모두 수은중독으로 숨졌다. 행인지 불행인지 이 사달을 만든 부친 조경하는 평소 건강 체력이었던 데다 중독량이 많지 않아 목숨을 부지하였다고 한다. 나쁜 놈들은 조선놈이나 일본놈이나 매한가지인 모양이다.

날

손병희(58) 3·1 기획·연출·천 / 길선주(50) 조선교회 대부·기 / 이필주(50) 감리교 대표·기 / 백용성(55) 불교개혁론자·불 / 김완규(43) 천도교지 발행·천 / 김병조(52) 장로교 목사·기 / 김창준(29) 최연소 대표·기 / 권동진(58) 천도교 핵심·천 / 권병덕(52) 동학 출신·천 / 나용환(55) 천도교 중진·천 / 나인협(47) 동학 출신·천 / 양전백(50) 105인 사건·기

서로 믿는 신 다르나 독립 열망은 같으리

독립선언 민족대표들
(천도교=천, 기독교=기, 불교=불)

양한묵(57) 호남 출신·천 / 유여대(41) 교육자 출신·기 / 이갑성(33) 청년 대표·기 / 이명룡(46) 105인 사건·기 / 이승훈(55) 사업가 출신·기 / 이종훈(63) 천도교 핵심·천 / 이종일(61) 선언서 인쇄·천 / 임예환(54) 동학 출신·천 / 박준승 천도교 중

박희도(30) 청년 대표·기 / 박동완(34) 청년 대표·기 / 신홍식(47) 이승훈 권유·기 / 신석구(44) 감리교 목사·기 / 오세창(55) 천도교 핵심·천 / 오화영(48) 감리교 목사·기 / 정춘수(44) 감리교 목사·기 / 최성모(45) 감리교 목사·기 / 최린(41) 거사 실무책임·천 / 한용운(40) 항일의 상징·불 / 홍병기(50) 천도교 중진·천 / 홍기 홍경래

1919년 2월 28일

천도교 15명·기독교 16명·불교 2명 등 종교계 비밀회동·「선언 연대」 명단 취합

【1919년 2월27일 경성/오승훈 기자】 3월1일에 거행될 독립선언식이 이틀 앞으로 성큼 다가온 가운데, 독립선언에 나설 민족대표 명단이 27일 밤 최종 결정되었다. 천도교 15인, 기독교 16인, 불교 2인 등 총 33인으로 영도자에는 손병희(58) 천도교 교주가 위촉되었다. 민족대표가 확정됨에 따라 천도교 측은 곧바로 선언서 인쇄에 착수하였다. 조선 독립의 의지를 만방에 알릴 거사일이 마침내 밝아오고 있다.

이날 밤 경성 재동의 최린(41) 보성고등보통학교장의 사택에 이승훈(55)·이필주(50)·함태영(47)·최린·한용운(40)·최남선(29) 등 천도교·기독교·불교 각 종교를 대표하는 인사들이 비밀회동을 열어, 독립선언 동참 의사를 피력한 33인의 명단을 취합하였다. 천도교는 중앙교단 차원에서 도사, 장로를 중심으로 최고위직 간부 15명이 참여하였고 기독교계에서는 장로교 6명, 감리교 10명, 도합 16명이 연대 의사를 밝혔다. 불교계에서는 2명이 이름을 올렸다. 유림과도 접촉했으나 소극적인 입장을 보인데다 시일이 촉박해 비밀 유지 차원에서 더는 연락하지 않았다고 한다.

선언서 명단 첫머리에는 거사를 성사시키는 데 큰 기여를 한 손병희 천도교 교주가 영도자로 이름을 올렸다 … 다음으로 … 길선주(… (50·감리 … 로는 불교 … 스님이 배정 … 는 종교의 구분 없이 배열하였는데 종교 간 연대를 이뤄

천도교측 보성사, 인쇄 착수 최남선 등 일부 명단서 빠져

낸 최 교장과 이승훈 장로는 각각 30번째와 17번째 이름을 올렸다.

조직적·개인적 사원에서 이름을 빼거나 빠진 경우도 있었다. 함태영(47) 장로는 기독계의 후사를 도모해야 한다는 이유로 명단에서 빠졌고 참여 의사를 밝힌 유학자 김창숙(40)씨는 모친의 병환으로 뒤늦게 연락을 받는 바람에 이름을 올리지 못하였다. 선언서를 기초한 최남선씨는 "학자로 남겠다"는 이유로, 송진우(32) 중앙학교장과 교사 현상윤(23)씨는 "교육활동에 매진하겠다"며 연대 서명을 사양했다. 이날 밤 천도교가 소유한 인쇄소 보성사에서는 철저한 보안 속에서 선언서 2만1천부가량이 인쇄되었다.

첫머리 이름 올린 손병희…조선 교회의 아버지 길선주

민족대표 33인의 면모

조선총독부의 박해와 탄압을 감수하면서 독립선언에 당당히 이름을 올린 33인의 … 내의 …

33인 가운데 맨 처음으로 이름을 올린 손병희 천도교 교주는 신유년(1861) 4월8일 충북 청원군 대주리에서 청주목(충북 청주시) 하급관리의 아들로 태어났다. 서자 출신으로 신분차별에 좌절하던 그에게 동학은 커다란 희망이었다. 동학 입도 2년 뒤인 갑신년(1884) 10월 그는 해월 최시형을 만났고 계사년(1893)에는 충의대접주가 되어 충청도 일대 동학교인들의 지도자로 부상하였다. 갑오년(1894) 농민봉기 이후 탄압이 거세지자 해월은 그를 후계자로 삼았다. 입도 15년 만에 동학의 3대 교주가 된 것이다. 그의 나이 37살 때였다. 손 선생은 거사가 위기에 직면할 때마다 통큰 양보와 배려로 연대를 이끌어냈다.

두번째 연명자인 길선주 목사는 '조선 교회의 아버지'로 불리는 인물이다. 애초에 불교에 심취했던 그는 기독교에 입문한 후 조선 최초의 목사 가운데 한명이 되었다. 정미년(1907) 평양 대부흥회를 통해 조선 교회의 초석을 놓았으며 새벽기도를 도입하는 … 국 사업부장을 맡아 구국운동에도 앞장섰다.

19번째 민족대표인 이종일 보성사 사장은 독립선언서 인쇄를 책임진 교육자이자 언론인이다. 무오년(1858) 11월6일 충남 태안에서 태어난 그는 15살 때 문과에 급제하여 중추원 의관을 지냈다. 병신년(1896) 월남 이상재의 권유로 독립협회에 가입하였고 무술년(1898)년 8월에는 〈제국신문〉의 창간 사장을 맡았다. 〈제국신문〉은 민권운동, 여성해방, 정부의 비정(秕政) 비판 및 대안 제시를 편집 방침으로 내걸었다. 당초 선언서는 그가 쓸 작정이었으나 과격한 언사 때문에 최남선으로 교체되었다는 이야기가 전한다.

선언서의 끄트머리에 이름을 올린 만해 한용운 스님은 이번 독립선언의 숨은 공로자다. 자칫 천도교와 기독교만의 연합으로 그칠 뻔한 거사는 그와 백용성 스님이 참여하면서 불교계까지 아우른 모양새를 갖추게 되었다. 기묘년(1879) 충남 홍성에서 태어난 그는 어려서부터 … 을 배웠는데 주위에 … 으로 불렸다고 한다 … 홀연히 집을 나와 설 … 세암에서 칩거하며 … 영향을 받았다. 서양 … 견문하기 위해 러시아 … 만주를 여행하는 길 … 이 수상한 나머지 … 로부터 친일단체 일진 … 로 오해받아 총상을 … 하였다. 다행히 총알 … 을 스쳤지만 불에 … 과 함께 고개가 비 … 머리를 흔드는 요두 … 게 되었다.

손, 동학 입도 15년만에 교주 위기마다 배려로 단결 주도
길, 안창호 등과 구국운동 조선식 기독교 만들며 활동

◇◈◇◈◇◈

「제국신문」 창간 이종일 독립선언서 인쇄 중책 맡아
조선불교 비판 이끈 한용운 종교계 연대 숨은 공로자

일경 수색에 걸려 선언서 발각 직 … 「천우신조」 정전 덕에 무사 …

등잔불 찾다가 귀찮은 듯 "그냥 가라"…안도의 한숨

무단통치 총독부 치하에서 상해·경성·동경을 오가며 … 를 망라한 두달 동안의 거사 준비가 보안 속에 이뤄졌다는 … 적에 가까운 일이다. 거사를 코앞에 둔 시난밤에 두번의 … 있는데 이를 간신히 모면한 걸 보면 천지신명이 도왔다고 …

천도교 측 인사들의 전언에 따르면 27일 밤, 종로경 … 속의 형사 신승희(일명 신철)가 종로(현 조계사 자리)의 … 도교 소유의 인쇄소 보성사에 들이닥쳤다. 순찰을 돌 … 꺼진 건물에서 인쇄하는 소리가 나자 이상한 낌새를 … 습한 모양이었다.

인쇄된 선언서를 낚아채 읽던 신승희는 눈이 휘둥그 … 한다. '조선이 독립국임을 선언하노라.' 주변이 있던 이들 … 붙어버렸고 보성사 사장 이종일(61)씨가 달려가 읍소를 … 작하였다. "이 일은 멈출 수 없는 일이오. 하루만 봐주시오." 묵과할 수 없는 사안임을 직감한 신승희는 요지부동. 이종일은 거사의 실무 책임자인 최 … 히 연락을 취하였는데 사태의 심각성을 인식한 최린 … 선생으로부터 거금 5천원을 받아 곧바로 신승희를 만 … 다. "딱 며칠만 눈감아주게. 민족의 명운이 걸린 일이네 …" 네는 최린의 간곡한 설득에 신승희는 고개를 끄덕였다.

인쇄 중엔 종로서 형사 신 … 최린, 5천원 쥐여주며 설 …

가슴을 쓸어내린 이 사장은 인쇄를 서둘러 마친 … 를 자신의 임시 숙소인 경운동 천도교 중앙대교당에 … 도록 지시했다. 이 사장과 직원들은 손수레 안쪽에 … 숨기고 그 위로 성주이씨 족보를 덮었다. 보성사에서 … 지 가려면 파출소 앞을 지나야 했다. 야심한 시각에 … 실은 손수레를 일경들이 가만둘 리 없었다. "성주이씨 …" 는 이 사장의 말에도 경찰들은 손수레를 샅샅이 뒤 … 밑에서 독립선언서가 보이던 순간, 하늘이 도왔는지 … 전이 되었다고 한다. 하급 경찰이 등잔불을 가져오 … 소 안으로 들어가자 상급자가 귀찮은 듯 "그냥 가라" … 월 날씨에도 온몸이 땀에 흠뻑 젖은 채 경운동 숙소 … 이 사장은 손녀 이장옥(16)양에게 "큰일 날 뻔했다"며 … 의 일을 밀해주었다고 한다.

…지 2만1천부 「극비 인쇄」…「성주이씨 족보」로 위장

…/임지원 기자】 … 불과하지만 … 운명을 바 … 사람으로서 … 하지 않는 … 없을 것이 … 독립국이라 … 종일(61)씨가 … 긴 원고뭉 뭉 … 보며 말하였 … 지가 경성부 … 교 신축교당 … 씨는 온종일 … 을 하느라 피 … 이제 독립 …

보성사 인쇄소의 활약

"비록 종잇장에 불과하지만…" 경성 한복판서 선언서 찍어 공장감독에까지 입단속 철저 이종일 사장, 직접 인쇄판 파기

독립선언서를 보내어 운동을 도모할 참이다.

일경의 감시가 삼엄한 경성 한복판에서 이처럼 '불온'한 선언문이 수만부나 찍혀 나올 수 있었던 것은 그 자체로 기적인 일이다. 이 위험천만한 기획이 진행된 곳은 수송동 보성 … 만하다. 한때 수지가 맞지 않으니 폐쇄함이 낫지 않으냐는 천도교 간부의 주장에 교주 의암 손병희(58) 선생이 "한 나라가 많은 돈을 들여 군대를 양 … 날이 마침내 찾아온 것이다.

◆보성학교 내 보성사 건물.

선언서를 인쇄하는 데 필요한 활자판의 조판 작업은 집필자인 최씨가 운영 중인 신문관에서 했다고 한다. 하나 신문관의 조판은 보성사의 인쇄기에 맞지 않는 부분 등이 있어 이미 완성된 활지판을 놓고 이종일씨는 다시 조판 작업을 해야 했다고 한다. 이 과정에서 선언서에 한자로 표기된 국호 '조선'이 도치되어 '선조'로 조판된 것을 인쇄물을 찍어낸 뒤에야 알게 된다. 다급한 채자(인쇄소에서 활자를 골라 뽑는 일) 상황을 보여주는 … 작하여 자정 전까지 이어졌는데 이같은 작업이 어찌나 극비리에 이뤄졌는지 이씨가 신임하는 공장감독 김홍규(44)씨마저도 "인쇄에 착수할 때에는 사정을 몰랐었다"며 "인쇄가 완성되자 이종일씨가 '이것은 독립선언서로, 비밀이므로 한장이라도 밖으로 새어나가지 않도록 해달라'고 해서 사정을 알게 됐다"고 전하였다. 일본 경찰의 요시찰 대상인 이씨는 대량의 인쇄물을 찍어내는 것이 혹여 수목을 받지 않을까 하여 미리 자기 가문의 족보를 만드는 …

민족대표 33인 최종 확정…
이제 '거사'만 남았다

3월 1일에 거행될 독립선언식이 이틀 앞으로 성큼 다가온 가운데, 독립선언에 나설 민족대표 명단이 27일 밤 최종 결정되었다. 천도교 15인, 기독교 16인, 불교 2인 등 총 33인으로 영도자에는 손병희(58) 천도교 교주가 위촉되었다. 민족대표가 확정됨에 따라 천도교 측은 곧바로 선언서 인쇄에 착수하였다. 조선 독립의 의지를 만방에 알릴 거사일이 마침내 밝아오고 있다.

이날 밤 경성 재동의 최린(41) 보성고등보통학교장의 자택에 이승훈(55)·이필주(50)·함태영(47)·최린·한용운(40)·최남선(29) 등 천도교·기독교·불교 각 종교를 대표하는 인사들이 비밀회동을 열어, 독립선언 동참 의사를 피력한 33인의 명단을 취합하였다. 천도교는 중앙교단 차원에서 도사, 장로를 중심으로 최고위직 간부 15명이 참여하였고 기독교계에서는 장로교 6명, 감리교 10명, 도합 16명이 연대 의사를 밝혔다. 불교계에서는 2명이 이름을 올렸다. 유림과도 접촉했으나 소극적인 입장을 보인 데다 시일이 촉박해 비밀 유지 차원에서 더는 연락하지 않았다고 한다.

선언서 명단 첫머리에는 거사를 성사시키는 데 큰 기여를 한 손병희 천도교 교주가 영도자로 이름을 올렸다. 그다음으로는 기독교를 대표해 길선주(50·장로교)·이필주(50·감리교) 목사가, 네 번째로는 불교 대표로 백용성(55) 스님이 배정되었다. 이후부터는 종교의 구분 없이 배열하였는데 종교 간 연대를 이뤄낸 최 교장과 이승훈 장로는 각각 30번째와 17번째 이름을 올렸다.

조직적·개인적 차원에서 이름을 빼거나 빠진 경우도 있었다. 함태영(47) 장로는 기독계의 후사를 도모해야 한다는 이유로 명단에서 빠졌고 참여 의사를 밝힌 유학자 김창숙(40) 씨는 모친의 병환으로 뒤늦게 연락을 받는 바람에 이름을 올리지 못하였다. 선언서를 기초한 최남선 씨는 "학자로 남겠다"는 이유로, 송진우(32) 중앙학교장과 교사 현상윤(23) 씨는 "교육 활동에 매진하겠다"며 연대서명을 사양했다. 이날 밤 천도교가 소유한 인쇄소 보성사에서는 철저한 보안 속에서 선언서 2만 1000부가량이 인쇄되었다.

친일 첩자 오해로 총 맞은 한용운…
민족대표 이모저모

조선총독부의 박해와 탄압을 감수하면서 독립선언에 당당히 이름을 올린 33인의 민족대표는, 모두 종교인들로 각자 믿고 따르는 신은 달랐으나 조선 독립을 염원하는 단심은 같았다. 이들 가운데 기왕의 보도에서 다루지 않은 이들의 삶을 기록하여 후대의 교훈으로 삼고자 한다.

33인 가운데 맨 처음으로 이름을 올린 손병희 천도교 교주는 신유년(1861) 4월 8일 충북 청원군 대주리에서 청주목(충북 청주시) 하급관리의 아들로 태어났다. 서자 출신으로 신분차별에 좌절하던 그에게 동학은 커다란 희망이었다. 동학 입도 2년 뒤인 갑신년(1884) 10월 그는 해월 최시형을 만났고 계사년(1893)에는 충의대접주가 되어 충청도 일대 동학교인들의 지도자로 부상하였다. 갑오년(1894) 농민봉기 이후 탄압이 거세지자 해월은 그를 후계자로 삼았다. 입도 15년 만에 동학의 3대 교주가 된 것이다. 그의 나이 37살 때였다. 손 선생은 거사가 위기에 직면할 때마다 통큰 양보와 배려로 연대를 이끌어냈다.

두 번째 연명자인 길선주 목사는 '조선 교회의 아버지'로 불리는 인물이다. 애초에 불교에 심취했던 그는 기독교에 입문한 후 조선 최초의 목사 가운데 한 명이 되었다. 정미년(1907) 평양 대부흥회를 통해 조선 교회의 초석을 놓았으며 새벽기도를 도입하는 등 조선식 기독교를 만든 선구자다. 기사년(1869) 3월 15일 평남 안주군 후장동에서 태어난 그는 야은 길재의 19대손이다. 도산 안창호 등과 함께 독립협회 평양지부를 조직, 사업부장을 맡아 구국운동에도 앞장섰다.

19번째 민족대표인 이종일 보성사 사장은 독립선언서 인쇄를 책임진 교육자이자 언론인이다. 무오년(1858) 11월 6일 충남 태안에서 태어난 그는 15살 때 문과에 급제하여 중추원 의관을 지냈다. 병신년(1896) 월남 이상재의 권유로 독립협회에 가입하였고 무술년(1898) 8월에는 <제국신문>의 창간 사장을 맡았다. <제국신문>은 민권운동, 여성해방, 정부의 비정(秘政) 비판 및 대안 제시를 편집 방침으로 내걸었다. 당초 선언서는 그가 쓸 작정이었으나 과격한 언사 때문에 최남선으로 교체되었다는 이야기가 전한다.

선언서의 끄트머리에 이름을 올린 만해 한용운 스님은 이번 독립선언의 숨은 공로자다. 자칫 천도교와 기독교만의 연합으로 그칠 뻔한 거사는 그와 백용성 스님이 참여하면서 불교계까지 아우른 모양새를 갖추게 되었다. 기묘년(1879) 충남 홍성에서 태어난 그는 어려서부터 한학을 배웠는데 주위에서 신동으로 불렸다고 한다. 병신년 홀연히 집을 나와 설악산 오세암에서 칩거하며 불가의 영향을 받았

민족대표 이종일과 한용운의 수형기록 사진.(왼쪽부터)

다. 서양문물을 견문하기 위해 러시아를 거쳐 만주를 여행하는 길에 행색이 수상한 나머지 독립군으로부터 친일단체 일진회 첩자로 오해받아 총상을 입기도 하였다. 다행히 총알은 얼굴을 스쳤지만 볼에 파인 상흔과 함께 고개가 비뚤어지고 머리를 흔드는 요두증을 앓게 되었다.

자정까지 2만 1000부 극비 인쇄…
공장 감독도 몰랐다

“비록 종잇장에 불과하지만 이것들이 조선의 운명을 바꿀 것이오. 조선 사람으로서 조선 독립을 생각하지 않는 사람은 한 사람도 없을 것이오. 그렇지 않소? 독립국이라니, 참 좋은 일이오.”

보성사 사장 이종일(61) 씨가 제 옆에 탑처럼 쌓인 원고물 뭉치를 흐뭇이 바라보며 말하였다. 27일 심야 본지가 경성부 경운동 소재 천도교 신축교당을 찾아갔을 때 이 씨는 온종일 긴장한 채로 작업을 하느라 피로해 보였으나 한편 이제 독립선언을 목전에 두었다는 기대감에 부풀어 있었다. 3월 1일 독립선언식이 하루 앞으로 다가왔으니 그와 동지들은 이제부터 전국 각지로 이 2만 1000매의 독립선언서를 보내어 운동을 도모할 참이다.

일경의 감시가 삼엄한 경성 한복판에서 이처럼 ‘불온’한 선언문이 수만 부나 찍혀 나올 수 있었던 것은 그 자체로 기적적인 일이다. 이 위험천만한 기획이 진행된 곳은 수송동 보성사 인쇄소다. 천도교 월

보를 편집하여 발행하는 보성사는 이번에 독립선언서를 집필한 최남선(29) 씨의 신문관과 더불어 조선 반도의 2대 인쇄소라 할 만하다. 한때 수지가 맞지 않으니 폐쇄함이 낫지 않으냐는 천도교 간부의 주장에 교주 의암 손병희(58) 선생이 "한 나라가 많은 돈을 들여 군대를 양성하는 것은 유사시에 대비함이 아닌가. 우리 보성사도 그 역할을 다할 때가 반드시 올 것"이라고 하였다는 말이 전해지는데, 민족적 거사에 쓰일 날이 마침내 찾아온 것이다.

선언서를 인쇄하는 데 필요한 활자판의 조판 작업은 집필자인 최 씨가 운영 중인 신문관에서 했다고 한다. 천도교 대표자 중 핵심인물

보성학교 내 보성사 건물. 1919년 6월 28일 일본의 방화로 추정되는 화재로 전소되었다.

인 최린(41) 씨는 "보성사 직공의 기술 부족으로 수일 전에 육당(최남선)이 자기가 경영하는 신문관 직공을 시켜서 조판을 짜서 내 집에 갖다 두었다"고 전해왔다. 하나 신문관의 조판은 보성사의 인쇄기에 맞지 않는 부분 등이 있어 이미 완성된 활자판을 놓고 이종일 씨는 다시 조판 작업을 해야 했다고 한다.

*이 과정에서 선언서에 한자로 표기된 국호 '조선'이 도치되어 '선조'로 조판된 것을 인쇄물을 찍어낸 뒤에야 알게 된다. 다급한 채자(인쇄소에서 활자를 골라 뽑는 일) 상황을 보여주는 대목이다. 3월 1일 태화관에 모인 민족대표들이 이종일 선생에게 낭독을 요청했을 때 그는 "한자를 고치고 읽었다"고 회고한다.

인쇄는 오후 6~7시 무렵 시작하여 자정 전까지 이어졌는데 이 같은 작업이 어찌나 극비리에 이뤄졌는지 이 씨가 신임하는 공장감독 김홍규(44) 씨마저도 "인쇄에 착수할 때에는 사정을 몰랐었다"며 "인쇄가 완성되자 이종일 씨가 '이것은 독립선언서로, 비밀이므로 한 장이라도 밖으로 새어나가지 않도록 해달라'고 해서 사정을 알게 됐다"고 전하였다. 일본 경찰의 요시찰 대상인 이 씨는 대량의 인쇄물을 찍어내는 것이 혹여 주목을 받지 않을까 하여 미리 자기 가문의 족보를 만드는 것처럼 위장하였으며, 인쇄가 끝난 뒤엔 인쇄판을 직접 파기하였다고 하니 철두철미하기 이를 데 없는 운동가임이 분명하다.

족보 밑에 숨긴 선언서 발각 직전 정전…
위기의 순간들

무단통치 총독부 치하에서 상해·경성·동경을 오가며 거대 종교를 망라한 두 달 동안의 거사 준비가 보안 속에 이뤄졌다는 것은 기적에 가까운 일이다. 거사를 코앞에 둔 지난밤에 두 번의 위기가 있었는데 이를 간신히 모면한 걸 보면 천지신명이 도왔다고 할밖에.

천도교 측 인사들의 전언에 따르면 27일 밤, 종로경찰서 소속의 형사 신승희(40·일명 신철)가 종로(현 조계사 자리)에 있는 천도교 소유의 인쇄소 보성사에 들이닥쳤다. 순찰을 돌던 중 불 꺼진 건물에서 인쇄하는 소리가 나자 이상한 낌새를 느껴 급습한 모양이었다.

인쇄된 선언서를 낚아채 읽던 신승희는 눈이 휘둥그레졌다고 한다. '조선이 독립국임을 선언하노라.' 주변이 있던 이들은 얼어붙어 버렸고 보성사 사장 이종일(61) 씨가 달려가 읍소를 하기 시작하였다. "이 일은 멈출 수 없는 일이오. 하루만 봐주시오." 묵과할 수 없는 사안임을 직감한 신승희는 요지부동. 이종일은 거사의 실무 책임자인 최린에게 급히 연락을 취하였는데 사태의 심각성을 인식한 최린은 손병희 선생으로부터 거금 5000원을 받아 곧바로 신승희를 만났다고 한다. "딱 며칠만 눈감아주게. 민족의 명운이 걸린 일이네." 돈을 건네는 최린의 간곡한 설득에 신승희는 고개를 끄덕였다고 한다.

가슴을 쓸어내린 이 사장은 인쇄를 서둘러 마친 후 선언서를 자신의 임시 숙소인 경운동 천도교 중앙대교당에 숨겨놓도록 지시했다. 이 사장과 직원들은 손수레 안쪽에 선언서를 숨기고 그 위로 성주 이씨 족보를 덮었다. 보성사에서 경운동까지 가려면 파출소 앞을 지나야 했다. 야심한 시각에 물건까지 실은 손수레를 일경들이 가만둘 리 없었다. "성주 이씨 족보"라는 이 사장의 말에도 경찰들은 손수레를 샅샅이 뒤졌고 족보 밑에서 독립선언서가 보이던 순간, 하늘이 도왔는지 갑자기 정전이 되었다고 한다. 하급 경찰이 등잔불을 가져오려고 파출소 안으로 들어가자 상급자가 귀찮은 듯 "그냥 가라"고 했다. 2월 날씨에도 온몸이 땀에 흠뻑 젖은 채 경운동 숙소로 들어온 이 사장은 손녀 이장옥(16) 양에게 "큰일 날 뻔했다"며 그날 밤의 일을 말해주었다고 한다.

대한독립만세!

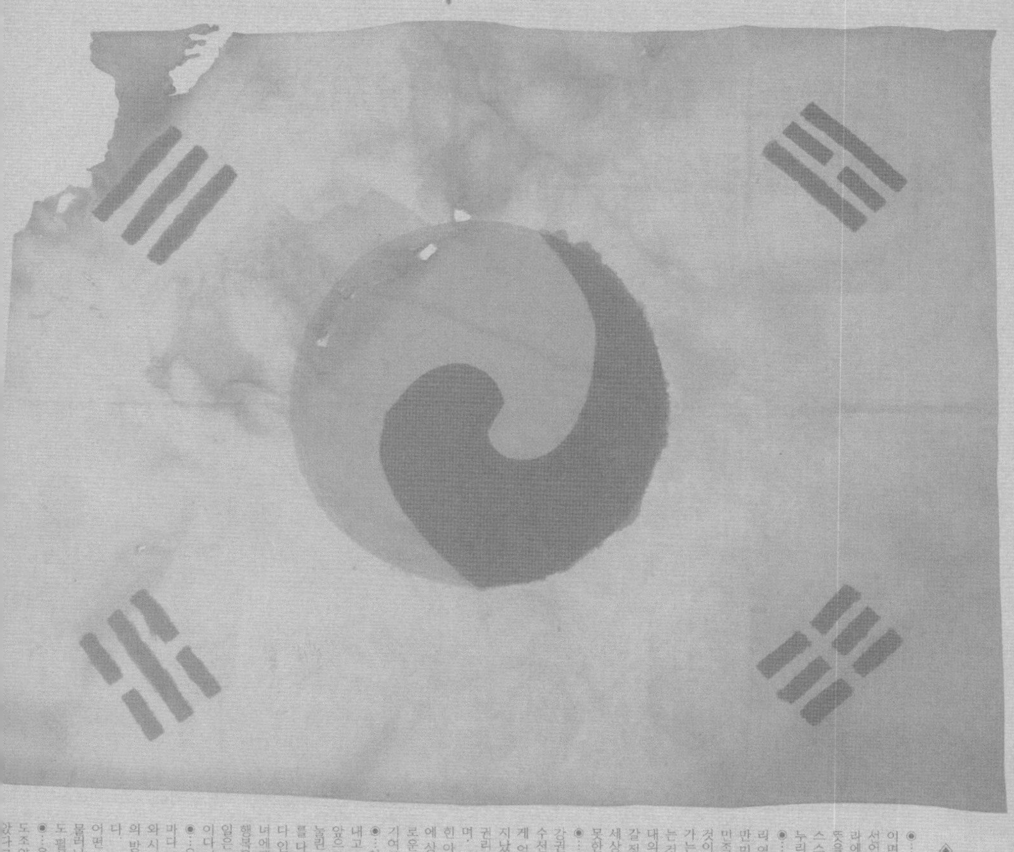

조선사람이 이 대한 땅의 주인임을

1919년 3월 1일

◈ 독립선언서 ◈

◉…우리는 오늘 조선이 독립한 나라이며, 조선인이 이 나라의 주인임을 선언한다. 우리는 이를 세계 모든 나라에 알려 인류가 모두 평등하다는 큰 뜻을 분명히 하고, 우리 후손이 민족 스스로 살아갈 정당한 권리를 영원히 누리게 할 것이다.

◉…이 선언은 오천년 동안 이어 온 우리 역사의 힘으로 하는 것이며, 이천만 민중의 [illegible]이다. 우리 민족이 여[illegible] 발전하려는 것이며, [illegible]리 만들어 가는 세계[illegible] 발맞추려는 것이[illegible] 뜻이고 시대의 흐[illegible] 함께 살아갈 정당[illegible]이다. 이 세상 어[illegible] 가로막지 못한다[illegible]

◉…낡[illegible]탁주의와 강권주[illegible] 민족이 수천년[illegible] 민족에게 억[illegible]십년이 지났[illegible] 살아갈 권리를[illegible] 수 없으며, 자[illegible] 가로막힌 아픔[illegible]의 존엄함에 상처[illegible]이며, 새로운 기[illegible]계 문화에 기여할 [illegible] 마인가.

◉…아,[illegible] 함을 떨쳐내고 지[illegible]치려면, 앞으로 [illegible] 비리고 억눌린 민족[illegible] 국가 정의를 다시 [illegible]들이 저마다 인격을 [illegible]라 가여운 자녀에게 고통스러운 유산 대신 완전한 행복을 주려면, 우리에게 가장 급한 일은 민족의 독립을 확실하게 하는 것이다.

◉…오늘, 우리 이천만 조선인은 저마다 가슴에 칼을 품었다. 모든 인류와 시대의 양심은 정의의 군대와 인도의 방패가 되어 우리를 지켜 주고 있다. 그러므로 우리는 나아가 싸우면 어떤 강한 적도 꺾을 수 있고, 설령 물러난다 해도 이루려 한다면 어떤 뜻도 펼칠 수 있다.

◉…우리는 일본이 1876년 강화도조약 뒤에 갖가지 약속을 지키지 않았다고 해서 [illegible]

탓하지 않겠다.

◉…스스로를 채찍질하기에도 바쁜 우리에게는 남을 원망할 여유가 없다. 우리는 지금의 잘못을 바로잡기에도 급해서, 과거의 잘잘못을 따질 여유도 없다. 지금 우리가 할 일은 우리 자신을 바로 세우는 것이지 남을 파괴하는 것이 아니다. 양심이 시키는 대로 우리의 새로운 운명을 만들어 가는 것이지 결코 오랜 원한과 한순간의 감정으로 샘이 나서 남을 쫓아내는 것이 아니다. 우리는 단지, 낡은 생각과 낡은 세력에 사로잡힌 일본 정치인들이 공명심으로 희생시킨 불합리한 현실을 바로잡아, 자연스럽고 올바른 세상으로 되돌리려는 것이다.

◉…처음부터 우리 민족이 바라지 않았던 조선과 일본의 강제 병합이 만든 결과를 보라. 일본이 우리를 억누르고 민족 차별의 불평등과 거짓으로 꾸민 통계 숫자에 따라 서로 이해가 다른 두 민족 사이에 화해할 수 없는 원한이 생겨나고 있다. 과감하게 오랜 잘못을 바로잡고, 진정한 이해와 공감을 바탕으로 사이좋은 새 세상을 여는 것이, 서로 재앙을 피하고 행복해지는 지름길임이 분명하지 않은가!

> 오늘 우리의 선언은
> 민족의 요구이니
> 마지막 한 사람까지
> 마지막 한 순간까지
> 민족의 정당한 뜻을
> 마음껏 드러내라

◉…또한 울분과 원한에 사무친 이천만 조선인을 힘으로 억누르는 것은 동양의 평화를 보장하는 길이 아니다.

◉…이는 동양의 안전과 위기를 판가름하는 중심인 사억만 중국인들이 일본을 더욱 두려워하고 미워하게 하여 결국 동양 전체를 함께 망하는 비극으로 이끌 것이 분명하다. 오늘 우리 조선의 독립은 조선인이 정당한 번영을 이루게 하는 것인 동시에, 일본이 잘못된 길에서 빠져나와 동양에 대한 책임을 다하게 하는 것이다. 또 중국이 일본에 땅을 빼앗길 것이라는 불안 [illegible]

지는구나. 힘으로 억누르는 시대 가고, 도의가 이루어지는 시대 는구나. 지난 수천년 갈고닦으 려온 인도적 정신이 이제 새로운 의 밝아오는 빛을 인류 역사에 비 시작하는구나. 새봄이 온 세상 가와 모든 생명을 다시 살려내는 · 꽁꽁 언 얼음과 차디찬 눈보 숨막혔던 한 시대가 가고, 부드 바람과 따뜻한 볕에 기운이 돋 시대가 오는구나.

◉…온 세상의 도리가 다시 살아 지금, 세계 변화의 흐름에 올라 리는 주저하거나 거리낄 것이 없 우리는 원래부터 지닌 자유권을 서 풍요로운 삶의 즐거움을 마음 릴 것이다. 원래부터 풍부한 독 을 발휘하여 봄기운 가득한 세계 족의 우수한 문화를 꽃피울 것이

◉…그래서 우리는 떨쳐 일어나 이다. 양심이 나와 함께 있으 리가 나와 함께 나아간다. 남녀 구별 없이 어둡고 낡은 옛집에서 처나와, 세상 모두와 함께 즐 새롭게 되살아날 것이다. 수천 조상의 영혼이 안에서 우리를 돕 온 세계의 기운이 밖에서 우리를 겨 주니, 시작이 곧 성공이다. 만, 저 앞의 밝은 빛을 향하여 게 나아갈 뿐이다.

세 가지 약속

하나, 오늘 우리의 독립 선언은 의, 인도, 생존, 존엄을 위한 의 요구이니, 오직 자유로운 정 드날릴 것이요, 결코 배타적 감 로 함부로 행동하지 말라.

하나, 마지막 한 사람까지, 마 한 순간까지, 민족의 정당한 뜻 음껏 드러내라.

하나, 모든 행동은 질서를 존중 우리의 주장과 태도를 떳떳하고 하게 하라.

조선을 세운 지 4252년 3월 1

(1919년 3월 1일)

조선 민족 대표

손병희 길선주 이필주 백용성 김완

유관순과 동기들 "담 넘어서라도"… 군중들 경성으로

거사 전야

고종의 장례 행렬을 바라보는 경성 시민들.

경성은 요사이 흰 물결로 장관을 이루고 있다. 3월 3일로 예정된 고종황제의 인산(장례)을 구경하겠다고 밀려드는 이들이 남대문역 출구에서 폭포수처럼 쏟아져 나오는 것이다. 기차표나 여관방은 매진 행렬이고 거리에서 노숙하는 이들까지 생겨나고 있다. 국상에 맞추어 여자들은 흰 저고리에 흰 치마, 남자들은 백립(흰 갓)에 흰 두루마기를 입었으므로 눈길 닿는 곳 어디나 순백 일색이다. 넘치는 수요 탓에 백립을 구하지 못한 이들은 검은 갓에 흰 종이라도 대어 임시방편으로 삼고 있을 정도다.

이날은 마침 국장 예행연습이 있는 날이라 대한문에서 종로통, 동대문에 이르는 연도에 모인 군중은 십수만 명을 헤아릴 듯하였다. 중앙기독교청년회(YMCA)의 윤치호(54)도 종로 사무실에 나와 가족들과 장례 예행연습을 지켜보고 있었다. 현실주의자인 그는 구태의연한 인산 절차를 조소하면서도 조선민들의 열기에 다소간 놀란 표정이었다. 윤치호는 "조선인들이 참을성 많고 우둔하고 호전성이 없기 때문에 민족본능이 조금도 없다고 생각할지도 모르지만 황제의 서거에 대한 대중들의 애도와 동경에서 일어난 조선인 유학생들의 소요(2·8독립선언) 등은 조선인들 마음속에 민족 본능이 살아 있다는 결정적 증거"라고 중얼거렸다. 조선 독립에 대해 회의적인 입장을 견지해 온 그는 이번 일요일(3월 2일)부터 3일 동안 기독교청년회관에서 열리기로 되어 있는 모든 공공집회를 취소하기로 했다. 1일에 열릴 민족적 거사에 대해 익히 알고 있으면서도 그 일에 휘말리기는 싫다는 기색이 역력하다.

◆ 경성으로 통하는 길

'인산 구경'을 나온 이들 가운데는 분명 거사에 참전하러 온 이들도 섞여 있었다. 경북 안동에서 막 올라온 남자현(47)은 혈혈단신이다. 을미년(1895) 의병을 일으켰던 남편 김영주가 숨진 뒤 재가도 하지 않고 혼자 꾸려온 삶이다. 지난 26일 그는 경성에 사는 지인으로부터 편지를 받았다. "다음 달 3월 1일 조선 민족의 만세운동이 있을 것이니, 연희전문학교 부근 교회당에서 그날 아침 만나자." 남자현은 드디어 때가 되었다고 생각했다. 24년 전 남편을 삼킨 일제에 이번에는 자신이 맞서 싸울 때라고 말이다.

* 나중에 '여자 안중근'이라고 불릴 정도로 치열한 남자현의 독립운동은 마흔을 훌쩍 넘긴 나이에 시작되었다.

동경에서 유학생 독립선언에 참여했던 황에스터(27)도 이날 경성에 도착했다. 그는 세계대전이 끝나고 파리강화회의가 열린다는 소식을 들었을 때부터 자신의 유학생활을 정리하고 고국에 돌아와 독립운동에 나서야겠다고 생각했었다. 황에스터는 자신보다 며칠 먼저 유학생 독립선언서를 숨기고 국내에 들어와 동경 독립운동 소식을 타전 중인 김마리아(27), 나혜석(23)과 함께 움직일 계획이다. 적국 일본의 수도를 경악으로 몰아넣었던 것처럼, 조선 여걸들은 조선총독부를 충격에 빠트릴 수 있을 것인가. 몰려드는 이들과 반대로 은밀히 경성을 빠져나가는 이들도 여럿이다. 이를테면 천도교 인쇄소 보성사의 사무원 인종익(48). 남대문역에 선 인종익은 품에 숨긴 종이 뭉치를 일본 관헌에게 들키지나 않을까 전전긍긍이었다. 그는 보성사 사장 이종일(61)의 지시로 선언서 2000부를 배부받아 전주로 향하는 길이다. 자신이 붙잡히면 만사가 허사가 될지도 모를 일이다. 열차를 기다리며 인종익은 떨리는 마음을 진정시키려 자꾸만 스스로에게 되뇌었다. "이번에 좌절하면 또 이 뒤를 이어 (다른 인물이) 나올 것이고, 100인을 죽이면 100인이 나올 것이다. 인심은 물이다. 한강이다. 아무리 막더라도 물은 물로서 새어 나와 흐를 것이다."

◆ 혁명가들의 길

정작 이번 거사가 있기까지 마중물 구실을 해온 국외 혁명가들은 1일 만세시위에 참여할 수 없음이 운명의 역설이다. 경성을 넘어 평양을 건너 만주로 향하는 이는 김순애(30)다. 파리강화회의에 상해 신한청년당 대표로 파견된 남편 김규식(38)은 지금 인도양 위에 있다. 그는 3월 중순쯤에나 파리에 도착할 것이다. 그를 떠나보낸 뒤 김순애는 고국으로 돌아와 남편의 파리행과 상해의 독립운동 소식을 이곳저곳에 전달하고 다녔다. 국내에서 시끌벅적하게 봉기해야, 파리에서 김규식의 언동에 무게감이 실릴 것을 알기 때문이었다. 김순애에게 경성에서 만난 함태영(46)이 전해준 1일 독립선언식 소식은 단비와 같았다. 그도 마땅히 동참할 일이 아닌가 하였으나 이 일에 깊숙이 개입하고 있는 함태영은 김순애를 설득하였다. "그러다 (김순애가) 잘못되면 파리에 가 있는 김규식의 사기에 영향을 미칠 것이고 그러면 민족의 대업 완수에 지장이 있을 것 아니겠는가." 옳은 말이었다. 김순애는 그 길로 조선을 벗어나기로 결심했다.

김규식이 파리에 갈 수 있도록 만반의 준비를 해왔던 신한청년당 총무 여운형(33)은 3·1거사는 상상도 하지 못한 채 블라디보스토크로 향하는 차갑고 고독한 여로에 있다. 동경과 상해, 경성을 오가며 거사를 촉진해왔던 장덕수(25)는 남산 경무총감부에 갇혀 있는 신세고, 이광수(27)와 중국 <중화신보> 기자 조동호(27)가 그나마 상해 신한청년당을 지키고 있다. 동경에서 유학생 선언서를 쓰고 난 뒤 상해에 건너온 이광수는 조동호의 방에 붙어살며 외신에 독립운동 소식을 알려왔다. 경성에서 거사를 앞두고 파견되어온 예수교(기독교) 목사 현순(39)의 방문은 이광수의 활동에 가일층 활력을 더하고 있다고 한다.

◆ 청년들이 걸어갈 길

국외 망명객들의 결기를 이어가는 것은 경성의 학생들이다. '조선총독부의 관심이 온통 국장에 쏠려 있는 지금은 정말이지 하늘이 준 기회가 아닌가.' 세브란스병원의 침상에 누운 강기덕(33·보성법률상업학교)은 생각했다. 이번 거사를 앞두고 김원벽(25·연희전문학교)·한위건(23·경성의학전문학교)과 함께 학생계를 대표하고 있는 그는 사흘 전인 25일 병원에 입원했다. 일제의 주목을 피하기 위한 술책이었다. 운동가들이 병문안을 구실로 찾아오면 병실에서 회의를 이어갔다. 허나 이제 몸을 움직일 때다.

이날 저녁 병원을 나온 강기덕은 최남선이 쓴 독립선언서 수천 부를 받아 챙겨 인력거에 실었다. 정동예배당에서 김원벽을 비롯한 각

유관순 수형기록 사진.

학교 대표 40여 명이 기다리고 있었다. 선언서를 나눠 가진 학생들은 이 자리에서 "1일 집회 때 폭력 행위가 발생하지 않도록 주의하고, 경찰의 주목을 받아 체포될 위험이 있는 사람들은 집회에 참여하지 말자"고 합의했다. 그들에겐 학생들만의 2차 독립운동이 예비되어 있는 까닭이다. '3월 5일 아침 9시 남대문역'. 국장이 끝나고 나면 대규모 귀향 인파가 남대문역에 몰릴 것을 고려한 전술이다. 학생들은 "내일 파고다(탑골) 공원에서 다시 만나자"고 인사를 나누며 흩어졌다. 1일 대규모 만세시위가 있을 거란 소식은 이날 오전부터 일반 학생들 사이에도 암암리에 전파되었다. 교실에서, 식당에서, 하숙집에서, 소식 빠른 학생들은 거사에 대해 목소리 낮춰 이야기하기에 바빴다. 대표적인 예수교 학교인 이화학당 여학생들에게도 이 소식은 파다했다. 이문회(이화문학회) 회원인 유관순(17)은 서명학(14) 등 동기들과 시위결사대를 조직해 시위에 참가하기로 맹세했다. "무슨 일이 있어도 내일은 담을 넘어서라도 우리도 독립운동에 나서자."

* 유관순을 비롯한 소녀들은 이튿날인 3월 1일 외국인 교사들이 외출을 저지하자 문자 그대로 담을 넘어 대한문 앞 만세 군중에 합류한다.

"거사의 날 밝았다"… 친일파 심장부 태화관에서 독립선포

28일 당초 경성 파고다공원에서 3월 1일 오후 거행될 민족대표들의 독립선언식이 인근 인사동 요릿집 태화관으로 급변경되었다. 학생들이 집결할 파고다공원에서 선언식을 가질 경우, 자칫 폭동으로 비화할 수 있다는 민족대표 일각의 우려에 따른 것으로 알려졌다. 거사의 3원칙 중 '일원화'를 포기하더라도 '비폭력·대중화'라는 대의를 위한 고육책이라는 해석과 함께 내란죄 적용을 피하기 위한 현실적 판단이라는 분석도 나온다.

이날 오후 5시경 종로 가회동 손병희 교주의 자택에 모인 민족대표 23인은 다음날로 다가온 거사에 대한 최종 논의를 진행하였다. 파고다공원에서 어떤 방법으로 선언서를 발표할지를 두고 논의가 이루어졌는데 기독교측 민족대표인 박희도(30) 씨가 학생들의 참여 문제를 꺼냈다. 대부분의 학생이 파고다공원에서 선언서를 발표한다는 사실을 알고 있어 다수의 학생이 모일 경우 불상사가 벌어질 수도 있으니 이에 대비해야 한다는 취지였다. 이에 거사의 실무 책임자인 최린(41) 보성고등보통학교장이 공부를 해야 할 학생들과 거사를 함께하는 것은 그리 좋은 일이 아니고, 청년은 격앙되기 쉬워 어떤 일을 벌일지 알 수 없으므로 장소를 바꾸는 것이 좋겠다고 제의하였다고 한 참석자가 전했다. 그의 말에 천도교 교주이자 거사의 영도자로 선정된 손병희(60) 선생이 동의하고 나서면서 선언서 발표 장소가 변경되었다. 내부사정을 잘 아는 관계자는 "이미 자진 검거를 다짐한 민족대표들의 체포 과정을 학생들이 목격하게 될 경우 폭력사태가 야기될 것을 우려한 것"이라고 풀이했다. 폭동사태가 발발할 경우 내란죄 적용을 피할 수 없고 이 경우 최고 사형까지 언도받을 수 있다.

태화관은 현재 친일파 이완용 학부대신의 소유다. 본래 조선 24대 왕 헌종이 총애한 후궁 경빈 김씨가 사저로 사용하던 곳인데 1907년 8월 경빈 김씨가 생을 다하자, 이완용 씨 형이자 궁내부대신이던 이윤용(65) 씨가 차지하였다. 그 후에 이완용 씨가 사들여 별장으로 쓰다가 한말에 궁내부 주임관으로 궁궐에서 어선과 향연을 담당하던 요리사 안순환(48) 씨에게 전세를 줬다. 안 씨는 유명한 궁궐 요릿집 명월관 분점을 이곳에 내었다. 더러 언론인과 유학생, 문인들이 이용하기도 했지만 친일파들이 즐겨 찾는 장소다. 독립선언 모의에 참여해온 한 인사는 "이완용의 별장으로 친일파들이 온갖 모의를 한 장소에서 독립선언식을 거행한다는 건 모든 매국적인 조약이 무효라는 사실을 만천하에 드러내는 것"이라고 설명하였다.

3·1선언서, 세계에 외친 '인류평등'… 평화와 공존 정신 담았다

선언서는 우리 민족의 강렬한 독립의지를 세계만방에 천명한 것에서 나아가 현 시기 독립운동의 이론과 논리를 정리한 대표적 문건으로 손색이 없었다. 특히 3월 1일 '거사'의 지도이념을 표출하고 독립의 절실한 필요성을 설득력 있게 호소함으로써 독립운동이 전국으로 파급되는 도화선 역할을 충분히 수행할 것으로 예상된다. 이른바 '3·1 독립선언서' 자체가 바로 거사를 상징한다고 보는 이유다.

선언서는 누가 읽어도 커다란 박력을 가지고 감명을 주고 있을 뿐만 아니라 서두의 독립국임을 선언하는 대목에서부터 끝의 공약삼장에 이르기까지 정연한 논리를 전개하고 있다. 가히 지금까지 이어져 온 독립운동사에서 가장 뛰어난 문장이라 할 만하다.

선언서는 "우리는 오늘, 조선이 독립한 나라이며 조선인이 이 나라의 주인임을 선언한다. 우리는 이를 세계 모든 나라에 알려 인류가 모두 평등하다는 큰 뜻을 분명히 하고, 우리 후손이 민족 스스로 살아갈

宣言書

3·1 독립선언서. 지금까지 이어져온 독립운동사에서 가장 뛰어난 문장이라 할 만하다.

정당한 권리는 영원히 누리게 할 것"이라고 시작한다. 우리는 여기서 '인류 평등'이라는 단어에 주목하고자 한다. 세계를 문명국과 야만국으로 나누고 강대국이 약소국을 침략·정복하는 것이 문명의 시혜라고 받아들여지던 시대에 인류가 평등하다는 엄연한 사실을 선언문 맨 앞에 내세웠다. 지금도 세계를 지배하고 있는 약육강식·적자생존의 '사회진화론'을 피억압 민족의 이름으로 거부하고 평화와 평등의 시대로 나아가자고 말한 것이다.

선언서에는 거사의 한 계기가 된 '민족자결'이란 용어가 한 번도 등장하지 않는다. 이것은 3·1 독립선언서가 적어도 민족 독립의 근거를 민족자결주의와 같은 외래적 정치이념에서 찾지 않았음을 뜻한다. 조선이 독립국임과 조선인이 자주민임을 선언하는 것은 누구의 승인이나 인정과는 관계없이 자명하다는 자존감이 내포돼 있다. 민족자결주의란 자신을 식민지 국가의 예속민으로 간주하는 사람들에게나 필요한 논리이리라.

"새로운 세계가 눈앞에 펼쳐졌다. 위력의 시대는 가고 도의의 시대가 왔다. 지난 한 세기 동안 갈고닦아 길러진 인도주의적 정신이 이제 막 밝아 오는 빛을 인류의 역사에 쏘아 비추기 시작하였다."

"우리의 본디부터 지녀온 자유권을 온전히 지켜 왕성한 번영에 삶을 즐겨 마음껏 누릴 것이며, 우리의 풍부한 독창력을 발휘하여 새봄이 가득 차 평화가 넘치는 온 세계에 우리 민족의 빛나는 문화를 맺게 할 것이다."

선언서에는 이처럼 평화와 자유, 인도주의의 가치가 녹아들어 있다. 강한 민족자존 의식이 드러나지만 그것이 결코 배타적이지 않고 포용과 공존의 정신을 바탕으로 하고 있다는 점에서 대단히 높은 정신사적 의미를 지닌다. 선언서의 전반적인 이념은 갈등보다는 조화, 분리보다는 통합에 가깝다고 할 수 있다.

"오늘 우리 조선의 독립은 조선인이 정당한 번영을 이루게 하는 것인 동시에, 일본이 잘못된 길에서 빠져나와 동양에 대한 책임을 다하게 하는 것이다. 또 중국이 일본에 땅을 빼앗길 것이라는 불안과 두려움으로부터 벗어나게 하는 것이며, 세계평화와 인류 행복의 중요한 부분인 동양 평화를 이룰 발판을 마련하는 것이다. 조선의 독립이 어찌 사소한 감정의 문제인가!"

이처럼 조선의 독립은 조선인만을 위한 것이 아니라 일본의 잘못을 바로잡는 것이며 중국을 불안에서 벗어나게 하는 것으로서 동양

평화, 나아가서는 세계평화와 인류 행복으로 연결된다는 점에서 정당성을 찾고 있었다.

"하나. 오늘 우리의 독립 선언은 정의, 인도, 생존, 존영을 위한 민족의 요구이니, 오직 자유로운 정신을 드날릴 것이요, 결코 배타적 감정으로 함부로 행동하지 말라."

"하나. 마지막 한 사람까지, 마지막 한순간까지, 민족의 정당한 뜻을 마음껏 드러내라."

"하나. 모든 행동은 질서를 존중하여 우리의 주장과 태도를 떳떳하고 정당하게 하라."

선언서의 말미에 있는 공약삼장은 최남선이 아니라 한용운이 추가했다는 주장이 나올 정도로 본문과는 사뭇 다른 분위기다. 비폭력을 전제로 하면서도 결연한 투쟁을 호소함으로써 만세시위가 전국으로 전개되는데 행동강령이나 지침과도 같은 역할을 할 것으로 기대된다.

‘종이 태극기 물결’ 육조 거리

3·1 만세시위 현장

“서울의 거리는 열광적인 독립만세를 연달아 부르는 군중들로 가득 찼다. 어느 틈에 만들었는지 종이로 만든 태극기의 물결, 대열 앞에는 학생들이 선두에 섰으며, 서울 시민들과 지방에서 올라온 시골 사람들이 이에 호응하였다. 시위 군중들의 맹렬한 기세에 일본 관헌들도 멍청하게 수수방관하고 있었다. 지금의 광화문 세종로 거리인 육조 거리가 콩나물시루같이 인파로 빽빽하였다. 그 속을 인력거를 타고 지나던 일본인 경기도 지사에게 모자를 벗어들고 만세를 부르라고 호통을 치니까 혼비백산한 이자는 시키는 대로 고분고분 만세를 불렀다. 해가 저물어도 만세 소리는 여기저기서 산발적으로 들려왔다.”(이희승, ‘내가 겪은 3·1운동’)

“백의(白衣)의 청년들이 앞을 다투어 대열에 가담했다. 인파는 광화문 네거리까지 꽉 메웠다. 우리 눈에는 왜놈 하나 보이지 않았다. 모두 만세꾼들이었다. 우리의 발걸음 앞에는 거칠 것이 없었다. ‘왜놈 물러가라'는 함성은 지축을 진동했다. 광화문 네거리에 이르러서 대열은 양분되었다. 한 대열은 경복궁으로 향했다. 그 후에 들은 말이지만 그리로 가서 광화문 앞에서 만세를 부를 때는 순사 한 사람이 순사 모자와 제복을 찢어 던지고 '조선독립 만세'를 부르며 시위에 가담하여 대중에게 깊은 인상을 주었다는 것이다."(정석해, '남대문역두의 독립만세')

한글학자와 당시 연희전문 2학년이었던 한 청년의 회고는 3·1운동 첫날 서울의 상황을 가늠하게 해준다. 지금으로부터 100년 전 오늘, 서울부터 멀리 원산까지 모두 일곱 개 도시의 민중들이 '조선독립 만세'를 외치며 거리로 쏟아져 나왔다. 일종의 계엄령 상태인 무단통치하의 서울에서 시위대는 밤늦도록 도심과 외곽을 돌며 만세시위를 벌였다. 3·1운동 연구의 권위자인 김정인 춘천교대(사회과교육과) 교수의 저서(『오늘과 마주한 3·1운동』)를 보면, 3·1운동 첫날 서울 시내 시위대의 구체적 이동 경로를 그려볼 수 있다.

오후 2시 탑골공원에서 200여 명으로 출발한 시위대는 동대문과 종로 방향으로 나뉘어 행진했다. 종로 쪽으로 진출한 시위대는 보신각에서 다시 둘로 나뉘었다.

한 갈래 시위대는 남대문통(남대문로)→남대문역(서울역)→의주통(의주로)→이화학당(정동)→미국영사관(정동)→대한문→광화문→조선보병대(정부종합청사)→서대문정(서대문로)→프랑스영사관(서대문)→서소문정(서소문로)→장곡천정(소공로)→본정(충무로)으로 나아갔다.

히사시가미라 불리는 일본식 헤어스타일 때문에 기생이라고 오해받은 경성여자고등보통학교 학생들의 3·1운동 첫날의 만세 시위.

다른 한 갈래 시위대는 보신각에서 무교정(무교로)으로 행진한 뒤 대한문→덕수궁 안→미국영사관→대한문을 거쳐 또 다시 둘로 나뉘었다. 그중 한 갈래는 광화문→조선보병대→서대문정→프랑스영사관→서소문정→장곡천정→본정으로 행진했다.

탑골공원을 나와 동대문 방향으로 가던 시위대는 창덕궁 방향으로 꺾은 후 안국정을 거쳐 광화문→서대문정→프랑스영사관으로 행진했다. 이 중 일부는 미국영사관→대한문→장곡천정→본정으로 행진했다. 또 한 무리는 종로통과 동아연초회사를 거쳐 동대문에서 해산했다.

200여 명으로 시작한 시위대는 오후 내내 서울 시내를 돌면서 수천 명에 이르게 되었다. 흩어졌다 합쳐지기를 반복한 그들은 오후 4

시께 본정인 충무로에 집결했다. 목적지는 남산 자락에 있는 일본 제국주의의 상징, 조선총독부였다. 다급해진 총독부는 조선군 사령관에게 군대 파견을 요청했고 조선헌병대는 오후 5시 무렵에 본정 2정목(저동)에 방어선을 치고 시위대를 총검으로 강제 해산했다. 비폭력 평화시위임에도 하세가와 총독은 군대를 동원, 무력으로 진압했다.

서울 시내에서 일어난 시위는 저녁이 되자 교외로 퍼졌다. 저녁 8시께 마포에 있는 전차 종점 부근에서는 전차에서 내린 사람들이 집결하면서 200여 명이 시위를 벌였다. 밤 11시께에는 신촌 연희전문학교(연세대) 부근에서 학생 200여 명이 만세시위를 벌였고 자정이 넘어서는 종로에서 400여 명이 만세시위를 이어갔다.

서울을 빼면 첫날 시위가 일어난 곳은 모두 지금의 북한 지역이었다. 평양·원산·진남포·의주·선천·안주에서 기독교인과 천도교인, 학생들을 주축으로 수만 명이 시위를 벌였다. 평양에선 고종의 죽음을 추모하는 봉도식을 거행한다는 명분 아래 숭덕학교 운동장과 남산형교회에 4000여 명이 집결했다. 봉도식 도중 대형 태극기가 단상에 게양되면서 독립선언식이 열렸다. 선언식 이후 거리로 쏟아져나온 시위대는 평양 시내를 돌며 조선독립 만세를 외쳤다. 저녁 무렵 시위대가 평양경찰서를 포위하자 경찰은 공포탄을 쏘며 진압에 나서 충돌이 빚어지기도 했다. 진남포와 선천에선 경찰의 발포로 첫날부터 희생자가 발생하였고 안주에서는 수십 명의 시위대가 체포된 주모자를 석방하라며 헌병대 정문 앞에서 농성을 벌였다.

이날 북쪽 지역 여섯 개 도시에서 일어난 만세시위는 다음 날부터 바로 인근 지역으로 퍼졌다. 1일부터 14일까지 2주 동안 전국에서 일어난 276회의 만세시위 중 70%가 북쪽에서 일어났다. 초기 3·1운동을 견인하며 독립운동의 '전국화'를 불러온 것은 북쪽이었다. 여기엔 지역적 특성과 정치적 조건이 영향을 끼쳤다. 변방에 대한 지역적·정치적 차별은 천도교와 기독교가 19세기 말부터 북쪽 지역에 뿌리를 내리게 한 배경이 되었다. 철도역이 있는 이들 여섯 개 지역은 선언서 배포와 독립운동 전파에도 용이했다.

3·1운동 당시 조선인들은 독립을 '요구'하지 않고 독립을 '선언'했다. 일본의 식민지배를 더는 용인할 수 없다는 각성은 조선인 스스로 자유인의 의식을 갖도록 만들었다. 노예의 삶에서 주인의 삶으로의 거대한 전환이었다.

이 땅의 주인은 바로 우리 자신이라는 자유의 외침은, 1919년을 온통 희망으로 들끓게 했다. 9년 동안의 식민지배로 명운이 다한 것처럼 보였던 조선이 3·1운동을 통해 드디어 깨어난 것이다.

감시 피해 기차와 인편으로… 배포 큰 선언서 배포작전

거사일을 하루 앞둔 28일 독립선언서 2만 1000매가 무사히 전국으로 배포됐다. 종교계와 학생들이 힘을 합쳐 이뤄낸 개가였다. 보성사에서 선언서를 인쇄한 지 하루 만의 일로 통신과 교통의 제약을 고려하면 실로 기적에 가까운 일이다.

먼저 천도교는 북부 지방을 중심으로 배포에 나섰다. 천도교 신자인 안상덕(39)은 2000매를 가지고 강원도와 함경도로 향했다. 김상열은 3000매를 가지고 평안도로 출발하였고 이경섭(45)은 1000매를 받아 황해도 지역 배포에 나섰다. 보성사 직원 인종익도 2만 매를 받아 전라북도와 충청북도로 떠났다.

기독교계 인사 중에는 이갑성(33)과 함태영(46)이 배포를 주도했다. 청년층을 대신해 민족대표로 이름을 올린 이갑성은 강기덕에게 1500매를 보내 학생들로 하여금 경성지역에 배포하도록 요청하였다. 이날 밤 정동교회에는 10여 명의 중등학교 학생 지도자들이 모여 선언서를 나눠 가졌다. 또한 이갑성은 이용상에게 300~400매를 주어 경상도에 배포하도록 하였다. 세브란스 의전에 다니던 김병수(21)에게는 100매쯤 주면서 고향 김제와 가까운 전북 군산 지방에 배포하도록 지시하였다. 함태영은 600매 정도를 평양에 보내고 남은 600매를 최연소 민족대표로 참여한 김창준(29)에게 전달하였다.

불교계에서는 한용운(40)이 배포를 맡았다. 28일 밤, 보성사 사장 이종일(61)로부터 3000매의 선언서를 넘겨받은 한용운은 계동의 자택으로 학생들을 긴급 소집하였다. 잡지 〈유심〉을 만들기도 한 그의 자택은 그를 따르던 학생들의 사랑방이었다. 이날 모인 학생들은 중앙학림(혜화전문학교 전신, 현 동국대)에 다니던 '유심회원' 아홉 명으로 한용운은 이들에게 경성과 남부지방에 배포하도록 지시하였다. 거사의 기획과 실행까지 종교계와 학생들은 하나였다.

민족대표 권동진 일본 조선군 사령관과 밀회

지난 2월 27일 천도교 창건자인 손병희(58) 씨 측근이자 민족대표 가운데 한 명인 권동진(58) 씨가 우쓰노미야 다로 조선군 사령관을 내밀하게 만난 것으로 전해졌다. 두 사람이 거사를 이틀 앞둔 날 밤 어째서 회동한 것인지를 두고 갖은 해석이 엇갈리고 있다. 하마터면 오래 준비한 만세시위 계획이 탄로 날 수 있는 '모험주의적 행동'이었다는 견해와, 거사를 앞두고 조선총독부 동태를 파악하면서 향후 대일 교섭을 염두에 둔 '계산된 만남'이었을 것이라는 상반된 관측이 나온다.

우쓰노미야 자택에서 일하는 한 조선인 식모는 28일 본지에 "권동진 선생이 경주·부산 등 남부지역 시찰을 마치고 어젯밤 용산으로 돌아온 우쓰노미야 사령관을 찾아왔다"며 "권 선생이 우쓰노미야에게 조선인 인심이 점차 나빠지고 있으며 도래하는 고종 장례식에서 우발적 사건이 발생할 수도 있으니 경계하라고 말하는 것을 들었다"고 말했다. 천도교 측 한 인사도 권 씨가 우쓰노미야 사령관과 회동하였다는 사실을 인정하였다.

거사를 목전에 둔 시기에 이들의 회동 이유를 명쾌하게 설명하는 자는 없다. 누가 보아도 성난 조선 인민이 독립을 외칠 날이 머지않은 기운이니, 권 씨가 일본은 어떤 대비를 하였는가 조사하기 위한 것이리라는 추측이 많다. 천도교 원로들은 독립선언 후에 일본과 교섭하여 정권을 인수하고 새 국가를 건설하려는 구상을 품었다고 하는데, 잠재적 교섭자로서 우쓰노미야를 점지한 것 아니냐는 추정도 나온다. 일본의 눈을 고종 장례식날에 집중시키려는 교묘한 계책이었을 수도 있다.

우쓰노미야는 작년 7월 조선군 사령관으로 부임한 일본 군인이다. 일본이 로서아 시베리아로 출병하도록 하기 위한 병참 업무를 수행하고자 왔는데, 부임 직후부터 전국 각지 순회와 조선인과 교류를 통해 일본 육군에 민심을 자세히 보고하는 일도 하고 있다고 한다.

* 두 사람의 회동 사실은 우쓰노미야가 조선 부임 기간에 쓴 일기에 적힌 것이다.

의 시위대에 총포 퍼부으며
, 봄꽃같은 만세 꺾으려 발악

1919년 3월 4일

지원 기자]
요?" 유여대
는 표정으
다. 1일 오후
숭실학교 운
립선언식을
었다. 운동
50여개 교
듣고 운집
군중이 독
고 있었다.
이 보낸 선
지 도착하
있었다. 선
하지 못할
경 유학생
립선언서)
나, 가능하

산까지
공리
만세행진
열찬 운동

선언서를 발
직할 터였
민족대표
독하는 시
에서도 선
으나 무리
모른다.
은 흘러가
려오기 전
것이 마땅
품고 유 목
서 동경 유
독하기 시
잠시만 기
천에서 왔
서를 가져
누군가가
여부의 선
게 건넸다.
누구인지
었다. 하늘
언서를 받
정차게 독
려갔다. 이
일동은 뜨
창가를 합
화회의에
하늘의
등등은 현
우리 권

방방곡곡 뒤흔든 만세시위

비폭력 평화행진 무자비 진압…일가족에 난도질도

일경, 수안서 시위대에 무차별 사격 13명 즉사

경성·평양·의주·원산 등 「독립선언」 전국 확산

◆경성시민들이 독립만세를 외치며 시가행진을 벌이고 있다.

리를 방해할쏘냐"

지난 1일 경성에서 독립선언식과 함께 수만 군중의 만세소리가 진천동지하였음은 조선 사람이라면 모를 수가 없을 터. 3일 고종황제의 인산 절차가 거행되었으므로 국장의 예를 다하기 위하여 경성은 잠시 소강상태에 들어갔다. 이날 각 지방에서 모여든 경성 시내 군중은 수십만명에 달했으나 만세를 부르지는 않았다. 허나 1일 경성 이북 지방 평양, 진남포, 안주, 의주, 선천, 원산 등지에서도 만세운동이 벌어졌고 이웃 동네로 시위가 퍼지고 있다. 모두 철도역이 있어 경성에서 선언서를 재빨리 배부받을 수 있는데다 천도교·예수교(기독교)가 득세한 지역들이다. 비록 33인의 민족대표들은 관헌에 붙 … 작성 … 계획 … 서는 … 도착 … '울고 가는 … 해도 곡산에도 3일 선언서가 배부되었다고 한다.

유여대·이승훈(55)·양전백(55)·정춘수(44) 목사 등 예수교 민족대표들의 본진인 북부지방의 운동 열기는 경성보다 한층 가열찬 것으로 전해지고 있다. 평북 선천에서는 신성학교 학생 150여명과 보성여학교 학생 60여명이 만세시위에 나섰는데, 이승훈 목사의 지시를 받은 신성학교 교사 홍성익(36)씨는 1일 정오 손가락을 단지하여 종이에 '조선독립'이라고 혈서를 써 학생들을 독려하였다. 시민들에게 나눠줄 태극기와 선언서를 손에 든 학생들은 질주하듯 행진하여 경찰서와 군청 등이 몰려 있는 시내 중심가에서 만세를 외쳤다.

경성에서 그리하였듯 시위에서 난폭적 행동을 벌인 이는 없었다. 민족대표들이 선언서에서 이미 비폭력적인 방침을 … 나 1일 선천 시가지에서 일본군은 해산 명령에 저항하는 학생과 시민들을 향해 즉시 발포를 시작하였다. 깃발을 들었던 이가 총탄에 맞아 그 자리에서 절명하였고 50~60여명의 군중이 체포되었다. 군중 해산 직후에는 신성학교 기숙사와 교회 등을 수색하여 추가 인원을 검거하였다. 진남포에서도 2일 '조선독립' 깃발을 들고 평화롭게 행진하던 군중에게 발포하여서 한 부부가 한날한시에 사망하는 등 무고한 생명이 희생되었다.

경성 시위 주모자들이 체포되면서 조선반도는 사실상 계엄상태에 들어갔지만 시위는 그칠 줄을 모르는 상태다. 일본 경찰은 시위 군중을 해산시킬 수 있는 모든 방법을 강구하였다. 함남 원산에서는 경찰서 앞에서 독립만세를 부르는 시위대를 해산시키기 위하여 공포를 쏘거나 소방 호스로 펌프 물을 뿌려대었다. 시위 가담자들을 놓치지 않도록 물감 물을 뿌려 옷에 묻은 물감으로 추후 관련자를 색출하기까지 하였다. 당황한 군중은 잠시 흩어졌다가도 이내 다시 모여 만세를 불렀다고 한다.

일본 헌병대의 무자비한 진압이 시위 군중의 분심을 자극하고 있으나 이에 맞선 조선 민중이 가질 수 있는 무기는 없다. 3일 황해도 수안에서는 시위 군중 400~500여명이 일본 헌병분견소를 찾아가 "이제 조선은 독립이 되었으니 일본인들은 빨리 물러가라"고 요구하였는데, 헌병대는 처음에는 당황하였다가 시위대가 재차 삼차 몰려들자 무차별 … 포) 행위에 대해서 항의를 하러 갔다. 이 노인을 헌병은 쏘아 죽였다. 그의 아내가 찾아와 시체를 발견하고 그 옆에 앉아 통곡했다. 그녀는 조용히 하라는 말을 들었으나 그대로 울고 있었으므로 헌병들은 또 그녀를 죽였다. 이 부부의 딸이 분견소로 갔는데, 이번에는 난도질을 해 죽였다." 1919년 3·1운동 기간 동안 비폭력의 원칙은 철저히 지켜졌다. 조선인이 손에 든 것은 고작 조그만 돌멩이나 나뭇가지를 꺾어 만든 회초리 정도였다. 만세운동에 나선 조선인이 총포를 동원했다는 기록은 확인된 적이 없다.

일제, 계엄 방불…분노 자극
매일신보는 눈감고 침묵
전국서 지하신문 배포 활발

조선 각지에서 독립만세를 고창하는 목소리가 천둥과 같이 울려 퍼지고, 이를 진압하는 일제의 총구가 불을 뿜어내는 와중에도 전국적인 배포망을 가진 유일한 신문 〈매일신보〉는 눈감고 귀닫은 듯 국장과 관련한 가십들만 쏟아내고 있다. 허나 선언서가 방방곡곡 전달되고 있는데다 어용신문을 대신하여 전국 각 학교 학생들이 격문과 지하신문을 만들어 배포하고 있으므로 민세운동의 기세는 한층 등등해질 것으로 예측된다. 국장 구경을 위하여 경성에 올라왔던 이들도 인산 뒤 고향으로 돌아가 만세운동을 일으키려 벼르고 있는 터이다.

이미 알고 있었다" 애써 태연한 척

곳에서 외치이지자 조선
하고도 흡사 아무 일 아닌
소를 부르고 있다.
매일신문)(오사카 마이니
총독부 보안담당 경무부
하는 이날 3·1 만세시위는
언이지만 그 형세는 알고
들이 선동하
것"이라며
수가 적으
소동을 확
대규모리
만 할 수 있
"고 말하였
모든 준비
진압될 것이다"라며 "큰
될 수 있으나 실제로는 결
적을 말해두고 싶다"고

◇◆◇◆◇◆

"결코 큰일 아니다"면서
창덕궁 돈화문 폐쇄하고
동경 독립선언까지 조사
민족 거사 축소하려 잔꾀

뒤로 처음 폐쇄되었다. 종로를 지나 당당히 걸어오는 군중을 보고 창덕궁 호위 경관이 다급히 폐쇄하였다고 한다. 하세가와 요시미치 총독 저택을 지키는 경비는 평소의 갑절이 되었고, 조선총독부 주요 인사인 야마가타 정무총감과 고지마 경무총장, 우사미 내무부장, 오노 군참모장, 무라타 총독부 무관, 시오자와 경무부장 등은 2일 오전 3시까지 선후책을 협의하였다는 말도 전해진다.

만세시위 벽두에 지난달 8일 일본 동경에서 독립선언을 한 학생들이 있는 것은 아닌지도 조사하고 있는 모양이다. 최근 귀선한 한 유학생은 본지에 "입국 관문에서 어찌서 조선에 가느냐 묻기에 중국 상해에 있는 숙부를 만나러 가는 길이라고 하였다"며 "그랬는데도

△주요 참고문헌
김정인, '1919년 3월1일 만세시위, 연대의 힘'(역사교육 · 2018)

"조선독립만세" 삼창 직후

독립선언서에 이름을 올린 민족대표 33인 가운데 29인은 지난 1일 경성 종로 인사동에 위치한 요릿집 태화관에서 "우리는 조선이 독립국임과 조선인이 자주민임을 선언한다"고 독립을 선언하고 곧바로 조선총독부에 체포되었다. 길선주(50), 유여대(41), 김병조(42), 정춘수(44)씨 4인의 대표는 무엇인가 잘못되었는지 약속대로 태화관에 당도하지 못하였다고 한다.

태화관에 가장 먼저 당도한 민족대표는 천도교 원로 손병희(58), 권동진(58), 오세창(55)씨다. 이들은 정오께 당도하여 태화관의 주인이자 한말 궁내부 주임관이던 안순환(48)씨에게 30명의 먹을 점심을 준비하라 이르고 일행을 기다리었다.

오후 2시 태화관 모여 거사
1시간여 선언서 낭독·만세

총독부, 신고전화 뒤에야
거사 파악하고 80명 보내

그 후에 2시 무렵까지 모두 29명의 대표가 모였다. 강기덕(34)씨 등 학생대표 몇명이 찾아와 파고다공원에서 대중들과 함께하자고 목청 높여 청하였지만 대표들은 학생들을 물리었다. 그 후 민족대표들은 독립선언서를 회람하고, 불교계 한용운(40)씨가 하는 짧은 연설을 들었다고 한다. 곧이어 일동이 일어나 '조선독립만세'를 삼창하였다. 발표 장소에 있었던 한 인사는 "낭독과 만세삼창 등에 총 1시간가량 소요되었다"며 "민족대표들 표정이 자못 비장하였으며 눈시울이 붉어진 선생들도 여럿 있었다. 만세를 외칠 때 파고다공원 쪽에서 천지를 뒤흔드는 것만 같은 군중들의 독립만세가 들리었다"고 당시 상황을 전했다.

조선총독부는 민족대표들이 모여 있는 것조차 제대로 알지 못하였던 모양이다. 안순환씨가 조선총독부 정무총감부에 전화를 걸어 '내 요…에서 민족대표들이 독립축하연을 하고 있다'고 알리…아, 조선총독부는 헌병과 경찰 80여명을 태화관에 …었다. 조선총독부가 체포한 민족대표 29인은 남산 경무총감부와 경성본정경찰서로 나뉘어 구인되어…

곧소리 일본의 민주주의

3월1일, 동경서도 대규모 시위

◆일본 동경에서 열린 …대연설회 모습.

공교롭게 같은날 시가행진했지만

천황의 뜻이라며 보통선거권 요구

조선독립만세의 함성이 반도를 뒤흔든 1일 공교롭게 일본 동경에서도 보통선거권을 요구하는 시민들의 대규모 시위가 벌어졌다고 하니 일본 제국주의가 안팎에서 곤궁한 처지에 내몰리는 것으로 볼 수도 있겠다. 이를 두고 말하기 좋아하는 호사가들은 의도치 않은 '내선일체'라고 농을 하지만 실상을 들여다보면 두 나라의 시위는 공통점보다 차이점이 더 크다.

지난 1일 오후 동경 히비야공원에 1만여 명의 시민들이 모여 보통선거권을 요구하며 시위를 벌였다. 기축년(1889) 처음 제정된 일본의 선거법은 만 25세 이상의 남성으로 연 15엔 이상 국세를 납부하는 자에게만 선거권을 인정했다. 경자년(1900)엔 그 기준이 10엔(당시 초임 교사 월급 11엔)으로 낮춰졌으나 여전히 소수의 부유층만 투표권을 갖는 상황이다. 선거 자체가 없는 조선에선 이마저도 부러워해야 할 테지만

2·8독립선언 이후 조선인 유학생들의 단골 시위장소이기도 한 히비야공원에서 출발한 시위대는 경성의 시위처럼 시가행진을 벌였다. 악대를 선두로 기마 지휘자의 지도 아래 긴자 거리를 지나 니주바시

(聖旨)에 따른 것
등의 서문 낭독
기도 하였다고
론들은 전하였다

보통선거 실시
주주의 요구 시
황이라니? 시위
황 거본은 보통
구라는 정치적
현이 초래할 '불
해소하는 '안전
은 아니었다. 올해
통선거운동단체
회가 재결성되
강령 제1조는 "우
이지 대제의 성지
보통선거를 요구
다. 민주주의 운
서도 천황제는 중
념적 뿌리이다. 군
적 천황제를 부정하지
그 안에서 민본(민주)주
구하고 있는 현 시기 일
운동의 이중적 모습인
조선과 일본의 피억압
단결하기 힘든 까닭이다

같은 날 경성에서 울
만세시위의 함성이 신
복한 시민이라는 인식
환을 보여준 것이라면,
민들의 외침은 '천황의

맨손 시위대에 총포… 조선은 계엄상태

“선언서는 아직이요?” 유여대(41) 목사가 염려하는 표정으로 뒤를 돌아보았다. 1일 오후 2시께 평북 의주 양실학교 운동장, 이제 막 독립선언식을 거행하려던 참이었다. 운동장에는 의주 일대 50여 개 교회로부터 소식을 듣고 운집한 700~800여 명의 군중이 독립선언을 기다리고 있었다. 경성의 민족대표들이 보낸 선언서는 2월 28일까지 도착하는 것으로 예정돼 있었다. 선언서가 제때 도착하지 못할 것에 대비하여 동경 유학생들의 선언서(2·8독립선언서)를 등사해 두었으나, 가능하면 민족대표들의 선언서를 발표하는 것이 바람직할 터였다. 경성 태화관의 민족대표들이 선언서를 낭독하는 시각에 맞추어 의주에서도 선언식을 열고자 하였으나 무리한 계획이었는지도 모른다.

일각일각 시간은 흘러가고, 일본 관헌이 몰려오기 전에 식을 거행하는 것이 마땅하였다. 아쉬움을 품고 유 목사가 군중 가운데서 동경 유학생 선언서를 낭독하기 시작했다. 그때였다. “잠시만 기다리시오!

나는 선천에서 왔소. 경성에서 선언서를 가져왔소!" 군중 속에서 누군가가 소리쳤다. 그는 200여 부의 선언서를 유 목사에게 건넸다. 급박한 순간, 그가 누구인지조차 확인할 수 없었다. 하늘이 도운 것인가. 선언서를 받아든 유 목사는 우렁차게 독립선언서를 읽어 내려갔다. 이어 운동장에 모인 일동은 뜨거운 목소리로 독립창가를 합창하였다. "만국평화회의에서 민족자결주의는 하늘의 명령이다. 자유와 평등은 현재의 주의인데 누가 우리 권리를 방해할쏘냐."

지난 1일 경성에서 독립선언식과 함께 수만 군중의 만세소리가 진천동지하였음은 조선 사람이라면 모를 수가 없을 터. 3일 고종황제의 인산 절차가 거행되었으므로 국장의 예를 다하기 위하여 경성은 잠시 소강상태에 들어갔다. 이날 각 지방에서 모여든 경성 시내 군중은 수십만 명에 달했으나 만세를 부르지는 않았다. 허나 1일 경성 이북 지방 평양, 진남포, 안주, 의주, 선천, 원산 등지에서도 만세운동이 벌어졌고 이웃 동네로 시위가 퍼지고 있다. 모두 철도역이 있어 경성에서 선언서를 재빨리 배부받을 수 있는 데다 천도교·예수교(기독교)가 득세한 지역들이다. 비록 33인의 민족대표들은 관헌에 붙잡혀 갔지만, 그들이 작성한 전국적 선언서 배부 계획은 성공한 것이다. 선언서는 산간벽지까지 무사히 도착하였다. 첩첩산중이라 '울고 가는 곡산'이라 불린 황해도 곡산에도 3일 선언서가 배부되었다고 한다.

유여대·이승훈(55)·양전백(55)·정춘수(44) 목사 등 예수교 민족대표들의 본진인 북부지방의 운동 열기는 경성보다 한층 가열찬 것으로 전해지고 있다. 평북 선천에서는 신성학교 학생 150여 명과 보성여

경성 시민들이 독립만세를 부르며 시가행진을 벌이고 있다.

학교 학생 60여 명이 만세시위에 나섰는데, 이승훈 목사의 지시를 받은 신성학교 교사 홍성익(36) 씨는 1일 정오 손가락을 단지하여 종이에 '조선독립'이라고 혈서를 써 학생들을 독려하였다. 시민들에게 나눠줄 태극기와 선언서를 손에 든 학생들은 질주하듯 행진하여 경찰서와 군청 등이 몰려 있는 시내 중심가에서 만세를 외쳤다.

경성에서 그러하였듯 시위에서 난폭적 행동을 벌인 이는 없었다. 민족대표들이 선언서에서 이미 비폭력적인 방침을 선언하였거니와, 시위 중심부가 <조선독립신문>을 발행하여 재차 시위 군중들에게 "최후의 일인이 잔여하더라도 결단코 난폭적 행동이라든지 파괴적 행동을 삼갈 것"을 당부하였음이다. 그러나 1일 선천 시가지에서 일본군은 해산 명령에 저항하는 학생과 시민들을 향해 즉시 발포를 시작하였다. 깃발을 들었던 이가 총탄에 맞아 그 자리에서 절명하였고 50~60여 명의 군중이 체포되었다. 군중 해산 직후에는 신성학교 기숙사와 교회 등을 수색하여 추가 인원을 검거하였다. 진남포에서도 2일 '조선독립' 깃발을 들고 평화롭게 행진하던 군중에게 발포하여서 한 부부가 한날한시에 사망하는 등 무고한 생명이 희생되었다.

경성 시위 주모자들이 체포되면서 조선 반도는 사실상 계엄상태에 들어갔지만 시위는 그칠 줄을 모르는 상태다. 일본 경찰은 시위 군중을 해산시킬 수 있는 모든 방법을 강구하였다. 함남 원산에서는 경찰서 앞에서 독립만세를 부르는 시위대를 해산시키기 위하여 공포를 쏘거나 소방 호스로 펌프 물을 뿌려대었다. 시위 가담자들을 놓치지 않도록 물감 물을 뿌려 옷에 묻은 물감으로 추후 관련자를 색출하기

경성 시민들이 서울 동대문 성루에 올라 독립 만세를 외치고 있다.

까지 하였다. 당황한 군중은 잠시 흩어졌다가도 이내 다시 모여 만세를 불렀다고 한다.

일본 헌병대의 무자비한 진압이 시위 군중의 분심을 자극하고 있으나 이에 맞선 조선 민중이 가질 수 있는 무기는 없다. 3일 황해도 수안에서는 시위 군중 400~500여 명이 일본 헌병분견소를 찾아가 "이제 조선은 독립이 되었으니 일본인들은 빨리 물러가라"고 요구하였는데, 헌병대는 처음에는 당황하였다가 시위대가 재차 삼차 몰려들자 무차별 사격을 퍼부은 것으로 전해졌다. 13명이 즉사하고 18명이 다치고 83명이 체포되었다. 이날 상황을 한 서양인 선교사는 이렇게 전하였다. "한 노인이 (헌병대의) 한국인에 대한 (발포) 행위에 대해서 항의를 하러 갔다. 이 노인을 헌병은 쏘아 죽였다. 그의 아내가 찾아와 시체를 발견하고 그 옆에 앉아 통곡했다. 그녀는 조용히 하라는 말을 들었으나 그대로 울고 있었으므로 헌병들은 또 그녀를 죽였다. 이 부부의 딸이 분견소로 갔는데, 이번에는 난도질을 해 죽였다."

조선 반도는 사실상 계엄상태에 들어갔지만 시위는 그칠 줄을 몰랐다.

조선 각지에서 독립만세를 고창하는 목소리가 천둥과 같이 울려 퍼지고, 이를 진압하는 일제의 총구가 불을 뿜어내는 와중에도 전국적인 배포망을 가진 유일한 신문 <매일신보>는 눈 감고 귀 닫은 듯 국장과 관련한 가십들만 쏟아내고 있다. 허나 선언서가 방방곡곡 전달되고 있는 데다 어용신문을 대신하여 전국 각 학교 학생들이 격문과 지하신문을 만들어 배포하고 있으므로 만세운동의 기세는 한층 등등해질 것으로 예측된다. 국장 구경을 위하여 경성에 올라왔던 이들도 인산 뒤 고향으로 돌아가 만세운동을 일으키려 벼르고 있는 터이다.

* 1919년 3·1운동 기간 동안 비폭력의 원칙은 철저히 지켜졌다. 조선인이 손에 든 것은 고작 조그만 돌멩이나 나뭇가지를 꺾어 만든 회초리 정도였다. 만세운동에 나선 조선인이 총포를 동원했다는 기록은 확인된 적이 없다.

민족대표 만세삼창 직후 총독부 연행

독립선언서에 이름을 올린 민족대표 33인 가운데 29인은 지난 1일 경성 종로 인사동에 위치한 요릿집 태화관에서 "우리는 조선이 독립국임과 조선인이 자주민임을 선언한다"고 독립을 선언하고 곧바로 조선총독부에 체포되었다. 길선주(50), 유여대(41), 김병조(42), 정춘수(46) 씨 4인의 대표는 무엇인가 잘못되었는지 약속대로 태화관에 당도하지 못하였다고 한다.

태화관에 가장 먼저 당도한 민족대표는 천도교 원로 손병희(58), 권동진(58), 오세창(55) 씨다. 이들은 정오께 당도하여 태화관의 주인이자 한말 궁내부 주임관이던 안순환(48) 씨에게 30명이 먹을 점심을 준비하라 이르고 일행을 기다리었다. 그 후에 2시 무렵까지 모두 29명의 대표가 모였다. 강기덕(34) 씨 등 학생대표 몇 명이 찾아와 파고다공원에서 대중들과 함께하자고 목청 높여 청하였지만 대표들은 학생들을 물리었다. 그 후 민족대표들은 독립선언서를 회람하고, 불교

민족대표 29명이 독립선언식을 가진 인사동 요리집 태화관.

계 한용운(40) 씨가 하는 짧은 연설을 들었다고 한다. 곧이어 일동이 일어나 '조선독립 만세'를 삼창하였다. 발표 장소에 있었던 한 인사는 "낭독과 만세삼창 등에 총 1시간가량 소요되었다"며 "민족대표들 표정이 자못 비장하였으며 눈시울이 붉어진 선생들도 여럿 있었다. 만세를 외칠 때 파고다공원 쪽에서 천지를 뒤흔드는 것만 같은 군중들의 독립만세가 들리었다"고 당시 상황을 전했다.

조선총독부는 민족대표들이 모여 있는 것조차 제대로 알지 못하였던 모양이다. 안순환 씨가 조선총독부 경무총감부에 전화를 걸어 '내 요릿집에서 민족대표들이 독립축하연을 하고 있다'고 알리고서야, 총독부는 헌병과 경찰 80여 명을 태화관에 보내었다. 총독부가 체포한 민족대표 29인은 남산 근처 경무총감부와 경성 본정경찰서로 나뉘어 구인되어 있다.

총독부, "알고 있었다"
애써 태연한 척

'조선독립 만세'가 곳곳에서 외치어지자 조선총독부가 혼비백산하고도 흡사 아무 일 아닌 척하는 모양새가 조소를 부르고 있다.

지난 3일치 <대판매일신문>(오사카 마이니치)에 따르면, 조선총독부 보안담당 경무부장 시오자와 헌병대좌는 이날 3·1 만세시위는 "돌연이라고 하면 돌연이지만 그 형세는 알고 있었다. 요는 학생들이 선동하여 함부로 망동하는 것"이라며 "경계하는 쪽이 사람 수가 적으면 오히려 무의미한 소동을 확대시킬 수 있으므로 대규모라고 할 정도는 아니지만 할 수 있는 준비는 다 하였다"고 말하였다. 또한 "단지 지금 모든 준비가 끝났기 때문에 곧 진압될 것이다"라며 "큰 소동인 것처럼 생각될 수 있으나 실제로는 결코 큰일이 아니라는 점을 말해두고 싶다"고 하였다.

그러나 이는 조선 인민의 역사적 거사를 한낱 작은 소요인 것처럼 보이게 하려는 잔꾀에서 나온 말에 불과하다. 1일 시위에 나선 다수

야마가타 이사부로 정무총감.

가 보았듯, 창덕궁 돈화문은 1910년 경술국치 뒤로 처음 폐쇄되었다. 종로를 지나 당당히 걸어오는 군중을 보고 창덕궁 호위 경관이 다급히 폐쇄하였다고 한다. 하세가와 요시미치 총독 저택을 지키는 경비는 평소의 갑절이 되었고, 조선총독부 주요 인사인 야마가타 정무총감과 고지마 경무총장, 우사미 내무부장, 오노 군참모장, 무라타 총독부 무관, 시오자와 경무부장 등은 2일 오전 3시까지 선후책을 협의하였다는 말도 전해진다.

만세시위 배후에 지난달 8일 일본 동경에서 독립선언을 한 학생들이 있는 것은 아닌지도 조사하고 있는 모양이다. 최근 귀선한 한 유학생은 본지에 "입국 관문에서 어째서 조선에 가느냐 묻기에 중국 상해에 있는 숙부를 만나러 가는 길이라고 하였다"며 "그랬는데도 근자에 벌어진 소요에 관여하였느냐, 2월 8일에는 무엇을 하였느냐는 질문이 쇄도하였다"고 말하였다. 만세시위가 벌어질 형세를 진작 알고 있었는데도 어찌하여 돌연 돈화문을 폐쇄하고 경비를 늘리고, 밤을 새워 머리를 맞대었겠는가. 그들은 진정으로 놀란 것이다.

3월 1일 동경서도 대규모 시위 왜?

조선독립 만세의 함성이 반도를 뒤흔든 1일 공교롭게 일본 동경에서도 보통선거권을 요구하는 시민들의 대규모 시위가 벌어졌다고 하니 일본 제국주의가 안팎에서 곤궁한 처지에 내몰리는 것으로 볼 수도 있겠다. 이를 두고 말하기 좋아하는 호사가들은 의도치 않은 '내선일체'라고 농을 하지만 실상을 들여다보면 두 나라의 시위는 공통점보다 차이점이 더 크다.

지난 1일 오후 동경 히비야공원에 1만여 명의 시민들이 모여 보통선거권을 요구하며 시위를 벌였다. 기축년(1889) 처음 제정된 일본의 선거법은 만 25세 이상의 남성으로 연 15엔 이상 국세를 납부하는 자에게만 선거권을 인정했다. 경자년(1900)엔 그 기준이 10엔(당시 초임 교사 월급 11엔)으로 낮춰졌으나 여전히 소수의 부유층만 투표권을 갖는 상황이다. 선거 자체가 없는 조선에선 이마저도 부러워해야 할 테지만.

2·8독립선언 이후 조선인 유학생들의 단골 시위장소이기도 한 히비야공원에서 출발한 시위대는 경성의 시위처럼 시가행진을 벌였다. 악대를 선두로 기마 지휘자의 지도 아래 긴자 거리를 지나 니주바시(이중교)로 이동하던 시위대는 그 과정에서 기미가요(일본의 국가) 제창과 황성요배, '우리의 요구는 메이지 대제의 성지(聖旨)에 따른 것'이라는 등의 서문 낭독식을 하기도 하였다고 일본 언론들은 전

하였다.

보통선거 실시라는 민주주의 요구 시위에 천황이라니? 시위대의 천황 거론은 보통선거 요구라는 정치적 의사 표현이 초래할 '불온함'을 해소하는 '안전장치'만은 아니었다. 올해 1월 보통선거 운동 단체인 동맹회가 재결성되었을 때 강령 제1조는 "우리는 메이지 대제의 성지에 의해 보통선거를 요구한다"였다. 민주주의 운동 내에서도 천황제는 중요한 이념적 뿌리이다. 군국주의적 천황제를 부정하지 못하고 그 안에서 민본(민주)주의를 요구하고 있는 현 시기 일본 사회운동의 이중적 모습인 셈이다. 조선과 일본의 피억압 민중이 단결하기 힘든 까닭이다.

같은 날 경성에서 울려 퍼진 만세시위의 함성이 신민을 극복한 시민이라는 인식의 대전환을 보여준 것이라면, 동경 시민들의 외침은 '천황의 충실한 신민 되기'의 한 방편이라고 봐도 무방할 것 같다. 과연 일본의 천황제와 민주주의는 양립할 수 있을까.

…하는 시위 군중.

…학생들 "태극기 필참하고 남대문으로 모이라"

…서 다시, 거침없는 만세봉기

…지원 기자】 …, 남대문 역 …중으로 입 …다. 고종황 … 완료되어 … 있었으나, … 모여든 젊 …었다. 1일 만 … 뒤 일요일 …며 경성 일 …한 듯하였 …야였을 뿐 … 속에서 이 …달(19)씨도 …한 듯 지맛 …고 있었다.

…오천 군중 …한 기 들고 …등장하자 …만세" 외쳐

… 저고리와 … 차려입고 …었다. 평소 … 구두를 신 … 때는 구두 …다는 것을 … 누구나 알

…자립해서 살 …는 것은 하 …오. 그런데 … 맞지 않게 …타인의 지배 … 지금 독립 … 하늘이 정 … 것이오. 남 …하고 독립 …선인으로서 …도 여자이 …에 참가하 … 여학생으 … 이유에 대 … 말하였다. … 소식을 듣 …출을 금지 …서 만세를 …시 기회가 …반드시 뛰어 …리라. 그는 …갔다. …립운동'이 있 …은 학생들 …에 전달되 …는 거사 장 …을 알고 하

기미년통신 2차 만세시위

채순병 등 하숙방서 탄산지 통고문 400매 제작·배포
학생들, 남녀 없이 1일 만세 동력 이으며 「가열찬 행진」
일경 "앞열이 매 맞고 검거되면 다음 열이 또 돌진"

숙방 동기인 사립국어보급학교 학생 채순병(16), 중동야학교 학생 김종현(19), 경성고등보통학교 학생 최강윤(19) 제씨는 직접 통고문 제작에 나섰다. '5일 오전 8시30분 남대문 역전에 집합하여 제2회 독립운동을 개최하니 태극기를 가지고 오시오.' 4일 밤 경성부 안국동 93번지 하숙방에 모인 세 학생은 김종현씨가 비상금을 털어 사온 탄산지(복사에 쓰이는 종이) 200매를 400매로 쪼개어 철필로 이 같은 지령을 눌러썼다. 이들은 이 종이쪽지를 들고 나가 하숙집 인근 수송동·송현동·소격동·중학동 일대에 배포하였다고 한다. '만세', 그 목마른 외침 하나를 위한 것이었다.

5일 아침 모여든 군중은 5천여명(조선군사령부 추산 1만명)을 이뤘다. 우왕좌왕하는 인파 가운데서 홀연 누군가 목청을 높여 연설을 시작하였다. 국장 참석을 마치고 고향인 전남 광주로 돌아가던 예수교(기독교) 전도사 최흥종(39)씨였다. 최씨는 독립사상의 고취를 위한 연설을 하기 위해 기어코 서울에 올라온 것이라고 했다. 허나 연설을 시작하자마자 그의 말은 가로막히고 말았다. 이번 거사의 수뇌부인 김원벽(25·연희전문학교), 강기덕(33·보성법률상업학교)씨가 '조선독립'이라고 대서한 기를 든 채 차례로 인력거를 타고 영웅처럼 등장하였던 까닭이다. 약속한 시각에 조금 늦은 탓으로 인력거를 탄 것이 그들을 영락없는 지도자로 보이게끔 하였다. 그들의 등장에 누구랄 것도 없이 시위 군중은 "만세! 만세!" 외치대었다.

남대문 역전에 모인 시위대는 김·강 양씨를 선두로 남대문을 향해 행진하였다. '독립운동자의 표시를 명료하게 하기 위해… 둘러… 만세… 만세… 중 일… 게 전달하…

무엇을 향해 '만세'를 부르는 것인가. 군중 가운데 일부는 "독립이 되었다 믿고 만세를 부른다"고 하였고, 또 일부는 "군중이 독립만세를 부르고 있는 것이니 독립이 될 것으로 생각한다"고 하였다. 시위대 중 한 명으로 원산 구세병원 간호사인 탁마리아(탁명숙·25)씨의 기대는 솔직하다. "조선인이 독립의 희망을 가지고 있는 것을 이같이 떠들면 일본 정부나 세계 각국도 알게 될 것이다. 그리고 세계 각국에서도 조선을 독립시켜 준다고 하는 여론이 일어날 것이다. 그렇게 되면 일본 정부도 조선을 독립시켜 줄 것이다."

일제, 초반부터 강경진압
분개한 학생들엔 무용지물
전국 학교에 휴교령 내려

이미 1일 만세운동을 진압한 경험이 있는 일경은 이번에는 초반부터 강경 대응에 나섰지만 학생들은 저지선을 뚫고 가열차게 행진하였다. 여학생들은 대오에서 한치의 물러남도 없이 남학생들과 동등하게 나섰다. "전열이 매를 맞고 검거되면 다음이 또 열을 짓고 돌진하였다"고 총독부는 설명하였다. 100여명이 검거되어 경찰에 붙잡혀 갔으며 여학생들도 다수 섞여 있었다. 헌병대에 붙들린 홍순복(20)씨는 "나는 귀갓길에 조선호텔 앞에서 여학생이 체포당해 가는 것을 보고 크게 분개하여 '그곳에서 만세를 불렀다가 체포당했다"고 말했다.

이처럼 학생들이 만세운동의 주동세력이라는 사실이 확인되면서 5일을 전후해 전국의 학교들은 대부분 휴교령을 내렸다. 학교가 휴교하자 학생들은 봇짐을 싸서 고향으로 내려가고 있다. 학생들의 보따리 속…

이승만, 윌슨에 위임통치 청원

「조선독립 보장」 단서로 달았다지만
총칼에 억눌린 민중 기대 배반 평가

미주 방면 조선인 망명객 중 대표적 인사인 이승만(44) 박사가 3일 미국 윌슨 대통령에게 우리 조선을 '위임통치'하여 달라는 성원서를 제출한 것으로 확인되었다. 이 박사는 정한경(28)씨와 더불어 미주 동포 모임 대한인국민회의 대표로 금번 파리강화회의에 파견되었지만 일본의 훼방으로 여의치 않게 되자 이런 일을 벌인 것으로 보인다.

"저희들은 자유를 사랑하는 일천오백만 한국인의 이름으로 각하께서 여기에 동봉한 청원서를 평화회의에 제출하여 주시옵고, 또 이 회의에 모인 연합국 열강이 장래에 조선의 완전한 독립을 보장한다는 조건하에 현재와 같은 일본의 통치로부터 조선을 해방시켜 국제연맹의 위임통치 아래에 두는 조치를 취할 수 있도록 하는 저희들의 자유 염원을 평화회의 석상에서 지지하여 주시기를 간절히 청하는 바입니다. 이것이 이루어질 수 있다면 한반도는 모든 나라에 이익을 제공할 중립적 통상 지역으로 변할 것입니다."

본지가 4일 입수한 이승만·정한경 양씨의 위임통치청원서 일부다. 비록 "조선의 완전한 독립을 보장한다"는 단서를 적용하기 …연맹의 위임통치 …객들 사이의 … …에 나선 것은 …는 파리강화회의 대표로 낙점 되긴 하였으나 일본 영사의 방해공작 등으로 여행권 발급이 불가해지자 미국 워싱턴 요양… 누운 상태였다. 파리행 대신, 미국 프…

◇◈◇◈◇◈◇
파리행 좌절 뒤 정한경과
"국제연맹의 위임통치" 요청
위험한 외교책, 논란 불지펴

…학 동창이자 '민족자…' 화신인 윌슨 대통령을 … 나서라도 우리의 처지… 하려 하였으나 이마서… 로 여유가 없다"는 절… 변만을 받았다.

사면초가의 처지에… 통치 청원은 동포의 기대를 짊어진… 가 호소할 수 있는 최후의 외교 방… 수도 있겠다. 허나, 이는 조선반도에… 의 총탄을 맞아가면서도 '파리강화…서 우리 대표들이 활약해줄 것'을 … 절하게 독립만세를 외치고 있는 민… 를 완전히 배반하는 주장이 아닐 수 … 현금과 같은 약육강식의 국제정세… 위임통치 청원의 위험성을 간과하… 박사의 판단능력도 신용하기가 어… 말도 나온다. 본래 "나는 국내에서… 에서 혁명을 책동할 꿈을 꾼 일조… 강조해온 현실론자에게 조선인들은… 기대를 건 것인가.

1919년 3월 6일

"서양의 동정을 얻어야"

【1919년 3월5일 경성/오승훈 기자】 이승만 박사가 미국 대통령 윌슨에게 위임통치라는 일종의 식민통치를 청원한 것은, 타협적 현실주의 운동을 견지해온 그에겐 자연스러운 귀결이라 할 만하다. 그는 외교 중심의 독립노선을 일관되게 유지하였다. 러일전쟁 이후 집필한 〈독립정신〉에서 "외교가 나라를 유지하는 법이며, 외교를 친밀히 하는 것이 강대국 사이에서 국권을 보존하는 방법"이라고 주장하였다.

그가 유학을 목적으로 미국에 건너간 것은 경술년(1910) 6월이었는데 공교롭게

독립진영 근심거리 이승만

◆1905년 8월, 시어도어 루스벨트 미 대통령을 만나러 예복을 갖춘 이승만.

타협적 현실주의 매몰된 「외교독립론」
105인 사건 뒤 도미·일본지배 찬양도
특권·권위의식 강하고 왕족 행세까지

이때는 일본의 한국 병합이 임박한 시점이었다. 국권을 잃자 동년 9월에 귀국한 그는 중앙기독교청년회 교육부 간사를 맡으면서 전도 및 교육사업에 뛰어들었다. 하지만 이것도 잠시, 소위 '105인 사건'으로 불리는 기독교계 인사들에 대한 대대적인 검거 선풍을 피해 다시 도미한다.

17개월 만에 미국으로 다시 돌아간 이승만은 공공연히 일본의 조선 통치를 찬양하는 듯한 발언을 서슴지 않았다. 그를 잘 아는 재미 독립운동가들은 "당시 이승만이 또다시 귀국해야 될지도 모른다는 생각을 은연중 갖고 있었다"고 전한다.

계축년(1913) 초 하와이에 정착한 이승만은 '105인 사건'을 다룬 〈한국교회 핍박〉이라는 선전책자에서 무력항쟁이나 의열투쟁의 부질없음을 공박하고 나섰다. "한국인들은 불평한 마음에서 우러나오는 혈기지… 억누르고 형편과 사정… 펴 기회를 기다리면서… 는 교육과 교화에 힘쓰… 로는 서양인에게 우리… 을 널리 알려 동정을 얻… 면 순풍을 얻어 돛 단… 이 우리의 목적지에 도… 수 있다." 한마디로 인내… 때를 기다리자는 얘기…

명문 양반가 출신들… 뤄진 기호파의 대표주… 던 이승만은 미국에서… 적 교육을 받았고 기독… 으로 미국 생활도 오… 지만, 권위의식이 매우… 인물이었다. 미국에서… 으로 행세하기도 했고… 왕 이은에 대해 묘한… 벌의식을 가졌다는 이… 도 들린다. 봉건적 특권… 이 남달랐던 그는 양녕… 의 후예를 자처했다. 민… 시대, 이승만이 부상할… 민족진영의 근심이 늘… 는 한 이유다.

쓴소리 일본신문 3·1만세 보도

제 잘못은 제쳐두고 "음모" 외치는 꼴이라니

조선인 희생은 한 줄도 찾을 수 없… 폭도·불온격문…일본인 피해만…

지난 1일 전국적인 만세시위가 일어나자 일본의 주요 일간지들이 이를 일부 종교지도자의 음모 또는 외국인 선교사의 선동에 의한 것이라고 보도하고 나섰다. 조선인을 '폭도' 또는 '범인'으로 규정하고, '폭민의 경찰서 습격' '헌병 참살' '순사 학살' '내지인 상점에서 폭행' 등 일본인의 피해만을 과대선전하며 만세시위를 비난 공격하는 데 급급한 것이다.

만세시위를 일본에 처음 보도한 언론은 3일자 〈동경아사히신문〉과 〈동경니치니치신문〉이었다. 이어 5일에는 〈중외산업신보〉 등이 서울과 지방의 상황을 앞다퉈 전하였다. 이 중 '불온격문배포'라는 제목의 〈동경아사히신문〉 첫 기사는 다음과 같다.

다. 1일 아침 남대문역에서 선인(鮮人)이 조선어로 쓴 격문을 붙였다. 또 조선인으로서 중요한 자에게도 같은 격문을 배포하였다. 이에 경무총감부는 활동을 개시하였다. 덕수궁 장례식에 참석중이던 고다마 경무총감은 오전 11시 반, 급거 경무총감부로 돌아가 헌병대 경찰서장을 집합시켰다."

태화관의 민족대표들과, 파고다공원의 학생층을 중심으로 거행된 독립선언식에 대한 내용은 일절 언급하지 않은 채, 경무총감부의 활동만을 일본에 알리는 기사였다. 작년 쌀폭동 당시 일본 민중의 입장을 대변해 정론지로 각광을 받은 〈동경아사히신문〉의 면싱이 무색한 지경이다.

◆〈조선 각지의 폭동〉이란 제… 사히신문〉 지면.

더욱이 일본인들에게 만… 대한 편견과 적개심을 불러… 위해 진압 과정에서 일본이… 를 과도하게 부각시킨 반… 사상자에 대해선 한 줄도… 않았으니 조선인을 사람으… 않는 일제의 어용언론답다… 언론이 아니라 언롱(言弄)… 만하다. 권력과 한 몸이 되… 호도하는 언론 모리배들은… 땅에도 차고 넘친다.

…료관, 〈해외의 한국독립운동 사료〉
… 정부 초기 위임통치 청원논쟁'(한국…
…구)(역사비평사·2005)
…이대올로기)(역사비평사·2005)
이규수, '3.1운동에 대한 일본언론의 인식'(역사비평·2003)
박찬승, '만세시위의 기폭제가 된 서울시위'(3·1운동 100주년 기념 심포지엄·2018)
한국역사연구회 3·1운동100주년기획위원회, 〈3·1운동 100주년 총서〉(휴머니스트·2019)
노예달·탁마리아 등 신문조서 〈한민족독립운동사자료집〉(국…

경성서 다시,
거침없는 만세봉기

5일 아침 8시 무렵, 남대문 역전은 쇄도하는 군중으로 입추의 여지가 없었다. 고종황제의 국장 절차가 완료되어 귀향하는 이들도 있었으나, '거사' 소식을 듣고 모여든 젊은 학생도 다수였다. 1일 만세운동이 전개된 뒤 일요일과 인산일을 지나며 경성 일대가 비교적 조용한 듯하였지만 이는 태풍 전야였을 뿐이다. 왁자한 인파 속에서 이화학당 2학년 노예달(19) 씨도 흥분을 감추지 못한 듯 치맛자락을 손에 꾹 쥐고 있었다. 그는 이날 아침 흰 저고리와 흰 치마를 상하로 차려입고 짚신을 꺼내어 신었다. 평소엔 조선 복식에도 구두를 신지만 달음박질칠 때는 구두보다 짚신이 편하다는 것을 조선 여학생이라면 누구나 알고 있을 것이다.

"모든 사람이 자립해서 살아가도록 되어 있는 것은 하늘이 정해준 것이오. 그런데 조선은 그 이치에 맞지 않게 일본과 병합되어 타인의 지배하에 있게 되었소. 지금 독립할 수 있다면 이는 하늘이 정해준 이치에 맞는 것이오. 남자나 여자를 불문하고 독립이라는 것은 조선인으로서 기쁜 일이므로, 나도 여자이지만 그 독립운동에 참가하게 되었소." 노 씨는 여학생으로서 운동에 나선 이유에 대해 본지에 이같이 말하였다. 그는 1일 만세운동 소식을 듣고도 학교에서 외출을 금지하자 기숙사 안에서 만세를 외쳤다고 한다. 다시 기회가 생기기만 한다면 반드시 뛰어나가 '만세'를 부르리라. 그는 이날만을 기다려왔다.

이날 '제2회 독립운동'이 있을 것이라는 소식은 학생들 사이에서 암암리에 전달되었다. 풍설로 나도는 거사 장소가 제각각인 것을 알고 하숙방 동기인 사립 국어보급학교 학생 채순병(16), 중동야학교 학생 김종현(19), 경성고등보통학교 학생 최강윤(19) 제씨는 직접 통고문 제작에 나섰다. '5일 오전 8시 30분 남대문 역전에 집합하여 제2회 독립운동을 개최하니 태극기를 가지고 오시오.' 4일 밤 경성부 안국동 93번지 하숙방에 모인 세 학생은 김종현 씨가 비상금을 털어 사온 탄산지(복사에 쓰이는 종이) 200매를 400매로 쪼개어 철필로 이 같은 지령을 눌러썼다. 이들은 이 종이쪽지를 들고 나가 하숙집 인근 수송동·송현동·소격동·중학동 일대에 배포하였다고 한다. '만세', 그 목마른 외침 하나를 위한 것이었다.

5일 아침 모여든 군중은 5000여 명(조선군 사령부 추산 1만 명)을 이뤘다. 우왕좌왕하는 인파 가운데서 홀연 누군가 목청을 높여 연설을 시작하였다. 국장 참석을 마치고 고향인 전남 광주로 돌아가던 예수교(기독교) 전도사 최흥종(39) 씨였다. 최 씨는 독립사상의 고취를 위한 연설을 하기 위해 기어코 서울에 올라온 것이라고 했다. 허나 연설을

경성 시내를 행진하는 시위 군중.

시작하자마자 그의 말은 가로막히고 말았다. 이번 거사의 수뇌부인 김원벽(25·연희전문학교), 강기덕(33·보성법률상업학교) 씨가 '조선독립'이라고 대서한 기를 든 채 차례로 인력거를 타고 영웅처럼 등장하였던 까닭이다. 약속한 시각에 조금 늦은 탓으로 인력거를 탄 것이 그들을 영락없는 지도자로 보이게끔 하였다. 그들의 등장에 누구랄 것도 없이 시위 군중은 "만세! 만세!" 외쳐대었다.

남대문 역전에 모인 시위대는 김·강 양 씨를 선두로 남대문을 향해 행진하였다. '독립운동자의 표시를 명료하게 하기 위한' 붉은 띠를 팔뚝에 둘러맨 학생들은 지도자들이 만세를 선창하면 그에 따라 만세를 고창하였다. 학생들 중 일부는 선전물을 군중에게 전달하기에 바빴다.

무엇을 향해 '만세'를 부르는 것인가. 군중 가운데 일부는 "독립이 되었다 믿고 만세를 부른다"고 하였고, 또 일부는 "군중이 독립만세를 부르고 있는 것이니 독립이 될 것으로 생각한다"고 하였다. 시위대 중 한 명으로 원산 구세병원 간호사인 탁마리아(탁명숙·25) 씨의 기대는 솔직하다. "조선인이 독립의 희망을 가지고 있는 것을 이같이 떠들면 일본 정부나 세계 각국도 알게 될 것이다. 그리고 세계 각국에서도 조선을 독립시켜 준다고 하는 여론이 일어날 것이다. 그렇게 되면 일본 정부도 조선을 독립시켜 줄 것이다."

이미 1일 만세운동을 진압한 경험이 있는 일경은 이번에는 초반부터 강경 대응에 나섰지만 학생들은 저지선을 뚫고 가열차게 행진하였다. 여학생들은 대오에서 한치의 물러남도 없이 남학생들과 동등하게 나섰다. "전열이 매를 맞고 검거되면 다음이 또 열을 짓고 돌진하였다"고 총독부는 설명하였다. 100여 명이 검거되어 경찰에 붙잡혀 갔으며 여학생들도 다수 섞여 있었다. 헌병대에 붙들린 홍순복(20) 씨는 "나는 귀갓길에 조선호텔 앞에서 여학생이 체포당해 가는 것을 보고 크게 분개하여 그곳에서 만세를 불렀다가 체포당했다"고 말했다.

이처럼 학생들이 만세운동의 주동세력이라는 사실이 확인되면서 5일을 전후해 전국의 학교들은 대부분 휴교령을 내렸다. 학교가 휴교하자 학생들은 봇짐을 싸서 고향으로 내려가고 있다. 학생들의 보따리 속, 가슴속에는 '선언서'가 숨겨져 있었고, 이들은 고향에서 만세운동 소식을 알리는 전령이 된다. 이화학당 학생 유관순(17)도 그런 숱한 학생 운동가 중 한 명이었다.

이승만, 윌슨에 위임통치 청원

미주 방면 조선인 망명객 중 대표적 인사인 이승만(44) 박사가 3일 미국 윌슨 대통령에게 우리 조선을 '위임통치'하여 달라는 청원서를 제출한 것으로 확인되었다. 이 박사는 정한경(28) 씨와 더불어 미주 동포 모임 대한인국민회의 대표로 금번 파리강화회의에 파견되었지만 일본의 훼방으로 여의치 않게 되자 이런 일을 벌인 것으로 보인다.

"저희들은 자유를 사랑하는 1500만 한국인의 이름으로 각하께서 여기에 동봉한 청원서를 평화회의에 제출하여 주시옵고, 또 이 회의에 모인 연합국 열강이 장래에 조선의 완전한 독립을 보장한다는 조건하에 현재와 같은 일본의 통치로부터 조선을 해방시켜 국제연맹의 위임통치 아래에 두는 조치를 취할 수 있도록 하는 저희들의 자유염원을 평화회의 석상에서 지지하여 주시기를 간절히 청하는 바입니다. 이것이 이루어질 수 있다면 한반도는 모든 나라에 이익을 제공할 중립적 통상지역으로 변할 것입니다."

본지가 4일 입수한 이승만·정한경 양 씨의 위임통치청원서 일부다. 비록 "조선의 완전한 독립을 보장한다"는 단서를 적용하기는 하였으나 "조선을 국제연맹의 위임통치 아래에 두는 조치"라니, 향후 정객들 사이의 논란이 예상되는 대목이다.

이 박사가 이 같은 청원서 작성에 나선 것은 지난달 25일이라고 한다. 이 박사는 파리강화회의 대표로 낙점되긴 하였으나 일본 영사의 방해공작 등으로 여행권 발급이 불가해지자 미국 워싱턴 요양원에 앓아누운 상태였다. 파리행 대신, 미국 프린스턴대학 동창이자 '민족자결주의'의 화신인 윌슨 대통령을 직접 만나서라도 우리의 처지를 호소하려 하였으나 이마저도 "공무로 여유가 없다"는 절망적인 답변만을 받았다. 이 박사 측은 또 프랭클린 레인 미국 내무장관에게도 지원을 요청하여 보았지만, '미국 정부의 기본 방침은 한국 대표가 파리강화회의에 참석하는 것은 적절치 않다는 것'이라는 반응을 보였다고 한다.

사면초가의 처지에서 위임통치 청원은 동포의 기대를 짊어진 이 박사가 호소할 수 있는 최후의 외교 방편이었을 수도 있겠다. 허나, 이는 조선 반도에서 일제의 총탄을 맞아가면서도 '파리강화회의에서 우리 대표들이 활약해줄 것'을 믿으며 애절하게 독립만세를 외치고 있는 민중의 기대를 완전히 배반하는 주장이 아닐 수가 없다. 현금과 같은 약육강식의 국제정세 속에서 위임통치 청원의 위험성을 간과하였다면 이 박사의 판단 능력도 신용하기가 어렵겠다는 말도 나온다. 본래 "나는 국내에서나 하와이에서 혁명을 책동할 꿈을 꾼 일조차 없다"고 강조해온 현실론자에게 조선인들은 꿈같은 기대를 건 것인가.

"서양의 동정을 얻어야" 독립진영 근심거리 이승만

이승만 박사가 미국 대통령 윌슨에게 위임통치라는 일종의 식민통치를 청원한 것은, 타협적 현실주의 운동을 견지해온 그에겐 자연스러운 귀결이라 할 만하다. 그는 외교 중심의 독립노선을 일관되게 유지하였다. 러일전쟁 이후 집필한 『독립정신』에서 "외교가 나라를 유지하는 법이며, 외교를 친밀히 하는 것이 강대국 사이에서 국권을 보존하는 방법"이라고 주장하였다.

그가 유학을 목적으로 미국에 건너간 것은 경술년(1910) 6월이었는데 공교롭게 이때는 일본의 한국 병합이 임박한 시점이었다. 국권을 잃자 동년 9월에 귀국한 그는 중앙기독교청년회 교육부 간사를 맡으면서 전도 및 교육사업에 뛰어들었다. 하지만 이것도 잠시, 소위 '105인 사건'으로 불리는 기독교계 인사들에 대한 대대적인 검거 선풍을 피해 다시 도미한다.

17개월 만에 미국으로 다시 돌아간 이승만은 공공연히 일본의 조선 통치를 찬양하는 듯한 발언을 서슴지 않았다. 그를 잘 아는 재미 독립운동가들은 "당시 이승만이 앞날에 대한 자신감을 상실하고 있었을 뿐만 아니라 또다시 귀국해야 될지도 모른다는 생각을 은연중 갖고 있었다"고 전한다.

시어도어 루스벨트 미 대통령을 만나려고 예복을 갖춰 입은 이승만. (1905년 8월)

계축년(1913) 초 하와이에 정착한 이승만은 '105인 사건'을 다룬 <한국교회 핍박>이라는 선전책자에서 무력항쟁이나 의열투쟁의 부질없음을 공박하고 나섰다. "한국인들은 불평한 마음에서 우러나오는 혈기지용을 억누르고 형편과 사정을 살펴 기회를 기다리면서 내로는 교육과 교화에 힘쓰고 외로는 서양인에게 우리의 뜻을 널리 알려 동정을 얻게 되면 순풍을 얻어 돛 단 것같이 우리의 목적지에 도달할 수 있다." 한마디로 인내하며 때를 기다리자는 얘기였다.

명문 양반가 출신들로 이뤄진 기호파의 대표주자였던 이승만은 미국에서 근대적 교육을 받았고 기독교인으로 미국 생활도 오래 했지만, 권위의식이 매우 강한 인물이었다. 미국에서 왕족으로 행세하기도 했고 영친왕 이은에 대해 묘한 라이벌의식을 가졌다는 이야기도 들린다. 봉건적 특권의식이 남달랐던 그는 양녕대군의 후예를 자처했다. 민국의 시대, 이승만이 부상할수록 민족진영의 근심이 늘고 있는 한 이유다.

"조선인 폭도"…<아사히>, 아싸리 정론지 이름 떼라

지난 1일 전국적인 만세시위가 일어나자 일본의 주요 일간지들이 이를 일부 종교지도자의 음모 또는 외국인 선교사의 선동에 의한 것이라고 보도하고 나섰다. 조선인을 '폭도' 또는 '범인'으로 규정하고, '폭민의 경찰서 습격' '헌병 참살' '순사 학살' '내지인 상점에서 폭행' 등 일본인의 피해만을 과대선전하여 만세시위를 비난 공격하는 데 급급한 것이다.

만세시위를 일본에 처음 보도한 언론은 3일자 〈동경아사히신문〉과 〈동경마이니치신문〉이었다. 이어 5일에는 〈중외산업신보〉 등이 서울과 지방의 상황을 앞다퉈 전하였다. 이 중 '불온격문배포'라는

朝鮮各地の暴動

米人の看護婦

鎮南浦の騒擾

四百名

'조선 각지의 폭동'이란 제목의 아사히신문(도쿄판) 1919년 3월 7일자 지면.

제목의 〈동경아사히신문〉 첫 기사는 다음과 같다.

"국장을 앞두고 경성은 각지로부터 올라온 자가 많아 매우 들끓었다. 1일 아침 남대문역에서 선인(鮮人)이 조선어로 쓴 격문을 붙였다. 또 조선인으로서 중요한 자에게도 같은 격문을 배포하였다. 이에 경무총감부는 활동을 개시하였다. 덕수궁 장례식에 참석 중이던 고다마 경무총감은 오전 11시 반, 급거 경무총감부로 돌아가 헌병대 경찰서장을 집합시켰다."

태화관의 민족대표들과, 파고다공원의 학생층을 중심으로 거행된 독립선언식에 대한 내용은 일절 언급하지 않은 채, 경무총감부의 활동만을 일본에 알리는 기사였다. 예상치 못한 사태의 발발로 관헌 측은 물론 언론계도 사건의 추이에 대응하기 어려웠겠으나, 작년 쌀폭동 당시 일본 민중의 입장을 대변해 정론지로 각광을 받은 〈동경아사히신문〉의 명성이 무색한 지경이다.

더욱이 일본인들에게 만세시위에 대한 편견과 적개심을 불러일으키기 위해 진압 과정에서 일본이 입은 피해를 과도하게 부각시킨 반면, 조선인 사상자에 대해선 한 줄도 기록하지 않았으니 조선인을 사람으로 여기지 않는 일제의 어용언론답다. 이쯤 되면 언론이 아니라 언롱(言弄)이라 부를 만하다. 권력과 한몸이 되어 진실을 호도하는 언론 모리배들은 지금 이 땅에도 차고 넘친다.

…지않아 좋은 소식 있으리" 상해로 몰려드는 투사…

파견을 계기로 독립운동 단체들을 하나로 묶어내려는 의지가 담긴 말이다.

실제로 최근 상해 보창로의 한 주택가에서는 수시로 독립운동가들이 회합을 하고 있는 것으로 전해졌다. 신규식·신채호씨 등 상해 1세대 운동가들과, 국내에서 기독교계 민족대표들의 특명을 받고 파견된 현순(39)씨, 2월 일본 유학생 독립선언 사건 주동자 중 한 명인 최근우(22)씨 등이 합류한 상태다. 김규식씨를 파리강화회의에 파견시키는 데 성공한 상해 소장파 모임 신한청년당에서는 여운형(33)씨가 노령 지역을 순회하고 귀환 중인 가운데, 이 씨의 동생 여운홍(28), 이광수(27), 조동호(27)씨 등이 이 회

동포 밀집한 로서아서 첫발
운동가들 상해로 모여들어
화합하며 독립 군불때기
안창호, 의연금 지원 예정

합에 참석 중이다. 여씨와 블라디보스토크에서 독립운동 방략을 논의한 이동녕(50)씨 등 노령지역 독립운동가들도 상해로 향하는 중이라고 한다. 현지 사정에 밝은 한 관계자는 "… 독립… 관은 … 므로 … 어야 한… 령의 문창범 등은 수십만 동포가 사는 로서아 지역이 적당하다고 목소리를 높이므로 의견이 갈린 것으로 알고 있다"고 전했다.

한편 조선반도의 만세운동 소식을 뒤늦게 접수한 미주지역 대한인국민회(회장 안창호)에서도 13일 중앙총회를 열었는데 이 자리에서 안창호 회장은 "피를 흘릴 각오를 하며, 미국의 여론을 일으키며 재정 공급에 나서야 한다"고 다짐한 것으로 전해졌다. 하와이·멕시코·미국 본토의 조선인이 수입의 20분의 1을 독립의연금으로 내어 "금전으로 싸우는 군인"이 되자는 다짐이다. 안창호 회장 역시 의연금을 들고 곧 상해로 향할 예정이다. 국망 9년 만에, 망명 지객들로부터 '민이 주인 되는 나라'를 향한 발걸음이 비로소 시작되고 있다.

1919년 3월 18일

◆1919년 3월17일 블라디보스토크에서 벌어진 3·1운동 만세시위.

"일제에 「육탄 혈전」 독립 다짐"

의군부 '대한독립선언서'로 전면전 선포

3·1 독립선언 열흘 만에 중국에서 독립운동가들이 모여 '대한독립선언서'(선언서)를 발표하였다. 특히 "인류 평등을 위해 일제와 '육탄혈전'을 다짐한다"는 선언서 내용은 인류를 문명과 야만으로 차등하는 일제를 사상적으로도 극복한 것이라는 평가가 나온다.

11일 중국 길림에서 대한독립의군부(의군부) 주도하에 김교헌·김규식·김동삼·김약연·김좌진·이승만·박은식·안창호 등 저명한 독립운동가 39인의 명의로 선언서가 발표되었다. 지난달 27일 길림에서 결성된 항일단체인 의군부는 3·1 만세시위 소식을 접하고 곧바로 선언서 작성에 착수하였다. 이날 4000부를 석판으로 인쇄해 국내와 서간도·북간도·노령·구미·북경·상해 및 일본으로 발송하였다.

조소앙이 기초한 선언서는 대한의 주권과 영토는 한민족 고유의 것이므로 다른 민족에게 양도할 수 없다는 점을 강조하면서 임진왜란 이래 일본이 저지른 죄악을 열거하고 있다. 특히 동양 3국의 원상 회복을 요구하고 있는 대목이 눈길을 끈다.

해외서도 일파만파 '대한독립만세' 함…

만세소식

【1919년 3월17일 경성/오승훈 기자】

만세시위가 전국으로 일파만파 확산되는 가운데 로서아와 중국 등 국외에서도 대한독립만세의 함성이 잇따라 터져 나오고 있다. 일제는 로서아·중국 정부를 압박해 탄압에 나서도록 종용하고 있다.

17일 오전 로서아의 소왕령(우수리스크)에서 대한국민의회(의장 문창범) 주도로 조선인 수백명이 모여 독립선언식을 하고 만세시위를 벌였다. 대한국민의회는 로서아와 중국령, 간도, 국내 지역 등의 대표자 130명이 지난달 하순 소왕령에 모여 결성한 최초 임시정부로 이날 시위와 함께 본격적인 출범을 알리게 됐다.

동일 오후에는 해삼위(블라디보스토크)에서도 만세 소리가 터져 나왔다. 오후 4시경 신한촌의 집집이 일제

로서아·해삼위 곳곳 태극기
2만여 동포 모여 만세 외쳐
중국에서도 1만 군중 집결

◇◈◇◈◇◈

일본, 로서아·중국 압박
한인 시위 금지 요구·종용
대한국민의회, 나서서 항거

히 태극기가 게양되었고, 국민의회 주최로 2만여명의 동포들이 참여한 가운데 독립선언식이 거행되었다. 조선인들은 거리에서 독립연설을 진행함과 동시에 독립선언서를 배포하고 만세를 외쳤다.

해가 진 오후 6시부터는 문창범의 지휘로 청년·학생들이 시내로 몰려가 자동차 3대와 마차 2대에 분승하여 태극기를 흔들고 독립선언서를 뿌리며 과감한 가두시위를 전개하였다.

다급해진 일본 총영사는 로서아사령관과 주(州)장관에게 문창범의 체포와 한인의 시위운동 금지를 요구하였다. 이에 러시아 관헌들은 오후 7시 반경 시위운동을 금지하고 동시에 시위 학생 이종일·방원범을 검거함과 동시에 신한촌의 태극기를 모두 끌어내리게 하였다. 일본과 러시아 당국의 탄압에 항거하여 국민의회는 조선인 노동자들에게 총파업 단행을 명령하고 신한촌 집결을 지시한 상태다.

앞선 13일 정오에는 중국의 북간도 지역인 용… 서도 1만여명의 조선… 여 '조선독립축하회'… 를의 만세시위를 벌… 날 시위는 시내 교회… 리는 종소리를 신호… 되었다. 서전벌에 모… 들을 상대로 대회 부… 형식 목사가 개회선언… 고, 대회장 김영학이 '… 류 조선민족 일동' 명… '독립선언 포고문'을… 였다. 독립축하회를 … 위대는 일본영사관… 용정 시내를 향하여… 였는데 명동학교와 정… 학생 320여명으로 조… 렬대(총대장 김학수)… 서고 북과 나팔을 맨… 그 뒤를 이었다. 조선… 태극기를 흔들고 '조선… 세'를 외치며 행진에… 였다.

돋보기

지난 1일부터 전국 각지에서 만세운동이 열렬히 전개되면서 만세꾼들과 총독부 간에 진풍경이 벌어지고 있다. 그 가운데서도 흥미있는 사연들을 모아서 독자들에게 소개한다.

◇12일 경성 경무총감부에는 경기도 양주 농부와 경성 상인이라고 밝힌 두 남성이 방문하여 총감부의 일본 관헌들을 당황케 한 사건이 있었다. 이 들은 "중대한 청이 있다"며 총감부 문을 두드렸는데 그 요청이란 다음과 같다. "부모는 아이가 성장하면 장가를 보내 빨리 자립할 수 있도록 해준 다음에 안심하는 법입니다. 일본은 부모이고 조선은 자식이므로 일본은 조선에게 빨리 독립이라는 아내를 갖게 해주시는 것이 당연하다고 생각합니다."

허나 관헌이 수긍할 리 없을 터. "아직 시집보내는 것은 빠르다"고 소리를 지르자 양인은 "부모가 빠…

…한 일이다.

◇민족들이 이처럼 궐기하는 와중에 한때 위정자라 불렸던 양반들의 사리분별은 우스운 지경이다. 각 지역의 조선인 군수들은 하세기와 총독의 유고를 읽어주며 만세꾼들에게 훈수를 놓으려다 두들겨 맞는가 하면 강제로 끌려나와 도리없이 '만세'를 부르고 있다. 경기도의 한 조선인 군수는 독립선언 격문에 놀라 총독부에 전화를 걸어 "조선이 독립했다고 하는데 사실입니까"라고 묻는 촌극을 연출했다는 소식도 전해진다.

◇운동이 번지면서 만세꾼들 사이에는 터무니없는 소문이 퍼지는 경우도 왕왕 있다. "미국 대통령 윌슨이 비행기를 타고 조선에 올 것"이라는 등의 소문이다. 어린아이들 마저도 들떠서 이같은 소리를 떠들고 다니는 모양이다. 허나 윌슨 대통령은 우리에게 아무것도 약속한 일이 없다. 독립은 타국의 원조에…

우리 민족 대표 김규식씨 천신만고 끝에 불란서 당도

지난달 1일 상해를 출발한 김규식(38)씨가 인도양 장거리 항로에서 천신만고를 겪은 끝에 불란서 파리에 도착하였다는 소식이 전해졌다. 기미년(1919) 정초 세계 대전 승전국들이 파리에서 강화회의를 열어 약소국 민족들의 거취를 논의한다는 사실이 알려지자 미주(이승만·정한경), 로서아(윤해·고창일), 중국 등 세계 각처에 흩어져 있는 망명객들이 민족대표를 선출하여 파송을 준비하였으나 상해 신한청년당 대표 자격인 김규식씨만이 성공적으로 목적지인 파리에 도착한 것이다. 김규식씨는 지난 13일 파리에 입하여 지낼 곳도 마땅치 않은 채 고독한 시간을 보내다 17일 비로소 우리 민족과 인연이 깊은 헐버트(54) 박사를 현지에서 우연히 만났다고 한다.

세계 곳곳 민족 대표 중 김씨만 성공적으로 도착

처소에 공보국 설치하고 파리강화회의 참석 노려

미국인 선교사인 헐버트 박사는 정미년(1907) '헤아(헤이그) 사태' 당시 혁혁한 조력을 하며 '제4의 특사'로 불렸던 인사다.

만사에 철두철미한 김씨는 목표하였던 대로 파리 샤토당가 38호에 처소를 정하고 이곳에 공보국을 설치하였다고 한다. 향후 그의 계획은 지난 1월 중국에서 출발하기에 앞서 북경 주재 미국 공사에게 보낸 청원서에 일목요연하게 드러나 있는데 축약하면 다음과 같다. '각국 대표들과 인터뷰 및 조선 대의에 대한 동정 및 지원 확보' '일본의 군사 통치하 조선의 상황에 대해 정치적·경제적·교육적·종교적 측면의 정보 제공' '파리, 런던, 뉴욕, 샌프란시스코, 상해 등에 공보국을 개설하고 직간접으로 가능한 모든 선전 방법을 활용함…

그는 파리에서 이같은 … 활동을 전개한 뒤 최종적… 로 강화회의에 비망록을 제… 출하고 우리 대표로서 회… 에 참석하는 것을 목표… 삼고 있다.

애초에 파리에는 적어… 오륙명 이상의 대표가 … 것으로 기대되었는데, … 으로 도착한 김규식씨의… 담감은 여간이 아니라고… 다. 게다가 1월28일 개… 강화회의는 이미 논의가… 당히 진행돼온 터이다. … 극동의 조선반도에서 … 지는 만세 함성을 그 … 전해 들은 바다. 한 독… 동가는 "예정하고 기다… 바이지만 삼월 일일부터… 작하여 전세계를 움직이… 는 만세 소리는 기백만… 함보다도, 기백만명 군… 나도 김규식씨에게 잠… 운 후원이 될 것"이라고… 하였다.

독립투사 몰려드는 상해…
임시정부 거점되나

“가(假)정부 조직설. 일간 국민대회를 열고 가정부를 조직하며 가대통령을 선거한다더라. 안심안심. 머지않아 좋은 소식이 있으리라.”(<조선독립신문> 기미년 3월 3일치) 만세운동과 동시에 수면 위로 떠오른 ‘가정부(임시정부) 조직설’이 실체화되고 있다. 앞서 3일 암암리에 배포된 천도교의 지하신문 <조선독립신문>은 ‘가까운 시일 내에 가정부가 조직될 것’이라고 운을 뗐었다. 과연 각처에서 이를 위한 움직임이 감지된다. 정사년(1917) 박은식(60) 선생, 신규식(40)·신채호(39) 씨 등 상해 망명객들을 중심으로 전 세계 독립운동가들에게 발송됐던 ‘대동단결선언’이 거족적 만세운동을 만나 뒤늦게 현실화되려는 모양이다.

가장 먼저 가정부의 꼴을 갖춘 세력은 역시 쟁쟁한 실력가들이 밀집한 데다 20만 조선인이 거주하는 로서아(러시아) 지역이다. 노령의 조선인 사회를 총괄하는 전로 한족중앙총회는 이미 지난달 조선이 독립하게 될 날에 대비하기 위해 임시국민의회 구실을 할 대한국민의회(의장 문창범)를 조직하고 이를 17일 선포하였다.

허나 가정부 조직은 특정 지역 독립운동가들의 전유물이 아니다. 주권을 포기한 융희황제(순종)를 부인하고 국민을 대변하는 정부를 세워야 한다는 발상은 경술년(1910) 국망 이후 면면히 이어져온 것이다. “황제권 소멸의 때가 곧 민권 발생의 때”라고 밝힌 상해 세력의 대동단결선언은 각처에 흩어진 주요 단체들이 단결하여 독립운동의 중심기관을 설립하자는 주장을 집대성한 것이었다. 만세운동이 발발한 뒤 흩어져 있던 혁명 동지들이 상해로 집결하고 있는 것도 ‘대동단결선언’에 대한 응답에 가까울 것이다.

대동단결선언의 중심축인 신규식 씨는 만세운동 직전인 2월 미주 하와이의 독립운동 진영에 “국민대회를 개최하자”는 취지의 선언문도 보낸 것으로 확인되었다. 신 씨는 다음과 같이 밝혔다. “모든 곳의 한국인들이 동시에 하나의 목소리로 타인의 초대 없이 단 하나의 사실, 즉 ‘우리는 파리강화회의에 우리 대표단을 파견해서 우리 독립을 호소해야만 한다’고 울부짖고 있다. 이를 하나의 조직으로 통합해서 강화회의에서 우리 대표로 후원한다면 목적과 결과의 양 측면에서 보다 더 고귀하고 효율적일 것이다.” 신한청년당 김규식(38) 씨의 파리강화회의 파견을 계기로 독립운동 단체들을 하나로 묶어내려는 의지가 담긴 말이다.

실제로 최근 상해 보창로의 한 주택가에서는 수시로 독립운동가들이 회합을 하고 있는 것으로 전해졌다. 신규식·신채호 씨 등 상해 1세대 운동가들과, 국내에서 기독교계 민족대표들의 특명을 받고 파견된 현순(39) 씨, 2월 일본 유학생 독립선언 사건 주동자 중 한 명인 최근우(22) 씨 등이 합류한 상태다. 김규식 씨를 파리강화회의에 파견시키는 데 성공한 상해 소장파 모임 신한청년당에서는 여운형(33) 씨가 노령 지역을 순회하고 귀환 중인 가운데, 여 씨의 동생 여운홍(28), 이광수(27), 조동호(27) 씨 등이 이 회합에 참석 중이다. 여 씨와 블라디보스토크에서 독립운동 방략을 논의한 이동녕(50) 씨 등 노령지역 독립운동가들도 상해로 향하는 중이라고 한다. 현지 사정에 밝은 한 관계자는 "여운형과 이동녕 등은 독립운동을 끌어갈 중앙기관은 외교활동을 펼쳐야 하므로 국제도시인 상해에 두어야 한다고 주장했지만 노령의 문창범 등은 수십만 동포가 사는 로서아 지역이 적당하다고 목소리를 높이므로 의견이 갈린 것으로 알고 있다"고 전했다.

한편 조선 반도의 만세운동 소식을 뒤늦게 접수한 미주지역 대한인국민회(회장 안창호)에서도 13일 중앙총회를 열었는데 이 자리에서 안창호 회장은 "피를 흘릴 각오를 하며, 미국의 여론을 일으키며 재정 공급에 나서야 한다"고 다짐한 것으로 전해졌다. 하와이·멕시코·미국 본토의 조선인이 수입의 20분의 1을 독립의연금으로 내어 "금전으로 싸우는 군인"이 되자는 다짐이다. 안창호 회장 역시 의연금을 들고 곧 상해로 향할 예정이다. 국망 9년 만에, 망명 정객들로부터 '민이 주인 되는 나라'를 향한 발걸음이 비로소 시작되고 있다.

해외에서도 '대한독립만세' 함성

만세시위가 전국으로 일파만파 확산되는 가운데 로서아와 중국 등 국외에서도 대한독립만세의 함성이 잇따라 터져 나오고 있다. 일제는 로서아·중국 정부를 압박해 탄압에 나서도록 종용하고 있다.

17일 오전 로서아의 소왕령(우수리스크)에서 대한국민의회(의장 문창범) 주도로 조선인 수백 명이 모여 독립선언식을 하고 만세시위를 벌였다. 대한국민의회는 로서아와 중국령, 간도, 국내 지역 등의 대표자 130명이 지난달 하순 소왕령에 모여 결성한 최초 임시정부로 이날 시위와 함께 본격적인 출범을 알리게 됐다.

동일 오후에는 해삼위(블라디보스토크)에서도 만세 소리가 터져 나왔다. 오후 4시경 신한촌의 집집이 일제히 태극기가 게양되었고, 국민의회 주최로 2만여 명의 동포들이 참여한 가운데 독립선언식이 거행되었다. 조선인들은 거리에서 독립연설을 진행함과 동시에 독립선언서를 배포하고 만세를 외쳤다. 해가 진 오후 6시부터는 문창범의 지

1919년 3월 17일 블라디보스토크에서 벌어진 3·1운동 만세시위.

휘로 청년·학생들이 시내로 몰려가 자동차 세 대와 마차 두 대에 분승하여 태극기를 흔들고 독립선언서를 뿌리며 과감한 가두시위를 전개하였다.

다급해진 일본 총영사는 로서아사령관과 주(州) 장관에게 문창범의 체포와 한인의 시위운동 금지를 요구하였다. 이에 러시아 관헌들은 오후 7시 반경 시위운동을 금지하고 동시에 시위 학생 이종일·방원병을 검거함과 동시에 신한촌의 태극기를 모두 끌어내리게 하였다. 일본과 러시아 당국의 탄압에 항거하여 국민의회는 조선인 노동자들에게 총파업 단행을 명령하고 신한촌 집결을 지시한 상태다.

앞선 13일 정오에는 중국의 북간도 지역인 용정촌에서도 1만여 명의 조선인이 모여 '조선독립축하회'라는 이름의 만세시위를 벌였다. 이날 시위는 시내 교회에서 울리는 종소리를 신호로 시작되었다. 서전벌에 모인 군중들을 상대로 대회 부회장 배형식 목사가 개회선언을 하였고, 대회장 김영학이 '간도 거류 조선민족 일동' 명의로 된 '독립선언 포고문'을 낭독하였다. 독립축하회를 마친 시위대는 일본영사관이 있는 용정 시내를 향하여 행진하였는데 명동학교와 정동학교 학생 320여 명으로 조직된 충렬대(총대장 김학수)가 앞장서고 북과 나팔을 멘 악대가 그 뒤를 이었다. 조선인들은 태극기를 흔들고 '조선독립 만세'를 외치며 행진에 동참하였다.

문창범

"인류 평등 위해 육탄혈전 독립 완성"

3·1 독립선언 열흘 만에 중국에서 독립운동가들이 모여 '대한독립선언서'(선언서)를 발표하였다. 특히 "인류 평등을 위해 일제와 '육탄혈전'을 다짐한다"는 선언서 내용은 인류를 문명과 야만으로 차등하는 일제를 사상적으로도 극복한 것이라는 평가가 나온다.

11일 중국 길림에서 대한독립의군부(의군부) 주도하에 김교헌·김규식·김동삼·김약연·김좌진·이승만·박은식·안창호 등 저명한 독립운동가 39인의 명의로 선언서가 발표되었다. 지난달 27일 길림에서 결성된 항일단체인 의군부는 3·1 만세시위 소식을 접하고 곧바로 선언서 작성에 착수하였다. 이날 4000부를 석판으로 인쇄해 국내와 서간도·북간도·노령·구미·북경·상해 및 일본으로 발송하였다.

조소앙이 기초한 선언서는 대한의 주권과 영토는 한민족 고유의 것이므로 다른 민족에게 양도할 수 없다는 점을 강조하면서 임진왜란 이래 일본이 저지른 죄악을 열거하고 있다. 특히 동양 3국의 원상

조소앙

회복을 요구하고 있는 다음 대목이 눈길을 끈다. "섬은 섬으로, 반도는 반도로, 대륙은 대륙으로, 이렇게 한·중·일 3국이 모두 원상회복되어야만 아세아는 물론이고 일본 자신에게도 행복이다."

앞서 조소앙이 작성한 정사년(1917) '대동단결선언'과 비교하면 사상적으로 진일보한 면도 있다. 대동단결선언이 주로 한민족의 대동단결을 위한 것이었다면, 선언서는 더 나아가 세계의 '대동건설'을 강조하는 것으로 서두를 시작하는 것이다. 또 결어 부분에서는 격정적인 어조로 "동양의 평화를 보장하고 인류의 평등을 실시하기 위하여 집안과 가족을 희생해서라도 육탄혈전하여 독립을 완성하자"며 사해동포주의를 바탕으로 한 무장투쟁을 주창한다. 전 세계 피억압 민족을 대신해 인류 평등의 이름으로 일본 제국주의자들과 전면전을 벌이겠다는 맹세인 셈이다.

우리 대표 김규식 씨, 천신만고 끝에 불란서 도착

지난달 1일 상해를 출발한 김규식(38) 씨가 인도양 장거리 항로에서 천신만고를 겪은 끝에 불란서 파리에 도착하였다는 소식이 전해졌다. 기미년(1919) 정초 세계대전 승전국들이 파리에서 강화회의를 열어 약소국 민족들의 거취를 논의한다는 사실이 알려지자 미주(이승만·정한경), 로서아(윤해·고창일), 중국 등 세계 각처에 흩어져 있는 망명객들이 민족대표를 선출하여 파송을 준비하였으나 상해 신한청년당 대표 자격인 김규식 씨만이 성공적으로 목적지인 파리에 도착한 것이다. 김규식 씨는 지난 13일 파리에 임하여 지낼 곳도 마땅치 않은 채 고독한 시간을 보내다 17일 비로소 우리 민족과 인연이 깊은 헐버트(54) 박사를 현지에서 우연히 만났다고 한다. 미국인 선교사인 헐버트 박사는 정미년(1907) '해아(헤이그) 사태' 당시 혁혁한 조력을 하며 '제4의 특사'로 불렸던 인사다.

만사에 철두철미한 김 씨는 목표하였던 대로 파리 샤토당가 38호에 처소를 정하고 이곳에 공보국을 설치하였다고 한다. 향후 그의 계획은 지난 1월 중국에서 출발하기에 앞서 북경 주재 미국 공사에게 보낸 청원서에 일목요연하게 드러나 있는데 축약하면 다음과 같다. '각국 대표들과 인터뷰 및 조선 대의에 대한 동정 및 지원 확보' '일본의 군사통치하 조선의 상황에 대해 정치적·경제적·교육적·종교적 측면의 정보 제공' '파리, 런던, 뉴욕, 샌프란시스코, 상해 등에 공보국을 개설하고 직간접으로 가능한 모든 선전 방법을 활용함.' 그는 파리에서 이 같은 공보 활동을 전개한 뒤 최종적으로 강화회의에 비망록을 제출하고 우리 대표로서 회담에 참석하는 것을 목표로 삼고 있다.

애초에 파리에는 적어도 5, 6명 이상의 대표가 모일 것으로 기대되었는데, 단독으로 도착한 김규식 씨의 부담감은 여간이 아니라고 한다. 게다가 1월 28일 개막한 강화회의는 이미 논의가 상당히 진행돼 온 터이다. 허나 극동의 조선 반도에서 전해지는 만세 함성을 그 역시 전해 들은 바다. 한 독립운동가는 "예정하고 기대한 바이지만 3월 1일부터 시작하여 전 세계를 움직여오는 만세 소리는 기백만 톤 군함보다도, 기백만 명 군대보다도 김규식 씨에게 참스러운 후원이 될 것"이라고 전하였다.

"조선이 독립했단 게 사실이오?"
- 총독부 부역자들의 촌극

지난 1일부터 전국 각지에서 만세운동이 열렬히 전개되면서 만세꾼들과 총독부 간에 진풍경이 벌어지고 있다. 그 가운데서도 흥미 있는 사연들을 모아서 독자들에게 소개한다.

◆ 12일 경성 경무총감부에는 경기도 양주 농부와 경성 상인이라고 밝힌 두 남성이 방문하여 총감부의 일본 관헌들을 당황케 한 사건이 있었다. 이 둘은 "중대한 청이 있다"며 총감부 문을 두드렸는데 그 요청이란 다음과 같다. "부모는 아이가 성장하면 장가를 보내 빨리 자립할 수 있도록 해준 다음에 안심하는 법입니다. 일본은 부모이고 조선은 자식이므로 일본은 조선에게 빨리 독립이라는 아내를 갖게 해주시는 것이 당연하다고 생각합니다."

허나 관헌이 수긍할 리 없을 터. "아직 시집보내는 것은 빠르다"고 소리를 지르자 양인은 "부모가 빠르다면 어찌할 도리가 없지요. 아이고, 아이고" 하며 절을 하고 물러났다는 소식이다. "만세"의 '만' 자만 들어도 총검을 빼드는 시국에 별일 없이 물러나온 것이 천만다행한 일이다.

◆ 민초들이 이처럼 궐기하는 와중에 한때 위정자라 불렸을 앞잡

3·1운동 당시 경성 남산에 위치했던 조선총독부 건물.

이들의 사리분별은 우스운 지경이다. 각 지역의 조선인 군수들은 하세가와 총독의 유고를 읽어주며 만세꾼들에게 훈수를 놓으려다 두들겨 맞는가 하면 강제로 끌려나와 도리없이 '만세'를 부르고 있다. 경기도의 한 조선인 군수는 독립선언 격문에 놀라 총독부에 전화를 걸어 "조선이 독립했다고 하는데 사실입니까"라고 묻는 촌극을 연출했다는 소식도 전해진다.

◆ 운동이 번지면서 만세꾼들 사이에는 터무니없는 소문이 퍼지는 경우도 왕왕 있다. "미국 대통령 윌슨이 비행기를 타고 조선에 올 것"이라는 등의 소문이다. 어린아이들마저도 들떠서 이 같은 소리를 떠들고 다니는 모양이다. 허나 윌슨 대통령은 우리에게 아무것도 약속한 일이 없다. 독립은 타국의 원조에 의하여서 단박에 가능한 일이 아닐 터. 파리강화회의에 도착한 우리 대표의 외교활동이 전개될 터이니 하루이틀에 목매지 말고 진득하게 만세를 부를 때이다.

국외파나
냐

임시정부 각론, 상해서 격론

직 주도권 갈등
사 듣는 게 당연"
3인만 거드는가"

이씨는 본국에 사람을 보내 놓은 터이다.

'국외파'들은 "왜 밤낮 33인만 거드느냐" "나라의 법통이 하필 33인에게 있느냐" "상해에 있던 패들이 정부조직에 대하여 무슨 모략이나 가진 것이 아니냐"는 등의 분개한 의견을 쏟아냈다고 한다. 미국에서 독립운동을 펼쳐온 여운홍(28·여운형의 동생)씨는 이런 갈등에 대해 "주도권 장악 문제 때문"이라고 설명했다. '전국적인 독립운동을 지도·전개한 33인이 중심이 되어야 한다'는 것이 국내파의 주장이라면 '한일합병

조용은, 논쟁 길어지자 중재
"존내심 때문에…" 날선 지적
여운홍 "주도권 장악문제 탓"

이후 국외로 망명하여 생명을 내걸고 싸워온 것이 국외 독립운동가들'이란 것이 국외파의 주장이다. 논쟁이 길어지자 평소 큰소리를 내지 않는 조용은(32·필명 조소앙)씨가 일어나 "여러분! 여러분의 존내심 때문에 아무것도 못 하겠습니다" 하고 소리마저 질렀다는 것이다. 존내심이란 '국내파를 높이는 마음'을 뜻하는데 이는 조씨가 창작해 낸 해괴한 말이어서 만장은 웃음을 터뜨리지 않을 수 없었다고 한다.

그러나 갈등은 국내파나 국외파냐의 문제에 국한된 것이 아니다. 주요 지도자로 거론되고 있는 이승만(44)씨가 미국의 윌슨 대통령에게 위임통치를 청원한 일이나, '정당이냐 정부냐' 등 조직체의 성격을 정하는 일 등도 모두 논쟁의 불씨로 남아 있는 상황이다. 하여 좌중은 언제까지고 논쟁만 할 수는 없으므로 신

「정당·정부」 결정도 불씨
이동녕·이시영·이광수·현순…
8인위원회가 논의 잇기로

구를 대표하는 8인의 연구위원으로 8인위원회를 꾸려 논의를 이어가기로 하였다. 만형격인 연해주의 이동녕(50)씨를 비롯하여 만주세력의 이시영(50)씨, 조용은씨, 이광수·현순씨 등이 위원을 맡았다.

인천 만국공원서 13도 대표자회의

「한성정부 수립」 후일 도모

충남 아산 출신의 예수교 전도사 이규갑(32)씨는 2일 오전 일찌감치 경성에서 기차를 타고 인천으로 향하였다. 기차간 안에서 그는 미리 준비해둔 흰 헝겊을 손에 감았다.

일경의 눈을 피하려 경성 중심지가 아닌 인천까지 발걸음을 하는 중이건만, 그마저도 안심할 수 없으므로 동지들과 서로를 알아볼 요량으로 흰 종이나 헝겊을 준비하기로 한 것이다. 이씨를 비롯한 예수교인들과 천도교, 불교계를 대표하는 몇몇 명망가들은 이날 인천 만국공원에서 '13도 대표자회의'를 열어 가정부(임시정부) 수립을 공모할 참이었다.

이씨는 본지에 "3월 초순 무렵 윤이병(34)씨 등이 비밀히 연락하여 임시정부 수립 문제를 제의하여왔다. 정부를 만들려면 국민의 총의를 대표한 ...

... 날 만세운동이 시작된 뒤로 조선반도 안팎에서 정부조직설이 파다하나 숨소리만으로도 헌병대에 붙들려가는 것이 현금의 국내 상황인 탓에 그 거동이 수면 위로 드러난 것은 처음이다.

법률 전문가로 주로 애국지사들의 변론을 맡아온 홍면희(42)씨도 이 일에 적극 동참하고 있는데, 그는 "손병희(천도교 교주·민족대표 33인)가 조선의 독립선언을 한 이래로 각지에서 시위운동이 있으나 모두 통일이 없고 각자 생각대로였으니 각개의 독립운동단을 망라하여 조선 임시정부를 수립하고 계통적으로 독립운동을 해야 한다"고 보고 있다. 이날 계획된 13도 대표자회의는 임시정부 구성에 앞서 '의회' 구실을 할 것인데, 이들이 '한성정부'라고 명명한 정부 요직에는 미주의 이승만(44·집정관 총재)씨, 연해주의 이동휘(46·국무총리 총재)씨, 미국 하와이의 박용만(38·외무부 총장)씨 등이 추대된 터이다.

... 정부 수립 소식이 있다고 하므로 사람을 보내어 상황을 보고 한성정부 수립을 진행하기로 의견을 나눴다"고 전하였다.

이규갑, 홍면희

예수교·불교계 등 20명 안팎
천도교·지역대표는 빠져
"상해 상황 지켜보고 진행을"

1919년 4월 3일

◆ 안성 장터 모습.

만세 한달… 더 거세진 불길

만세소식

만세운동이 시작된 지 한달이 지나면서 전국 각지에서 자발적인 대규모 시위가 잇따르고 있다. 경술년(1910) 국망 이후 억눌렸던 분노와 설움이 폭발한 데다 총독부의 무지비한 탄압으로 이웃들이 스러져가자, 각지의 농민·노동자들은 만세를 넘어 돌과 곡괭이를 손에 들고 헌병주재소를 습격하고 있다.

◇◈◇◈◇◈

각지 민중 돌·곡괭이 들고
헌병 주재소·면사무소 습격
자발적 대규모 시위 잇따라

1일 경기도 안성군 원곡면·양성면 합동시위에서는 면사무소와 경관주재소가 전소되었다. 습격은 충동적인 것이 아니었다. 1천여명의 행렬을 이끈 주민 몇이 시위대를 향해 연설하였다. "대한독립국이 생기면 일본의 야만적 식민정책을 수행하던 관청은 필요 없소. 그러므로 우리는 그들의 앞잡이인 면사무소, 재소·우편소 등은 모조리 부숴야 하오. 그리고 … 내에 있는 일본인도 … 아버려야 하오."

주재소를 습격한 인… 들은 일본 경찰에게 … 로미가를 입혀 끌고 … 립만세를 부르게 하였… 부와 통화 연락을 막… 편소를 파괴하고 전신… 를 도끼로 찍어내었다. … 근거가 되어온 면사무… 적원부를 모두 꺼내어 … 고 사무소를 부쉈다. … 충남 공주 정안면에서… 수백명이 행렬을 이루… 를 벌이다 주재소를 때… 다. 갑오년(1894)의 봉… 올리게 하는 장면들이 … 나 화약을 구하기 쉬… 지역에서조차 폭탄을 … 거나 총을 사용하였… 식은 아직 듣지 못하였… 괭이와 삽으로 주재소… 부수는 순간에도 우리… 적은 일인을 죽이는 것이… 라. 우리의 자유를 구하… 함인 까닭이다.

만세꾼 🔍돋보기

일본왕에 경고하오

열아홉살 양주 유생의 기개

약관에도 이르지 않은 경기도 양주의 한 젊은 유생이 일본왕에게 경고문을 보낸 사실이 전해져 그 수방함에 박수가 쏟아지고 있다.

올해 열아홉살인 유해정군은 3월 만세운동이 터지자 이에 찬성하여 그 취지를 일본왕에게도 알려야겠다고 생각하였다. 하여 유군은 3월 하순 무렵 집에서 다음과 같은 내용의 경고문을 일필휘지로 적었다. "이태왕(고종)을 속여 조선을 강탈하고 이태왕을 독살한 것은 분하여 참을 수 없다. 또한 만국에서는 조선의 독립을 승인하였음에도 불구하고 이를 돌려주길 꺼린다면, 분개한 백성이 일제히 궐기하여 불의한 나라에 보복할 것이다. 신하도 역시 한칼에 원한을 씻을 날이 있을 것이다." 이 글에서 유군은 일본인들의 '천황'을 일본왕이라 하고, '폐하' 대신 '전하'라 낮추어 불렀다.

다이쇼 일왕

유군은 이를 일왕에게 전… 달라는 취지로 일본 동경부… (동경부 지사)에게 발송하… 한다. 비록 고종이 독살당하… 소문은 근거가 미약하고 만… 선의 독립을 승인하였다는 … 현재로선 사실이 아니나, '… 일본왕으로 적어 격하하는 … 유생의 기개가 가상하다. 유… 정은 이 편지 한통을 보낸 뒤 … 황을 모독하는 '황실에 관한 죄… 지른 혐의로 징역 3년형을 선… 다. 민족대표 손병희의 형량과 …

…각·1967)
…·1948)
…1. 상해시기)(독립기념관 한국 독립운동사연구소·2008)
윤대원, 《상해시기 대한민국임시정부 연구》(서울대학교출판부·2006)
한시준, '한성정부의 수립과 홍진'(《한국근현대사연구》·2003)

염규호
(39·농업·경기 파주)

임명애
(33·농업·경기 파주)

유관순
(17·이화학당 학생·충남 병천)

유봉진
(32·은세공업·경기 강화)

유연화
(20·중앙학교 학생·경북 안동)

윤산온
(본명 조지 섀넌 매균·47·선교사·평북 선천)

윤형숙
(19·수피아여고 …

임시정부 각론, 상해서 격돌

재물이나 인물이나 모으기는 어려워도 흩어놓기는 쉬운 법. 십수년 동안 나라 밖에서 각자의 운동을 해온 이들이 만세운동을 기회로 하여 상해로 모여들기는 하였으나, 막상 모이고 보니 주장의 간극을 좁히기 어려운 모양이다. 지난 3월 중순부터 모여든 독립운동가들이 정부조직을 구성하려 의논 중이지만 첫 회합부터 주장이 엇갈려 격론이 벌어지고 있다.

새 정부 구성을 놓고 최우선 논쟁거리가 되는 것은 '33인' 민족대표들의 의사 문제다. 상해 불란서 조계지 보창로에 독립임시사무소를 꾸리고 조선 독립을 외신에 홍보하는 동시에 각지의 망명객들을 맞아온 이광수(27)·현순(39) 씨 등은 줄기차게 33인을 비롯한 국내파의 견해를 강조하여왔다. "독립선언을 하였으니 정부를 조직하는 것은 당연한 일이나, 독립선언서에 서명한 33인의 의사를 듣지 아니하고 우리가 여기서 정부를 조직한다면 미국 동포들도, 하와이 동포들도 아령(러시아)에서도 서·북간도에서도 저마다 정부를 조직하게 될지도 모르니 독립운동이 분열할 염려가 있다"는 것이 이 씨의 주장이다. 국내 예수교 민족대표들이 파송한 현순 씨도 "국내에서 무슨 명령이 오기 전까지는 안건을 토의할 필요가 없다"고 주장하였다. 33인은 모두 독립선언 직후 일경에 붙들려가 옥고를 치르는 마당이라, 그들의 의사를 대리할 만한 국내 천도교계 인사들의 의견이라도 확인하려 이 씨는 본국에 사람을 보내놓은 터이다.

'국외파'들은 "왜 밤낮 33인만 거드느냐" "나라의 법통이 하필 33인에게 있느냐" "상해에 있던 패들이 정부조직에 대하여 무슨 모략이나 가진 것이 아니냐"는 등의 분개한 의견을 쏟아냈다고 한다. 미국에서 독립운동을 펼쳐온 여운홍(28·여운형의 동생) 씨는 이런 갈등에 대해 "주도권 장악 문제 때문"이라고 설명했다. '전국적인 독립운동을 지도·전개한 33인이 중심이 되어야 한다'는 것이 국내파의 주장이라면 '한일합병 이후 국외로 망명하여 생명을 내걸고 싸워온 것이 국외 독립운동가들'이란 것이 국외파의 주장이다. 논쟁이 길어지자 평소 큰 소리를 내지 않는 조용은(32·필명 조소앙) 씨가 일어나 "여러분! 여러분의 존내심 때문에 아무것도 못하겠습니다." 하고 소리마저 질렀다는 것이다. 존내심이란 '국내파를 높이는 마음'을 뜻하는데 이는 조 씨가 창작해낸 해괴한 말이어서 만장은 웃음을 터뜨리지 않을 수 없었다고 한다.

그러나 갈등은 국내파냐 국외파냐의 문제에 국한된 것이 아니다. 주요 지도자로 거론되고 있는 이승만(44) 씨가 미국의 윌슨 대통령에

8인 위원회 위원으로 위촉된 이시영과 이동녕.(왼쪽부터)

게 위임통치를 청원한 일이나, '정당이냐 정부냐' 등 조직체의 성격을 정하는 일 등도 모두 논쟁의 불씨로 남아 있는 상황이다. 하여 좌중은 언제까지고 논쟁만 할 수는 없으므로 신구를 대표하는 8인의 연구위원으로 8인위원회를 꾸려 논의를 이어가기로 하였다. 맏형 격인 연해주의 이동녕(50) 씨를 비롯하여 만주세력의 이시영(50) 씨, 조용은 씨, 이광수·현순 씨 등이 위원을 맡았다.

국내서도 정부 수립 논의 활발

충남 아산 출신의 예수교 전도사 이규갑(32) 씨는 2일 오전 일찌감치 경성에서 기차를 타고 인천으로 향하였다. 기차간 안에서 그는 미리 준비해둔 흰 헝겊을 손에 감았다. 일경의 눈을 피하려 경성 중심지가 아닌 인천까지 발걸음을 하는 중이건만, 그마저도 안심할 수 없으므로 동지들과 서로를 알아볼 요량으로 흰 종이나 헝겊을 준비하기로 한 것이다. 이 씨를 비롯한 예수교인들과 천도교, 불교계를 대표하는 몇몇 명망가들은 이날 인천 만국공원에서 '13도 대표자회의'를 열어 가정부(임시정부) 수립을 공포할 참이었다.

이 씨는 본지에 "3월 초순 무렵 윤이병(34) 씨 등이 비밀히 연락하여 임시정부 수립 문제를 제의하여왔다. 정부를 만들려면 국민의 총의를 대표할 만한 지역과 각 단체의 대표들을 모아 그 이름으로 밀고 나가야 한다고 생각했다"고 전하였다. 애국지사 윤 씨는 일찍이 을사오적 이완용(61) 집에 방화를 제의하여 실천하는 등 구국운동을 벌였다가 3년간 유배를 당한 바 있다. 3월 초하룻날 만세운동이 시작된 뒤로 조선 반도 안팎에서 정부조직설이 파다하나 숨소리만으로도 헌병대에 붙들려가는 것이 현금의 국내 상황인 탓에 그 거동이 수면 위로 드러난 것은 처음이다.

법률 전문가로 주로 애국지사들의 변론을 맡아온 홍면희(42) 씨도 이 일에 적극 동참하고 있는데, 그는 "손병희(천도교 교주·민족대표 33인)가 조선의 독립선언을 한 이래로 각처에서 시위운동이 있으나 모두 통일이 없고 각자 생각대로였으니 각개의 독립운동단을 망라하여 조선 임시정부를 수립하고 계통적으로 독립운동을 해야 한다"고 보고 있다. 이날 계획된 13도 대표자회의는 임시정부 구성에 앞서 '의회' 구실을 할 것인데, 이들이 '한성정부'라고 명명한 정부 요직에는 미주의 이승만(44·집정관 총재) 씨, 연해주의 이동휘(46·국무총리 총재) 씨, 미국 하와이의 박용만(38·외무부 총장) 씨 등이 추대된 터이다.

허나 이날의 회합은 다소 아쉬운 결과에 그쳤다. 예수교, 불교계 인사 일부를 포함한 20명 안팎의 인사들이 모였으나 각 지역 대표들과 천도교계 대표는 참석하지 않는 등 '대표자회의'라는 이름이 무색한 상황이 연출되었다. 참석자 가운데 한 명은 "일단 상해에서도 정부 수립 소식이 있다고 하므로 사람을 보내어 상황을 보고 한성정부 수립을 진행하기로 의견을 나눴다"고 전하였다.

3·1 한 달… 더 거세진 불길

만세운동이 시작된 지 한 달이 지나면서 전국 각지에서 자발적인 대규모 시위가 잇따르고 있다. 경술년(1910) 국망 이후 억눌렸던 분노와 설움이 폭발한 데다 총독부의 무자비한 탄압으로 이웃들이 스러져가자, 각지의 농민·노동자들은 만세를 넘어 돌과 곡괭이를 손에 들고 헌병주재소를 습격하고 있다.

1일 경기도 안성군 원곡면·양성면 합동시위에서는 면사무소와 경관주재소가 전소되었다. 습격은 충동적인 것이 아니었다. 1000여 명의 행렬을 이끈 주민 몇이 시위대를 향해 연설하였다. "대한독립국이 생기면 일본의 야만적 식민정책을 수행하던 관청은 필요 없소. 그러므로 우리는 그들의 앞잡이인 면사무소·주재소·우편소 등은 모두 때려 부숴야 하오. 그리고 양성읍내에 있는 일본인도 모두 쫓아버려야 하오."

주재소를 습격한 안성군민들은 일본 경찰에게 조선 두루마기를 입

1910년대 당시 전국 3대 장시로 꼽힌 안성 장날 모습.

혀 끌고 나와 독립만세를 부르게 하였다. 외부와 통화 연락을 막도록 우편소를 파괴하고 전신주 세 개를 도끼로 찍어내었다. 착취의 근거가 되어온 면사무소의 호적원부를 모두 꺼내어 소각하고 사무소를 부쉈다. 같은 날 충남 공주 정안면에서도 농민 수백 명이 행렬을 이루어 시위를 벌이다 주재소를 때려 부쉈다. 갑오년(1894)의 봉기를 떠올리게 하는 장면들이다. 그러나 화약을 구하기 쉬운 광산 지역에서조차 폭탄을 사용하거나 총을 사용하였다는 소식은 아직 듣지 못하였다. 곡괭이와 삽으로 주재소를 때려 부수는 순간에도 우리의 목적은 일인을 죽이는 것이 아니라, 우리의 자유를 구하기 위함인 까닭이다.

일왕에게 경고하오…19살 유생의 기개

약관에도 이르지 않은 경기도 양주의 한 젊은 유생이 일본왕에게 경고문을 보낸 사실이 전해져 그 호방함에 박수가 쏟아지고 있다.

올해 열아홉 살인 유해정 군은 3월 만세운동이 터지자 이에 찬성하여 그 취지를 일본왕에게도 알려야겠다고 생각하였다. 하여 유군은 3월 하순 무렵 집에서 다음과 같은 내용의 경고문을 일필휘지로 적었다. “이태왕(고종)을 속여 조선을 강탈하고 이태왕을 독살한 것은 분하여 참을 수 없다. 또한 만국에서는 조선의 독립을 승인하였음에도 불구하고 이를 돌려주길 꺼린다면, 분개한 백성이 일제히 궐기하여 불의한 나라에 보복할 것이다. 신하도 역시 한칼에 원한을 씻을 날이 있을 것이다.” 이 글에서 유군은 일본인들의 ‘천황’을 일본왕이라 하고, ‘폐하’ 대신 ‘전하’라 낮추어 불렀다.

유군은 이를 일왕에게 전달하여달라는 취지로 일본 동경부 부윤(동경부 지사)에게 발송하였다고 한다. 비록 고종이 독살당하였다는 소문은 근거가 미약하고 만국이 조선의 독립을 승인하였다는 것 또한 현재로선 사실이 아니나, ‘천황’을 일본왕으로 적어 격하하는 등 젊은 유생의 기개가 가상하다.

* 유생 유해정은 이 편지 한 통을 보낸 뒤 일본 천황을 모독하는 ‘황실에 관한 죄’를 저지른 혐의로 징역 3년형을 선고받는다. 민족대표 손병희의 형량과 같다.

소식 상해 임시정부 수립

남은건 독립뿐

는 형국이라, 상해에서 활동하고 있는 이들에게 차장직을 부여해 총장 업무를 대신하도록 했다. 내무차장 신익희(25), 외무차장 현순, 재무차장 이춘숙(30), 군무차장 조성환(44), 법무차장 남형우(44), 교통차장 선우혁(37)이 그들이다.

다음 안건은 임시헌장을 제정하는 것이었다. 조용은·이시영·남형우·신익희 등 법조계 출신이거나 법률을 전공한 인물들이 나서서 헌장을 마련하였다는데 특히 조용은씨의 역할이 컸다고 전해졌다. 임시

이동녕 의장 등 「임시의정원」 최고정책기관에 두고 6부 구성 권력분립체제 선구적 도입

헌장은 전문 형식의 선포문에 이어 10개 조항의 규정으로 구성되어 있다. 놀라운 것은 일제와 싸우는 전시체제의 임시정부가 "대한민국의 임시정부가 임시의정원의 결의에 의하여 이를 통치함"(제2조)이라고 규정한 점이나, 미국을 비롯한 선진국가들이 시행하고 있는 권력분립 체제를 선구적으로 도입하고 있다. 따라서 향후 임정 국정운영의 최고 정책결정기관은 임시의정원이 될 전망이다.

임시헌장은 또 남녀귀천·빈부계급이 없는 일체 평등을 명기(제3조)하고 신교·언론·거주이전·신체·소유의 자유(제4조), 선거권과 피선거권 보장(제5조), 교육·납세·병역 의무(제6조), 인류의 문화 및 평화 공헌과 국제연맹 가입(제7조), 구황실 우대(제8조), 생명형·신체형·공창제 폐지(제9조) 등의 조항을 담고 있다. 특기할 점은 제10조에서 "임시정부는 국토회복 후 만 1개년 내에 국회를 소집함"이라고 하여, 광복 뒤에는 지체하지 않고 인민의 뜻에 따라 의회를 소집하겠다고 선언했다는 것이다. 비록 구황실의 예우 문제 같은 봉건적 잔재도 없지는 않았으나, 10개 조항에 불과한 임시헌장으로 민주공화제의 기본적인 내용을 포괄하고 있다는 점에서 분명 자랑스러운 대목이다.

임시의정원은 '정강'도 함께 공포하였는데 그 내용은 다음과 같다. "1. 민족평등 국가평등 및 인류평등의 대의를 선전함. 2. 외국인의 생명재

신석우 등 제청 국호 결정 남녀귀천·빈부계급 철폐 등 조용은, 헌장 제정 큰 역할

산을 보호함. 3. 일체 정치범인을 특사함. 4. 외국에 대한 권리의무는 민국정부와 체결하는 조약에 의함. 5. 절대독립을 맹세하고 시도함. 6. 임시정부의 법령을 위월(違越)하는 자는 적으로 함."

이제 우리의 나라와 우리의 정부를 세웠으니, 남은 것은 완전한 독립뿐이다.

(왼쪽 단 일부)
…시의정원 회 …을 확정하고 …었다. 국무총 …으면서 국무 … 재무·교통· …를 두는 안 … 수립이 논 …정부에서는 … 내무·외무· …두도록 하였

…에 정부 출범 … 낳은 성과

… 집정관총재 …를 두고 각 …정을 총장으 …곧바로 인선 … 총리에는 이 … 비서장은 조 … 총상 안창호 … 규식(38), 재 …), 군무총장 …총장 이시영, …(49)이 선출

… 출하고 보니 …한 상해에 있

…시정부》(두레·2019)
…원회, 《한국독립운동의 역사》 23(독…사연구소·2009)
…정부의 민족사적 위상과 성격'(3·1운동 및 임시정부 수립 100주년 기념사업추진위 국제심포지엄·2019)
이태영, 《임정, 거절당한 정부》(글항아리·2019)
오영섭, '대한민국임시정부 초기 위임통치 청원 논쟁'(한국독립운동사연구·2012)

"나라를 찾기도 전에 팔아먹은 놈이 수반이라니"

신채호의 격노

신채호 박용만

◇◈◇◈◇

이승만 임시정부 국무총리 추대 놓고 "위임통치 청원, 이완용보다 더 큰 역적" 이회영·신채호·박용만 등 거센 반대 외교독립론자·기호파 지지로 선출되자 … 불씨

【1919년 4월10일 상해/오승훈 기자】 임시정부 수립 과정에선 정당론과 정부론, 국내파와 국외파의 갈등 못지않게 국무총리 선출을 둘러싼 내홍도 치열했다고 한다. 사실상의 식민지배인 위임통치를 미국 대통령 윌슨에게 청원한 이승만(44) 박사를 임시정부의 수반으로 앉힐 수 없다는 거센 비판이 제기된 것이다.

10일 밤, 중국 상해 불란서 조계지에서 열린 임정 수립 대표자 회의에서 참석자들은 국호를 '대한민국', 관제를 총리제로 택한 뒤 국무총리 인선에 착수했다.

먼저 일본 조도전대학 출신의 신석우(25)씨가 한성임시정부 국무총리로 선출된 이 박사를 국무총리로 뽑자고 제안하였다. 이때 무장독립운동을 벌여온 이회영, 신채호(39), 박용만(38) 등의 인사들이 반대 의사를 피력하고 나섰다.

특히 독립운동단체인 '동제사' 출신의 … 치… 로… 이… 은…

…만은 아직 나라를 찾기도 전에 팔아먹은 놈"이라고 강하게 비난하였다. 박용만은 이승만을 미국 하와이에 정착하도록 도와준 인물로 한때 이승만과 의형제를 맺기도 했다.

…것이었다. 이 박사와 함께 미주지역 독립운동의 거물로 꼽힌 안창호(43)씨와 민족진영의 어른 이동녕(50) 선생 등 3인이 거론되었으나 결과는 '이승만 총리'였다. 윌슨 대통령 등 미국 정치권과의 학연과 남… …자의 절반 이상이 …호 출신이었던 게 …로 풀이된다. 이 박사가 총리로 선출되자 반대… 은 회의 장소를 박차고 나가… 고 한다.

앞선 3월3일, 이 박사는 … 슨 대통령에게 조선을 '위임…여 달라는 청원서를 제출…다. 비록 "조선의 완전한 독…장한다"는 단서를 달기는 … "조선을 국제연맹의 위임통…에 두는 조치" 등의 내용 때… 민통치를 자처했다는 비판… 돼왔다. 이 박사의 위임통치… 정 수립 과정에서 자격 논란… 화한 셈이다.

이 박사가 임시정부의 초… 로 추대되었다는 사실은, 외… 론의 기대가 만연한 상해에… 위임통치 청원 문제는 큰 논…로 부각되지 못한 것으로 해… 있다.

그러나 외세 의존적 태도… 불어 군주적 권위의식으로… 이 박사가 민주공화제를 표… 시정부의 초대 대표가 되면… 내 갈등의 불씨가 재점화될 … 도 적지 않다. 이 박사는 현… 에 머물고 있다.

1919년 4월 11일

군소리 이완용의 적반하장

토착왜구에겐 「만세」가 「망동」으로 들리오?

동포 거정 운운하며 총독부의 입 자처 / 경거망동 후회할 일 말라 잇단 경고문

이완용

만세시위 한 달 동안 사태를 관망하던 '토착 왜구' 이완용(61)씨가 칩거생활을 청산하고 본격 친일 행보에 나섰다. 2일자와 9일자 〈매일신보〉에 총독부의 입을 자처하며 조선인들을 대상으로 잇따라 '경고문'을 기고한 것이다. 친일분자의 수괴답게 만세시위가 가장 절정에 달한 작금의 상황에 맞춰 일본의 가려운 곳을 긁어주고 있다.

첫번째 경고문에서 그는 "이번 소요는 불령 도배의 선동으로 무지몰각한 어린 사람들이 난동을 범인 것이 원인"이라며 "각 지역에서 소문이 무성하여 치안을 방해함을 개탄하고 이제 핍박이 시작될 터인데 망동을 따르는 행위는 삶 속에서 죽음을 구하는 것"이라고 했다. 이씨는 또 "진정하는 게

◆〈매일신보〉 4월2일자에 실린 이완용의 경고문

늦어지면 피해가 있을 것이니 조선인은 냉정하고 깊게 생각하여 나중에 핍박을 받고 후회치 마라"라고 적었다. 한마디로 쓸데없는 경거망동에 휘둘리지 말고 죽기 싫으면 가만히 있으라는 얘기다. "적반하장이라, 본인이나 그 입 다물라"는 무명씨들의 일갈이 터져 나온다.

나라 팔아먹은 공로로 일왕으로부터 백작 작위까지 받은 그가 경고문 한 번으로 세면치레를 다 할 위인은 아니다. 절정으로 치닫는 시위에 대한 강경 진압과 추가 출병이 결정된 시점에 실린 두번째 경고문에서는 "본인이 성… 고하는 것을 여러분이 받… 생명의 다수를 구하면 … 성되는 것"이라며 "소요… 관대한 수단을 썼던 당… 이 이제는 여지가 없다"… 독부가 만세시위 첫날부… 로 시위대를 도륙한 것을… 두가 아는데 관대함을 … 실소를 금할 수 없다. 동… 선인들 피해를 우려하는 … 총독부와 범인 대책회의… 항자들의 도륙'을 주장한… 름 아닌 이씨였다.

◉「반민족」 분열 조장…"본인이나 그 입 다물라" 일…

…'에서 '민국'으로…임정, 세계 첫 '민주공화제' 새기…

大韓民國臨時政府의 成立

大韓民國臨時憲章宣佈文

大韓民國臨時憲章

宣誓文

政綱

'대한민국' 임시정부 수립을 선포한다

'대한민국을 국호로 하는 임시정부(임정)의 탄생을 선포한다.'

중국 상해에서 가(假)정부 수립을 치열하게 논의해온 일군의 독립운동가들이 11일, 마침내 새로운 나라, 새로운 정부를 세운다. 제국주의 일본에 국권을 빼앗긴 지 9년 만의 일이다. 짧게는 3월 1일부터 지금까지 전국적으로 이어진 대한독립만세의 염원이 낳은 성과임과 동시에 길게는 경술년(1910) 이래 면면히 이어진 가정부 수립 운동이 맺은 결실이다. 임시라는 제한을 두었으나, 이제 우리에게도 우리의 눈물을 닦아주고 설움을 달래줄 어엿한 정부가 생긴 것이다.

상해 고위 소식통이 본지에 알려온 급전에 따르면, 10일부터 상해 불란서 조계지 김신부로(60호)에서 철야회의를 한 이회영(52)·이시영(50)·여운형(33)·조용은(소앙·32)·신석우(25)·여운홍(28)·현순(39)·이광수(28) 등 독립운동 대표자 29인은 임시의정원(국회) 설립 의결을 거쳐 11일 오전, 드디어 국호를 대한민국으로 하는 임시정부 수립을 선포하기로 했다.

밤새워 진행된 회의에서 다섯 가지의 중요한 사항이 결정되었는데 먼저 조소앙 씨가 회의기구 명칭을 '임시의정원'으로 제안, 대표자들의 동의가 이뤄졌다고 한다. 정부 수립에 앞서 입법기관을 출범시킨 것이다. 뒤이어 무기명 투표로 초대 임시의정원 의장에 이동녕(50)이, 부의장으로는 손정도(47), 서기에는 이광수·백남칠이 각각 선임되었다. 최초 의회 조직체의 탄생으로 독립협회가 21년 전에 추진했던 의회설립운동이 이제야 열매를 맺은 것이다.

곧바로 제1회 임시의정원 회의가 속개되었는데 회의 목적은 전월 1일 기미독립선언을 통해 천명한 '독립국'을 건립하는 것이었다. 회의는 국호·관제 결정, 국무원 선출, 헌법 제정 등의 순서로 진행됐다. 먼저 국호는 신석우·이영근 씨 등의 제청으로 '대한민국'이 채택되었다고 한다. "빼앗긴 국가를 되찾는다는 뜻에서 경술년에 잃어버린 국호인 대한제국에서 '대한'을 도로 찾아 사용하되 정치체제는 '제국'이 아닌 '민국'을 지향한다는 뜻을 담은 것"이라고 밝혔다. 민국이라는 국호의 제정은 3월 1일 독립선언 직전까지 존재했던 복벽주의(왕정복고)를 완전히 극복하고 최초의 민주정체를 마련했다는 점에서 가히 혁명적이라고 할 만하다. 아울러 민국에는 신해혁명 이후 선포된 국호 '중화민국'도 영향을 끼친 것으로 보인다.

국호를 결정한 임시의정원 회의는 정부 조직안을 확정하고 내각 인선에 나섰다. 국무총리를 수반으로 삼으면서 국무원에 내무·외무·재무·교통·군무·법무의 6부를 두는 안으로 결의되었다. 수립이 논의

국무총리 이승만, 내무총장 안창호, 외무총장 김규식, 재무총장 최재형.(위 왼쪽부터)
군무총장 이동휘, 법무총장 이시영, 교통총장 문창범, 국무원 비서장 조소앙.(아래 왼쪽부터)

중인 한성임시정부에서는 집정관총재 아래 내무·외무·재무·교통부를 두도록 하였으나, 상해에서는 집정관총재 대신에 국무총리를 두고 각부의 대표자 직명을 총장으로 정한 것이다. 곧바로 인선이 이루어져 국무총리에는 이승만(44), 국무원 비서장은 조소앙, 내무총장 안창호(43), 외무총장 김규식(38), 재무총장 최재형(59), 군무총장 이동휘(46), 법무총장 이시영, 교통총장 문창범(49)이 선출되었다.

막상 총장을 선출하고 보니 법무총장 이시영만 상해에 있는 형국이라, 상해에서 활동하고 있는 이들에게 차장직을 부여해 총장 업무를 대신하도록 했다. 내무차장 신익희(25), 외무차장 현순, 재무차장 이춘숙(30), 군무차장 조성환(44), 법무차장 남형우(44), 교통차장 선우혁(37)이 그들이다.

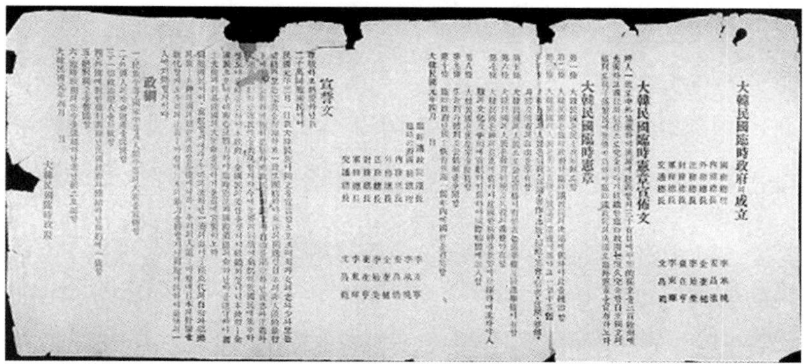

大韓民國臨時政府의成立

大韓民國臨時憲章宣佈文

大韓民國臨時憲章

宣誓文

政綱

임시의정원이 공포한 임시헌장.

다음 안건은 임시헌장을 제정하는 것이었다. 조용은·이시영·남형우·신익희 등 법조계 출신이거나 법률을 전공한 인물들이 나서서 헌장을 마련하였다는데 특히 조용은 씨의 역할이 컸다고 전해졌다. 임시헌장은 전문 형식의 선포문에 이어 10개 조항의 규정으로 구성되어 있다. 놀라운 것은 일제와 싸우는 전시체제의 임시정부가 "대한민국의 임시정부가 임시의정원의 결의에 의하여 이를 통치함"(제2조)이라고 규정한 점이다. 미국을 비롯한 선진국가들이 시행하고 있는 권력분립 체제를 선구적으로 도입하고 있다. 따라서 향후 임정 국정운영의 최고 정책 결정기관은 임시의정원이 될 전망이다.

임시헌장은 또 남녀귀천·빈부계급이 없는 일체 평등을 명기(제3조)하고 신교·언론·거주이전·신체·소유의 자유(제4조), 선거권과 피선거권 보장(제5조), 교육·납세·병역 의무(제6조), 인류의 문화 및 평화 공헌과 국제연맹 가입(제7조), 구황실 우대(제8조), 생명형·신체형·공창제 폐지(제9조) 등의 조항을 담고 있다. 특기할 점은 제10조에서 "임시정부는 국토회복 후 만 1개년 내에 국회를 소집함"이라고 하여, 광복 뒤에는 지체하지 않고 인민의 뜻에 따라 의회를 소집하겠다고 선언했다는 것이다. 비록 구황실의 예우 문제 같은 봉건적 잔재도 없지는 않았으나, 10개 조항에 불과한 임시헌장으로 민주공화제의 기본적인 내용을 포괄하고 있다는 점에서 분명 자랑스러운 대목이다.

임시의정원은 '정강'도 함께 공포하였는데 그 내용은 다음과 같다. "1. 민족평등 국가평등 및 인류평등의 대의를 선전함. 2. 외국인의 생명재산을 보호함. 3. 일체 정치범인을 특사함. 4. 외국에 대한 권리의무는 민국정부와 체결하는 조약에 의함. 5. 절대독립을 맹세하고 시도함. 6. 임시정부의 법령을 위월(違越)하는 자는 적으로 함."

이제 우리의 나라와 우리의 정부를 세웠으니, 남은 것은 완전한 독립뿐이다.

신채호의 일갈 "이승만은 이완용보다 더 큰 역적"

임시정부 수립 과정에선 정당론과 정부론, 국내파와 국외파의 갈등 못지않게 국무총리 선출을 둘러싼 내홍도 치열했다고 한다. 사실상의 식민지배인 위임통치를 미국 대통령 윌슨에게 청원한 이승만(44) 박사를 임시정부의 수반으로 앉힐 수 없다는 거센 비판이 제기된 것이다.

10일 밤, 중국 상해 불란서 조계지에서 열린 임정 수립 대표자 회의에서 참석자들은 국호를 '대한민국', 관제를 총리제로 택한 뒤 국무총리 인선에 착수했다. 먼저 일본 조도전대학 출신의 신석우(25) 씨가 한성임시정부 국무총리로 선출된 이 박사를 국무총리로 뽑자고 제안하였다. 이때 무장독립운동을 벌여온 이회영, 신채호(39), 박용만(38) 등의 인사들이 반대 의사를 피력하고 나섰다. 특히 독립운동단체인 '동제사' 출신의 신채호 씨가 "이승만은 위임통치를 제창하던 자이므로 국무총리로 신임키 불능하다"며 "이승만은 이완용보다 더 큰 역적

이승만 국무총리 추대를 강하게 비판한 신채호와 박용만.(왼쪽부터)

이다. 이완용은 있는 나라를 팔아먹었지만, 이승만은 아직 나라를 찾기도 전에 팔아먹은 놈"이라고 강하게 비난하였다. 박용만은 이승만을 미국 하와이에 정착하도록 도와준 인물로 한때 이승만과 의형제를 맺기도 했다.

이들의 거센 항의에 장내는 순간 정적이 흘렀다. 이윽고 조소앙(32) 씨가 절충안을 내놓았다. 후보자 3인을 추천하여 투표하자는 의견이 그것이었다. 이 박사와 함께 미주지역 독립운동의 거물로 꼽힌 안창호(43) 씨와 민족진영의 어른 이동녕(50) 선생 등 3인이 거론되었으나 결과는 '이승만 총리'였다. 윌슨 대통령 등 미국 정치권과의 학연과 남다른 인지도, 참석자의 절반 이상이 이 박사와 같은 기호 출신이었던 게 영향을 미친 것으로 풀이된다. 이 박사가 총리로 선출되자 반대파 3인은 회의 장소를 박차고 나가버렸다고 한다.

앞선 3월 3일, 이 박사는 미국 윌슨 대통령에게 조선을 '위임통치'

하여 달라는 청원서를 제출한 바 있다. 비록 "조선의 완전한 독립을 보장한다"는 단서를 달기는 하였으나 "조선을 국제연맹의 위임통치 아래에 두는 조치" 등의 내용 때문에 식민통치를 자처했다는 비판이 제기돼왔다. 이 박사의 위임통치론이 임정 수립 과정에서 자격 논란으로 비화한 셈이다.

이 박사가 임시정부의 초대 총리로 추대되었다는 사실은, 외교독립론의 기대가 만연한 상해에서 아직 위임통치 청원 문제는 큰 논란거리로 부각되지 못한 것으로 해석할 수 있다. 그러나 외세 의존적 태도 등과 더불어 군주적 권위의식으로 충만한 이 박사가 민주공화제를 표방한 임시정부의 초대 대표가 되면서, 임정 내 갈등의 불씨가 재점화될 가능성도 적지 않다. 이 박사는 현재 미국에 머물고 있다.

이완용의 적반하장…
토착왜구에겐 '만세'가 '망동'으로 들리오?

만세시위 한 달 동안 사태를 관망하던 '토착 왜구' 이완용(61) 씨가 칩거생활을 청산하고 본격 친일 행보에 나섰다. 2일자와 9일자 〈매일신보〉에 총독부의 입을 자처하며 조선인들을 대상으로 잇따라 '경고문'을 기고한 것이다. 친일분자의 수괴답게 만세시위가 가장 절정에 달한 작금의 상황에 맞춰 일본의 가려운 곳을 긁어주고 있다.

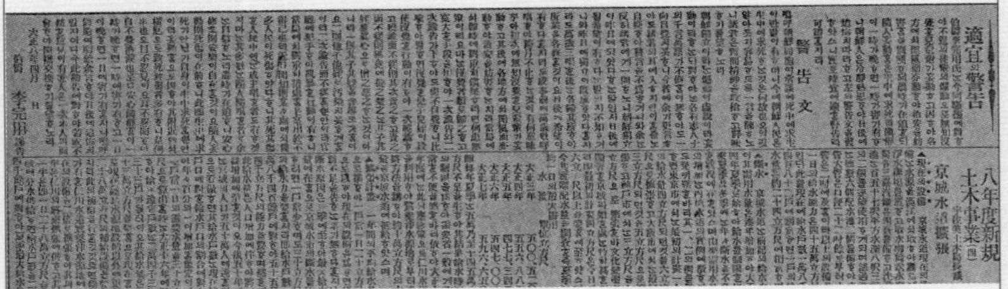

適宜의 警告

警告文

李完用

八年度新規 土木事業

京城水道擴張

〈매일신보〉 4월 2일자에 실린 이완용의 경고문.

첫 번째 경고문에서 그는 "이번 소요는 불령 도배의 선동으로 무지몰각한 어린 사람들이 난동을 벌인 것이 원인"이라며 "각 지역에서 소문이 무성하여 치안을 방해함을 개탄하고 이제 핍박이 시작될 터인데 망동을 따르는 행위는 삶 속에서 죽음을 구하는 것"이라고 했다. 이 씨는 또 "진정하는 게 늦어지면 피해가 있을 것이니 조선인은 냉정하고 깊게 생각하여 나중에 핍박을 받고 후회치 마라"라고 적었다. 한마디로 쓸데없는 경거망동에 휘둘리지 말고 죽기 싫으면 가만히 있으라는 얘기다. "적반하장이라, 본인이나 그 입 다물라"는 무명씨들의 일갈이 터져 나온다.

나라 팔아먹은 공로로 일왕으로부터 백작 작위까지 받은 그가 경고문 한 번으로 체면치레를 다 할 위인은 아니다. 절정으로 치닫는 시위에 대한 강경 진압과 추가 출병이 결정된 시점에 실린 두 번째 경고문에서는 "본인이 성심으로 경고하는 것을 여러분이 받아들여서 생명의 다수를 구하면 목적이 달성되는 것"이라며 "소요 초기에는 관대한 수단을 썼던 당국의 방책이 이제는 여지가 없다"고 했다. 총독부가 만세시위 첫날부터 총검으로 시위대를 도륙한 것을 세상 모두가 아는데 관대함을 운운하니 실소를 금할 수 없다. 동포라며 조선인들 피해를 우려하는 척하지만 총독부와 벌인 대책회의에서 '저항자들의 도륙'을 주장한 것은 다름 아닌 이 씨였다.

재가 된 제암리엔… 한맺힌 피울음만

일제, 주민30명 교회 가둬놓고 학살

예배당 출입구 모두 막고 불질러
강연 있다며 집집마다 소집 명령

폐허가 된 제암리 민가와 희생자 유족들.

엄지원 기자】
폐한 모습
초순부터
을 방문한
이다. 해당
만세운동이
군인들이
민들을 잔
하고 있다는
알려져왔
라파와 미
현지를 방
식을 전해
이를 종합
전한다.
가장 잔혹
것은 지난
날 낮 수원
주민들은 일
'강연이 있
긴 남자들
집합하시오"
일본군은
않는 이 작
호 방문하
지 못한 이
고 한다. 교
남짓한 남

"30리 밖까지 시체 타는 악취"
강한 동풍 탓 삽시간에 전소
영문도 모를 아이까지 죽여
주검엔 총검 찔러 「확인사살」

자들이 무슨 일인가 하고 웅성거리고 있을 때 갑자기 건물은 시커먼 연기에 휩싸였다. 그제야 그들은 일본군이 교회의 출입구를 모두 봉쇄한 채 불을 질렀다는 것을 알게 되었다. 그날은 동풍이 강하게 불어 삽시간에 예배당이 전소되었다. 경악에 빠진 이들은 탈출을 기도하다가 칼에 찔리거나 총에 맞아 죽었다.

어린 아들을 데리고 교회당으로 들어갔다가 죽게 된 한 남자가 아들을 창밖으로 탈출시키며 헌병대에 애원하였다. "이 어린것만은 제발 살려주십시오." 인면수심의 헌병대는 어린아이를 칼로 내리쳐 죽였다. 현장 주변에는 두 명의 여자도 총칼에 희생당한 채 쓰러져 있었다. 남편이

교회당 … 가 나 … 가 살해 … 노경태라는 한 남자가 구사일생으로 탈출에 성공하여 목숨을 건졌으나 그를 제외하곤 교회당으로 향했던 남자들이 영문도 알지 못한 채 모두 살해당하였다.

헌병대는 교회뿐 아니라 온 마을에 일일이 불을 질렀다. "마을 전체를 태우는 연기와 재가 시체를 태우는 악취와 함께 30리 밖 오산까지 퍼져갔다"고 소식통은 전했다. 이 부대를 이끌던 일본인 아리타 도시오 중위는 이에 만족하지 않았다. 주검들을 창자가 나오도록 총검으로 일일이 찔러보아 '확인사살'하였다. 교회당 안에서 죽은 사람이 22명, 뜰에서 죽은 사람이 6명이었다고 하나 정확한 집계는 아직 이뤄지지 않았다.

참사 뒤 현장을 찾았던 한 미국인은 당시의 참상을 이렇게 전하였다. "사람들은 여기저기 짚단이나 멍석을 깔고

화수리선 순사 죽음 명분
새벽녘 온 마을 태워놓고도
뻔뻔히 "일개 소대 돌발행동"

앉아 있었으며 어떤 사람들은 산 밑에다 조그마한 피난처를 만들어놓고 그 속에 앉아 폐허로 바꿔어버린 그들의 집을 멍청히 내려다보고 있었다. 그들은 말을 잃어버린 채 왜 이러한 심판이 내려졌는지, 그리고 왜 자신들은 과부가 되고 어린이들을 고아로 만들게 되었는지를 곰곰 생각하고 있는 것 같았다. 그들은 자신들에게 찾아온 재난으로 인해 무력감과 절망감에 싸여 있었다."

비극은 제암리에 그치지 … 것이었 … 국은 기독교인을 탄압하면 이 만세운동의 높은 기세를 꺾을 수 있다고 판단하고 있는 것으로 보인다. 지난 3일 수원 화수리 수사주재소에서 만세운동이 벌어지던 중 화수리 주민들에게 한 일본인 순사 한명이 죽임을 당한 일도 일본 당국에 명분을 주었다.

순사를 죽인 대가로 '꽃과 나무'의 마을이었던 화수리 역시 잿더미로 변했다. 40여 가구 가운데 절반은 전소되었다. 헌병대는 11일 사람들이 잠든 새벽녘을 틈타 횃불을 들고 가구마다 불을 질렀다. 잠이 덜 깬 채 뛰쳐나온 주민들에게 몽둥이와 총칼이 뒤따랐다. 죽지 않은 주민들은 감옥으로 끌려갔다. 이처럼 일본군이 휩쓸고 간 지역마다 동리가 일순간에 사라졌다. 사신이 휩쓸고 간 폐허에 남은 것은 공포에 질린 부녀자들뿐이었다. 전 국토에 거쳐 그 살육이 얼마나 심각하였던지 일본에 우호적인 영국 측에서조차 "일본은 조선인 2500만을 모두 죽일 생각인가"라고 비난하였다고 한다.

일본 당국은 이처럼 잔학한 만행을 일개 소대의 돌발적 행동으로 농치려는 분위기다. 그러나 확산되는 만세운동에 놀라 조선 내 병력을 대대적으로 증파한 것은 조선총독부와 일본 내각이다. "경무기관은 사찰 및 검거에 극력 활동하여 화근을 소멸하라"고 지시한 것도 하세가와 요시미치 총독이다.

조용히 길을 걷다 개미리판에 맞아 피투성이가 된 여학생들, 쇠갈고리에 찍혀 살해당한 조선인, 거리에서 등에 관통상을 입은 남자, 찢기고 피투성이가 된 옷을 입고 형무소에 끌려가는 수십명의 양민들. 눈과 귀 있는 자 가운데 지난 1개월 넘는 기간 동안 조선 땅에서 벌어진 부수한 폭력과 만행을 모르는 이

「만세운동 배후」 종교…
화근 소멸한다며 병…
"조선인 전부를 죽일 …
영국 등 서구서도 잇…

가 없다. 침묵해온 …
도 마침내 일본의 조…
방식에 대해 목소리…
있다. 3월 만세운동이…
뒤 이러한 일본 군경…
한 고문과 학대에 대…
제기가 누차 있었음…
폭력운동'에 대한 무…
의 수위를 높여온 만…
가와 총독은 책임론…
가기 어려울 것으로 보…

1919년 4월 19일

선교사들, 참상 고발 앞장

스코필드, 언더우드

◇◈◇◈◇◈

캐나다인 스코필드·미국인 언더우드
제암리 학살 현장 사진으로 담고
주민 증언 토대로 「잔학행위 보고서」

외국인 선교사들의 활약이 아니었던들 경기도 수원의 제암리 학살 만행은 세상에 … 프랭크 스코필드)씨와 연희전문학교 설립자인 미국인 원두우(60·호러스 그랜트 언더우드)씨가 그 주인공이다.

사연인즉 석호필씨 등은 제암리에 인근 부락인 수촌리에서 4월 초순 벌어진 일제의 조선인 학살 사건을 전하여 듣고 이를 확인하려 17일 수촌리로 향하던 길목에서 우연히 제암리의 참상을 확인하게 되었다고 한다. 석호필씨는 현장에서 그 생생한 모습을 사진으로 찍고, 두려움에 잠겨 증언을 거부하는 주민들을 설득하여 구체적인 증인들을 끌어냈다. 그는 이 내용을 바탕으로 '수원에서의 잔학 행위에 관한 보고서'를 작성하여 미국에 보낼 계획이라고 밝혔다.

이들 두 사람만이 아니다. 조선에 거주하고 있는 여러 나라의 선교사들은 일제의 엄격한 검열을 피… 만세운동 이후 벌어진 … 당국의 끔찍한 폭력을 … 에 전신과 편지 등으로 … 고하였다. 외국인 선교… 을 배후 조력자로 판… 일제의 기독교를 향한 … 적 태도가 이들의 분노… 름을 부은 격이 되었다. … 을 막거나 조선인… 거준 선교사들이 … 에 체포되거나 압… 새당하는 일이 다… 였고, 거리에서 조… 들처럼 두들겨 맞은 영국인 목사도 있…

이를 지켜보며 일본에 우호적이거나 … 조적이었던 서구인들조차 일본의 조… 민통치에 의구심을 품게 된 것으로 보… 일본에서 선교활동을 벌이고 있는 미… 알베르투스 피터스(50) 목사는 다음… 이 일본 국민의 자성을 촉구하였다. "… 일본의 여론이 이러한 모욕적인 행위… 해 비판을 할 만큼 일본인들에겐 도덕… 기와 양심이 있다고 믿었기 때문에 지… 달 동안 사태를 예의 주시했었으나 모… 일이었다. 총독에게 책임을 묻는 것으… 날 수 있겠는가. 일본의 전 국민은 도덕… 책임을 지지 않아도 될 것인가."

…의 심장에서 울려퍼진 "대한독립"

에서 "대한
다.
들이 미국
제1차 한국
임시정부
에 대한 청
결의하였다
식통을 통
부터 16일까
의 초대 수
'리틀극장'
'한국의회'
인들은 대
대한 정신
인 지원을
개최에는
주도한 서
임시정부의
선출된 이
독립운동

필라델피아 「제1차 한국의회」
서재필·이승만 등 미주 한인
임시정부 적극적 지원 결의
상시조직 「중앙통신국」 설립
대회 뒤엔 대규모 시가행진

…라델피아를 방문해 미국 정부에 여권 발급을 신청하였으나 거절당하는 수모를 겪었다. 마침 그곳에 거주하고 있던 서재필과 의논한 끝에 강화회의에 대표를 파견하는 등의 독립청원운동은 실효가 없을 것이라는 데 의견을 같이하고 다른 방법을 모색하기에 이르렀다고 한다. 그 논의의 결과가 14일부터 16일까지 열린 '한국의회' 행사다.

…대륙회의'에서 따왔다고 전해졌다. 그 이름에 걸맞게 한인들이 의회를 연 목적은 3월 1일 만세시위를 통해 표출되었던 독립선언의 의미를 나누고 독립의 당위성을 미국 여론에 호소하기 위해서였다.

15일 오후 회의에서 서재필은 이 대회의 정신을 영구화하기 위하여 상시적으로 활동할 수 있는 조직체의 설립을 제안하였다. 이튿날 16일 오전 회의에서 '한국중앙통신국'의 설립이 의결되었고 초대 대표로 서재필이 추대되었다. 이날 회의에선 전날 회의에서 결정되었던 '워싱턴과 파리강화회의에 보내는 청원서'도 낭독과 토의를 거쳐 채택되었다.

대회 이름은 한국의회였지

◆4월16일 미국 동부 필라델피아에서 한인들이 '한국 독립 연맹'이라는 깃발과 태극기를 들고 시가행진을 벌이고 있다.

…델피아 시정부가 이 행사를 지원하게 하는 배경이 되었다. 16일 오후, 대회를 마친 참석자들은 대형 태극기와 '한국독립연맹'이라고 쓴 대형 깃발을 앞세우고 필라델피아

— 만세꾼 돋보기 —

양팔을 자른들 만세가 꺾…
전북 이리 문용기 불굴의 의지

일본도로 양팔을 자르고 무차별 사격을 하는 등 일제의 천인공노할 탄압에도 조선인들은 전국 각지에서 노도와 같은 항전을 벌이고 있다. 총칼에도 굴하지 않는 외침에 일본 당국은 충격과 공포를 느끼고 있다.

지난 4일, 전북 이리 장터에서 만세시위가 벌어졌다. 지역 만세운동을 주도한 문용기(41) 선생과 기독교인 등 300여명의 군중이 '조선독립만세'를 외치며 시가행진에 나섰다. 금세 1천여명으로 불어난 시위대에 놀란 일본 헌병대는 총검을 이용해 무차별 진압을 강행하였다. 선두에 있던 문 선생이 오른손에 태극기를 들고 군중의 앞으로 나아갔다. 일본 헌병은 문 선생의 오른팔을 칼로 내리쳤다. 잘린 오른팔이 태극기와 함께

문용기 선생

으로 뛰…
계속 "조…
만세"를…
양팔에…
뽑어져…
격분한…
그를 따…
정없이 난자하여 결국 순국…

앞선 3일에는 경남 창원 (진북·진전·진동) 사람들이 고현 장날에 만세운동을 벌… 역에서 만세시위를 벌여온 … 선생이 태극기를 흔들며 … 선도하였다. 이윽고 헌병들… 별 사격에 김 선생이 쓰러지… 있던 변갑섭(27)씨가 다시 태… 받아들고 시위대를 이끌었… 나 헌병들은 그에게도 무차… 을 퍼부었고 변씨조차 쓰러…

일제, 제암리 주민 30명 교회 가둬놓고 학살

"완전무결하게 황폐한 모습이었다." 지난 4월 초순부터 경기도 수원 지역을 방문한 한 미국인의 전언이다. 해당 지역에서 뒤늦게 만세운동이 격발된 이후 일본 군인들이 조선의 무고한 양민들을 잔혹무도하게 학살하고 있다는 사실은 풍문으로만 알려져왔다. 다행히 최근 구라파와 미국의 선교사들이 현지를 방문하여 잇따라 소식을 전해오는 고로 본지는 이를 종합하여 독자들에게 전한다.

수원 지역에서 가장 잔혹한 학살이 벌어진 것은 지난 15일의 일이다. 이날 낮 수원 향남면 제암리의 주민들은 일본 헌병대로부터 "강연이 있을 테니 스무 살을 넘긴 남자들은 모두 교회에 집합하시오"라는 말을 들었다. 일본군은 40가구에 지나지 않는 이 작은 부락을 가가호호 방문하며 소집 명령을 듣지 못한 이들까지 불러냈다고 한다. 교회당에 모인 30명 남짓한 남자들이 무슨 일인가 하고 웅성거리고 있을 때 갑자기 건물은 시커먼 연기에 휩싸였다. 그제야 그들은 일본

군이 교회의 출입구를 모두 봉쇄한 채 불을 질렀다는 것을 알게 되었다. 그날은 동풍이 강하게 불어 삽시간에 예배당이 전소되었다. 경악에 빠진 이들은 탈출을 기도하다가 칼에 찔리거나 총에 맞아 죽었다.

어린 아들을 데리고 교회당으로 들어갔다가 죽게 된 한 남자가 아들을 창밖으로 탈출시키며 헌병대에 애원하였다. "이 어린것만은 제발 살려주십시오." 인면수심의 헌병대는 어린아이를 칼로 내리쳐 죽였다. 현장 주변에는 두명의 여자도 총칼에 희생당한 채 쓰러져 있었다. 남편이 교회당에 불려간 뒤 총소리가 나자 놀라서 뒤쫓아왔다가 살해당한 여자들이었다. 노경태라는 한 남자가 구사일생으로 탈출에 성공하여 목숨을 건졌으나 그를 제외하곤 교회당으로 향했던 남자들이 영문도 알지 못한 채 모두 살해당하였다.

일본군의 방화로 폐허가 된 제암리 민가.

헌병대는 교회뿐 아니라 온 마을에 일일이 불을 질렀다. “마을 전체를 태우는 연기와 재가 시체를 태우는 악취와 함께 30리 밖 오산까지 퍼져갔다”고 소식통은 전했다. 이 부대를 이끌던 일본인 아리타 도시오 중위는 이에 만족하지 않았다. 주검들을 창자가 나오도록 총검으로 일일이 찔러보아 ‘확인사살’하였다. 교회당 안에서 죽은 사람이 22명, 뜰에서 죽은 사람이 여섯 명이었다고 하나 정확한 집계는 아직 이뤄지지 않았다.

참사 뒤 현장을 찾았던 한 미국인은 당시의 참상을 이렇게 전하였다. “사람들은 여기저기 짚단이나 멍석을 깔고 앉아 있었으며 어떤 사람들은 산 밑에다 조그마한 피난처를 만들어놓고 그 속에 앉아 폐허로 바뀌어버린 그들의 집을 멍청히 내려다보고 있었다. 그들은 말을 잃어버린 채 왜 이러한 심판이 내려졌는지, 그리고 왜 자신들은 과부가 되고 어린이들을 고아로 만들게 되었는지를 곰곰 생각하고 있는 것 같았다. 그들은 자신들에게 찾아온 재난으로 인해 무력감과 절망감에 싸여 있었다.”

비극은 제암리에 그치지 않았다. 일본은 이번 만세운동의 배후를 조선 내 기독교와 천도교 세력으로 보고 있다. 실로 제암리는 비록 작은 부락이나, 교회당이 있을 정도로 농촌으로서는 개화된 곳이었다. 그리하여 일본 당국은 기독교인을 탄압하면 이 만세운동의 높은 기세를 꺾을 수 있다고 판단하고 있는 것으로 보인다. 지난 3일 수원 화수리 수사주재소에서 만세운동이 벌어지던 중 화수리 주민들에게 일본인 순사 한 명이 죽임을 당한 일도 일본 당국에 명분을 주었다.

화수리선 순사 죽음 명분 새벽녘 온 마을 태워

순사를 죽인 대가로 '꽃과 나무'의 마을이었던 화수리 역시 잿더미로 변했다. 40여 가구 가운데 절반은 전소되었다. 헌병대는 11일 사람들이 잠든 새벽녘을 틈타 횃불을 들고 가구마다 불을 질렀다. 잠이 덜 깬 채 뛰쳐나온 주민들에게 몽둥이와 총칼이 뒤따랐다. 죽지 않은 주민들은 감옥으로 끌려갔다. 이처럼 일본군이 휩쓸고 간 지역마다 동리가 일순간에 사라졌다. 사신이 휩쓸고 간 폐허에 남은 것은 공포에 질린 부녀자들뿐이었다. 전 국토에 걸쳐 그 살육이 얼마나 심각하였던지 일본에 우호적인 영국 측에서조차 "일본은 조선인 2500만을 모두 죽일 생각인가"라고 비난하였다고 한다.

일본 당국은 이처럼 잔학한 만행을 일개 소대의 돌발적 행동으로 눙치려는 분위기다. 그러나 확산되는 만세운동에 놀라 조선 내 병력을 대대적으로 증파한 것은 조선총독부와 일본 내각이다. "경무기관은 사찰 및 검거에 극력 활동하여 화근을 소멸하라"고 지시한 것도

제암리 학살 당시 가족의 주검 앞에서 오열하는 유족들.

하세가와 요시미치 총독이다.

조용히 길을 걷다 개머리판에 맞아 피투성이가 된 여학생들, 쇠갈고리에 찍혀 살해당한 조선인, 거리에서 등에 관통상을 입은 남자, 찢기고 피투성이가 된 옷을 입고 형무소에 끌려가는 수십 명의 양민들. 눈과 귀 있는 자 가운데 지난 1개월 넘는 기간 동안 조선 땅에서 벌어진 무수한 폭력과 만행을 모르는 이가 없다. 침묵해온 서구인들도 마침내 일본의 조선 통치 방식에 대해 목소리를 내고 있다. 3월 만세운동이 발발한 뒤 이러한 일본 군경의 가혹한 고문과 학대에 대해 문제 제기가 누차 있었음에도 '비폭력운동'에 대한 무력 대응의 수위를 높여온 만큼 하세가와와 총독은 책임론을 비켜가기 어려울 것으로 보인다.

선교사들,
참상 고발 앞장

외국인 선교사들의 활약이 아니었던들 경기도 수원의 제암리 학살 만행은 세상에 알려질 수 없었을 것이다. 선교사들은 풍문으로만 떠돌던 참상을 직접 확인하여 전 세계에 폭로하였다. 영국계 캐나다인으로 수의학 교수이기도 한 석호필(30·본명 프랭크 스코필드) 씨와 연희전문학교 설립자인 미국인 원두우(60·호러스 그랜트 언더우드) 씨가 그 주인공이다.

사연인즉 석호필 씨 등은 제암리에 인근 부락인 수촌리에서 4월 초순 벌어진 일제의 조선인 학살 사건을 전하여 듣고 이를 확인하려 17일 수촌리로 향하던 길목에서 우연히 제암리의 참상을 확인하게 되었다고 한다. 석호필 씨는 현장에서 그 생생한 모습을 사진으로 찍고, 두려움에 잠겨 증언을 거부하는 주민들을 설득하여 구체적인 증언들을 끌어냈다. 그는 이 내용을 바탕으로 '수원에서의 잔학 행위에 관한 보고서'를 작성하여 미국에 보낼 계획이라고 밝혔다.

스코필드와 언더우드. (왼쪽부터)

이들 두 사람만이 아니다. 조선에 거주하고 있는 여러 나라의 선교사들은 일제의 엄격한 검열을 피하여 만세운동 이후 벌어진 일본 당국의 끔찍한 폭력을 본국에 전신과 편지 등으로 보고하였다. 외국인 선교사들을 배후 조력자로 판단한 일제의 기독교를 향한 적대적 태도가 이들의 분노에 기름을 부은 격이 되었다. 폭력을 막거나 조선인을 숨겨준 선교사들이 일경에 체포되거나 압수수색당하는 일이 다반사였고, 거리에서 조선인들처럼 두들겨 맞은 영국인 목사도 있다.

이를 지켜보며 일본에 우호적이거나 협조적이었던 서구인들조차 일본의 조선 식민통치에 의구심을 품게 된 것으로 보인다. 일본에서 선교활동을 벌이고 있는 미국인 알베르투스 피터스(50) 목사는 다음과 같이 일본 국민의 자성을 촉구하였다. "나는 일본의 여론이 이러한 모욕적인 행위에 대해 비판을 할 만큼 일본인들에겐 도덕적 용기와 양심이 있다고 믿었기 때문에 지난 몇 달 동안 사태를 예의 주시했었으나 모두 헛일이었다. 총독에게 책임을 묻는 것으로 끝날 수 있겠는가. 일본의 전 국민은 도덕적인 책임을 지지 않아도 될 것인가."

미국 독립의 심장에서 울려 퍼진 "대한독립"

미국 독립의 심장에서 "대한 독립"이 울려 퍼졌다.

미주지역 한인들이 미국 필라델피아에서 '제1차 한국의회'를 열어 상해 임시정부 지원과 미국 정부에 대한 청원서 채택 등을 결의하였다는 소식이 현지 소식통을 통해 전해졌다. 14일부터 16일까지 사흘 동안 미국의 초대 수도인 필라델피아 '리틀극장'에서 진행된 '제1차 한국의회'에서 구미지역 한인들은 대한민국임시정부에 대한 정신적·물질적·신체적인 지원을 약속하였다. 행사 개최에는 '독립협회' 결성을 주도한 서재필(55) 박사와 임시정부의 초대 국무총리로 선출된 이승만(44) 박사, 미주 독립운동단체인 '대한인국민회' 소속 정한경(28) 씨 등의 노력이 주효하였다는 후문이다.

앞선 2월 이승만과 정한경은 파리강화회의 참석차 필라델피아를 방문해 미국 정부에 여권 발급을 신청하였으나 거절당하는 수모를 겪었다. 마침 그곳에 거주하고 있던 서재필과 의논한 끝에 강화회의

4월 16일 미국 동부 필라델피아에서 한인들이 '한국 독립 연맹'이라는 깃발과 태극기를 들고 시가행진을 벌이고 있다.

에 대표를 파견하는 등의 독립청원운동은 실효가 없을 것이라는 데 의견을 같이하고 다른 방법을 모색하기에 이르렀다고 한다. 그 논의의 결과가 14일부터 16일까지 열린 '한국의회' 행사다.

'제1차 한국의회'라는 명칭은 갑오년(1774)에 미주 식민지 대표들이 필라델피아에 모여 영국의 식민지 지배로부터 독립할 것을 협의한 '제1차 대륙회의'에서 따왔다고 전해졌다. 그 이름에 걸맞게 한인들이 의회를 연 목적은 3월 1일 만세시위를 통해 표출되었던 독립선언의 의미를 나누고 독립의 당위성을 미국 여론에 호소하기 위해서였다.

15일 오후회의에서 서재필은 이 대회의 정신을 영구화하기 위하여 상시적으로 활동할 수 있는 조직체의 설립을 제안하였다. 이튿날 16일 오전회의에서 '한국중앙통신국'의 설립이 의결되었고 초대 대표로 서재필이 추대되었다. 이날 회의에선 전날 회의에서 결정되었던 '워싱턴과 파리강화회의에 보내는 청원서'도 낭독과 토의를 거쳐 채택되었다.

대회 이름은 한국의회였지만 미국인들도 여럿 참석하여 기도·강연 등과 함께 토의 과정에서도 한국인과 더불어 자유롭게 논의를 했다고 한다. 미국인들의 참여는 필라델피아시 정부가 이 행사를 지원하게 하는 배경이 되었다. 16일 오후, 대회를 마친 참석자들은 대형 태극기와 '한국독립연맹'이라고 쓴 대형 깃발을 앞세우고 필라델피아 독립기념관까지 행진하였다. 시위대는 독립선언문 낭독과 대한민국 임시정부 만세삼창, 미합중국 만세삼창 뒤 해산하였다.

일본도에 양팔 잘려도 끝까지 "조선독립 만세"

일본도로 양팔을 자르고 무차별 사격을 하는 등 일제의 천인공노할 탄압에도 조선인들은 전국 각지에서 노도와 같은 항전을 벌이고 있다. 총칼에도 굴하지 않는 외침에 일본 당국은 충격과 공포를 느끼고 있다.

문용기

지난 4일, 전북 이리 장터에서 만세시위가 벌어졌다. 지역 만세운동을 주도한 문용기(41) 선생과 기독교인 등 300여 명의 군중이 '조선독립 만세'를 외치며 시가행진에 나섰다. 금세 1000여 명으로 불어난 시위대에 놀란 일본 헌병대는 총검을 이용해 무차별 진압을 강행하였다. 선두에 있던 문 선생이 오른손에 태극기를 들고 군중의 앞으로 나아갔다. 일본 헌병은 문 선생의 오른팔을 칼로 내리쳤다. 잘린 오른팔이 태극기와 함께 땅에 떨어졌고 문 선생은 피를 흘리며 왼손으로 다시 태극기를 든 채 만세를 외치며 전진하였다. 극악무도한 헌병은 이번엔 문 선생의 왼팔을 칼로 내리쳤다. 그는 두 팔을 잃은 몸으로 뛰어가며 계속 "조선독립 만세"를 불렀다. 양팔에서 피가 뿜어져 나왔다. 격분한 헌병이 그를 따라가 사정없이 난자하여 결국 순국하였다.

앞선 3일에는 경남 창원군 삼진(진북·진전·진동) 사람들이 진동면 고현 장날에 만세운동을 벌였다. 지역에서 만세시위를 벌여온 김수동 선생이 태극기를 흔들며 시위대를 선도하였다. 이윽고 헌병들의 무차별 사격에 김 선생이 쓰러지자 옆에 있던 변갑섭(27) 씨가 다시 태극기를 받아들고 시위대를 이끌었다. 그러나 헌병들은 그에게도 무차별 사격을 퍼부었고 변 씨조차 쓰러졌다. 선두가 쓰러졌음에도 군중들은 흩어지기는커녕 투석으로 맞서며 더욱 격렬히 저항하였다. 노도와 같은 군중들의 기세에 일본 관헌들은 두려움을 느꼈다고 한다.

어느 만세 청년의 편지

국망 9년 만에 '독립 만세' 소리가 터져나온 지도 어느덧 두어달이 지났다. 희망으로 만개한 봄이었다. 지축을 뒤흔든 함성은 저 일제를 비롯한 이방인들이 무기력하고 나약하다고만 보았던 조선 민중들 안에 숨어 있던 용기를 각성시키고 남았다. 점화된 독립운동의 열망을 흉중에 품은 청년들의 발길은 조선 밖으로 향하고 있다. 개중 한 청년이 만주로 향하는 길에 서신을 보내왔다. 지난 육십일의 투쟁이 우리에게 남긴 것은 무엇인가. 청년의 글이 함께 되새길 만하여 옮겨 싣는다. 이하 서신 전문.

만세시위 희생에 나는 빚진 자니 전심으로 「독립전쟁의 길」 걷겠소

1919년 4월 29일

엄지원 기자]
잡아 1천번
선망 방방
습니다. 그
없는 이들이
맞고 학살
아남은 저
들 죽음에
습니다. 그리
하였나이다.
이상을 헛
전심으로
향하여 걸
서신이 형
는 만주에
적지는 경
1년 이회영
운 통화현

만세시위 죽음 보며 교행 결심

(신흥무관
머리에 앉
던 애체는
고자 하옵
민족은 참
순진하였습
대통령 윌
와 파리강
의 선의를
습니다. 동
지 윌슨이
신을 구하
고 만세를
그 순진무
손으로 만
초들이 선
사옵니다.
세운동의
약육강식
에서 너무
었을는지
상해에 세
임시정부

에 가서 직접 현지의 상황을 목격한 이들의 실망감도 이만저만이 아니옵니다. 출발부터 작은 일에도 옥신각신하며 합의를 이루지 못하고 있는 모양입니다.

평화적 호소는 짓밟혔으므로, 이제 저와 함께 만세시위에 참여했던 청년들은 무력으로 나라를 되찾는 것이 현

청년들 중에는 정규전을 치르는 부대보단 로서아(러시아) 황제를 향해 싸우는 인민들의 군대 파르티잔처럼 소규모의 비정규군을 조직함이 어떠한가 하는 의 … 있는 … 서 만 … 은 남 … 현재 …

하며 일제를 배척하였던 형이지만, 3·1운동 뒤에는 학생들 …

평화적 호소로는 끝 안보여

선의 만세운동은 평정됐다고 선언했다지요? 적국의 총리 하라 다카시가 "다소의 군대를 급파해 양민을 보호하게 됐다. 그 결과 다행히 다소 평 …

암리의 학살로 상징되는 잔혹한 진압으로 만세운동이 사그라지고 있다 하여 조선의 독립운동마저 진화되고 있다고 판단한다면, 이는 훗날 큰 오판으로 귀결될 것이어 분명하옵니다. 만세운동을 통하여 조선인 저마다의 일본 식민주의를 향한 부정이 비로소 시작되고 있으니 말입니다.

존형, 시중에는 만세운동으로 아무것도 이룬 것이 없다고 개탄하는 이들도 있는 것으로 아옵니다. 그들에게

일제 「한날 소요」 주장은 오판 우리는 막 첫 전쟁을 치렀소 독립의 그날까지 굴하지 않을

◆신흥무관학교 학생들.

실직이라는 데 뜻을 모으고 있습니다. '국내에서 탈출해 나오는 애국 청년들, 재만 동포 청년들, 또 과거 의병 활동

비폭력 원칙 짓밟은 일제에 순진한 기대 외면한 열강들 상해 임정 파벌은 옥신각신

에 참여했던 노년층까지 불러들여 신흥무관학교가 개교 이래 최대의 성황을 이루고 있다'는 소식이 이를 증명할 듯하옵니다.

색 중인데, 그를 비롯한 몇몇 제군을 만나 그와 같은 이야기를 들었나이다. 폭탄을 제조하여 적국의 관공서를 파괴하고 유격전을 펼친다는 것입니다. 아직은 몇몇의 고민일 뿐이라지만, 저의 단견에는 그같은 전술 전략에도 공감되는 바가 있었습니다.

국내에도 그에 공명하는 움직임이 없지 않을 듯하옵니다. 경성 창신동에서 철물 사업을 크게 하던 김상옥(30) 형을 기억하시지요? 사업을 하던 때에도 국산품을 장려

이름의 지하신문을 찍어내고 있다고 하옵니다. 만주로 떠나오기 전 마지막으로 만났을 때 형은 좀 더 급진적인 투쟁을 고민하는 듯하였습니다. 마음 맞는 동지들을 만나기에 달린 일이겠지요. 1919년 9월 노인인 강우규(64) 의사의 사이토 총독 암살 기도는 조선의 청년들에게 충격을 주었다. 김상옥은 그해 12월 암살단을 조직해 일본 고관과 친일파 숙청을 기도한다. 이후 상해로 망명해 김원봉의 의열단에 합류한다.

일본군은 지난 25일에 조

제가 존경하는 안도산(안창호·41) 선생의 말씀을 전하고 싶사옵니다. "만세로만 독립이 되는 것은 아닙니다. 그렇지만 그 만세의 힘은 심히 위대하여 안으로는 전국민을 동원하였고 밖으로는 전세계를 동원하였습니다. 이러한 평화적 전쟁에도 수십만의 생명을 희생해야 합니다. 이것도 독립전쟁이외다." 우리는 이제 막 일본을 상대로 첫 전쟁을 치른 것이 아니겠나이까. 독립의 그날까지 굴하지 않고 계속할 전쟁을요.〉〈끝〉

큰소리 서대문형무소

죽기 전에 모조리 갇혀 죽을판

세시위가 가열
무차별 피체(검
서대문형무소
루고 있다. 1평
수감되면서 교
식량 부족과 번
이중삼중의 고
수감자들 사이
비하게 죽인 것
잡아 가둬서 죽
나오는 이유다.
가 주인을 가둔

일본 정부의 발
해보면, 만세운
형무소 수감자
른다. 1908년 개

무차별 피체해 오백명 터에 삼천명

잠은커녕 앉을 자리도 없어 폭동 으

초과밀수용에 따른 수감자들의 가혹한 처지는 이루 말할 수조차 없는 지경이다. 하루가 다르게 늘어나는 수용인원 탓에 수감자들은 감방 안에서 앉을 자리조차 없다고 한다. 수십명씩 열을 이뤄 좁디좁은 감방 안을 돌고 돌면서 생활한다. 가만히 서 있으면 다리에 마비가 오기 때문이다. 잠은 순번을 정해 쪽잠으로 겨우 해결하는 수준이다. 배식과 용변 문제는 더 심각하다. 정치범으로 분류된 이들에게는 배식량을 더 줄여 수감자들은 배고픔에 시달리고 있다. 폭증하는 인원 때문에 변기통이 넘치는 등 고통이 더 가중되고 있다.

상황이 이렇다 보니 서대문형

천여명의 죄수가 한꺼번에 밀고 나오면 아직 치안이 완전히 회복되지 않은 경성시는 어떻게 될까 밤낮으로 걱정된다"며 "(마치) 파옥이 오늘내일로 박두한 것을 기다리는 것 같다"고 말하였다. 형무소에는 임오군란 때 군대에서 쫓겨난 전직 군인 출신 간수들이 적지 않은데 이들이 동포 수감자들

들은 감옥에서조차 만세시위를 이어나가고 있다. 형무소 관계자는 "교회나 공장에도 철망을 둘러서 감방으로 대용하는 궁책을 취했지만, 충분한 수감자가 방인에서 큰 소리로 독립 연설을 하면 (다른 수감자들이) 박수로 공명해 그 혼잡이 도저히 비유할 수 없는 상태"라고 말하였다. 몸은 가둘

'1919년판 한겨레'를 마치며

대장정 끝낸 '100년 전 시간 그들이 꿈꾼 나라는 우리 몫

"독립운동사 현재화"
"민족 스스로 외친 평화·평등에 감동"
"격변기 세계 정세도 지면에 담았으면"

100년 전으로의 시간
기서 끝을 맺습니다. 3
임시정부 수립 100주
〈한겨레〉는 지난 1월1일
월 동안 1919년 시점으로
건들을 보도하는 실험
습니다. 독립운동사와
시 국제 정세와 사회문
여주는 다양한 기사
1919년을 입체적으로
자 했습니다. 신년 기획
레'는 과거로 시간여행을
럼 느껴지도록 기사 작
디자인에서도 옛 신문의
를 더했습니다.

박제화된 3·1운동과
임시정부 수립의 역사를
있게 되살리려는 이러
전문가를 비롯한 여러
호응해 주셨습니다. 국
원장을 지낸 이만열 숙
예교수는 "독립운동사를
해서 대중들이 잘 이해
준 참신한 기획으로, 그
부하는 사람들에게도
이 됐다"고 했습니다. '3·
대한민국임시정부 수립
기념사업추진위원회'
장인 김동춘 성공회대 교
으로 보는 것과 달리 생
아 있었다. 지금 상황하
서 보는 이점이 있었다"
습니다. 일제강점기 사
동사 연구의 권위자인
균관대 사학과 교수도 "
큰 언론에서 찾아볼 수
로운 기획이었다. 형식의
움을 피하기 위해 중간중
전문가 대담과 기고 등을
도 인상적"이라고 후한
습니다. 독자 전상우(40)
사를 보면서 피지배 민족
로 평화와 평등을 이야
점이 가장 놀라웠다"며
획으로 밀고 나갔으면
바람을 드러내기도 했습

물론 미진한 부분에
도 없지 않았습니다. 30년
국 근현대사를 연구해온
한양대 사학과 교수는 "3·
임시정부 수립 과정을
함으로써 독자들이 당시
잘 이해할 수 있게 했다"
날짜별로 그날그날 만세운
어난 지역을 소개해 주었
좋았을 것"이라고 지적
3·1운동 전문가인 김정인
대 사회과교육과 교수도
론이 역사적 사실 발굴과
여 중 한 가지에 집중할 때
겨레'는 두 마리 토끼를
그러나 당시 동아시아와
세가 격변기였는데 이런
잘 담아내지 못한 채 일국
점으로만 지면이 구성된
아쉬웠다"고 평가했습니다

'1919 한겨레'로 말하고
것은 독립운동가부터 친
본인, 장삼이사까지 당시
던 다양한 사람들의 생각
이었습니다. 또 100년 전
의 행적에서 끝내 포기할
'희망의 원리'를 발견하고
니다. 60여개의 지면과
의 기사로 한 시대를 다
는 없습니다. 과거의 곳간
미래의 지도를 얻는 일은
작인지도 모르겠습니다
전 식민지 조선인들은
국을 되찾아 어떤 나라를
싶었을까요. 그들이 꿈꾼

당시의 장삼이사들
꿈꾸던 자유·평등
지금의 한국을
돌아보는 기회 되길

만세시위에 빚졌으니 독립전쟁 길 나서리

어느 만세 청년의 편지

국망 9년 만에 '독립 만세' 소리가 터져 나온 지도 어느덧 두어 달이 지났다. 희망으로 만개한 봄이었다. 지축을 뒤흔든 함성은 저 일제를 비롯한 이방인들이 무기력하고 나약하다고만 보았던 조선 민중들 안에 숨어 있던 용기를 각성시키고 남았다. 점화된 독립운동의 열망을 흉중에 품은 청년들의 발길은 조선 밖으로 향하고 있다. 개중 한 청년이 만주로 향하는 길에 서신을 보내왔다. 지난 60일의 투쟁이 우리에게 남긴 것은 무엇인가. 청년의 글이 함께 되새길 만하여 옮겨 싣는다. 이하 서신 전문.

존형, 두 달 새 줄잡아 1000번의 만세시위가 조선 땅 방방곡곡에서 일어났습니다. 그사이 헤아릴 수 없는 이들이 피체되고 두들겨 맞고 학살당하였습니다. 살아남은 저 같은 이는 그저 그들 죽음에 빚진 죄인일 것이옵니다. 그리하여 저는 결심하였나이다. 이 숭고한 희생과 이상을 헛되이 하지 않도록, 전심으로 조선의 독립만을 향하여 걸어볼 참입니다. 이 서신이 형께 당도할 때쯤 저는 만주에 있을 것입니다. 목적지는 경술년 압록강을 건넌 이회영(52) 선생 가문이 세운 통화현 합니하의 신흥중학(신흥무관학교)입니다. 책상머리에 앉아 실력을 키우려던 애제는 이제 독립군이 되고자 하옵니다. 지난봄 우리 민족은 참으로 고귀하고도 순진하였습니다. 우리는 미국 대통령 윌슨의 민족자결주의와 파리강화회의에 모일 열강의 선의를 전적으로 신뢰하였습니다. 동리의 코흘리개들까지 윌슨이 비행기를 타고 조선을 구하러 온다는 말을 믿고 만세를 외칠 정도였지요. 그 순진무구한 기대 속에 맨손으로 만세를 외친 숱한 민초들이 선혈을 흘리며 스러졌사옵니다. '비폭력'이라는 만세운동의 숭고한 원칙은 이 약육강식의 비정한 현실세계에서 너무 높은 이상이 아니었을는지요. 그나마 이달 초 상해에 세워졌다는 대한민국임시정부에 가서 직접 현지의 상황을 목격한 이들의 실망감도 이만저만이 아니옵니다. 출발부터 작은 일에도 옥신각신하며 합의를 이루지 못하고 있는 모양입니다.

평화적 호소는 짓밟혔으므로, 이제 저와 함께 만세시위에 참여했던 청년들은 무력으로 나라를 되찾는 것이 현실적이라는 데 뜻을 모으고 있습니다. '국내에서 탈출해 나오는 애국 청년들, 재만 동포 청년들, 또 과거 의병 활동에 참여했던 노년층까지 몰려들어 신흥무관학교가 개교 이래 최대의 성황을 이루고 있다'는 소식이 이를 증명할 듯하옵니다.

청년들 중에는 정규전을 치르는 부대보단 로서아(러시아) 황제를 향

신흥무관학교 학생들.

해 싸우는 인민들의 군대 파르티잔처럼 소규모의 비정규군을 조직함이 어떠한가 하는 이들도 더러 있는 모양입니다. 만주에 와서 만난 김약산(김원봉·21) 군은 남경 금릉대학을 다니다 현재는 독립운동의 길을 모색 중인데, 그를 비롯한 몇몇 제군을 만나 그와 같은 이야기를 들었나이다. 폭탄을 제조하여 적국의 관공서를 파괴하고 유격전을 펼친다는 것입니다. 아직은 몇몇의 고민일 뿐이라지만, 저의 단견에는 그 같은 전술 전략에도 공감되는 바가 있었습니다.

국내에도 그에 공명하는 움직임이 없지 않을 듯하옵니다. 경성 창신동에서 철물사업을 크게 하던 김상옥(30) 형을 기억하시지요? 사업을 하던 때에도 국산품을 장려하며 일제를 배척하였던 형이지만, 3·1 운동 뒤에는 학생들과 '혁신단'이라는 비밀결사를 조직하여 <혁신공

보>라는 이름의 지하신문을 찍어내고 있다고 하옵니다. 만주로 떠나오기 전 마지막으로 만났을 때 형은 좀 더 급진적인 투쟁을 고민하는 듯하였습니다. 마음 맞는 동지들을 만나기에 달린 일이겠지요.

* 1919년 9월 노인인 강우규(64) 의사의 사이토 총독 암살 기도는 조선의 청년들에게 충격을 주었다. 김상옥은 그해 12월 암살단을 조직해 일본 고관과 친일파 숙청을 기도한다. 이후 상해로 망명해 김원봉의 의열단에 합류한다.

일본군은 지난 25일에 조선의 만세운동은 평정됐다고 선언했다지요? 적국의 총리 하라 다카시가 "다소의 군대를 급파해 양민을 보호하게 됐다. 그 결과 다행히 다소 평온해지는 중이며 완전히 진정되는 날도 머지않았다"고 발표하였다는 말도 들었나이다. 그들은 이 봄의 만세운동을 한때의 '소요사태'로만 여기고 있지요. 허나 저 수원 제암리의 학살로 상징되는 잔혹한 진압으로 만세운동이 사그라지고 있다 하여 조선의 독립운동마저 진화되고 있다고 판단한다면, 이는 훗날 큰 오판으로 귀결될 것이 분명하옵니다. 만세운동을 통하여 조선인 저마다의 일본과 식민주의를 향한 투쟁이 비로소 시작되고 있으니 말입니다.

존형, 시중에는 만세운동으로 아무것도 이룬 것이 없다고 개탄하는 이들도 있는 것으로 아옵니다. 그들에게 제가 존경하는 안도산(안창호·41) 선생의 말씀을 전하고 싶사옵니다. "만세로만 독립이 되는 것은 아닙니다. 그렇지만 그 만세의 힘은 심히 위대하여 안으로는 전국민을 동원하였고 밖으로는 전 세계를 동원하였습니다. 이러한 평화적

1920~21년에 걸쳐서 조선·중국·러시아 국경지대에서는 독립군들의 무장투쟁이 전에 없던 규모로 고조되기 시작했다. 1920년 10월 청산리전투 승전 뒤 기념사진.

전쟁에도 수십만의 생명을 희생해야 합니다. 이것도 독립전쟁이외다." 우리는 이제 막 일본을 상대로 첫 전쟁을 치른 것이 아니겠나이까. 독립의 그날까지 굴하지 않고 계속할 전쟁을요.

조선인 수감자들 감옥 안에서도 만세시위 이어가

- 서대문형무소 수용인원 6배 3000명 수감

달포가 넘도록 만세시위가 가열하게 이어지면서 무차별 피체(검거)된 조선인들로 서대문형무소가 인산인해를 이루고 있다. 1평 기준으로 8~9명이 수감되면서 교대로 잠을 자고 배식량 부족과 변소통이 넘치는 등 이중삼중의 고통을 당하고 있다. 수감자들 사이에서 "총칼로 무자비하게 죽인 것도 모자라 이제는 잡아 가둬서 죽이려 한다"는 말이 나오는 이유다. 오호통재라, 강도가 주인을 가둔 형국이로다.

조선총독부와 일본 정부의 발표를 근거로 추산해보면, 만세운동과 관련한 서대문형무소 수감자는 대략 3000명에 이른다. 1908년 개소 당시 500명 수용 규모임을 고려하면 여섯 배를 초과하는 수치다. 독립선언서의 첫 번째 서명자인 손병희 선생을 비롯하여 한용운, 최린 등 민족대표들도 그 안에 갇혀 있다.

초과밀수용에 따른 수감자들의 가혹한 처지는 이루 말할 수조차 없는 지경이다. 하루가 다르게 늘어나는 수용인원 탓에 수감자들은 감방 안에서 앉을 자리조차 없다고 한다. 수십 명씩 열을 이뤄 좁디좁은 감방 안을 돌고 돌면서 생활한다. 가만히 서 있으면 다리에 마비가 오기 때문이다. 잠은 순번을 정해 쪽잠으로 겨우 해결하는 수준이다. 배식과 용변 문제는 더 심각하다. 정치범으로 분류된 이들에게는 배식량을 더 줄여 수감자들은 배고픔에 시달리고 있다. 폭증하는 인원 때문에 변기통이 넘치는 등 고통이 더 가중되고 있다.

상황이 이렇다 보니 서대문형무소 측은 수감자들의 탈주나 폭동 가능성을 우려하고 있다. 가키하라 다쿠로 형무소장은 "만약 3000여 명의 죄수가 한꺼번에 밀고 나오면 아직 치안이 완전히 회복되지 않은 경성시는 어떻게 될까 밤낮으로 걱정된다"며 "(마치) 파옥이 오늘내일로 박두한 것을 기다리는 것 같다"고 말하였다. 형무소에는 임오군란 때 군대에서 쫓겨난 전직 군인 출신 간수들이 적지 않은데 이들이 동포 수감자들을 응원하고 있다는 얘기도 흘러나온다.

열악한 여건 속에서도 조선인들은 감옥에서조차 만세시위를 이어나가고 있다. 형무소 관계자는 "교회나 공장에도 철망을 둘러서 감방으로 대용하는 궁책을 취했지만, 흥분한 수감자가 방안에서 큰 소리로 독립 연설을 하면 (다른 수감자들이) 박수로 공명해 그 혼잡이 도저히 비유할 수 없는 상태"라고 말하였다. 몸은 가둘 수 있지만 독립을 향한 '단심'은 가둘 수 없다는 걸 총독부만 모른다.

부록

〈한겨레〉가 뽑은 독립운동 '민중대표' 48인

역사학자 좌담: '3·1운동 100년'의 현재적 의미

〈한겨레〉가 뽑은 독립운동 '민중대표' 48인

기미독립선언서에 서명한 민족대표는 33인이지만 계획에 가담한 이들까지 확대하여 민족대표 48인이라고 통칭한다. <한겨레>는 3·1운동 100주년을 맞아 1919년 사회지도층이 아님에도 만세시위를 주도했던 이들을 톺아 '민중대표 48인'을 선정했다. 자유와 평화를 희구했던 평범한 영웅들을 기억하기 위해서다. 재판기록 등 3·1운동에 참여했음을 확인할 공식 기록이 있는 이들 가운데 사진이 남아 있는 이들을 주요 대상으로 검토했다. 여기 소개된 48인의 민중대표는 그나마 얼굴과 이름이라도 알릴 수 있던 이들이다. 기미년 3월 조선 역사에는 이름도 얼굴도 없이 잊힌 독립운동가들이 수백만이었다.

권희
19·서당 생도·경기 시흥

김공우
17·조선약학교 학생·서울

김마리아
28·일본 유학생·서울

김시은
29·농업·제주 조천

김연태
40·객주집 주인·강원 김화

김창의
64·농업·강원 화천

김향화
23·기생·경기 수원

김호준
20·직조업·서울

김효순
17·세브란스병원 견습 간호사·서울

노순경
17·세브란스병원 견습 간호사·서울

문용기
41·교사·전북 익산

박노영
19·경성고등보통학교 학생·서울

박애순
23·교사·광주

박의송
33·농업·평북 안주

박정선
45·전도사·서울

박현숙
23·교사·평남 평양

배희두
16·잡화상·서울

석호필
본명 프랭크 스코필드
30·세브란스의전 교수·서울

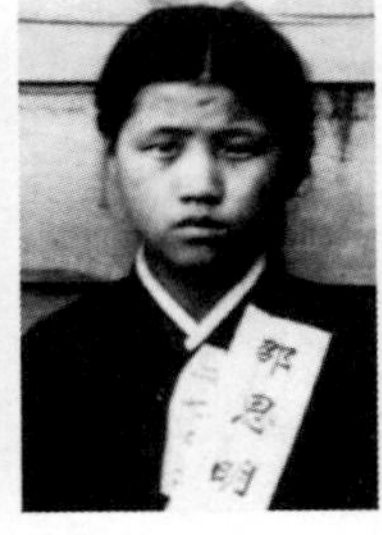
소은명
14·배화학당 학생·서울

소은숙
16·배화학당 학생·서울

신관빈
34·전도사·황해도 개성

안종규
30·마을 구장·경기 양주

양재순
21·경성공업전문학교 학생·서울

어윤희
38·전도사·황해도 개성

엄창근
38·노동·서울

염규호
39·농업·경기 파주

임명애
33·농업·경기 파주

유관순
17·이화학당 학생·충남 병천

유봉진
32·은 세공업·경기 강화

유연화
20·중앙학교 학생
·경북 안동

윤산온
본명 조지 섀넌 매큔
47·선교사·평북 선천

윤형숙
19·수피아여고 학생·광주

이두현
17·미곡상·경기 고양

이승익
44·마을 구장·경기 양주

이시종
19·농업·경기 광주

이신도
17·세브란스병원 견습 간호사
·서울

이신애
28·전도사·서울

이춘봉
19·무직·서울

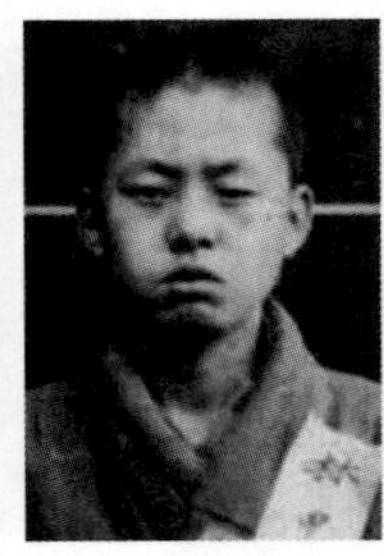
임갑득
16·객주집 사환·인천

임춘식
18·직공·서울

장용하
21·배재고등보통학교·서울

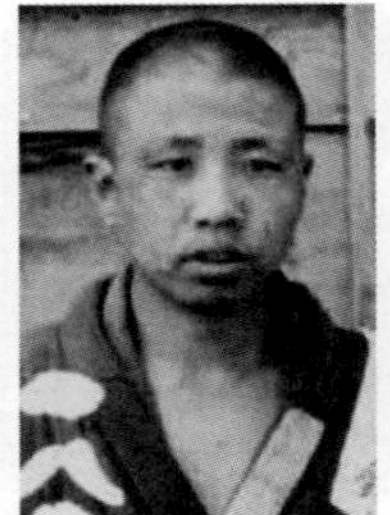
장종건
24·경성서적조합 조합원·서울

정호석
33·덕수궁파출소 순사보·서울

조수인
38·농업·경북 안동

차금봉
21·용산기관차 화부 견습공·서울

차병한
35·마을 구장·경기 수원

탁명숙
26·원산 구세병원 간호사·서울

후세 다쓰지
39·변호사·일본 도쿄

"이 땅의 모든 청년들과 마찬가지로 내 정치경력은 3·1운동으로 시작되었다. 대중운동의 힘이 내 존재를 뿌리부터 뒤흔들어 놓았다." 미국인 기자 님 웨일스를 통해 세상에 털어놓은 회고담 <아리랑>에서 혁명가 김산은 밝혔다. 정확히 오늘로부터 100년 전 조선에서 벌어진 기미년 3월 1일의 싸움이 당대 청년들에게 어떤 의미였는지 집약적으로 드러내어 주는 말이다.

그날, 식민지 백성들은 새로운 근대 주체로 다시 태어났다. 글을 배운 학생들은 격문을 쏟아냈고, 글을 못 배운 이들은 다른 이에게 물어서라도 '민족자결주의'가 무엇인지 알아냈다. 땅을 빼앗긴 농부들은 분노했고, 착취당한 노동자들은 파업했으며 상인들은 상점문을 걸어 잠갔다. 가부장제 아래 가장 약한 존재였던 여학생과 기생들이 남자보다 앞장서서 용기를 냈다. 얼굴 없던 이들이 얼굴을 드러냈고, 말 없던 이들이 말을 쏟아냈다. 수직적으로 짓누르는 식민지 권력에 맞서 조선의 200만 민중은 수평적으로 연대하며 운동을 발전시켜 갔다. 3·1운동의 흐름 안에서 본격화된 학생운동, 여성운동, 노동운동, 농민운동 등 사회운동은 이후 100년 동안 대한민국을 진보시킨 원동력이 됐다.

만삭의 운동가, 기생, 여학생까지…전면에 나선 '여자들'

서대문형무소 8호 감방은 충남 천안에서 시위를 주도한 유관순(당시 나이 17살), 황해도 개성에서 시위를 주도한 전도사 어윤희(38)와 신관빈(34) 등 여성 운동가들이 수감되었던 곳으로 유명하다. 그러나

이 방에서 갓 태어난 아기가 함께 지냈던 사실을 아는 이들은 많지 않다. 경기도 파주에서 3월 10일과 26일 만세시위를 주도했던 임명애(33)가 임신한 몸으로 수감되었던 까닭이다. 농사를 짓는 임명애와 남편 염규호(39)는 격문을 만들어 등사해 배포하며 수백 명 군중을 이끌었다. 임명애는 징역 1년 6개월, 염규호는 1년형을 받았다. 그해 10월 임명애는 보석으로 잠시 풀려나와 아기를 낳고 11월 아기와 함께 재수감됐다. 서대문형무소의 혹독한 겨울밤을 산모와 아기가 견딜 수 있었던 건 유관순을 비롯한 여성 동지들이 돌봐주었기 때문이다. 임명애의 회고에 따르면 추운 감방에서 잘 마르지 않고 얼기만 하는 기저귀를 유관순이 몸에다 감아 체온으로 녹여주었다고 한다.

수원의 기생 김향화(23)도 8호 감방의 원년멤버다. 3월 29일 자혜병원으로 정기 건강진단을 받으러 가던 길에 김향화를 비롯한 수원기생조합 소속 기생 33명은 만세시위를 벌였다. 당시 조선 기생들은 일본 경찰조차 "화류계 여자라기보다는 독립투사라는 것이 옳을 것"이라고 표현할 만큼 절개가 높아 '사상기생'이라고 불렸다. 수원뿐 아니라 진주, 통영, 해주에서 기생들은 만세운동을 주도했다.

세브란스병원 견습 간호사 노순경(17)은 동기인 김효순(17)·이신도(17)와 종묘 앞에서 만세운동이 있다는 소식을 듣고 붉은 글씨로 '조선독립만세'라고 쓴 깃발을 만들어 시위를 주도했다가 8호 감방에 끌려왔다. 간호사들도 독립운동에 나선 여성들의 한 축이었다. 5일 경성의 만세시위에 참여했다가 집행유예를 받은 원산 구세병원 간호사 탁명숙(26)은 그해 9월 사이토 마코토 총독에게 폭탄을 투척한 강우규 의사의 도피처를 주선하기도 했다. 결혼 뒤 제주도에 정착한 탁명숙은 제주 4·3사건 뒤 부모 없는 아이가 도처에 생겨나자 제주보육원을 설립해 1972년 별세할 때까지 헌신한 인물이기도 하다.

3·1운동을 통해 역사의 전면에 처음 나선 '여학생'들은 결코 물러나지 않았다. 부산의 만세운동을 주도한 일신여학교, 개성 시위를 주도한 호수돈여학교, 광주 시위를 주도한 수피아여학교 등 여학생들은 3·1운동기에 헌신하며 다른 운동 주체들을 이끌었다. 여학생 시절부터 민족운동에 열심이었던 박현숙(23)과 박애순(23)은 1919년 각각 평양과 광주에서 만세운동이 처음 논의될 때부터 주도적으로 참여했다. 수피아여학교 학생 윤형숙(19)은 3월 10일 광주 시위대의 선봉에 섰다가 일본 순사의 장도에 왼팔을 잃고도 피 묻은 태극기를 들고 만세를 더 크게 외쳤다는 '설화적' 에피소드의 주인공이다. 그는 이후 고문으로 오른쪽 눈마저 실명해 평생 고통받으면서도 문맹퇴치운동에 헌신했다.

가장 잘 알려진 독립운동가 중 한 명인 김마리아(28)의 삶도 어쩌면 1919년에 결정됐다. 김마리아는 일본의 조선인 유학생으로서 2·8독립선언에 주도적으로 참여했고 선언서를 국내로 몰래 들여와 3·1운동을 촉진했다. 3·1운동이 시작되자 도쿄의 여학생들과 서울의 여학생들을 한데 묶어 조직했고 그 때문에 서대문형무소에 수감된 뒤 모진 고문을 당했다. 4개월 만에 출소한 김마리아는 감옥에서 나오자마자 애국부인회 조직에 적극 나섰다가 재수감됐다. 그는 이때 얻은 고문 후유증으로 평생 삶과 죽음을 오갔고 개인으로서의 삶은 포기해야 했다. 국외에서 3·1운동을 촉발시키고, 운동이 벌어지자 국내에 들어와 이를 추동하고, 운동이 지나간 뒤에는 그 가치를 이어 독립운동을 지속했다는 점에서 김마리아는 남녀를 넘어 3·1운동의 정신에 가장 부합한 인물이라고 할 만하다.

3·1운동 1주년을 맞은 1920년 3월 1일엔 배화여학당 학생들이 학교 뒤 언덕과 운동장에서 "조선독립 만세"를 외쳤는데, 소은명(14)·소은숙(16) 등 어린 학생 24명이 모두 구속되었다. 일제가 조선의 '여학생'들을 얼마나 두려워하게 됐는지 보여주는 사례가 아닐까.

열혈청년들의 격문

3·1운동은 지도부가 없는 운동이었다. 독립선언서를 작성하고 유통해 기틀을 마련한 '민족대표'들은 있었지만 그들이 첫날 연행된 뒤 시위 군중 하나하나가 운동을 만들어갔다. 쏟아져 나온 격문과 지하신문들은 군중들이 스스로 학습하며 운동에 참여할 수 있게 했다. 1919년 3~7월 사이에 발간된 국내외 지하신문만 60종을 넘길 정도다. 가장 대표적인 <조선독립신문>은 3월 1일부터 천도교 쪽에서 발간했는데, 발간 주체가 체포되면 다른 사람이 발간을 이어갔다. 경성서적조합 서기 장종건(24)은 이종일(61) 등 천도교 인사들이 붙잡혀 가자 3호부터 이 일을 맡아 하다 체포됐다.

학생들은 격문 제작의 주된 참여층이었다. 경성고보 학생 박노영(19) 등은 "동포는 이 기회를 놓치지 말고 분기하라"는 취지의 격문을 만들어 800매를 배포해 징역 2년형을 언도받았다. 경성공전 학생 양재순(21)과 직물업에 종사하는 김호준(20)도 합심해 "제군의 심령에 있는 철함 대포로써 하면 천하의 무엇인들 이를 부숴버리지 못하겠느냐"는 격문을 등사·배포해 붙잡혔다. 배재고보 학생 장용하(21)와 이춘봉(19)도 "조선독립은 확실하므로 이때 우리 동포는 죽음을 기하고 분기하라"는 격문을 서울 시내에 수십 매 뿌렸다. 중앙학교 학생인 유연화(20)도 "이 기회에 조선을 일본 통치하에서 떠나 완전한 독립국이 되게 하지 않으면 안 된다"는 격문을 집집마다 배포했다.

만세운동에 적극 참여하지 않는 이들을 대상으로 협박문을 보내는 이들도 많았다. 쌀집에서 일하는 청년 이두현(17)은 "동·서빙고리의 각 상점은 문을 닫고 이민(동네 사람) 전부가 조선독립만세를 높이 부르지 않으면 안 된다"는 취지의 통고문을 동네 사람들에게 보내 시위 동참을 촉구했다. 인천 객줏집에서 사환으로 일하던 임갑득(16)도 "인천에 있는 상업가 여러분이 철시하지 않으면 인천시가는 초토화할 것임을 알아야 한다"며 호기롭게 상인들의 철시를 촉구했다가 붙잡혔다.

격문보다 친절하게 만세운동 참여를 독려하는 움직임도 있었다. 경기도 광주의 농부 이시종(19)은 문자를 잘 모르는 동네 사람들을 모아놓고 <조선독립신문>을 읽어주며 "오늘까지는 면사무소에서 일본 일을 하고 있었으나 조선이 독립하면 부역·세금 등이 필요 없게 될 것"이라고 설득했다. 그가 잘 알지 못하는 글자는 또 다른 농부들이 곁에서 알려주며 함께 읽어나갔다. 시흥에 살던 서당 생도 권희(19) 역시 기존의 국한문 혼용 독립선언서는 일반인들이 이해하기 어려우므로 직접 통고문을 만들어 동네 사람들이 회람할 수 있게 마을 어귀에 놓아뒀다. 어려운 현안이 생겼을 때 누리꾼들이 이해를 돕는 게시물을 공유하는 것과 닮아 있다. 3·1운동으로 붙잡혀온 시위 군중들이 신문 과정에서 주장하는 내용을 보면 운동 지도층이 아니라도 많은 이들이 '파리강화회의'를 비롯한 국제정세를 잘 파악하고 있는데, 이처럼 함께 학습하고 깨우치며 운동했던 결과일 것이다.

일신의 영달보다 민족을 생각한 공복

대부분의 관리들은 일제에 부역하길 택했지만 갈림길에서 민족을 택한 이들도 있었다. 덕수궁파출소의 순사보였던 정호석(33)은 3월 5일 아침 경찰서장에게 "아이가 아프다"는 핑계를 대고 휴가를 얻었다. 정복을 벗고 사복으로 갈아입은 그는 손가락을 깨물어 광목에 피로 태극기를 그리고, '대한국 독립만세'라고 적어 깃발을 만들었다. 그리곤 딸이 다니는 마포 흥영여학교에 찾아가 딸과 딸의 친구들, 교사들을 이끌며 만세시위를 벌였다. "신문에서 이번 (파리)강화회의에서 약소국을 독립시킨다는 것을 보았기 때문에 조선도 독립하면 좋겠다고 생각하여 그렇게 했다"고 정호석은 검찰 신문에서 말했다.

몇몇 마을의 구장(이장)들은 만세운동을 진두지휘했다. 경기도 양주 연곡리 구장 안종규(30)는 그의 형 안종태(33)와 함께 1000여 명을 이끄는 대형 시위를 벌였다. 양주 평내리 구장 이승익(44)은 구장인 탓에 "쓸데없는 유언비어에 열중하지 말라"는 하세가와 총독의 유고를 동네 사람들에게 읽어줘야 했는데, 이를 읽어주다가 되레 분노한 군중들과 만세시위를 벌였다. 일본인 헌병 주재소를 습격하여 불을 지르는 등 어느 동네보다 뜨거웠던 경기도 수원 장안면의 경우도 석포리 구장인 차병한(35)이 이웃들과 논의해 주도한 것이었다.

만세운동의 주인공, 농민

만세운동의 큰 물결을 이끌어간 이들은 역시 농민이었다. 조선총독부 자료를 보면 3·1운동 피검자 1만 9525명 중 직업별로는 농업이 55.3%로 가장 많다. 강원도 화천에서는 마을 유지인 64살의 농부 김창의가 '조선독립만세'라고 쓴 기를 세우고 시위를 벌였고 제주 조천리에서는 김시은(29) 등 농민들이 장날을 이용해 만세운동을 벌였다. 평북 안주의 농민 박의송(33)도 동네 사람들과 시위를 벌였는데 그는 실형을 선고받자 "이 좋은 기회에 자유 독립의 희망에 대해서 세계 공법에 의해서 동정을 표시하는 것이 하등의 죄 될 것이 아니므로 무죄 백방하길 바란다"고 상고했다. 경북 안동의 농부 조수인(38)도 동네 사람들과 헌병 주재소를 습격하는 등 시위를 주도했다. 경기도 강화의 유봉진(32)은 농민이 아니지만 대다수가 농민이었던 지역 시위를 이끌어 징역 2년형을 받았고, 전북 익산의 교사 출신 문용기(41)는 일제의 무차별 발포로 사망자가 속출한 4월 4일 장날 시위에서 일제의 만행을 규탄하는 연설을 하다 헌병의 장검에 태극기를 들고 있던 두 팔을 모두 잃고 끝내 숨졌다.

농촌 지역의 3·1운동 중에는 한때 의병으로 활동하다 의병대가 일제에 의해 '박멸'되다시피 한 뒤 은거하던 이들이 앞장서는 경우도 있다. 강원도 김화의 객줏집 주인 김연태(40)는 구한말 의병 출신인데, 동네 사람들과 헌병 주재소를 습격하는 등 이 지역의 시위를 이끌었다.

조직된 노동운동

서울의 학생들은 노동자 계층과의 연대를 통해서 운동의 외연을 확대할 수 있다고 봤다. 조선약학교 학생인 김공우(17)는 휘문고보 학생인 정지현(21)으로부터 "서울에서 학생이 주동하여 조선독립운동을 개시하였으나 힘이 미약하여 이 기회에 노동자계급의 지원을 받지 않으면 당초의 목적을 달성하기 어려우니 노동공보 인쇄물을 각 곳 노동자에게 배부해 이들에게 독립운동을 권유하라"는 요청을 받고 잡화상 배희두(16)와 함께 노동회보를 배포했다. 아울러 3월 22일에는 봉래동 공터에서 노동자의 독립운동 참가를 촉구하는 노동자대회를 열었다. 노동자 엄창근(38)과 직공 임춘식(18)도 이 대회에 참석해 독립만세를 외쳐 모두 1~2년의 징역형을 받았다.

그러나 노동자들은 시위보다 동맹파업을 통해 독립 의지를 나타내는 게 효과적이라고 본 것 같다. 3·1운동을 전후해 일제에 저항하는 조직적인 파업 양상은 뚜렷해진다. 8일 용산 인쇄공 200명이 파업한 것을 시작으로 동아연초회사, 경성철도국, 서울 시내 전차 종업원들이 잇따라 파업에 나섰다. 3월 20일엔 충남 직산금광 노동자가 학생들과 함께 시위에 나섰고 22일엔 서울지역의 일반 잡역 노동자 300여 명이 파업했다. 당시 시위에 나섰던 용산기관차 화부 견습공 차금봉(21)이 식민지 노동문제에 깊이 관심을 가지며 1920년 조선노동문제연구회 발기인으로 참가하고 나중에 조선공산당 책임 비서가 되는 과정을 보면, 3·1운동이 사회 변혁을 꿈꾸는 청년 운동가들에게 미친 영향을 짐작할 만하다.

조선인의 '자유'에 공명한 외국인들

평화의 정신을 담은 3·1운동은 '조선사람'만의 것이 아니다. 조선인보다 더 깊이 조선인의 심정을 이해한 외국인들도 있었다. 세브란스 의전의 프랭크 스코필드(30·캐나다) 박사, 한국명 '석호필'은 3·1운동 당시 수원 제암리 학살 만행을 전 세계에 알렸다. 미국인 선교사 조지 섀넌 맥큔(47), 한국명 '윤산온'은 3·1운동 당시 기독교계 학생들의 운동을 독려한 것은 물론, 학생들을 숨겨주어 일본의 눈엣가시였다. 3·1운동의 직접 관련자는 아니지만 일본의 후세 다쓰지(39) 변호사는 2·8독립선언 가담 학생들의 무료 변론에 헌신적으로 나섰다는 점에서 '대표자'라 할 만하다. 세 사람은 모두 한국 정부로부터 서훈을 받았다.

역사학자 좌담: '3·1운동 100년'의 현재적 의미

〈한겨레〉는 일제 강점기 역사를 오랫동안 연구해온 대표적인 역사학자 세 명(김정인 춘천교대 사회과교육과 교수, 박찬승 한양대 사학과 교수, 임경석 성균관대 사학과 교수)을 초대해 3·1운동의 의미와 아직도 정립되지 않은 비운의 왕 고종에 대한 평가 등을 물었다.

진행자 3·1운동을 모르는 이는 없지만 '잘 아는' 이는 드문 것 같다. 먼저 3·1운동 100주년의 의미, 우리에게 무엇일까.

임경석 한국 근현대사 전체를 장기적으로 보면, 서세동점의 조건 아래 서구 주도의 세계 재편 과정에서 실패한 역사였다. 그 이전에 전통적으로 존재하던 집단적 자아가 해체되고 범서구 중심의 근대체계에 식민지적으로, 노예적으로 재편되는 역사 경로를 밟으면서 한국은 지도상에서 소멸됐고 죽었다. 그런데 기가 막힌 일이 생겨났다. 조선, 한국이라는 의식이 해체되고 더 이상 조선이란 이름으로 생존할 수 없는 조건에서, 놀랍게도 식민지화된 지 9년 만에 조선 사람들은 '내가 죽지 않았다'고 선언했다. 우리가 조선 사람이란 것을 선언한 거고 조선인으로 살겠다고 세계에 선포한 것이다. 비유하자면 부활한 거다. 3·1운동은 16세기 이후 서구 주도의 세계체제 전개 과정에서 노예적으로 포섭됐던 인류 구성원 90%의 죽어간 자아를 되살린, 인류 보편의 해방과 자유를 위한 역사 노정이고 어디 내놔도 부끄럽지 않은 거대한 역사다. 16세기 이래 서구 주도 세계체제에 반성적, 성찰적 계기를 주는 아주 중요한 의미를 갖고 있다고 생각한다.

박찬승 당시는 세계사적 대전환기였고 1차 세계대전이 끝나면서, 특히 유럽의 약소민족들이 독립할 수 있는 기회를 얻었다. 유럽 외 다른 아시아, 아프리카(식민국가)는 독립 대상에 해당될지 알 수 없는 애매한 상황이었다. 물론 제국주의 국가들은 당연히 반대했다. 객관적으로 볼 땐 식민지를 많이 가진 영국, 프랑스 등이 승전국이 됐으니 그런 나라들이 식민지를 내놓을 리 만무한 상황이어서 윌슨 미국 대통령의 이야기(민족자결주의)는 받아들여질 턱이 없는 거였다. 그러나 당시 한국의 민족운동가들은 '이것(민족자결주의)이 실오라기 같은 것일지라도 기회가 될 수 있다'고 생각해서 운동을 전개했다. 어떻게 보면 당시 한국인들의 능동성을 보여줬다고 생각한다. 그 이전의 역사에 견줘보면 20세기 한국사에선 한국인의 능동성이 두드러지게 드러나는데 그 출발점이 3·1운동이 아닌가 한다. 오늘날 예를 들면 남북문제 경우에도 북핵문제 등으로 곧 전쟁이 일어날 것처럼 생각했고 이 문제를 어떻게 풀 건가 비관적으로 생각했지만 정부를 비롯해 온 국민이 능동적으로 생각했고 그래서 위기를 해소하고 북핵문제를 풀어갈 수 있는 과정으로 들어갔다. 저는 3·1운동이 우리에게 가르쳐주는 가장 중요한 교훈은 아무리 어려운 상황에서도 능동적으로 대처해야 한다는 것이라고 본다. 100년이 지난 시점에서도 3·1운동은 여전히 그런 메시지를 우리에게 발신해주고 있다는 점에서 대단히 중요한 역사적 사건이다.

김정인 중국의 5·4운동을 주도한 (베이징대 학생) 푸쓰녠은 3·1운동에 대해 "불가능하다는 걸 알면서도 한 혁명이었다. 그래서 정의의 결정체다"라고 평가했다. 가장 짠하면서도 정확한 판단이라는 생각이 든다. 불가능을 넘어서, 한국인이 능동성을 보이며 부활할 수 있던 힘이 어디 있었느냐 한다면 전 민주주의를 꼽고 싶다. 왕의 시대는 갔고 국민, 민족, 민중이라고 부르는 민의 시대가 열렸다. 저는 1919년을 현대사의 출발점으로 보는데, 3·1운동 당시 민주주의적인 논리로 우리의 정당성을 확보하려 한 점이 인상적이다. 최근에 사료들을 다시 보니 그 당시에 평화 이야기를 무척 많이 했었다. 모든 독립선언서에 평화 이야기가 들어가 있다. 민주주의와 평화 의식이 저희가 생각한 것보다 훨씬 높았다. 그것도 당시 사람들을 움직인 큰 논리적 힘이 아니었을까. 민주주의와 평화 시대를 열었다고 할 만큼, 평화의식도 눈여겨볼 필요가 있지 않나 생각한다.

진행자 1919년의 3·1만세운동은 세계적으로 유례가 없는 규모의 독립운동이었다. 경술국치 뒤 9년여간 숨죽이고 있던 한국인들이 만세운동에 나서기까지 가장 큰 동력은 무엇이었을까.

임경석 굉장히 어려운 질문이다. 혁명적 현상이 특정한 시기에 왜 발발하느냐에 대한 질문인데, 우리나라뿐 아니라 역사상 많은 혁명적 현상에 대해 연구가 있었지만 지금까지 과문해서 그런지 쌈박한 논리를 들은 적이 없다. (웃음) 일반적으론 억압이 심하면 반발이 심하다고 이야기한다. 그런데 억압이 도대체 얼마나 심하면 혁명이 일어나는 것인가. 박정희 군사독재 체험으로 보면, 억압이 정말 심하면 공포스러워서 행동하기가 어렵다. 그저 심각한 억압과 그로부터의 군중적 불만, 반발의식 이런 구도만 갖고는 혁명 발발의 원인을 설명하기 어려운 점이 있다. 3·1운동의 경우에 뭔가 다른 요인 추가로 설명돼야 할 것 같다. 제 생각엔 집단적 심리상태 연구가 필요하다. 왜 어느날 갑자기 수백만 명의 군중이 일신의 희생을 무릅쓰고 공동체의 일에 뛰어들었을까. 불이익, 핍박, 생명의 위협이 있을 것을 예견하는데도 뛰어든다. 한두 사람이 아니라, 수백만 명의 집단적 심리적 변화가 어느 날 갑자기 생긴 것인데 왜 그럴까, 이것은 그래서 그 시기 한국사회 구성원의 심리적 특성을 포착해야 하는 일이다. 제가 생각하기론 '희망' 때문에 그런 것 같다. '장에 나가서 만세 부르는 데 동참하면 지금 세상 돌아가는 이치로 볼 때 내가 핍박받는 이 바람직하지 않은 사회가 바뀔지 모른다'는 희망이 집단적으로 형성된 것 같다. 직접적인 계기는 1차 세계대전의 종결이다. '서구 주도의 질서가 재편되어 가는 와중에 제국주의 열강들 사이의 상호 이해관계 다툼 속에서 하나의 틈이 보인다.' 사람들이 진심으로 그렇게 생각한 거 같다. 그래서 지금 행동하면 승산이 있다는 희망 때문에 수백만 명이 움직인 게 아닌가 한다.

박찬승 3·1운동 뒤 일제 경찰이 평양시민들의 여론을 조사한 걸 보면 '이번 기회에 우리가 잘하면 독립될 수 있다'고 생각한 사람이 30%, '반신반의'가 50%, '절대 안 된다'가 20%라고 한다. 30%면 굉장히 높고 반신반의 50%도 굉장히 큰 것이다. 지방에서 일어난 시위에서 검거된 사람들을 신문해보면 "내가 만세 부르면 독립이 될 수도 있다고 해서 불렀다"는 이야기를 많이 한다. 그런 걸 보면 독립의 희망이 조금은 보인다고 생각한 것 같다. 신한청년당의 선우혁이 서북지방에 파견돼 기독교 지도자들을 만나 설득하는데 그때도 하는 이야기가 "파리강화회의에서 (독립될) 가능성이 있다. 전혀 가능성이 없는 게 아니다"라고 이야기한다. 당시 사람들로선 연합국 내부에서도 틈이 보이고, 미국이 센 나라니까 혹시 뭔가 될지도 모른다는 가능성을 생각했다고 본다. 덧붙여, 현상윤 선생이 해방 뒤에 쓴 회고록을 보면, "우리는 가능성이 그렇게 높다고 보지는 않았다. 그렇지만 독립운동의 교두보를 만들어야 한다고 생각했다"고 기록하고 있다. 1910년 한국이 병합된 뒤 눌려 있었고 국내외를 막론하고 독립운동도 제대로 하지 못했기 때문에 뭔가 이번 기회에 교두보를 만들어야 한다고 생각했고 그래서 무리하지만 3·1운동을 해야 한다 생각했다는 거다. 실제로 3·1운동을 통해 임시정부와 무장투쟁 등 교두보가 마련되지 않았나. 설사 (당장에) 독립되지 못했더라도 길게 본다면 3·1운동이 굉장히 중요한 역할 했다고 본다.

이에 더해 민중들을 움직인 건 총독부의 실정이다. 군인들이기 때문에 정치, 행정을 어떻게 해야 할지 몰랐고 한국 사람들에 대해 제대로 모르고 있었다. 나중에 일본학자가 쓴 걸 보면, 조선시대 성균관 학생들이 권당이라고 해서 동맹휴학을 하는데 그런 자료를 보고 깜짝 놀랐다고 한다. 어떻게 학생들이 임금의 조치에 저항해서 동맹휴학을 할 수 있느냐, 일본에선 상상할 수 없다는 건데, 한국인들은 조선시대 때 늘상 하던 거잖나. 권당뿐 아니라 민란도 많았고. 그런데 일본인들은 그걸 몰랐다. '누르면 눌릴 것이다, 억압하면 참고 복종할 것이다'라고 생각한 것. 그런데 한국 사람들은 평소에 그렇게 해오지 않았기 때문에 일단 좀 참아보다가 '도저히 안 되겠다', 이런 폭발점에 가까워졌을 때 민족자결주의 흐름이 불을 질렀다고 본다.

김정인 그런 희망의 여지가 있다는 걸 보면 무단통치가 정말 무단통치였을까 하는 생각을 하게 된다. 3·1운동 뒤 하세가와 총독이 물러나면서 후임자 사이토 총독에게 준 의견서에 보면 3·1운동의 배경으로 네 가지를 이야기하는데 파리강화회의, 민족자결주의, 해외독립운동, 마지막이 무단통치다. 특히 무단통치에서 문제가 된 건 차별적 대우다. 제가 본 자료에는 차별에 대한 분노가 가장 높았던 걸로 나온다. 차별을 받으면 뭘해도 희망이 없다.

우리가 운동을 통해 희망을 찾는 건 현재 정치에 희망이 없어서다. 촛불시위도 똑같지 않았나. 요시노 사쿠조(일본의 지식인) 같은 경우도 "한국인들은 순사도 못 한다. (순사보밖에 못 한다) 이렇게 하면 폭동이 분명히 예상되는데 예상 못 했느냐"고 반문한다. 일본인들도 굉장히 차별에 대한 불만을 몰랐다. 3·1운동이 일어날 것을 왜 몰랐을까 싶잖나. 조선총독부와 일본 기자가 기록하기론 '약간 요상한 기운(요운)은 있다'고 표현했다. 이상한 기운은 있는데, 그 정도까지만 안 것이다. 한일의 문화가 다르다보니 우리에 대한 이해도가 낮았다.

진행자 1919년 1월21일 고종이 승하했다. 고종독살설이 민중의 분노를 자극하는 데 영향을 줬다는 시선도 있다. 고종 죽음의 원인이 3·1운동에도 어떤 영향을 끼쳤을까.

임경석 고종의 죽음은 3·1운동 발발과 관계가 매우 깊다. 고종을 저들이 독살했다고 당시 사람들이 의심하는 이유는 파리강화회의와 관계가 있다. 1907년의 헤이그 밀사 사건과 연계돼있다. 헤이그에서 식민지 재편을 둘러싼 열강회의가 열리자 특사를 보냈잖나. 1919년에 다시 국제질서 재편을 놓고 파리강화회의가 열리니 고종이 다시 밀사를 보내서 일본 식민통치의 부당함을 알리고 대한민국 독립시켜줄 것을 호소할 것이란 소문이 돌았고 그래서 그것을 미연에 방지하기 위해 고종을 독살했을 거라고 본 거다. 그것이 저지된 데 대한 분노가 집단적으로 형성된 거라고 할 수 있다.

김정인 학생들도 그랬을까. 3월 5일 고종 장례식을 이용해 대규모 시위를 벌인 학생들은 고종의 죽음에 대해 어떻게 생각을 했을까 싶기도 하다. 1월 18일엔 일본이 전승국으로 참가하는 파리강화회의가 예정돼 있고 25일에는 이은의 결혼식이 예정돼 있어서 두 사건은 고종독살설의 반대논리가 된다. 일본 입장에서 보면 중요한 행사들을 놓고 고종을 죽일 이유가 별로 없었는데 고종독살설이 나온 것은 당시 유림인 김황의 일기에 따르면 이미 죽고 난 다음에 왕실의 사람들, 민씨 일가들이 나와서 "친일파가 죽였다"고 한 것을 듣는다. 갈등 속에 이왕직 스스로도 그런 말을 퍼뜨리고 다닌 걸 보면 굉장히 복잡한 문제였겠다는 생각이 들더라. 정세상으론 고종이 독살됐다고 볼 수 없으나, 고종독살설은 상당히 (3·1운동에) 영향이 컸을 거라고 본다. 학생들이 (고종 장례식인) 3월 5일에 시위를 하는 걸 보면 고종의 죽음을 보는 관점이 다르지 않았을까 생각한다. 학생들은 어땠을까.

박찬승 학생들은 3월 1일 시위를 할 때 탑골공원에서 나와서 종각에서 사람을 모아 대한문 앞으로 간다. 대한문 앞을 지킨 이왕직의 경비들을 밀치고 들어가서 자기들이 참배를 하겠다고 하는데 거기서 왕세자 이은 만나겠다 했으나 이은이 거절해서 돌아 나와 시가지 시위를 이어간다. 당시 세브란스의전의 어떤 학생이 쓴 걸 보면 덕수궁에 들어가보니 너무 호화로워서 실망했다고 한다. 서민들의 삶과 너무 달랐던 것이다. 특별히 고종을 향한 동정심은 느껴지지 않는다. 3일에 장례를 치르고 5일에 장례 일행이 돌아오게 되는데 학생들은 5일 아침에 시위를 한다. 장례식이 아직 끝나지 않았는데 개의치 않은 것이다. 오히려 장례식 끝나고 남대문역에서 기차 탈 사람들이 많을 거라고 보고 그 앞에서 시위를 한다. 나중의 회고록을 보면 3·1운동을 준비한 기독교, 천도교 사람들은 3월 3일이 장례식이니 1일쯤부

턴 사람이 많이 모일 테니 그걸 우리가 이용하자고는 하지만, 거기에 우리가 분기해서 뭔갈 해야 한다는 이야기는 하고 있지 않다. 고종이 21일에 죽었지만 천도교에선 20일 전후부터 논의가 시작이 된 거다. 독립운동을 논의하는데 고종이 죽었다고 하니 장례식 날짜를 이용해 보자, 이렇게 논의가 진행된 거니까 고종의 죽음이 3·1운동의 계기가 됐다고 보긴 어렵고 날짜를 잡는 데 참고가 됐다고는 볼 수 있다.

진행자 고종 승하 100주기이기도 한데 고종에 대한 평가, 어떻게 봐야 할까.

김정인 일본은 1889년에 제국의회가 들어서면서 입헌군주제로 돌아섰고 중국도 1906년쯤엔 청왕조가 입헌군주제를 하겠다고 했다가 배신을 하니 신해혁명으로 가게 됐다. 1910년 시점에 동아시아 3국 중에 입헌군주제로 가거나 약속한 나라가 일본과 중국이라면 끝까지 그리하지 못한 게 한국이다. 강제병합 조약문서의 도장이 진짜냐 가짜냐의 논란으로 가면 굉장히 부끄러워진다. 전제군주제 국가에선 왕이 주권자니 왕이 도장 찍으면 망하는 거다. 그런 관점에서 보면 1898년에 독립협회가 의회 개설운동을 할 때 고종이 거의 동의했다가 독립협회가 공화정을 꿈꾼다는 야밤의 벽보 때문에 독립협회 사람들을 체포하고 의회 개설운동을 무위로 돌린 다음에 1899년에 대한국 국제를 통해서 전제군주제의 굳건함을 반포했던 자체가 반동적이라고 본다. 국제적으로 입헌군주제가 대세가 되어가는 상황에서 어떻게 평가해도 그런 고종에게 좋은 점수를 주기 어렵다.

임경석 황실은 식민지화에 가장 앞장서서 협력했다. '반민족 행위자'다. 대한민국 황실이 일본 천황의 하위 위계를 갖는 이왕가 집단으로 전환됐고, 그 과정에서 이왕가로서의 합당한 예우를 일본제국에 의해 보장받았다. 그래서 왕족으로서 가졌던 특권과 재산, 사회적 지위, 명성을 식민지하에서도 향유했음을 인정해야 한다. 상해에서 임시정부가 처음 만들어졌을 때 구 황실에 대해 어떤 태도를 취할지가 내부의 중요한 의제가 됐었다. 그 당시엔 구 황실을 우대하는 걸로 결론났다. 망국의 왕이었기 때문에 그들의 책임이 있기는 하나 사람들에게 정체성을 통합하는 이미지로는 여전히 존재한 점을 고려해야 한다. 그러나 역사학자로서 보자면 식민지화 과정에서 황실은 용서하기 어렵다.

박찬승 고종시대의 개혁이 광무개혁인데, 시기가 길진 않지만 고종이 중심이 돼 많은 근대적 개혁조처를 했고 높이 평가할 부분이 있다고들 한다. 도시계획을 새로 하거나 전기를 궁궐에 끌어들이고 무기도 사오려 하고 그런 부분들이 보인다. 그런데 1890년대 말 전국적으로 민란이 많이 일어난다. 황실이 중심이 돼 정부재정으로 들어갈 세원을 황실로 많이 돌려놓기 때문이다. 정부재정은 빈약해지고 황실재정은 늘어난다. 고종이 중심이 돼 개혁을 하려다 보니 그렇게 할 수밖에 없었다고도 할 수 있지만 정부재정은 어쨌든 허약해진다. 또 고종은 주요 대신들을 몇 달 안 돼 계속 바꾼다. 그래서 업무파악도 못 한 상태에서 쫓겨나고 다른 자리로 가게 돼 정부가 취약해진다. 굉장히 큰 문제였다.

고종이 대한국 국제를 반포해 권력을 손아귀에 쥐고 정부는 허약하게 만든 상황에서 을사조약이 들어온 거다. 자신이 모든 권력을 쥐었다면 그걸 자기가 막고 책임져야 하는데 무책임하게 대응했다. 국왕이 혼자 힘으로 뭘 하겠나. 관료와 군대, 국민의 지지가 있어야 하는데 그 사람들을 다 적으로 돌리고 혼자 뭘하겠다고 하는 건 불가능한 것이다.

그전에도 흥선대원군과 민씨 일가가 맡으면서 문제가 많았지만 대한제국 시기는 고종이 자기 마음대로 해본 것이므로, 망국에 이르는데 고종의 책임이 크다고 볼 수밖에 없는 것이다. 고종을 대한제국 시기 비운의 국왕으로 볼 순 있겠지만, 영명한 군주로서 개혁을 해보려고 했는데 일본에 의해 좌절됐다고 이야기하는 건 문제가 있다. 당시 민영환 같은 사람은 왕실에서 개혁을 해보려 했는데 신임하고 권력을 주기보단 멀리했다. 권력을 나눠주는 데 너무 인색했다.

김정인 민족대표 33인으로서 3·1운동을 주도한 최린은 대한제국에 대해 '악정'이라고까지 평가했다.

진행자 100주년을 맞아서 의미가 새롭게 부여되는 상황에서 3·1운동을 '3·1혁명'으로 부르자는 정명운동이 있는데 어떻게 보시나.

김정인 '정명'이란 건 존재하지 않는다. 동학농민전쟁은 학계에서 부르는 이름이고 교과서에선 동학농민운동, 계승사업하는 분들은 동학농민혁명이라고 한다. 다양하게 부를 수 있고 학계에선 논의할 수 있는데 갑자기 정부가 나서서 정명이란 단어를 말하는 순간 국정교과서가 떠올랐다. 왜 국가 주도로 그런 논의를 하는지 모르겠다. 개인적으론 3·1운동이라 부르지만 그 성격은 민주주의 혁명이라고 평가한다.

임경석 개념적 정의에 비추면 3·1운동이 반드시 혁명의 요건을 충족하는 건 아니다. 그러나 저는 수백만 명이 사적인 손해에도 불구하고 공동체의 자유와 해방을 위해 집단적으로 희생을 행한 건 혁명적 현상이라고 본다. 1921년 세계질서 재편이 종료될 때까지 한국의 국제적 지위가 변모될 가능성을 둘러싸고 수백만 명의 군중이 공공선을 위해 자기를 헌신한 사회적 현상은 비록 정치권력의 교체를 얻어내지 못했어도 혁명이라고 부를 수 있다고 생각한다.

박찬승 '과거 독립운동한 사람들이 혁명이라고 했으니 우리도 혁명이라고 불러줘야 한다'는 의견이 나오는데 이건 이상한 논리다. 과거 동학란이라고 썼으면 우리가 동학란이라고 써야 하는가. 과거의 명명이 참고사항은 되지만 사건의 성격을 규정하는 바로미터는 될 수 없다. 임시정부가 민주공화정이기에 하나의 혁명이라고 할 순 있다. 그런 임시정부는 갑자기 상하이에서 만들어진 게 아니라 국내와의 연관 속에 3·1운동을 주도한 조직이 연결돼 있는 것이다. 그래서 전 사람들이 혁명이라고 부르고 싶어하면 3월과 4월 상황 모두를 합쳐서 '기미혁명'이라고 부르면 어떨까 한다.

참고 문헌

1월 1일

강덕상, 『여운형 평전』(역사비평사·2007)
김광재, 『근현대 상해 한인사 연구』(경인문화사·2018)
염복규, '1910년대 일제의 태형제도 시행과 운용', 『역사와현실』(2004)
이정은, '『매일신보』에 나타난 3·1운동 직전의 사회상황', 『한국독립운동사연구』(1990)
정병준, '1919년, 파리로 가는 김규식', 『독립운동사연구』(2017)
정병준, '3·1운동의 기폭제-여운형이 크레인에게 보낸 편지 및 청원서', 『역사비평』(2017)

1월 2일

김경일, 『일제하 노동운동사』(창작과비평사·1992)
김양식, '개항기 한말 광산노동자 연구', 『국사관논총』(1997)
김종식, '1919년 일본의 조선문제에 대한 정치과정', 『한일관계사연구』(2007)
다카무라 료헤이, '공동묘지를 통해서 본 식민지시대 서울', 『서울학연구』(2000)
신조 미치히코, 이은-나시모토노미야 마사코의 결혼문제와 왕족의 양면성, 『역사비평』(2006)
야마베 겐타로, 『일본의 식민지 조선통치 해부』(어문학사·2011)
염상섭, 『만세전』(창작과비평사·1999)
이동근, '1910년대 기생의 존재양상과 3·1운동', 『한국민족운동사연구』(2013)
이시재, '근대일본의 '화양절충(和洋折衷)'요리의 형성에 나타난 문화변용', 『아시아리뷰』(2015)
이정은, '『매일신보』에 나타난 3·1운동 직전의 사회상황', 『한국독립운동사연구』(1990)
함한희 등, '식민지 경관의 형성과 그 사회문화적 의미', 『한국문화인류학』(2010)

1월 9일

김도연, 『나의 인생백서』(삼성문화사·1965)

김마리아 신문조서, 『한민족독립운동사자료집14』(국사편찬위원회)
김인덕, '일본지역 유학생의 2·8운동과 3·1운동', 『한국독립운동사연구』(1999)
백관수, '2·8독립선언약사' 〈동아일보〉(1958.2.8~2.9)
양주흡 일기, 『한민족독립운동사자료집13』(국사편찬위원회)

1월 16일

권보드래, 『1910년대, 풍문의 시대를 읽다』(동국대학교출판부·2008)
김웅, 『한의 독립투사 고헌 박상진』(박상진의사추모사업회·1996)
류시중·박병원·김희곤 역주, 『국역 고등경찰요사』(선인·2010)
박걸순, '1910년대 비밀결사의 투쟁방략과 의미', 『한국독립운동사연구』(2013)
심재욱, '1910년대 '조선귀족'의 실태', 『사학연구』(2004)
얼레인 아일런드, 『일본의 한국통치에 관한 세밀한 보고서』(살림·2008)
이동훈, ''재조일본인' 사회의 형성에 관한 고찰', 『일본연구』(2018)
이동훈, ''재조일본인' 사회의 형성에 관한 고찰', 『일본연구』(2018)
이성우, 『김좌진』(역사공간·2011)
임종국, 『실록 친일파』(돌베개·1991)
전성현, '식민자와 식민지민 사이, '재조일본인' 연구의 동향과 쟁점', 『역사와 세계』(2015)
조동걸, 『대한제국의 의병전쟁』(역사공간·2010)
프레더릭 매켄지, 『대한제국의 비극』(집문당·1999)
하시야 히로시, 『일본제국주의, 식민지 도시를 건설하다』(모티브·2004)

1월 23일

김상태 옮김, 『윤치호 일기』(역사비평사·2001)
서동일, '김황의 일기에 나타난 유림의 3·1운동 경험과 독립운동 이해'(한국독립운동사연구·2018)
윤소영, '한·일 언론 자료를 통한 고종독살설 검토'(한국민족운동사연구·2011)
이태진, '고종황제의 독살과 일본정부 수뇌부'(역사학보·2009)
조선소요사건 상황, 『독립운동사자료집6』(국가보훈처)
하원호, '망국의 리더십, 고종의 리더십'(내일을 여는 역사·2015)

1월 30일

'조선 소요사건의 개황', 『독립운동사자료집 6』
김승태, '무단통치기 조선총독부의 종교정책과 한국 종교계의 동향'(한국기독교와 역사·2017)
김원벽·강기덕·박희도 등 신문조서, 국사편찬위원회 누리집
김윤식, 『이광수와 그의 시대1』(솔·1999) 이광수, 『나의 고백』(우신사·1985)
김정인, '1910~25년간 천도교 세력의 동향과 민족운동'(한국사론·1994)
류시중·박병원·김희곤 역주, 『국역 고등경찰요사』(선인·2010)
서태정, '1910년대 '창경원'의 운영과 그 성격'(한국민족운동사연구·2016)
현상윤, 『기당 현상윤 전집』(나남출판·2008)

2월 9일

강덕상, 『여운형 평전1』(역사비평사·2007)
권보드래, 『1910년대, 풍문의 시대를 읽다』(동국대 출판부·2008)
김도연, 『나의 인생백서』(삼성문화사·1965)
김정인, 『오늘과 마주한 3·1운동』(책과함께·2019)
김종식, '1919년 일본의 조선문제에 대한 정치과정'(한일관계사연구·2007)
김학준, '2·8독립선언서의 역사적 의미를 다시 생각한다'(2·8독립선언 100주년기념 학술심포지엄 및 국민 대토론회 자료집)
독립운동사편찬위원회, 『독립운동사자료집13: 학생독립운동사자료집』(1977)
백남훈, 『나의 일생』(신현실사·1973)
송지예, '민족자결의 수용과 2·8독립운동'(한국동양정치사상사연구·2012)
신다혜, '2·8독립선언의 주도자 최팔용'(한국민족운동사연구·2016)
유지아, '1910-20년대 일본의 다이쇼 데모크라시와 제국주의의 변용'(한일관계사연구·2017)
이경남, 『설산 장덕수』(동아일보사·1981)
이명원, '동아시아 근대와 일본의 대응'(정치와 평론·2016)
이명화, 『김규식의 생애와 민족운동』(독립기념관·1992)
이준식, '김규식의 파리평화회의 민족대표 활동'(신한청년당 결성 100주년 기념학술심포지엄 자료집·2018)

정병준, '1919년, 파리로 가는 김규식'(한국독립운동사연구·2017)
최승만, 『2·8독립선언과 관동진재의 실상과 사적 의의』(기독교문화사·1984)

2월 14일

김마리아·황애시덕 신문조서, 『한민족독립운동사자료집14』(국사편찬위원회)
김숭배, '한국/조선 민족자결의 발현과 지속-2·8독립선언의 응집성'(2·8독립선언 100주년 기념 학술심포지엄 및 국민 대토론회 자료집·2019)
김지영 지음, 『매혹의 근대, 일상의 모험』(돌베개·2016)
박용옥, 『김마리아』(홍성사·2003)
여성동아 1971년 3월호 부록, 『아아 삼월 : 기미년 횃불든 여인들』(동아일보사·1971)
한국독립운동사편찬위원회, 『한국독립운동의 역사』(29권 노동운동·2008)

2월 21일

강덕상, 『여운형 평전1』(역사비평사·2007)
김원벽·강기덕 신문조서, 『한민족독립운동사자료집11』(국사편찬위원회)
김희주, '일제하 대한광복단의 조직변천과 그 특질'(정신문화연구·2004)
박성호·박성표, 『예나 지금이나』(그린비·2016)
박영석, '대한광복회 연구'(한국독립운동사연구·1997)
이경남, 『설산 장덕수』(동아일보사·1981)
일본 외무성, '조선민족운동', 『독립운동사자료집9: 임시정부사자료집』
조한성, 『만세열전』(생각정원·2019)

2월 25일

권보드래, 『1910년대, 풍문의 시대를 읽다』(동국대출판부·2008)
김정인, '1910~25년간 천도교 세력의 동향과 민족운동'(한국사론·1994)
김정인, '1919년 3월 1일 만세시위, 연대의 힘'(역사교육·2018)
김정인, 『오늘과 마주한 3·1운동』(책과함께·2019)
반병률, '김알렉산드라 페트로브나의 생애와 활동' 『윤병석교수화갑기념 한국근대사논총』(지식산업사·1990)
조규태, '최린의 천도교활동과 민족운동'(한성사학·2011)

조한성, 『만세열전』(생각정원·2019)
한국독립운동사편찬위원회, 『한국독립운동의 역사』 21(독립기념관 한국독립운동사연구소·2009)

2월 26일

〈매일신보〉(1919.2.24)
대한인국민회 기념재단 누리집
박찬승, 『한국독립운동사』(역사비평·2014)
반병률, 『대한국민의회의 성립과 조직』(한국학보·1987)
윤병석, '연해주 한인사회와 한국독립운동'(국외한인사회와 민족운동·1990)
정병준, 『우남 이승만 연구』(역사비평사·2005)
한국독립운동사편찬위원회, 『한국독립운동의 역사 21』(독립기념관 한국독립운동사연구소·2009)

2월 28일

김삼웅, 『의암 손병희 평전』(채륜·2017)
김정인, 『오늘과 마주한 3·1운동』(책과함께·2019)
정운현, 『3·1혁명을 이끈 민족대표 33인』(역사인·2019)
조한성, 『만세열전』(생각정원·2019)

3월 1일

'3·1절을 앞두고 떠오르는 피의 기록'(강기덕 인터뷰), 〈경향신문〉 1950년 2월 26일치
김상태 옮김, 『윤치호 일기』(역사비평사·2001)
김정인, 『오늘과 마주한 3·1운동』(책과함께·2019)
이상국, 『나는 조선의 총구다』(세창미디어·2012)
정운현, 『3·1혁명을 이끈 민족대표 33인』(역사인·2019)
조한성, 『만세열전』(생각정원·2019)
한국독립운동사편찬위원회, 『한국독립운동의 역사』18(독립기념관·2009)

3월 4일

〈오사카 마이니치〉 1919년 3월 1일~3월 4일치

김정인, '1919년 3월 1일 만세시위, 연대의 힘'(역사교육·2018)

독립유공자사업기금운용위원회, 『독립운동사 제2권: 삼일운동사(상)』(1971)

조한성, 『만세열전』(생각정원·2019)

하종문, '제국의 통합기제로서의 천황제와 그 변화'(한일관계사연구·2009)

3월 6일

고정휴, '이승만은 독립운동을 했는가'(역사비평·1991)

국가보훈처 공훈전자사료관, 『해외의 한국독립운동 사료』

김수자, '이승만은 왜 두번이나 대통령자리에서 쫓겨났나'(내일을여는역사·2007)

노예달·탁마리아 등 신문조서 『한민족독립운동사자료집』(국사편찬위원회)

박찬승, '만세시위의 기폭제가 된 서울시위'(3·1운동 100주년 기념 심포지엄·2018)

서중석, 『이승만의 정치이데올로기』(역사비평사·2005)

오영섭, '대한민국임시정부 초기 위임통치 청원논쟁'(한국독립운동사연구·2012)

이규수, '3·1운동에 대한 일본언론의 인식'(역사비평·2003)

정병준, 『우남 이승만 연구』(역사비평사·2005)

한국역사연구회 3·1운동100주년기획위원회, 『3·1운동 100주년 총서』(휴머니스트·2019)

3월 18일

국사편찬위원회, '구주의 우리 사업' 『대한민국임시정부자료집 23』

여운홍, 『몽양 여운형』(청하각·1967)

윤소영, 『일본신문 한국독립운동기록집: 3·1운동편』(독립기념관 한국독립운동사연구소·2009』

정병준, '1919년, 파리로 가는 김규식'(한국독립운동사연구·2017)

한국독립운동사편찬위원회, 『한국독립운동의 역사 18·21·23』(독립기념관 한국독립운동사연구소·2009』

4월 3일

김희곤, 『대한민국임시정부 1. 상해시기』(독립기념관 한국독립운동사연구소·2008)

여운홍, 『몽양 여운형』(청하각·1967)
윤대원, 『상해시기 대한민국임시정부 연구』(서울대학교출판부·2006)
이광수, 『나의 고백』(춘추사·1948)
한시준, '한성정부의 수립과 홍진'(『한국근현대사연구』·2003)

4월 11일

김삼웅, 『3·1혁명과 임시정부』(두레·2019)
오영섭, '대한민국임시정부 초기 위임통치 청원 논쟁'(한국독립운동사연구·2012)
이해영, 『임정, 거절당한 정부』(글항아리·2019)
한국독립운동사편찬위원회, 『한국독립운동의 역사』 23(독립기념관 한국독립운동사연구소·2009)
한시준, '대한민국 임시정부의 민족사적 위상과 성격'(3·1운동 및 임시정부 수립 100주년 기념사업추진위 국제심포지엄·2019)